Sobre el libro

Como oficial de inteligencia con vasta experiencia en Asia, estoy convencido de que no existe amenaza más grande que la que representa China para los Estados Unidos. La tesis del Dr. Marrero acerca del tema de la dependencia de Estados Unidos de China y nuestra necesidad de liberarnos del control que esta ejerce, es uno de los mejores análisis que he leído en mis más de 24 años de carrera en la CIA. El Dr. Marrero no tiene nada que envidiarles a los analistas más distinguidos de la CIA en este tema. Léanlo e internalícenlo.

ENRIQUE "RIC" PRADO
Jefe del Centro Nacional Contraterrorismo de la CIA (retirado)
Autor de Black Ops, bestseller del NY Times

....

La capacidad y el alcance analítico de Rafael Marrero son inigualables. Sus observaciones e impactantes conclusiones son una advertencia urgente tanto a los líderes de nuestra nación como a todos los países democráticos del planeta. China, un país disfrazado de economía libre, es en realidad un devastador régimen autocrático y comunista con visiones de dominio global y control absoluto del orden mundial. Es hora de entender que esta nación se desarrolla vertiginosamente en la encarnación de un país expansionista con una habilidad de proyección militar más potente cada día.

JOSÉ ADÁN GUTIÉRREZ
Exagregado naval de EE. UU. en Panamá
Oficial retirado, inteligencia naval de EE. UU.

....

Es un libro de lectura obligada para todos los que participan en el comercio, que deberían ser parte del plan para sacarnos de la dependencia y ayudar a que las industrias regresen a Estados Unidos.

OCTAVIO PÉREZ
Analista Militar
Teniente Coronel de Inteligencia (Ret.) Ejército de EE. UU.

LA ÚLTIMA FRONTERA

CRÓNICA DE LA RESISTENCIA DE EE. UU.
CONTRA LA CHINA COMUNISTA

UNA GUERRA POR LA LIBERTAD
Y EL FUTURO DEL OCCIDENTE

LA ÚLTIMA FRONTERA

CRÓNICA DE LA RESISTENCIA DE EE. UU.
CONTRA LA CHINA COMUNISTA

UNA GUERRA POR LA LIBERTAD
Y EL FUTURO DEL OCCIDENTE

Dr. Rafael Marrero
AUTOR BESTSELLER DE AMAZON 2019-2024

CON PRÓLOGO DE
Jorge Luis Sánchez Grass

DEDICATORIA

A mi viejo: el mejor jefe de artillería de la Primera División de Caballería, Sargento Maestro del Ejército de los EE. UU., excombatiente de la Segunda Guerra Mundial y de Corea. ¡Gracias por tu desembarco en Normandía!

Tu ejemplo vive en mí. Gracias por tu patriotismo, y por darme la oportunidad de ser libre y nacer en suelo americano. Te amo, viejo. Ahora me toca enarbolar tu bandera y seguir tu lucha.

Te extraño.

Agradecimientos

El ejercicio de libertad es un trabajo en equipo, por eso esta obra no sería posible sin el apoyo moral y la solidaridad de las siguientes personas excepcionales en mi vida, a quienes agradezco:

A mi editora, la periodista y amiga Grethel Delgado Álvarez, por su "ojo de águila" y atención al detalle.

A mi prologuista Jorge Luis Sánchez Grass, reconocido presentador de radio y TV, por sus extraordinarias palabras en torno al libro y su gran apoyo en defensa de nuestra nación.

Al Diario Las Américas y, muy en particular, a su directora ejecutiva, Iliana Lavastida, y su editor de Economía, Leonardo Morales, por ser consecuentes al ideario martiano, y por la plataforma de pensamiento libre que han brindado a mis ideas libertarias y conservadoras.

A mis hijos, Robertico y Anita, y a mi yerno Frank, por su amor y ternura. Los amo.

A mis preciosos nietos, Isabela, Victoria, Marluna, Abbie, Eli, Amalia y Lahiam "el Chichí" por endulzar mi vida y por los cariños a su abuelo.

A Enrique "Ric" Prado, a Félix Ismael Rodríguez Mendigutía, Luis Bárcena (veterano de la Brigada 2506), y todos los guerreros en las sombras y militares de nuestro país, porque, gracias a ustedes, aún tenemos patria y estamos en la pelea. ¡Gloria eterna a nuestros mártires y patriotas!

A mi esposa, Lina Marrero, por ser 100 % gusana, anticomunista y martiana indómita; por no claudicar nunca a sus ideales, a pesar de los actos de repudio que hemos afrontado, a pesar de enfrentarse a los tiburones en alta mar y también -¡cómo no!- a los comunistas dentro y fuera de la isla de Cuba.

Copyright © 2024. Rafael Marrero
Todos los derechos reservados.

Ninguna parte de este libro puede ser reproducida, almacenada en un sistema de recuperación de datos o transmitida de ninguna forma ni por ningún medio: electrónico, mecánico, fotocopia, grabación, escaneado u otros, salvo breves citas en reseñas críticas o artículos, sin el permiso previo por escrito del autor.

BRAVO ZULU PUBLISHERS, LLC
14310 SW 8TH STREET
SUITE 941705
MIAMI, FL 33184
bravozulupublishers.com

Directora Ejecutiva: Lina M. Marrero
Editora en Jefe: Grethel Delgado
Chief Marketing Officer: Dr. Rafael Marrero
Traductor (inglés): Frank Rodríguez
Diseñadora: Jennifer Galviz

Datos de catalogación registrados en la Biblioteca del Congreso de EE. UU.
Imágenes: Adobe Inc.
Kindle ISBN: 979-8-9909687-5-2
Paperback ISBN: 979-8-9909687-6-9
Hardcover ISBN: 979-8-9909687-7-6

Impreso en Estados Unidos

Índice:

Introducción **18**
Prólogo *21*
Reseñas *25*
Sobre el autor.. *37*
Capítulo 1. Comienza la última frontera: **41**
   La visión de Trump para defender a Estados Unidos
   del social-imperialismo y el globalismo
Capítulo 2. Vínculos de Tim Walz al PCCH y la RPC: *49*
   ¿Un peligro para la seguridad nacional de EE. UU.?
Capítulo 3. Cambios estratégicos: .... *.55*
   La presidencia de México y la expansión de
   la influencia china en la sombra de los intereses
   de EE. UU.
Capítulo 4. Linda Sun, otro caso de seguridad *65*
   nacional vulnerada
Capítulo 5. ¿Promoverá la Administración Biden **75**
   un cambio de régimen en Venezuela y Cuba para
   influenciar las elecciones de 2024?
Capítulo 6. Neil Shen y Xi Jinping: *83*
   más que alineados en políticas y objetivos
 Capítulo 7. La magnitud de la penetración *91*
   de China en Latinoamérica
Capítulo 8. Estados Unidos y el desarrollo *105*
   armamentístico de China
Capítulo 9. China y su carrera por la supremacía *119*
   en informática cuántica
Capítulo 10. El provocante vuelo del globo espía *127*
   chino por territorio estadounidense
Capítulo 11. Inversión de EE. UU. en firmas de *135*
   inteligencia artificial chinas

Capítulo 12. El capitalismo de Estado en China *143*
no es lo que pintan

Capítulo 13. Megaproyectos globales de la Iniciativa *153*
de la Franja y la Ruta china se están desplomando

Capítulo 14. EE. UU.-China:del diferendo *163*
comercial a la rivalidad geopolítica en 2022

Capítulo 15. China y el Foro Económico Mundial *173*
abrazan iniciativas anticapitalistas

Capítulo 16. La trampa de China para no pagar *183*
aranceles de Estados Unidos

Capítulo 17. China, Cuba y el marxismo como estandarte ..*193*

Capítulo 18. Donald Trump y Joe Biden ante *203*
la amenaza china

Capítulo 19. Exasistente de Hunter Biden estaría *213*
conectada con el Partido Comunista Chino

Capítulo 20. China-Brasil: el interés del gigante *221*
asiático en el sudamericano

Capítulo 21. Poder de Siberia 2: el nuevo........................*229*
oleoducto que conectará a Rusia con China

Capítulo 22. Grupo verde que asesora a *237*
Joe Biden tiene vínculos con China

Capítulo 23. Fentanilo: *247*
la droga china más letal en los Estados Unidos

Capítulo 24. Espionaje de China en EE. UU. *257*
también viene en forma de dron

Capítulo 25. ¿Cuán probable sería el espionaje *265*
chino en elecciones de EE. UU.?

Capítulo 26. La injerencia de China en *275*
las principales redes sociales

Capítulo 27. EE. UU. agrega siete firmas chinas *285*
a lista negra comercial

Capítulo 28. El peligro para la salud...............................*291*
del uso de la ropa hecha en China

Capítulo 29. Gustavo Petro: el presidente *299*
colombiano apoyado por China comunista

Capítulo 30. Investigación: El COVID-19 fue creado........*309*
y "propagado intencionalmente" por China
Capítulo 31. China desafía a EE. UU. *317*
con la fabricación de "chips" avanzados
Capítulo 32. Huawei: *325*
el peligro para instalaciones militares de EE. UU.
Capítulo 33. Células comunistas de China invaden *335*
empresas occidentales
Capítulo 34. Uganda es rica en oro y China lo sabe *345*
muy bien
Capítulo 35. La laptop que vincula al hijo de Biden *353*
con China comunista
Capítulo 36. China: *361*
La mala hierba en la agricultura estadounidense
Capítulo 37. Dr. Fauci...*371*
"No puedo comprometerme a dejar de financiar
investigaciones chinas"
Capítulo 38. China: la talasocracia que amenaza *379*
a los Estados Unidos
Capítulo 39. La información científica de EE. UU. *387*
con destino a China
Capítulo 40. El teatro de China frente a la invasión *399*
de Rusia a Ucrania
Capítulo 41. Rusia contra Ucrania: *409*
la invasión que beneficia a China
Capítulo 42. De cómo ciertas élites de EE. UU. *415*
se pliegan ante la China comunista
Capítulo 43. EE. UU.-China: *423*
la batalla por el mar trasciende al ciberespacio
Capítulo 44. Escándalo sobre el origen *433*
del COVID-19 recae sobre el Dr. Anthony Fauci
Capítulo 45. Acuerdo China-Cuba: *441*
la trampa del BRI que vulnera a Occidente
Capítulo 46. Balanza de Apple: *449*
¿China o Estados Unidos?

Capítulo 47. China compra importante mina **457**
de cobalto gracias a Hunter Biden
Capítulo 48. Firmas chinas con vínculos militares **463**
a la lista negra comercial
Capítulo 49. China paga a medios de EE. UU. **469**
para que distribuyan su propaganda
Capítulo 50. China y el robo de secretos en....................**475**
universidades de EE. UU.
Capítulo 51. COVID-19: China y la OMS bajo **481**
el mismo común denominador
Capítulo 52. Black Lives Matter y China: **487**
dos más dos son cuatro
Capítulo 53. Familia Biden bajo la lupa por **493**
sus vínculos con China
Capítulo 54. China: ¿hasta cuándo el robo **499**
de nuestra propiedad intelectual?
Capítulo 55. La pandemia global y lucha contra **503**
el marxismo cultural
Capítulo 56. ¿Un Pearl Harbor en el siglo XXI?. **511**
Capítulo 57. EE. UU. vs. China: lo que es de **517**
casa se queda en casa
Capítulo 58. América 2.0: **525**
la guerra de independencia de EE. UU. contra China
Capítulo 59. Demandan a China por pandemia **531**
del coronavirus
Capítulo 60. China y la amenaza a la cadena **537**
de suministro de los Estados Unidos
Epílogo..**544**
Apéndice 1. Cronología de 52 años del acercamiento **546**
de EE. UU.-China
Apéndice 2. Declaración de Independencia **564**
de EE. UU. frente a China
Fuentes..**571**

Introducción

La última frontera: El momento 'Nessun Dorma' de América en la lucha contra el social-imperialismo chino y el globalismo

En el vasto transcurso de la historia, hay momentos en que el destino nos llama a mantenernos firmes, luchar por los valores que construyeron nuestra nación y resistir las fuerzas que amenazan nuestro modo de vida. *La última frontera* captura ese espíritu de desafío y esperanza, narrando en 60 crónicas la historia de la lucha de Estados Unidos contra una China comunista en ascenso que busca dominar el orden mundial y socavar nuestra libertad.

El reciente triunfo de Donald J. Trump es una de esas victorias históricas que desafía toda explicación, pero encaja perfectamente en nuestra historia americana. No fue solo una victoria electoral, sino una declaración de resiliencia. En una era en la que las probabilidades parecían insuperables, cuando nuestra nación estaba golpeada por dificultades económicas e incertidumbre, él emergió para reavivar nuestra esperanza colectiva y nuestro sentido de propósito. Te guste o no, refleja el valor inquebrantable de nuestros antepasados, aquellos que nunca se rindieron cuando las apuestas eran más altas.

Pero el camino que tiene por delante no está exento de enormes obstáculos. Nuestra economía está maltrecha, la confianza en nuestras instituciones está fracturada, y nuestros adversarios se han vuelto audaces. China, en particular, se presenta a las puertas, no como un rival que podamos ignorar, sino como una fuerza formidable con ambiciones globales. Sin embargo, hay un poder innegable en el valor americano, en nuestra determinación de superar, de levantarnos cuando se nos da por vencidos y de reclamar la promesa de un mañana mejor.

Este libro no trata solo de geopolítica o políticas públicas; es un testimonio del espíritu de resistencia que siempre ha definido a América. Se trata de enfrentar la adversidad de frente y encontrar el coraje para actuar, cueste lo que cueste. Así como nuestros antepasados enfrentaron desafíos inimaginables, nosotros también estamos al borde de una nueva frontera que exige decisiones valientes y una determinación inquebrantable.

El llamado de Trump a "¡luchar, luchar, luchar!" es un grito de guerra que resuena con la poderosa declaración de Nessun Dorma: "Vincerò! Vincerò!"—"¡Venceré! ¡Venceré!" Encierra la creencia de que, sin importar cuán desafiante sea el camino por delante, la victoria es inevitable para aquellos que se niegan a rendirse. Su promesa de restaurar la grandeza de América es más que un lema de campaña; es un llamado a la acción, un compromiso de reconstruir lo que se ha perdido y mantenerse firmes contra quienes desean hacernos daño. Durante los próximos cuatro años, no solo seremos testigos de un regreso; seremos parte del renacer de una nación que no será quebrada, impulsada por la voluntad indomable de su gente.

Nuestra historia es de renovación y esperanza. Esta es América, y *La última frontera* te mostrará por qué, a pesar de cada desafío y cada tormenta, estamos destinados a prevalecer.

DR. RAFAEL MARRERO
Autor americano, patriota y guerrero cultural

Prólogo

El fango de China sobre el mármol del mundo

Mete mucho las narices la dictadura del Partido Comunista de China. Lo hace desde todos los terrenos y ámbitos. Son desleales desde antes del desayuno. La soberanía de las baratijas esconde una profunda maldad que distorsiona y empobrece bajo un sesgo enorme de mentiras. Detrás de la extrema eficiencia, sin importar a qué costo, se respira un desprecio por la humanidad, que solo puede nacer donde sobran los recursos humanos y faltan los ángulos primordiales del libre mercado. Dictadura es dictadura, aunque los viejos libros te quieran hacer creer que se trata de una presunta dictadura del proletariado.

A estas verdades, irrefutables como un témpano de hielo, en medio de un planeta que alardea mientras se derrite, se refiere el Dr. Rafael Marrero con su libro *La última frontera*, por derecho propio una biografía de obligada referencia acerca de un monstruo cientos de veces denunciado y miles de veces resucitado: El Partido Comunista Chino, una de las corporaciones más completas del universo del mal, donde coexisten la hermandad y la traición, el poder y el éxito, lo sutil y lo grotesco, lo noble y lo cínico, la tiranía y la esclavitud, lo cruel y lo autoritario.

La última frontera es una historia de resistencia y en sus voluminosas y exhaustivas páginas pueden verse las marcas dejadas en el camino por otras entregas anteriores del mismo autor, que ahora regresa colmado de excelentes análisis y actualizaciones. Este es el segundo gran momento de una saga, que el Dr. Rafael Marrero, sin proponérselo, ha debido edificar. Esta es su respuesta patriótica a la desesperación americana ante el crecimiento y la construcción del imperio financiero chino con la complicidad de muchos agentes internos y externos, que conspiran contra Occidente y los Estados Unidos, como líder del mundo.

El Dr. Marrero es un hombre de Dios y de América y ha hecho de este propósito la base misma de lo que seguramente será buena parte de su legado. Documentar de manera didáctica, con métodos matemáticos y de dotación científica, una descripción elocuente y entretenida, que ilustra con estadísticas y probabilidades, hacia dónde se dirige la China de hoy. Se trata de China como país y régimen, una potencia que se comporta como pirata global sin barcos veleros, pero con muchos deseos de conquista y una vocación irrefrenable de cambiarle el color a los mapas que ya ni siquiera son los de antaño.

Cuando escribo estas líneas el panorama es más que sombrío a escala global. China trata al resto del mundo con especial vileza, colando una falsa solidaridad que a la vez es muy tramposa y completamente amoral. La simulada humanidad de parte de China, buscando oportunidades, como curadores de desgracias y mercadeando la pobreza universal, es por demás vomitiva. Tras las viejas banderas, cercanas a las que en su momento enarbolaban herramientas de trabajo, se esconde una expansión unitaria travestida, usando como encajes y finas sedas, el más cruel de los engaños, y muchas veces una mano de obra esclava que es escenario para el desplazamiento industrial del mundo, que ha apartado su desarrollo para bailar el vals de las inhumanas factorías. Todo ello ungido por una igualdad que no existe más allá de los folletos de marxismo o socialismo chino también del siglo XXI.

Hablo de una China extensa que calla ante el espanto y mira con disposición y sin estómago al eje del terror. Una China que se abre paso en el traspatio de los Estados Unidos que sigue siendo América Latina, donde los altibajos sociales y los votos de castigo hacen que las ideas de la izquierda germinen al mismo tiempo que se pudren, en una especie de ciclo maldito; que atornilla a dictadorzuelos de nuevo tipo, esos que le arrancan páginas a las constituciones, para atornillarse en el poder, por sentirse ungidos y semidioses, únicos artífices del "verdadero" camino, que no es otro que la corrupción político-administrativa.

Al leer *La última frontera*, del Dr. Rafael Marrero, no puedo hacer menos que redactar estas apretadas líneas que son un llamado a la lectura y el análisis de las suyas. Cargan eficazmente con esa voz entrecortada que habla del poder económico global y sus consecuencias irreversibles.

Aquí respiran espléndidas advertencias. Para adaptarnos a seguir teniendo éxito debemos entender que China no es una nación que se comporte como un simple acumulador de capital. Su desafío es mucho mayor. Quieren ser los arquitectos del mundo venidero. Los nuevos mesías. Los únicos llenos de virtudes y talentos. Los desmanchadores de los viejos vicios de occidente. Los colonizadores de ensueño, y al mismo tiempo, sin querer queriendo, y de soslayo: los gerentes del poder económico global.

La última frontera por fortuna es una invitación a girar por un universo real y resistente, poderoso y comprometido. Es una batería de misiles en contra del podrido globalismo que irrespeta lo nacional y lo democrático. Su camino comienza ahora, al andar de mano en mano. Un libro no es absolutamente nada hasta que no se comenta con los demás. Hasta que no pierde la piel de tanto hojearlo. Esos son los deseos de este esfuerzo monumental que nunca será lo suficientemente bien recompensado por las mentes en blanco y los oídos sordos. Su autor, el Dr. Rafael Marrero, solo espera un ejército heterogéneo de ojos lectores que desde la complicidad de la conciencia sean capaces de acompañarlo.

JORGE LUIS SÁNCHEZ GRASS
Editorialista - Presentador de radio y TV

Reseñas

Todos pasamos por este momento. Estamos en la escuela, en la clase de Historia, aprendiendo sobre los actos más graves que la humanidad ha llevado a cabo y pensando: "¿Cómo sucedió esto?" y "¿por qué nadie lo detuvo?". Empezamos a imaginarnos en los diferentes momentos de la historia, actuando heroicamente contra la tiranía y el mal. Quieres creer que hubieras sido diferente.

Como periodista y política, habiendo confrontado personas y situaciones problemáticas, he comenzado a formular una respuesta a esta pregunta. Sí, hay maldad en el mundo. Sin embargo, el poder del mal es limitado. Para propagarse, requiere la sumisión silenciosa de buenas personas. Gente buena, es hora de prestar atención. *La última frontera* lo exige.

La última frontera explica de manera hermosa, paciente y convincente el ciclo tóxico que existe entre los Estados Unidos y China. China crea un problema y EE. UU. recurre a ellos en busca de una solución. El COVID-19 escapa de un laboratorio en China y EE. UU. depende de los fabricantes chinos para obtener los productos farmacéuticos. China espía a EE. UU. para robar información técnica y EE. UU. compra materiales chinos para crear más tecnología.

Rafael Marrero no solo se ha permitido imaginar lo que puede ser un acto de valentía en un momento difícil de la historia: ha actuado, ha demostrado ser diferente. Ahora depende de las buenas personas exigir que EE. UU. redefina su definición de seguridad. Me temo que si no encabezamos esta advertencia y rompemos el ciclo Estados Unidos-China, algún día los estudiantes en su clase de Historia se preguntarán: "¿Cómo sucedió esto?" y "¿por qué nadie lo detuvo?".

MARÍA ELVIRA SALAZAR
Congresista de EE. UU. por el distrito 27 de FL

....

El Dr. Rafael Marrero está logrando metas trascendentes y valiosas como académico, analista y escritor independiente. Su obra sólo aumentará en reconocimiento por su visión a medida que pasen los años. Estamos en el siglo XXI, y las definiciones del siglo XX, que quizá no se aclararon del todo en su momento, ya no aplican. Las mentes del establishment occidental insistían en decirnos, durante el siglo XX, que el comunismo era un sistema económico y que, una vez que el liderazgo del partido comunista decidiera optar por otro sistema económico, cambiaría su ideología política. Una tautología marxista en toda regla.

Pero el Dr. Marrero, profundamente arraigado en el pensamiento clásico y la tradición, y dotado de sentido común espiritual, ha visto más allá de esta trampa axiológica. No, el marxismo no es un sistema económico. Es una religión política moderna. Un pastiche de ciencia cuyo corazón alberga un culto al poder desmedido. El portador de ese culto es una entidad totalitaria principalmente mal entendida en Occidente: el Partido Comunista Chino. Edgar Snow, Theodore White y Sartre convencieron al mundo occidental de que Mao era un patriota, un luchador por la libertad y un visionario agrario que elevaría a la humanidad. Algo muy similar a lo que Herbert Matthews hizo más tarde con Castro en Cuba.

Marrero ve más allá del utopismo irresponsable de Snow, Sartre y White, y del pragmatismo miope de Kissinger. Lo importante es entender la entidad que dio origen a Mao: el Partido Comunista Chino. La entidad totalitaria más poderosa en la historia de la humanidad, punto.

Si esta realidad no te impacta, es momento de la píldora roja de Marrero. Esa píldora es este libro, escrito desde la perspectiva de un soldado, un pensador y un patriota, demasiado comprometido con sus valores como para aceptar ilusiones acerca de un enemigo tenaz. Curiosamente, la renovación del pensamiento y la filosofía tiende a comenzar con guerreros en el campo de batalla: Sócrates en Delio, Jenofonte y los Diez Mil, Ignacio en Pamplona.

Marrero, un hombre de Dios y patriota de segunda generación, sabe que ahora estamos en un tipo de guerra diferente: un conflicto asimétrico contra una entidad totalitaria parasitaria intergeneracional que se ha aferrado a una gran civilización clásica. Esta comprensión permite una mejor evaluación de las amenazas, las posibilidades y los recursos disponibles. Este libro no es para los débiles de corazón. Su lectura no conducirá al confort ni a la tranquilidad. Pero ayudará a reventar la burbuja de formaldehído del "wokismo" en el que estamos atrapados. Ignorar este libro será bajo tu propio riesgo. Te lo advertí.

DR. ORLANDO GUTIÉRREZ-BORONAT
Profesor universitario, activista cubanoamericano por los derechos humanos
Comentarista de noticias

La última frontera es una lectura fundamental y obligada para todo aquel que quiera entender los tiempos reales en que vivimos.

ISABEL CUERVO
Periodista, locutora y productora de TV

....

El Dr. Rafael Marrero nos presenta un pensamiento fresco y sumamente refinado sobre la necesidad de independencia de los Estados Unidos respecto a China. Si consideró que su premiado libro y bestseller internacional publicado en 2022, *América 2.0: La guerra de independencia de EE. UU. contra China*, fue perspicaz y provocador, *La última frontera: Crónica de la resistencia de EE. UU. contra la China comunista* promete ser un éxito rotundo dentro de su legado de investigación y de llevar este tema a la vanguardia del debate estadounidense. Si usted es un profesional, un experto en temas sobre China, un diplomático o un militar, necesita adquirir una copia de este libro, ya que navega por las complejidades y los matices de estos asuntos, presentándolos de manera sencilla y comprensible, que puede servir como plantilla para sus estudios y debates. Como Oficial de Inteligencia Naval retirado asignado a operaciones de vigilancia en Asia, considero que esta obra es una adición imprescindible para su biblioteca. El Dr. Marrero lo ha logrado nuevamente.

COMANDANTE JESÚS DANIEL ROMERO
Exoficial de inteligencia naval (Ret.)

....

Desde mi óptica como periodista, la tesis del Dr. Rafael Marrero es un análisis de lo que muchos consideran una realidad. *La última frontera*, donde se abrazan la política y la economía, resulta en un manifiesto didáctico realizado por un estudioso del tema, un economista de relieve, que profundiza en detalles y momentos críticos en la historia. ¡Una guerra entre potencias, en blanco y negro!

MARILYS LLANOS
Periodista
Reportera principal – Telemundo 51

....

Este libro del Dr. Rafael Marrero proporciona una descripción absolutamente crítica de cómo Estados Unidos terminó en esta posición de dependencia y pasividad en su relación con China. Los estadounidenses todavía lideramos el mundo con nuestro ingenio. Lo que necesitamos es un liderazgo que establezca las metas correctas para nuestra nación. Esta iniciativa identifica valientemente la verdadera fuente de nuestros problemas. Además, propone un plan de batalla concreto y efectivo para volver a ponernos de pie y correr en esta nueva guerra de independencia de China.

ART ESTOPIÑÁN
Exjefe del despacho de la excongresista Ileana Ros-Lehtinen

....

Este es un libro oportuno, y el momento oportuno es el aspecto más crítico de cualquier empresa. Los perspicaces análisis del Dr. Marrero sobre los peligrosos tiempos que vivimos proporcionan la información indispensable que cualquier ciudadano requiere para proteger a EE. UU. en cualquier ámbito, estado o circunstancia en que se encuentre, ya que todos estamos llamados a ocupar nuestros lugares en esta lucha para que Occidente recupere su equilibrio a fin de no dejar que la mejor esperanza para la humanidad, EE. UU., sucumba ante el eje totalitario de China-Rusia-Irán-Corea del Norte y sus cómplices en delito: Cuba-Venezuela-Nicaragua y otros aliados socialistas en todo el mundo.

FRANK RODRÍGUEZ
Editor - M.A. Economics, University of Miami

....

Hacía mucho tiempo que no caía en mis manos un libro con la agudeza crítica de *La última frontera* hacia la amenaza que representa China —al comienzo, silente, y después, anunciada a bombo y platillo— por desbancar a EE. UU. de su posición de primera nación del mundo y ocupar el trono de la hegemonía mundial.

Tenía que ser un gran economista, pero, además, un hombre extremadamente valiente como Rafael Marrero, quien se diera a la labor de cantarle las verdades a quienes tienen en sus manos permitir o impedir que esto ocurra y mostrarnos al resto de los mortales la tela de araña en la que estamos atrapados sin habernos quizá percatado del peligro que corremos.

Porque China y su omnipotente Partido Comunista (PCCh) están extendiendo sus tentáculos por el mundo, y nosotros somos cómplices adictos a sus productos y a sus precios, poniendo en riesgo nuestra cadena de suministros y producción nacional, y olvidándonos de lo que verdaderamente se esconde en lo que a simple vista parecen "bondades" del gigante asiático.

China, de la mano de Xi Jinping, no solo quiere restaurar su gran poder imperial, sino jugar a otras dos bandas: asegurar la existencia del Partido Comunista a futuro, legitimando su poder frente a la sociedad china, y llegar a sentarse en el "trono" como líder indiscutible de su anunciado orden mundial.

Confucio decía que quien mueve montañas comenzó apartando piedras pequeñas. A China aún le quedan piedras para mover su montaña. Quizá va siendo hora de que EE. UU. se las saque del zapato, posiblemente de fabricación china, y comience a apostar por reestructurar su cadena de suministros, defender su producción nacional y, por tanto, su hegemonía.

MARIAN DE LA FUENTE
Periodista y presentadora de radio y televisión

....

Solamente un economista con poder de análisis político, como lo es el Dr. Rafael Marrero, podía haber escrito un libro como este. El autor lanza la advertencia del peligro inminente que se cierne ante nuestros ojos: la invasión indetenible de China que comenzó y se afianza a través de su expansión comercial.

Lo cierto es que Marrero, a partir del análisis que presenta en cada uno de los capítulos, se había estado anticipando al desastre que vivimos hoy, en el que ningún país escapa a lo que parecía una profecía y ya es un hecho: estamos a las puertas de un nuevo orden mundial. En eso consiste la advertencia que nos hace, como visionario. Su libro es el llamado para que no continuemos con los ojos tapados ante esa avalancha que nos llega desde el Oriente, a veces, en forma de oropel: la amenaza china.

ILIANA LAVASTIDA RODRÍGUEZ
Periodista - Directora ejecutiva de Diario Las Américas

....

Ya sabíamos que el diferendo comercial Estados Unidos-China es una preocupante realidad que afecta a la economía nacional en gran medida. También sabíamos que la rivalidad económica entre las dos naciones no ha hecho más que incrementarse en los últimos años, impulsada por tensiones y desacuerdos de ambas partes. Ahora, con este magnífico libro del Dr. Rafael Marrero, no solo podemos adentrarnos en los pormenores de ese conflicto, sino también conocer en detalle todos los peligros que se ciernen sobre EE. UU. debido a la extrema dependencia que tenemos de China y su manufactura barata.

Con estadísticas que hablan por sí solas, argumentos muy bien presentados y el razonamiento que amerita este tema, el autor expone la cruda realidad a la que nos enfrentamos: China, nuestro principal rival económico, también se ha convertido en una real amenaza desde el punto de vista tecnológico y armamentístico. Los invito a leer este libro, una mirada crítica y fundamentada que llama a la reflexión sobre el dilema comercial Estados Unidos vs. China, punto de partida de las principales divergencias entre ambos países. Cada capítulo analiza estas discrepancias y, lo más importante, convoca a accionar urgentemente para cambiar el curso de esta historia.

EDUARDO HAPKE
Periodista-Editor de Negocios Magazine
Comentarista en Telemundo y CNN en Español

....

Más que un análisis, este libro es un manual de predicción y cautela necesaria inminente. El Dr. Rafael Marrero analiza en gran detalle —con su gran y diversa trayectoria en política, economía, medios de comunicación y periodismo— lo que ha estado y está sucediendo con ese gigante comunista China, que amenaza con ser la primera potencia mundial. Eso sería un desastre para la democracia estadounidense y mundial, ambas ya en riesgo, desafortunadamente, con los eventos actuales. It is definitely a must read!

MARÍA LARIA
Periodista y presentadora - La Poderosa 670 – América TeVé

Este libro no solo es impronta de profesionalismo, defensa de la verdad y talento al servicio de los Estados Unidos, sino también una valiosa herramienta para las nuevas generaciones que aún no comprenden el grave peligro del régimen comunista de China y sus acciones hegemónicas contra Norteamérica. Es gratificante el honor de haber contribuido a esta obra de revelaciones y enseñanzas con el noble propósito de garantizar la libertad, la estabilidad y el futuro de esta gran nación.

LEO MORALES
Periodista - Editor de Economía en Diario Las Américas

Al leer esta extraordinaria tesis del Dr. Rafael Marrero, es imposible no abrir los ojos a una advertencia explícita hacia nuestra nación: los intereses del imperio asiático están claros y, sobre todo, cómo se sienta a ver los toros desde la barrera para esperar el momento clave y poder dar la estocada final, buscando sacar provecho de una oportunidad que han esperado y han ido sembrando por décadas. En el arte del billar hay una jugada que lo definiría muy bien: espera poder hacer un solo golpe a tres bandas para ganar el juego. Esperemos que esta advertencia en mayúscula llegue a las manos correctas antes de que sea demasiado tarde.

    MARIO ANDRÉS MORENO Y BÁRBARA BERMUDO
Periodistas y emprendedores

....

Cuando el Dr. Rafael Marrero me habló de su más reciente libro, me preocupé un poco, ya que es una figura reconocida en la televisión. Me asaltaba el temor de que no consiguiera en la escritura esa claridad con que amena sus comentarios en pantalla, esa virtud de ir directo al grano, y ponerte en términos asequibles la historia del problema y las posibles soluciones, pero lo logró: el libro es imprescindible para todos los que quieren abrir los ojos a un mejor escenario económico para nuestro país. Es una joya, una clase magistral. Lo recomiendo al 100 %.

    CAMILO LORET DE MOLA
Productor de televisión Mega TV

....

Con su estilo práctico y único, el Dr. Rafael Marrero nos ayuda a entender el panorama económico actual de nuestra nación y del mundo de una forma que todos pueden comprender el problema inherente a la relación de dependencia que tenemos con el gigante asiático. Les recomiendo grandemente este libro a todos.

    PADRE ALBERTO CUTIÉ
Presentador de TV Hablando Claro con el Padre Alberto

....

En momentos en que abundan los manipuladores de la información y los enemigos de la verdad, es muy grato poder recomendar la excelente investigación del Dr. Rafael Marrero. En este trabajo del Dr. Marrero, el lector podrá conocer los múltiples peligros que representa la China comunista para los Estados Unidos y el enriquecimiento de la familia Biden con dinero vinculado al Partido Comunista Chino.

AGUSTÍN ACOSTA
Periodista, autor y motivador
Comentarista en Actualidad Radio

....

Este libro abre los ojos sobre la amenaza que representa China para el mundo y la importancia de que EE. UU. vuelva a ocupar su papel como guía y primer defensor de las libertades y los derechos humanos.

JULIÁN BERTONE
Periodista y presentador del noticiero "China En Foco"
The Epoch Times en Español

....

Nadie como el Dr. Marrero para explicar de forma clara y magistral la dependencia de EE. UU. de China y los peligros que esto conlleva.

ADRIANA NAVARRO
Periodista Noticias 41 - América TeVé

Sobre el autor

El Dr. Rafael Marrero es un reconocido experto a nivel nacional en contratación federal, emprendimiento de empresas pequeñas y medianas, y gestión de proveedores y proyectos. Graduado de las prestigiosas universidades de Stanford y Cornell, también es un distinguido economista y orador invitado a importantes eventos, como la Convención Anual y la Cumbre Legislativa de la Cámara de Comercio Hispana de los Estados Unidos.

El fundador y CEO de la firma de gestión y consultoría empresarial Rafael Marrero & Company, igualmente es autor de los bestsellers de Amazon *La salsa secreta del Tío Sam* (primer texto en español sobre contratación y emprendimiento en el sector federal, especialmente escrito para la comunidad hispana), *América 2.0* y *Procurement Readiness: Best Practices for Small Businesses.*

A través de sus charlas, seminarios y webinars, el prominente asesor financiero también pone sus amplios conocimientos teóricos y prácticos en manos de los latinos, considerados como el sector poblacional de mayor crecimiento e impacto en la economía del país.

Paralelamente, escribe para importantes medios de prensa, y es un asiduo invitado a programas de radio y televisión, plataformas desde las cuales transmite su vasta experiencia y actualiza al público acerca de relevantes temáticas de interés nacional.

Por su brillante trayectoria de tres décadas en su sector, y el fruto de su arduo trabajo como emprendedor al máximo nivel, su firma ha sido reconocida en dos ocasiones por la prestigiosa revista Inc. como una de las 500 empresas privadas de mayor crecimiento de los Estados Unidos y también como una de las 50 mejores compañías del país en términos de cultura empresarial.

A tan relevantes distinciones también se añaden el máximo galardón recibido en 2016 por parte del Concilio Nacional del Desarrollo para Empresas Minoritarias como Contratista del Año y el premio Sunshine en la categoría de Small Business del año, obtenido en 2019 por parte de la Cámara de Comercio Hispana del Sur de la Florida. En 2021, el Dr. Marrero fue oficialmente invitado a formar parte del grupo élite de Inc. Masters de la prestigiosa revista empresarial Inc. Es miembro del Consejo Asesor de Industria de la Revista Forbes.

Capítulo 1
Comienza la última frontera: La visión de Trump para defender a Estados Unidos del social-imperialismo y el globalismo

Artículo publicado originalmente el 11 de noviembre de 2024

La victoria decisiva de Donald J. Trump en las elecciones presidenciales de 2024 no sólo marca un momento transformador en la estrategia de Estados Unidos contra China, sino también un punto de inflexión en la defensa de los derechos humanos, las libertades individuales, la familia y la fe.

Esta lucha contra el social-imperialismo de China y el globalismo representa una batalla por preservar los valores fundamentales que definen nuestra nación y protegernos de una agenda globalista que amenaza con centralizar el poder y debilitar las estructuras tradicionales de la sociedad.

Implicaciones geoestratégicas y geopolíticas

Bajo el liderazgo de Trump, Estados Unidos adoptará una postura más enérgica para contrarrestar el expansionismo de China, especialmente en teatros estratégicos como el Indo-Pacífico y América Latina. Fortalecer las alianzas con socios como Japón, Corea del Sur, Australia, India y las democracias latinoamericanas no sólo es crucial para contrarrestar las iniciativas agresivas de Pekín, sino también para proteger la soberanía nacional y los derechos humanos en todo el mundo. La coalición global impulsada por Trump buscará no solo limitar la influencia de China, sino también promover la libertad y resistir a las fuerzas que amenazan con imponer regímenes autoritarios y suprimir las libertades fundamentales.

La urgencia en América Latina: Libertad para Cuba, Venezuela y la región

América Latina (LATAM) debe ser vista como un campo de batalla prioritario en la lucha por la libertad. La influencia comunista en países como Cuba y Venezuela ha servido como un bastión para la expansión autoritaria en la región, y la administración de Trump reconoce que la libertad de estas naciones no puede ser un simple pensamiento secundario. El apoyo a movimientos pro-democracia y la promoción de políticas que desafíen la hegemonía de regímenes comunistas en LATAM serán esenciales.

Es fundamental reclamar América Latina y desarrollar una estrategia coherente que reduzca la dependencia de la región de la influencia económica y política de China y otros actores autoritarios. Esto incluirá iniciativas económicas y diplomáticas para promover el desarrollo democrático, mejorar las condiciones de vida y ofrecer alternativas a la influencia comunista. Solo a través de un enfoque proactivo y comprometido se podrá garantizar que América Latina se convierta en un aliado fuerte y libre de influencias totalitarias.

Iniciativa contra la injerencia comunista: La administración de Trump trabajará para romper las cadenas de la opresión en Cuba y Venezuela, apoyando a los disidentes y a las fuerzas pro-democráticas que luchan por la libertad. Este esfuerzo forma parte de una visión más amplia para asegurar que las naciones de América Latina puedan prosperar bajo sistemas de gobierno que respeten la libertad individual, los derechos humanos y las tradiciones culturales.

Contexto histórico: Las estrategias empleadas bajo Trump evocan los esfuerzos estadounidenses durante la Guerra Fría para contener la expansión comunista. Al recordar el Plan Marshall y la Doctrina Truman, esta narrativa destaca la importancia de defender no solo la seguridad geopolítica, sino también los valores culturales y sociales que han definido a las democracias occidentales. Las lecciones aprendidas durante esos años ahora guían un enfoque renovado para resistir las amenazas del social-imperialismo chino y el globalismo.

La administración también buscará una resolución negociada al conflicto en Ucrania para desescalar las tensiones y redirigir recursos hacia la lucha contra China. Al concentrarse en este desafío más amplio, Estados Unidos podrá liderar con fuerza, defendiendo los principios de libertad y justicia en el escenario mundial.

Defensa fronteriza y seguridad nacional

La seguridad fronteriza no es solo una cuestión de protección física, sino también un pilar en la defensa de la soberanía nacional y la protección de los valores estadounidenses. Asegurar la frontera sur implica prevenir la inmigración ilegal, el tráfico de drogas y las amenazas de actores extranjeros que podrían socavar la estabilidad social y económica. La administración de Trump fortalecerá la infraestructura fronteriza y desplegará tecnologías avanzadas para garantizar que la soberanía de Estados Unidos se mantenga intacta, protegiendo así a las comunidades y las familias.

Estrategia económica: "Hecho en EE. UU." y defensa de la familia

Un pilar fundamental de la agenda económica de Trump será revitalizar la base industrial de Estados Unidos a través de una iniciativa integral de reubicación. La administración incentivará la producción nacional mediante:
- Recortes de impuestos corporativos para fomentar la inversión en industrias estadounidenses.
- Iniciativas de reubicación y producción que promuevan la fabricación "Hecho en EE.

UU." y fortalezcan sectores críticos como los semiconductores y productos farmacéuticos.
- Reducir el desperdicio gubernamental, redirigiendo recursos hacia infraestructura, innovación y defensa.
- Eliminar mandatos "verdes" perjudiciales que dificultan la producción de energía local, asegurando la independencia energética de Estados Unidos y contrarrestando el dominio chino en tecnología renovable.

El objetivo no es solo lograr independencia económica, sino también garantizar que las familias tengan acceso a oportunidades laborales estables y seguras, protegiendo el tejido social de la nación.

Reconstrucción de la base de manufactura industrial de defensa

La reconstrucción de la base de manufactura de defensa será esencial para proteger a Estados Unidos de las amenazas globales. La producción nacional de componentes críticos de defensa garantizará que el Ejército estadounidense no dependa de proveedores extranjeros, especialmente de aquellos que podrían comprometer la seguridad nacional. Esta iniciativa incluye:
- Inversiones en capacidades de manufactura avanzada para satisfacer las demandas de la guerra moderna.
- Incentivos específicos para contratistas de defensa, fomentando la innovación tecnológica en el sector de defensa.

Impacto humano y familiar: Las historias de trabajadores que se benefician de estos esfuerzos de reubicación ilustrarán cómo las políticas de Trump mejoran la vida de las familias y fortalecen las comunidades. Además, se apoyarán las comunidades de fe, reconociendo la importancia de la religión y la familia en el tejido cultural de la nación.

Preparación militar: Paz a través de la fuerza

La doctrina de "paz a través de la fuerza" de Trump será más relevante que nunca. La expansión de la flota naval y las mejoras en la preparación militar protegerán no solo las fronteras físicas de Estados Unidos, sino también sus valores esenciales. Las inversiones en tecnologías como la inteligencia artificial y las redes 5G/6G garantizarán que Estados Unidos mantenga la ventaja tecnológica frente a China. Además, la administración:

- Incrementará el gasto en defensa para fortalecer las capacidades militares en el Mar de China Meridional y otras áreas estratégicas.
- Apoyará la defensa de Taiwán, reforzando el compromiso con la Ley de Relaciones con Taiwán y asegurando que Pekín no avance con sus ambiciones agresivas.

Perspectivas de los aliados: Estados Unidos trabajará con aliados no solo para fortalecer la seguridad, sino también para defender la libertad religiosa, proteger las comunidades vulnerables y garantizar que las familias en todo el mundo puedan prosperar sin temor a la coerción o la opresión.

Resistencia al globalismo y protección de los valores

Trump también se opondrá firmemente a los esfuerzos globalistas que buscan centralizar el poder y debilitar las tradiciones culturales y familiares. Las recomendaciones incluyen:

- Protección de la libertad de expresión, defendiendo a las personas contra la censura y la represión.
- Vigilancia estricta en las instituciones académicas

y de investigación para prevenir la influencia extranjera, especialmente de China, Irán y Rusia.
- Revisión de los lazos de personal clave del gobierno para garantizar que no estén comprometidos por actores extranjeros.

Proyecciones futuras: Un llamado a la acción

El futuro de la nación depende de la capacidad de Estados Unidos para resistir las fuerzas del social-imperialismo y el globalismo. Si no se actúa con firmeza, las generaciones futuras podrían enfrentar un mundo donde las libertades personales y los valores tradicionales se vean amenazados por regímenes autoritarios. Esto es especialmente cierto en América Latina, donde la liberación de Cuba y Venezuela es crucial para asegurar un hemisferio libre y fuerte.

El tiempo de actuar es ahora

El regreso de Donald J. Trump en 2024 marca un momento decisivo en la defensa de los derechos humanos, las libertades individuales, la familia y la fe. Al fortalecer las alianzas, asegurar las fronteras, revitalizar la economía, desarrollar una estrategia coherente en LATAM, y proteger los valores que han definido a Estados Unidos, la administración de Trump sentará las bases para un futuro donde las tradiciones y libertades americanas puedan prosperar.

En esta última frontera, se necesita más que política: se requiere un compromiso con los principios fundamentales de la vida estadounidense y la determinación de liberar a América Latina del comunismo. Se anima a cada ciudadano a apoyar estas iniciativas y a desempeñar un papel activo en la protección de los valores que han hecho grande a Estados Unidos. ¡Las apuestas nunca han sido tan altas, y el tiempo de actuar es ahora!

Capítulo 2
Vínculos de Tim Walz al PCCH y la RPC:
¿Un peligro para la seguridad nacional de EE. UU.?
Artículo publicado originalmente el 1 de noviembre de 2024

La creciente preocupación sobre los vínculos de Tim Walz, actual Gobernador de Minnesota y candidato a la vicepresidencia del Partido Demócrata, con el Partido Comunista Chino (PCCh) y la República Popular China (RPC) ha suscitado alarmas sobre la seguridad nacional de Estados Unidos. A medida que se revelan más detalles sobre sus interacciones con el régimen chino, se vuelve imperativo analizar si estas relaciones representan un peligro para la integridad de las instituciones estadounidenses.

Naturaleza de los vínculos

1. **Interacciones pasadas y viajes a China:** Desde finales de la década de 1980, Walz ha realizado aproximadamente 30 viajes a China, donde ha llevado a estudiantes en intercambios culturales. Durante estos viajes, ha elogiado a sus anfitriones chinos y alentado a los jóvenes a moderar su patriotismo, lo que podría interpretarse como un intento de suprimir la crítica al régimen autoritario de China.

2. **Patrocinio del PCCh:** Informes sugieren que algunos de estos viajes han sido financiados por el PCCh, lo que plantea serias preguntas sobre la independencia de Walz y su lealtad a los intereses estadounidenses. La financiación por parte de un régimen autoritario podría implicar un compromiso implícito con sus objetivos.

3. **Delegación china en la inauguración de 2019:** Durante la toma de posesión de Walz como Gobernador en

2019, una delegación del PCCh estuvo presente, donde un diplomático chino congratuló a Walz y expresó su deseo de fortalecer los lazos entre Minnesota y China. Esta asistencia de una delegación oficial del PCCh no solo legitima la relación de Walz con el régimen, sino que también señala un acercamiento que podría ser utilizado por China para influir en la política local.

4. Aprobación del Ministerio de Seguridad del Estado: Expertos en inteligencia, como Sam Faddis, un exoperativo de la CIA, han afirmado que es poco probable que el Ministerio de Seguridad del Estado de China no haya supervisado las actividades de Walz durante sus visitas. Esto implica que sus interacciones podrían haber estado bajo el escrutinio del régimen, lo que podría utilizarse para sus fines de influencia.

5. Centros de servicio ilegales: La operación de siete centros de servicio ilegales de inteligencia china en EE. UU., incluido uno en Minnesota, refuerza la preocupación sobre las actividades del PCCh en el país. Estos centros han sido utilizados para acosar e intimidar a disidentes, lo que indica una operación encubierta que amenaza la seguridad de aquellos que critican al régimen.

Testimonios personales y alegaciones

1. Jenna Wang: Una expareja romántica de Walz, quien lo acusó de engañarla durante su relación en 1989. Wang, cuya familia tenía vínculos con el PCCh, ha señalado que la relación con Walz fue tumultuosa y que lo considera poco confiable. Ella afirma que él ha mentido sobre varios asuntos clave, lo que la llevó a cuestionar su idoneidad para ocupar un cargo público como el que persigue. Su experiencia resuena con la preocupación de que Walz podría no estar actuando en los mejores intereses de los ciudadanos estadounidenses.

2. **Rol del padre de Wang:** El padre de Jenna Wang, un líder sindical en su ciudad natal, estaba involucrado en el PCCh, lo que añade una capa de complejidad a sus declaraciones. Wang ha expresado que su padre habría desaprobado su relación con un occidental, lo que indica la presión cultural y política que ella enfrentaba en su vida.

3. **Sam Faddis:** El exoperativo de la CIA, Faddis, afirma que Walz está "totalmente comprometido" debido a sus extensos lazos con el PCCh. Enfatizó que las interacciones de Walz sugieren un grado de cooperación con el gobierno chino que es sin precedentes para un gobernador estadounidense.

Políticas controversiales en Minnesota

1. **Políticas de control de la información:** Walz ha adoptado políticas que limitan la capacidad de los medios para criticar al gobierno, lo que refleja una tendencia hacia el control de la información similar a la que se observa en regímenes autoritarios como el de China. Estas acciones pueden ser vistas como un intento de silenciar la disidencia y promover una narrativa favorable a su administración.

2. **Iniciativas de "cultura inclusiva":** Las políticas de Walz que promueven una "cultura inclusiva" en las escuelas y en la sociedad pueden estar alineadas con la filosofía del PCCh sobre la conformidad social y el control ideológico. Aunque estas políticas se presentan como esfuerzos para mejorar la diversidad, también podrían ser vistas como un mecanismo para moldear la opinión pública y limitar el debate sobre cuestiones controvertidas.

3. **Colaboración en proyectos de infraestructura:** Las asociaciones entre el estado de Minnesota y empresas chinas en proyectos de infraestructura podrían reflejar la estrategia del PCCh de expandir su influencia a través de inversiones en infraestructura en otros países. Esto plantea

preocupaciones sobre la dependencia económica y política de China.

Consecuencias para la seguridad nacional

1. Influencias en la política local y nacional: La relación de Walz con el PCCh podría servir como un canal para que la RPC ejerza influencia en la política estadounidense. Al mantener conexiones con un funcionario electo, el PCCh podría intentar moldear decisiones políticas en favor de sus intereses.

2. Desinformación y propaganda: El hecho de que Walz haya distribuido materiales de propaganda y alentado una visión menos crítica del régimen chino podría interpretarse como un éxito en la operación de influencia del PCCh. Esto no solo afecta a los jóvenes estadounidenses que participan en estos intercambios, sino que también podría tener un impacto más amplio en la opinión pública y la narrativa sobre China.

3. Compromiso de la seguridad nacional: Los vínculos de Walz con el PCCh sugieren un nivel de compromiso que podría ser perjudicial para la seguridad nacional. La posibilidad de que un político de alto perfil esté alineado con los intereses de un régimen autoritario plantea serias preocupaciones sobre su capacidad para actuar en beneficio de los ciudadanos estadounidenses.

Conclusión

Los vínculos de Tim Walz con el Partido Comunista Chino y la República Popular China son motivo de seria preocupación. A medida que estos vínculos se exploran más a fondo, se vuelve evidente que representan un potencial peligro para la seguridad nacional de EE. UU. La intersección entre la política local y la influencia extranjera exige una evaluación cuidadosa y un debate informado sobre la idoneidad de Walz para un cargo que podría implicar decisiones de gran alcance sobre la política exterior y la seguridad nacional. La necesidad de una mayor transparencia y responsabilidad en la política se vuelve crítica en este contexto.

Capítulo 3
Cambios estratégicos: La presidencia de México y la expansión de la influencia china en la sombra de los intereses de EE. UU.
Publicado originalmente el 18 de octubre de 2024

> *"El M-19 ha producido dos presidentes en América Latina".*
> *Gustavo Petro, Presidente de Colombia,*
> *2 de octubre de 2024*

Introducción

La República Popular China (RPC) ha estado expandiendo constantemente su influencia en América Latina, con México emergiendo como un objetivo clave en su estrategia geopolítica. La reciente elección de Claudia Sheinbaum como presidenta de México señala un posible punto de inflexión en las relaciones México-RPC, con implicaciones geopolíticas de gran alcance tanto para México como para Estados Unidos. Entre los invitados VIP de Sheinbaum en su toma de posesión se encontraban líderes estrechamente alineados con la RPC, incluidos Miguel Díaz-Canel de Cuba, Nicolás Maduro de Venezuela y Vladimir Putin de Rusia, todos los cuales mantienen fuertes lazos políticos, militares y diplomáticos con China.

Usando el marco MESII-PT —Político, Militar, Económico, Social, Información, Infraestructura, Medio Ambiente Físico y Tiempo— este análisis explora cómo la presidencia de Sheinbaum podría moldear la relación de México con China e impactar el panorama geopolítico en el hemisferio occidental.

Añadiendo intriga a esta situación, el presidente colombiano Gustavo Petro reveló que Sheinbaum fue parte del grupo guerrillero M-19, un movimiento insurgente armado en América Latina financiado por el narcotraficante colombiano Pablo Emilio Escobar Gaviria, un grupo en el que Petro también estuvo involucrado. "El M-19 ha producido dos presidentes en América Latina", se jactó Petro, destacando los antecedentes controvertidos de ambos.

Maniobras políticas: El equilibrio de poder China-México (Dimensión política)

Políticamente, México ha mantenido durante mucho tiempo una relación compleja con China, marcada tanto por la cooperación como por la competencia. A pesar de sus profundos lazos con Estados Unidos, México ha incrementado cada vez más su asociación estratégica con la RPC. En 2017, la relación se elevó a una "Asociación Estratégica Integral", subrayando la creciente importancia de China en la política exterior de México.

La presidencia de Sheinbaum podría acelerar aún más el compromiso de México con China. Con un fuerte respaldo político en la legislatura mexicana, la administración de Sheinbaum tendrá la flexibilidad para profundizar la cooperación con el país asiático, especialmente en áreas como infraestructura y energías renovables. Sin embargo, esta expansión de la influencia china en México podría generar preocupaciones en Washington, ya que tradicionalmente se considera a México un aliado vital de EE. UU. en la región. Bajo el liderazgo de Sheinbaum, el acto de equilibrio entre los intereses de EE. UU. y la creciente presencia de China probablemente será una característica definitoria de su política exterior.

Navegando líneas rojas: Limitar la cooperación militar con China (Dimensión militar)

Históricamente, México ha mantenido su cooperación con China limitada en términos de compromisos militares, debido principalmente a su estrecha relación de seguridad y defensa con Estados Unidos. Se espera que esta tendencia continúe bajo Sheinbaum. Si bien podría haber algunos intercambios simbólicos, como la participación militar en desfiles nacionales, es poco probable que México amplíe su cooperación militar con la RPC debido a las preocupaciones de EE. UU.

Se espera que Washington supervise de cerca cualquier cambio en las relaciones militares entre México y China, ya que una cooperación significativa en esta área probablemente cruzaría una línea roja para los responsables políticos de EE. UU. Por lo tanto, la colaboración militar seguirá siendo mínima bajo Sheinbaum para preservar los vínculos críticos de seguridad entre México y EE. UU.

El auge económico: Expansión del comercio y la inversión China en México (Dimensión económica)

Económicamente, la presencia de China en México ha crecido significativamente. China es ahora el segundo socio comercial más grande de México después de EE. UU., con el comercio entre ambas naciones aumentando treinta veces entre 2001 y 2022. Sin embargo, esta relación comercial se caracteriza por un desequilibrio significativo, ya que México mantiene un gran déficit comercial con el país asiático.

Uno de los métodos estratégicos de China para eludir los aranceles comerciales de EE. UU. es aprovechar las maquiladoras en México. Al trabajar con estas plantas de ensamblaje, China fabrica y ensambla productos, incluidos vehículos eléctricos (EVs), en México, lo que permite que estos productos se beneficien del acuerdo USMCA. Esto permite a las empresas chinas eludir eficazmente los aranceles de EE. UU. impuestos a los productos chinos al exportarlos a territorio estadounidense a través de México.

Bajo el liderazgo de Sheinbaum, los lazos económicos entre México y China podrían profundizarse aún más, particularmente en los sectores de infraestructura, energías renovables y tecnología. Las empresas chinas ya están involucradas en importantes proyectos de infraestructura, incluido el Tren Maya y la modernización del sistema de metro de la Ciudad de México. Además, las empresas chinas han realizado inversiones sustanciales en el sector de energía renovable de México, posicionándose como actores clave en el impulso del país hacia la energía verde.

A medida que crece la deslocalización, las empresas chinas también podrían ver a México como una base para acceder al mercado estadounidense, aprovechando la proximidad de México a EE. UU. bajo el acuerdo USMCA. La expansión de las maquiladoras con asociaciones chinas probablemente desempeñará un papel clave en el fortalecimiento de estas.

Percepción pública: Resistencia social y aceptación de la influencia china (Dimensión social)

La influencia expansiva de China en México ha sido recibida con reacciones mixtas. Históricamente, México ha visto a China como un competidor económico, especialmente en la manufactura. Las preocupaciones sobre las importaciones chinas que socavan las industrias locales y desplazan a los trabajadores mexicanos han alimentado el escepticismo sobre el papel de China en el país.

También hay un legado cultural de desconfianza hacia China, que se remonta a la Revolución Mexicana, cuando los inmigrantes chinos fueron percibidos como amenazas económicas. Esta desconfianza podría resurgir si la administración de Sheinbaum se percibe como demasiado acomodaticia con los intereses chinos. La opinión pública, particularmente entre las empresas y los trabajadores mexicanos, será crucial para determinar hasta qué punto puede profundizarse la relación de México con China.

Dominio digital: La entrada tecnológica de China en México (Dimensión de información)

China ha logrado avances significativos en los sectores de información y telecomunicaciones de México, principalmente a través de empresas como Huawei, que desempeña un papel importante en el despliegue de la red 5G en México. Esta expansión ha generado preocupaciones en EE. UU. sobre los riesgos de ciberseguridad y la posible influencia de China en la infraestructura digital crítica de México.

A medida que México moderniza su panorama digital, las empresas chinas están bien posicionadas para expandir su papel en la provisión de soluciones tecnológicas. Sin embargo, esta creciente influencia en la esfera digital de México podría aumentar el escrutinio de EE. UU., particularmente en el contexto de la rivalidad geopolítica más amplia entre EE. UU. y China por el control de la infraestructura global de telecomunicaciones.

Construyendo puentes: El rol de China en el desarrollo de infraestructura de México (Dimensión de infraestructura)

La infraestructura es un área crucial donde China ha logrado avances significativos en México. Las empresas chinas han obtenido contratos para importantes proyectos de infraestructura, incluido el Tren Maya y la modernización de diversos sistemas de transporte. Bajo el liderazgo de Sheinbaum, estos proyectos podrían acelerarse, lo que daría a China un papel aún más destacado en el desarrollo de infraestructura en México.

Uno de los proyectos de infraestructura más estratégicos es el corredor transístmico, que conecta las costas atlántica y pacífica de México. Una vez completado, este corredor podría servir como una alternativa al Canal de Panamá controlado por EE. UU., proporcionando a China acceso directo al mercado estadounidense. Dada la influencia política de Sheinbaum y el enfoque de su administración en la infraestructura, es probable que las empresas chinas jueguen un papel central en estos desarrollos.

Riqueza de recursos: El interés de China en los activos naturales de México (Dimensión del medio ambiente físico)

China está particularmente interesada en los vastos recursos naturales de México. Una de las áreas de mayor interés son las reservas de litio de México, esenciales para la producción de baterías para vehículos eléctricos. Las empresas chinas, como Ganfeng, ya han realizado inversiones significativas en el sector del litio en México. Bajo el liderazgo de Sheinbaum, podría haber un impulso renovado para permitir que las empresas chinas desarrollen y extraigan este recurso crítico, a pesar de que México ha nacionalizado la explotación del litio en los últimos años.

Además del litio, las inversiones chinas en el sector de energías renovables de México se han expandido, especialmente en proyectos de energía eólica y solar. A medida que México avanza en su transición hacia energías limpias, la experiencia y las inversiones de China en estos sectores probablemente crecerán. Esto permitirá a China posicionarse como un socio clave en los esfuerzos de México por diversificar su matriz energética y cumplir con los compromisos climáticos globales.

Más allá de las energías renovables, China también ha mostrado interés en otros minerales y recursos naturales de México, como el cobre, el hierro y el petróleo. Estos recursos son vitales para las industrias manufactureras y de tecnología de China, lo que convierte a México en un socio estratégico para asegurar un suministro estable de materias primas. Este interés forma parte de la estrategia más amplia de China para diversificar sus fuentes de recursos y asegurar su cadena de suministro global en medio de la creciente rivalidad con Estados Unidos.

Cronometrando el cambio: Dinámicas geopolíticas en una rivalidad EE. UU.-China (Dimensión de tiempo)

El momento es crítico para evaluar la creciente influencia de la RPC en México. La presidencia de Sheinbaum llega en un momento crucial, ya que la rivalidad entre EE. UU. y China se intensifica. La proximidad de México a Estados Unidos lo convierte en un actor clave en esta lucha geopolítica, y la forma en que Sheinbaum maneje las relaciones de México con ambas potencias definirá la política exterior de su administración.

La próxima revisión del acuerdo USMCA en 2026 será un momento decisivo para México, ya que podría determinar cómo el país equilibra sus lazos económicos con EE. UU. mientras sigue acomodando las inversiones chinas. A medida que la deslocalización reconfigura las cadenas de suministro globales, las empresas chinas están bien posicionadas para capitalizar esta tendencia mediante la expansión de sus operaciones en México.

Conclusión

El panorama geopolítico de México bajo el liderazgo de Claudia Sheinbaum estará moldeado por la compleja interacción de la política interna, las relaciones entre EE. UU. y México, y la creciente influencia de China en la región. Utilizando el marco MESII-PT, queda claro que la presencia de China en México se está expandiendo a través de múltiples dimensiones, desde la infraestructura hasta la tecnología digital. Sin embargo, esta expansión enfrentará desafíos, incluyendo la resistencia social, el escrutinio de EE. UU., y la necesidad de que Sheinbaum equilibre cuidadosamente las relaciones de México con sus dos socios comerciales más grandes.

Para Estados Unidos, mantener líneas de comunicación abiertas con la administración de Sheinbaum será crucial para asegurar que la influencia de China en México no socave los intereses estratégicos de ambos países. Los próximos años serán determinantes para definir cómo México maneja su relación con China, con implicaciones de gran alcance para la geopolítica del hemisferio occidental.

Año	Comercio bilateral (USD billones)	Crecimiento interanual (%)	Áreas de crecimiento industrial	Beneficios USMCA	Evitación de aranceles Programa IMMEX
2012	61.7	N/A	N/A	N/A	N/A
2013	63.4	2.76	Electrónica, Partes Automotrices	Sí	Sí
2014	65.8	3.79	Maquinaria, Telecomunicaciones	Sí	Sí
2015	67.5	2.58	Electrónica, Automotriz	Sí	Sí
2016	69.0	2.22	Maquinaria Industrial, Bienes de Consumo	Sí	Sí
2017	72.2	4.64	Energías Renovables, Bienes de Consumo	Sí	Sí
2018	75.3	4.29	Automotriz, Maquinaria Industrial	Sí	Sí
2019	79.8	5.98	Telecomunicaciones, Automotriz	Sí	Sí
2020	81.5	2.13	Equipos Médicos, Electrónica	Sí	Sí
2021	86.9	6.63	Telecomunicaciones, Automotriz	Sí	Sí
2022	90.9	4.6	EVs, Extracción de Litio, Electrónica	Sí	Sí
2023	94.5	3.96	EVs, Electrónica, Desarrollo de Infraestructura	Sí	Sí

Capítulo 4
Linda Sun, otro caso de seguridad nacional vulnerada
Publicado originalmente el 6 de septiembre de 2024

En un impactante giro que ha conmocionado al panorama político de Nueva York, Linda Sun, exjefa adjunta de gabinete para dos gobernadores del estado, ha sido acusada por las autoridades federales de actuar como agente no revelada del gobierno chino.

Esta imputación pone al descubierto los crecientes esfuerzos de China por infiltrar las estructuras de poder en Estados Unidos, y plantea serias preguntas sobre la seguridad nacional, la confianza en los funcionarios públicos y la influencia extranjera en los altos niveles del gobierno estadounidense.

¿Quién es Linda Sun?

Linda Sun, una funcionaria pública veterana con aproximadamente 15 años de servicio en el estado de Nueva York, ascendió a posiciones de poder y confianza, primero bajo el mandato del exgobernador Andrew Cuomo y más tarde con la actual gobernadora, la también demócrata Kathy Hochul. Sun ocupó varios cargos importantes antes de convertirse en jefa adjunta de gabinete, donde jugó un papel clave en la administración diaria de las políticas y estrategias del gobierno estatal.

Su carrera en la política estatal fue notable por su dedicación a la administración pública, trabajando en una serie de iniciativas económicas y de desarrollo estratégico. En noviembre de 2022, dejó su puesto en el gabinete de Hochul para unirse al Departamento de Trabajo del estado de Nueva York como subcomisionada de Desarrollo Estratégico Empresarial, aunque abandonó esa posición solo unos meses después, en marzo de 2023.

Las acusaciones

Según la acusación presentada por los fiscales federales, Sun habría actuado como una agente encubierta del gobierno chino sin revelar su afiliación, violando la Ley de Registro de Agentes Extranjeros (FARA, por sus siglas en inglés). Esta ley exige que cualquier persona que actúe en nombre de un gobierno extranjero dentro de Estados Unidos para influir en la política o la opinión pública se registre oficialmente ante el Departamento de Justicia.

Sun y su esposo, Chris Hu, fueron arrestados en su lujosa residencia de $3.5 millones en Manhasset, Long Island, en la mañana del martes 3 de septiembre. El arresto fue el resultado de una larga investigación dirigida por el FBI, que registró la casa de la pareja en julio de este año, aunque en ese momento no se proporcionaron detalles sobre los hallazgos de dicha búsqueda.

La acusación también detalla que Sun habría estado involucrada en la transmisión de información y en la facilitación de contactos entre representantes del gobierno chino y funcionarios clave en Nueva York, usando su posición privilegiada en el gobierno para obtener acceso a redes de influencia y recursos políticos.

El contexto

La detención de Linda Sun se produce en un momento en que las relaciones entre Estados Unidos y China atraviesan una de sus etapas más tensas en décadas. La competencia geopolítica, las disputas comerciales y la creciente preocupación por el espionaje chino en sectores estratégicos estadounidenses, como la tecnología y las infraestructuras, han dominado las conversaciones en Washington.

China ha sido acusada repetidamente de emplear una red extensa de espías e influenciadores para infiltrarse en las instituciones clave de Estados Unidos. Desde el caso del robo de propiedad intelectual hasta la adquisición de datos sensibles mediante ciberataques, el gobierno chino ha estado en el centro de múltiples investigaciones relacionadas con la seguridad nacional de EE. UU.

El caso de Sun no es un hecho aislado, sino que refleja un patrón creciente de agentes infiltrados en las estructuras de poder de Estados Unidos, con el objetivo de influir en las políticas desde dentro.

En este contexto, la acusación contra Sun representa un paso más en la creciente preocupación sobre la capacidad de China para penetrar en el corazón del gobierno estadounidense. La gran pregunta es: ¿Cuántos otros casos como este están ocurriendo sin ser detectados?

El impacto político en Nueva York

Nueva York es uno de los estados más importantes de Estados Unidos en términos políticos y económicos. Si bien no es la primera vez que funcionarios de alto nivel en el estado enfrentan cargos criminales, el hecho de que una persona en una posición tan cercana a dos gobernadores pueda haber actuado en nombre de un gobierno extranjero, sacude la confianza en el sistema.

El hecho de que Sun haya trabajado bajo la administración de Andrew Cuomo, un líder de alto perfil que enfrentó sus propios escándalos antes de dejar el cargo, y luego con Kathy Hochul, quien ha luchado por establecerse como una líder fuerte y transparente, complica aún más la situación. Los críticos de Hochul podrían utilizar este caso como un ataque contra su administración, cuestionando el proceso de selección de personal y la seguridad del gobierno estatal bajo su mandato.

Una brecha

El caso de Linda Sun destaca la importancia crítica de la seguridad dentro de las estructuras gubernamentales. Si una persona con conexiones tan profundas dentro del gobierno puede actuar en nombre de una potencia extranjera, es razonable cuestionar qué otros puntos vulnerables existen en la defensa contra la injerencia extranjera.

Este caso plantea serias interrogantes sobre los mecanismos de supervisión y la protección contra la infiltración extranjera en Estados Unidos. Las agencias de inteligencia y los funcionarios del gobierno federal han advertido en varias ocasiones que los esfuerzos de China para influir en la política estadounidense no se limitan al espionaje tradicional, sino que incluyen intentos sistemáticos de influenciar a los responsables políticos a través de agentes colocados estratégicamente.

Reacciones y consecuencias

El martes 3 de septiembre, un portavoz de Hochul emitió un comunicado donde se plantea la indignación de la gobernadora ante la noticia: "Estoy furiosa, indignada y absolutamente sorprendida por lo descarado de su comportamiento". Además, calificó estos actos como una traición a la confianza depositada en Sun y aseguró que han estado colaborando con el Departamento de Justicia en la investigación para asegurar que se revele toda la información y se haga justicia.

Sun fue contratada por la oficina de Hochul en 2021 después de que esta asumiera el cargo de gobernadora tras la renuncia de Cuomo. Como indicó el portavoz de Hochul: "Terminamos su empleo en marzo de 2023 después de descubrir evidencia de mala conducta, informamos inmediatamente sus acciones a las autoridades y hemos ayudado a las autoridades durante todo este proceso".

Es probable que la noticia genere una reacción en cadena en Albany, donde los líderes políticos buscarán distanciarse de cualquier conexión con Sun y sus actividades.

Por otro lado, las autoridades federales han intensificado los esfuerzos para descubrir y desmantelar redes de espionaje y agentes no registrados dentro de Estados Unidos. El arresto de Sun es solo un capítulo en una serie de investigaciones en curso, y no sería sorprendente que salieran a la luz más casos similares en los próximos meses.

Futuro de Linda Sun

Sun y su esposo enfrentan un proceso judicial que podría durar meses, y si se les encuentra culpables, podrían enfrentar penas severas, incluyendo largas condenas de prisión. La defensa de Sun, encabezada por Seth DuCharme, un destacado abogado con experiencia en casos de seguridad nacional aún no ha emitido una declaración pública, y se espera que su equipo legal intente desacreditar las acusaciones, posiblemente argumentando que Sun no actuó con intención maliciosa o que sus actividades no violaron la ley.

Sin embargo, la gravedad de las acusaciones no puede ser subestimada. Actuar como un agente no registrado de un gobierno extranjero es una violación directa de las leyes estadounidenses, y las autoridades están decididas a hacer cumplir estas normativas en un esfuerzo por proteger la integridad de las instituciones democráticas del país.

Un problema sistémico

El arresto de Linda Sun es un recordatorio alarmante de los desafíos que enfrenta Estados Unidos en su esfuerzo por protegerse de la injerencia extranjera, especialmente de China. A medida que las tensiones entre ambas potencias continúan aumentando, es probable que veamos más esfuerzos por parte de las autoridades estadounidenses para identificar y procesar a quienes actúan en nombre de gobiernos extranjeros dentro del país.

El caso de Sun no sólo pone en evidencia las vulnerabilidades dentro del gobierno de Nueva York, sino que también subraya la importancia de reforzar los mecanismos de supervisión y de proteger las instituciones de la influencia extranjera. Al final, este caso es una advertencia de que la batalla por la seguridad nacional se libra no solo en los campos de batalla tradicionales, sino también en los pasillos del poder político de Estados Unidos.

Casos de espionaje chino en la última década (2013-2023)

1. **Jerry Chun Shing Lee (2018)**
    Perfil: Exagente de la CIA.
    Acusación: Proveer información clasificada a China, comprometiendo la red de informantes de EE. UU.
    Resultado: Sentenciado a 19 años de prisión en 2019.
2. **Kevin Mallory (2017)**
    Perfil: Exoficial de la CIA.
    Acusación: Espionaje por vender documentos clasificados a China.
    Resultado: Condenado a 20 años de prisión en 2018.
3. **Xu Yanjun (2018)**
    Perfil: funcionario de inteligencia china.
    Acusación: Intento de robo de secretos comerciales de empresas aeroespaciales estadounidenses.
    Resultado: Arrestado en Bélgica y extraditado a EE. UU., condenado en 2021.
4. **Ron Hansen (2018)**
    Perfil: Exagente de inteligencia del Ejército de EE. UU.
    Acusación: Transmisión de información clasificada a China a cambio de pagos.

Resultado: Condenado a 10 años de prisión en 2019.
5. Ji Chaoqun (2018)
Perfil: Ingeniero y miembro de la Reserva del Ejército de EE. UU.
Acusación: Proveer información sobre científicos e ingenieros estadounidenses a oficiales de inteligencia chinos.
Resultado: Condenado en 2022.
6. Li Xiaoyu y Dong Jiazhi (2020)
Perfil: Hackers chinos trabajando para el Ministerio de Seguridad del Estado de China.
Acusación: Hackeo y robo de propiedad intelectual de empresas tecnológicas y farmacéuticas estadounidenses.
Resultado: Acusados en ausencia.
7. Alexander Yuk Ching Ma (2020)
Perfil: Exoficial de la CIA.
Acusación: Colaboración con China durante casi una década, proporcionando secretos clasificados.
Resultado: Arrestado en 2020 en Honolulu, espera juicio.
8. Baimadajie Angwang (2020)
Perfil: Oficial de la policía de Nueva York y reservista del Ejército de EE. UU.
Acusación: Espionaje para China, informando sobre la comunidad tibetana en Nueva York.
Resultado: Arrestado en 2020; caso pendiente.
9. Hao Zhang (2015)
Perfil: Profesor de universidad en California.
Acusación: Robo de secretos comerciales de tecnología inalámbrica para beneficiar a China.
Resultado: Arrestado en 2015; caso pendiente.
10. Hongjin Tan (2018)
Perfil: Científico investigador en una compañía de energía en Oklahoma.

Acusación: Robo de secretos comerciales relacionados con la tecnología de baterías.
Resultado: Condenado a 24 meses de prisión en 2020.

11. **Yanjun Xu (2018)**
    Perfil: Oficial del Ministerio de Seguridad del Estado de China.
    Acusación: Intento de robar tecnología relacionada con motores de aviación de General Electric.
    Resultado: Condenado en 2021 por espionaje económico.

12. **Henry Kyle Frese (2019)**
    Perfil: Analista de inteligencia de la Agencia de Inteligencia de Defensa (DIA).
    Acusación: Filtrar informes de inteligencia clasificados a un periodista, incluyendo sobre China.
    Resultado: Condenado a 30 meses de prisión en 2020.

13. **Hao Zhenwei (2014)**
    Perfil: Ingeniero en tecnología avanzada de motores.
    Acusación: Transmisión de secretos de la industria automotriz de EE. UU. a China.
    Resultado: Arrestado y deportado a China en 2014.

14. **Walter Liew (2014)**
    Perfil: Empresario chino-estadounidense.
    Acusación: Robo de secretos comerciales relacionados con la tecnología de pigmentos de DuPont.
    Resultado: Condenado a 15 años de prisión.

15. **Xinjiang Jin (2020)**
    Perfil: Ingeniero en telecomunicaciones.
    Acusación: Espionaje económico y robo de datos sensibles de múltiples compañías de EE. UU.
    Resultado: Arrestado en 2020, enfrenta cargos pendientes.

16. **Raymond Chen (2017)**
    Perfil: Científico en el campo de la física.
    Acusación: Transferir tecnología avanzada a China

mientras trabajaba en EE. UU.
Resultado: Arrestado y deportado en 2017.

17. Yujing Zhang (2019)
Perfil: Ciudadana china.
Acusación: Ingresar ilegalmente a Mar-a-Lago, portando dispositivos electrónicos sospechosos.
Resultado: Condenada a 8 meses de prisión por violaciones de seguridad, deportada a China.

18. Sherry Chen (2014)
Perfil: Científica del Servicio Nacional de Meteorología.
Acusación: Espionaje por compartir información sobre infraestructuras hídricas críticas.
Resultado: Acusaciones retiradas, pero su caso levantó preocupaciones sobre discriminación racial.

Capítulo 5
¿Promoverá la Administración Biden un cambio de régimen en Venezuela y Cuba para influenciar las elecciones de 2024?

Publicado originalmente el 24 de agosto de 2024

A medida que se acercan las elecciones generales de Estados Unidos en 2024, las estrategias políticas están bajo intenso escrutinio, especialmente en estados clave como Florida, donde el voto de los cubanoamericanos y venezolanoamericanos podría ser decisivo.

Dada la importancia histórica de estas comunidades y su fuerte sentimiento antirrégimen, surge la pregunta: ¿Promoverá la Administración Biden un cambio de régimen en Venezuela y Cuba para asegurar estos votos, especialmente si el expresidente Trump se convierte en un contendiente fuerte? A través del marco DIME (Diplomático, Informativo, Militar, Económico), podemos evaluar críticamente las políticas de la Administración Biden, sus deficiencias y cómo estas han allanado el camino para una mayor presencia de la República Popular China (RPC) en América Latina, lo que complica aún más la influencia de EE. UU. en la región.

Deficiencias y ganancias diplomáticas de la RPC

Vacío diplomático: La estrategia diplomática de la Administración Biden se ha centrado en gran medida en el multilateralismo y en reconstruir relaciones en América Latina. Sin embargo, este enfoque ha sido a menudo cauteloso y reactivo, sin lograr un liderazgo contundente contra los regímenes autoritarios en Venezuela y Cuba. Esta restricción diplomática ha dejado un vacío, particularmente porque EE. UU. ha dudado en comprometerse plenamente o en tomar una postura definitiva contra estos regímenes, permitiendo así que la RPC fortalezca su influencia en la región.

Estrategia diplomática de la RPC: China ha aprovechado este vacío diplomático al profundizar sus relaciones bilaterales con países clave de América Latina. La Iniciativa de la Franja y la Ruta (BRI, por sus siglas en inglés) de la RPC ha sido una pieza central de sus esfuerzos diplomáticos, ofreciendo inversiones en infraestructura y asociaciones económicas que muchos países latinoamericanos consideran atractivas, especialmente aquellos marginados por las sanciones o la presión diplomática de EE. UU. Esta estrategia ha permitido que China se posicione como un socio confiable que respeta la soberanía nacional, en contraste con la imagen más intervencionista de EE. UU.

Impacto en las condiciones geopolíticas: Los éxitos diplomáticos de la RPC han comenzado a cambiar el equilibrio geopolítico en América Latina. Al forjar fuertes lazos bilaterales y evitar la percepción de intervencionismo, China ha ganado el favor de gobiernos que de otro modo resistirían la influencia de EE. UU. Este posicionamiento diplomático es particularmente preocupante, ya que sienta las bases para un mayor compromiso chino en toda la región, lo que podría socavar los esfuerzos de EE. UU. para promover la democracia y los derechos humanos. Además, el establecimiento de bases de inteligencia de señales (SIGINT) chinas en Cuba es una clara demostración de cómo estas relaciones diplomáticas pueden evolucionar hacia alianzas estratégicas militares y de inteligencia, lo que representa desafíos directos a la seguridad de EE. UU. en el hemisferio.

Deficiencias en información y la influencia informativa de la RPC

Falta de estrategia informativa de EE. UU.: La Administración Biden ha sido relativamente moderada en sus operaciones informativas con respecto a Venezuela y Cuba. Si bien ha evitado la propaganda abierta, esta moderación también ha significado que EE. UU. no ha logrado contrarrestar eficazmente las narrativas que apoyan a estos regímenes. Esta brecha en la estrategia informativa ha permitido que otras potencias globales, notablemente China, llenen el vacío con su propio mensaje.

Operaciones informativas de la RPC: China ha utilizado estratégicamente campañas informativas para promover una narrativa que enfatiza la no intervención y el beneficio económico mutuo, lo que atrae a las naciones latinoamericanas que están cansadas de las sanciones y la presión política de EE. UU. A través de medios de comunicación controlados por el Estado, intercambios culturales y diplomacia económica, la RPC ha logrado proyectarse como un socio en el desarrollo, en lugar de una amenaza a la soberanía.

Impacto en las condiciones geopolíticas: El uso efectivo de las operaciones informativas por parte de China ha aumentado significativamente su poder blando en América Latina. La narrativa de la RPC, que contrasta con la postura más agresiva de EE. UU., ha encontrado resonancia en muchos países, especialmente en aquellos con gobiernos autoritarios. La presencia de bases SIGINT chinas en Cuba amplifica aún más esta influencia, proporcionando a China los medios para recopilar inteligencia crítica que puede utilizarse para fortalecer sus campañas informativas y objetivos estratégicos en la región. Este creciente dominio informativo de China complica los esfuerzos de EE. UU. para influir en la opinión pública y en los resultados políticos en América Latina.

Deficiencias militares y el compromiso militar de la RPC

Ausencia de disuasión militar de EE. UU.: La Administración Biden ha evitado en gran medida las opciones militares en América Latina, prefiriendo medidas diplomáticas y económicas. Si bien evitar los compromisos militares se alinea con los objetivos más amplios de la política exterior de Estados Unidos, este enfoque también ha limitado la capacidad de EE. UU. para ejercer presión o proporcionar disuasivos creíbles a los regímenes autoritarios en la región.

Compromiso militar de la RPC y bases SIGINT: Aunque la huella militar de China en América Latina ha sido relativamente modesta, el reciente establecimiento de bases SIGINT en Cuba representa una escalada significativa. Estas bases, capaces de interceptar comunicaciones en toda la región, incluidas las militares y gubernamentales de EE. UU., marcan una nueva fase en el compromiso estratégico de China en América Latina. Este movimiento no solo mejora las capacidades militares de China, sino que también refleja una cooperación militar cada vez más profunda entre la RPC y Cuba.

Impacto en las condiciones geopolíticas: La presencia de bases SIGINT chinas en Cuba es un desafío directo a los intereses de seguridad de EE. UU. en el hemisferio occidental. Estas bases proporcionan a China una capacidad crítica de recopilación de inteligencia que podría comprometer las operaciones militares y las comunicaciones diplomáticas de EE. UU. Además, este compromiso militar sugiere que China está dispuesta a apoyar y posiblemente proteger a los regímenes en Venezuela y Cuba, lo que complica aún más los esfuerzos de EE. UU. para influir en el cambio político en estos países. Esta presencia militar también envía un mensaje a otros países latinoamericanos de que China es un socio comprometido y capaz de brindar apoyo en materia de seguridad, lo que podría desviar las alianzas regionales lejos de EE. UU.

Deficiencias económicas y dominio económico de la RPC

Estrategia económica inconsistente de EE. UU.: Las políticas económicas de la Administración Biden hacia América Latina, particularmente en relación con las sanciones y el alivio de restricciones, han sido inconsistentes. Aunque las sanciones siguen siendo una herramienta principal contra los regímenes venezolano y cubano, su efectividad se ha visto disminuida por la falta de estrategias económicas complementarias. Además, el alivio de ciertas restricciones ha enviado señales mixtas, reduciendo la presión general sobre estos regímenes sin ofrecer incentivos claros para la reforma.

Expansión económica de la RPC: China ha expandido agresivamente su influencia económica en América Latina a través de inversiones, préstamos y acuerdos comerciales. Mientras EE. UU. se enfoca en las sanciones, China se ha posicionado como el principal socio económico para muchos países en la región, incluidos Venezuela y Cuba. Las inversiones chinas en sectores críticos como infraestructura, energía y tecnología han profundizado la dependencia económica de estos países con China, al tiempo que les ofrece una alternativa a los sistemas financieros liderados por EE. UU.

Impacto en las condiciones geopolíticas: El dominio económico de China en América Latina está remodelando el panorama geopolítico de la región. Los lazos económicos cada vez más profundos entre los países latinoamericanos y China reducen la influencia que EE. UU. ha tenido tradicionalmente para promover reformas democráticas y derechos humanos. Además, las inversiones económicas de China, junto con sus capacidades SIGINT, mejoran su posicionamiento estratégico en la región. Al controlar infraestructura crítica y tener la capacidad de monitorear las comunicaciones regionales, China puede ejercer una influencia significativa sobre las decisiones políticas y económicas de los países latinoamericanos, disminuyendo aún más la influencia de EE. UU.

Conclusión: Consecuencias estratégicas de las deficiencias de EE. UU.

Las deficiencias de la Administración Biden en su enfoque hacia Venezuela y Cuba no solo han limitado su efectividad para promover el cambio democrático, sino que también han creado oportunidades para que la RPC expanda significativamente su presencia e influencia en América Latina. El establecimiento de bases SIGINT chinas en Cuba, en particular, destaca las consecuencias estratégicas de estas deficiencias, marcando una escalada significativa en el compromiso de China en la región.

A medida que China continúa expandiendo su influencia diplomática, informativa, militar y económica en América Latina, EE. UU. enfrenta un desafío creciente para mantener su dominio tradicional. Las implicaciones de este cambio son profundas, lo que podría llevar a una América Latina más alineada con los intereses chinos y menos receptiva al liderazgo de EE. UU. Para contrarrestar esta tendencia, la Administración Biden debe reevaluar su estrategia y tomar medidas más contundentes para restablecer la influencia de EE. UU. en la región. No hacerlo podría resultar en un declive a largo plazo del poder de EE. UU. en América Latina, con consecuencias de gran alcance para su posición geopolítica y seguridad en el hemisferio occidental.

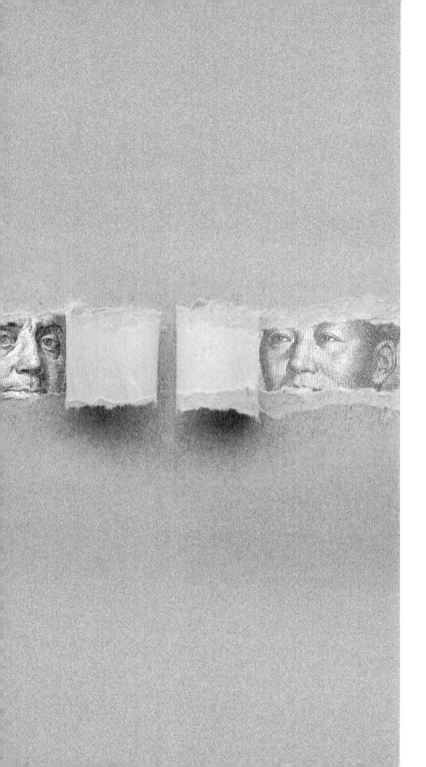

Capítulo 6
Neil Shen y Xi Jinping: más que alineados en políticas y objetivos
Publicado originalmente el 25 de julio de 2023

Dios los cría y el diablo los junta. Al parecer, esta es la particular dinámica que existe entre el empresario chino Neil Shen —número uno en la Lista Midas 2023 de la revista Forbes, correspondiente a los principales inversionistas del mundo— y el líder de la República Popular China (RPC), Xi Jinping.

Más que destacar por ser un genio de las inversiones, lo realmente relevante a efectos de la seguridad de Estados Unidos, es lo que ha venido sucediendo luego de que Shen negociara con el mayor fondo de inversión de Silicon Valley, Sequoia Capital, para abrir una filial de esa empresa de capital de riesgo estadounidense en la RPC.

No estamos hablando de un hecho reciente: estamos hablando del año 2005, cuando Shen se convirtió en el socio fundador de Sequoia China y, con la nueva firma, se abrió una brecha para la realización de actividades ligadas al Partido Comunista Chino (PCCh), al Ejército Popular de Liberación (EPL) y al mismísimo Xi. ¿Nadie lo vio venir? Esto es lo que se sabe a día de hoy.

La peligrosa extensión de Sequoia Capital

Casi dos décadas después de su creación, Sequoia China ha trabajado con más de mil empresas de su país y manejado unos 56,000 millones de dólares en fondos, al tiempo que ha respaldado a firmas tecnológicas, como ByteDance, matriz de TikTok, y recaudado cifras multimillonarias en EE. UU. para invertir en empresas chinas.

Solamente en 2022, la corporación de Shen reunió alrededor de 9000 millones de dólares de manos de instituciones de nuestra nación "en un plan alineado con los objetivos políticos de Pekín", según publicó Financial Times (FT). Lo peor es que tal recaudación fue a parar a cuatro compañías tecnológicas chinas, que bien podrían representar una amenaza para nuestra seguridad.

De acuerdo con la misma fuente, "socios anteriores, inversores rivales y otras personas cercanas a la escena tecnológica y de inversión del país [asiático]", han dicho que Shen "ha recaudado fondos al manejar las corrientes políticas de China y alinearse con los objetivos de la política de 'prosperidad común' del líder Xi Jinping".

Como no podía ser de otra manera, Sequoia China también ha mantenido una relación cercana con otros altos mandos de su país, al punto de "reunirse a menudo con funcionarios del Partido Comunista [Chino] y unirse a un alto comité asesor del Gobierno", según señaló un reporte de The Wall Street Journal (WSJ).

Recientemente, un video del New Federal State of China (NFSC, por sus siglas en inglés) Speaks, con más de 132,000 reproducciones en Twitter, señaló que "Neil Shen no sólo es socio de Sequoia Capital, sino también el administrador del dinero de Xi Jinping".

Como si eso no fuera suficiente, Shen es el único representante de la industria de capital de riesgo en la Conferencia Consultiva Política del Pueblo Chino. Sin dejar de mencionar que fue el primer inversor en respaldar a DJI, el fabricante de drones del gigante asiático que fue incluido en la lista negra de EE. UU. por cuestiones de seguridad.

La sombra del PCCh en Silicon Valley

Para cualquiera con sentido común, cabría preguntarse qué han estado haciendo los directivos de Sequoia Capital, además de allanar el camino a su extensión china para recaudar dinero en nuestro país y luego usarlo en el suyo. ¿Acaso no conocían el modus operandi de Shen? ¿Acaso no sabían de sus nexos políticos y su relación cercana con Xi?

Aparte de ser el cerebro detrás de las empresas chinas de alta tecnología, este inversionista graduado en la Universidad de Yale no sólo se ha limitado a impulsar a prometedoras startups en su suelo natal, sino que también ha establecido una vasta red de contactos aquí, que le han servido para ejercer una mayor influencia (uno de esos contactos es el magnate Elon Musk, a quien le donó 800 millones de dólares para la reciente compra de Twitter).

Según lo que ha trascendido, Shen igualmente es el responsable de la infiltración del PCCh en Silicon Valley y el hombre clave tras sospechosas muertes de científicos chinos que, después de servirles a su régimen robando propiedad intelectual estadounidense, han pasado a ser desechables para que no queden rastros del hecho.

Miles Guo —multimillonario chino, enemigo frontal del régimen de Pekín y cercano al exasesor de Donald Trump, Steve Bannon— ha advertido durante años sobre el peligro que representan las actividades del famoso inversionista para la seguridad de Estados Unidos, de acuerdo con varios reportes de prensa.

Actualmente detenido en Nueva York por supuestamente defraudar a seguidores con más de mil millones de dólares, Miles ha pedido que se investiguen las extrañas muertes en Silicon Valley y ha alertado a los científicos chinos que laboran allí para que no se conviertan en las próximas víctimas del PCCh.

Abro paréntesis aquí para mencionar que "Miles ha sido acusado de 12 cargos relacionados con un presunto caso de fraude financiero y lavado de dinero, pero la realidad es que es una movida política de [Joe] Biden para sacar del juego a uno de los principales financistas de Trump", tal como apuntó Derecha Diario.

La anunciada división de Sequoia Capital

Con una persona de la talla de Shen en el seno de Sequoia Capital —mayormente conocida por invertir en compañías tan familiares para los estadounidenses, como Apple, Instagram, WhatsApp, DoorDash, Zoom y Airbnb, entre otras— uno no puede ignorar la dimensión del peligro que representa tamaña alianza para nuestros intereses.

Si bien Sequoia China ha estado bajo escrutinio desde hace un tiempo por financiar a competidores tecnológicos chinos, lo cierto es que no fue hasta el año pasado que la Administración Biden tomó cartas en el asunto a través del jefe de políticas de Asia, Kurt Campbell, quien se enfrentó al más alto ejecutivo del fondo de inversión de Silicon Valley, Don Vieira.

Según el citado reporte del WSJ, a la pregunta de Campbell de "por qué Sequoia China financiaría a empresas que podrían amenazar la seguridad nacional de EE. UU.", Vieira contestó que la filial china "no invierte en tecnología de defensa", pero, desde luego, eso no fue suficiente.

Dada la fuerte rivalidad entre ambas naciones, a Sequoia Capital no le quedó más remedio que anunciar un plan para dividir la empresa en cinco entidades independientes: una para EE. UU. y Europa, una para China, una para India, una para el sudeste asiático, y un fondo de inversión público/privado.

El poder competitivo más importante

Aunque bastante tardía, la anunciada medida de separar totalmente a Sequoia China de su matriz en EE. UU., podría poner un alto a sus peligrosas actividades tanto dentro como fuera de nuestro territorio, sobre todo, aquellas que están vinculadas con el acceso a información de inteligencia estadounidense.

De acuerdo con el artículo del WSJ, en una entrevista de 2016, Shen le dijo al medio chino Yicai que los equipos de Sequoia Capital de todo el mundo (incluyendo Sequoia China, obviamente) podían acceder a una base de datos interna que contenía 40 años de inteligencia de la empresa sobre compañías en las que ha invertido.

Pero eso no es todo: según la citada fuente, el susodicho inversionista chino, el mismo en quien Silicon Valley depositó su confianza desde 2005, reconoció que la base de datos en cuestión era "el poder competitivo más importante". ¿Así o más clara tenía que quedar su malsana intención en contra de EE. UU.?

En vista de todo esto, Dan Sullivan, senador republicano por Alaska, quien ha criticado fuertemente el accionar de Sequoia Capital ante el Senado, no ha dudado en calificarla de "antipatriótica", básicamente, porque "a sabiendas, está financiando a nuestro competidor, el EPL", puntualizó el WSJ.

El campo de batalla por la tecnología

Para nadie es un secreto que el régimen comunista chino no sólo es el principal rival comercial de Estados Unidos, sino también la amenaza más grande en el terreno tecnológico. Básicamente, quien obtenga los mayores logros en IA, robótica, tecnología 5G, desarrollo espacial y microchips, será quien tenga las de ganar.

Aunque Sequoia China trabaja en los sectores de salud, consumo y finanzas, lo cierto es que despunta fuertemente en tecnología. No en vano su fundador ha dicho que está "en el negocio de ayudar a los emprendedores a levantar las mejores compañías del mundo, principalmente en la tecnología espacial", según reportó la BBC. Y ya sabemos las implicaciones que tiene para la defensa el particular desarrollo en esa esfera.

De acuerdo con Financial Times, hace poco, Shen dijo en su país que "China debe priorizar industrias en crecimiento, como la inteligencia artificial, los vehículos autónomos y la robótica, así como la energía verde y la investigación farmacéutica".

Al parecer, el inversionista está tratando de "realinear sus temas de inversión con las trayectorias políticas esperadas", según el director ejecutivo de una firma de capital de riesgo rival, citado por FT. Tanto es así que el 80 % de sus inversiones recaen sobre empresas de sectores "políticamente correctos", como la IA, la robótica, las baterías de vehículos eléctricos y los semiconductores.

Lo que se deduce de todo esto es que el sabichoso Shen reorienta sus inversiones en dependencia de lo que priorice su país. Por tanto, "si invierte en algo que el Gobierno [chino] fomenta, tendrá muchos vientos de cola", tal como apuntó Henry Zhang, presidente de Hermitage Capital, firma afincada en Hong Kong.

Aunque Sequoia China actuará sola a partir de marzo de 2024 (bajo el nombre de HongShan), el mar de fondo que ha dejado es lo suficientemente peligroso como para no parar de calmarlo. Definitivamente, tanto su matriz, Sequoia Capital, como la actual Administración deberán asegurarse de indagar hasta qué punto nuestra seguridad ha sido comprometida y, como es lógico, tomar las medidas más certeras con la urgencia que se requiere.

Capítulo 7
La magnitud de la penetración de China en Latinoamérica
Publicado originalmente el 12 de junio de 2023

América Latina (LATAM) podría ser la cereza sobre el pastel del nuevo orden mundial ambicionado por la República Popular China (RPC). De un lado, es rica en recursos naturales y casi siempre con presidentes de izquierdas para negociar; del otro, es una zona geográficamente cercana a Estados Unidos, su principal rival económico y militar.

Penetrar en LATAM, por tanto, destaca como uno de los principales objetivos de la RPC, ya sea mediante acuerdos comerciales, inversiones sustanciales, adhesiones políticas o nexos inquebrantables con líderes comunistas. Todo vale para afianzar su rol activo en la región, geoestratégicamente vital para sus fines hegemónicos.

En Perú

De acuerdo con un reporte de Expediente Público, el Índice de China —estudio de la penetración de los chinos en 82 países realizado por la organización taiwanesa Doublethink Lab— reveló que Perú está entre las 10 naciones de todo el mundo más influenciadas por Pekín, y ocupa el quinto lugar.

Esa posición le permite al país andino ser el territorio latinoamericano más penetrado por China, algo que resulta "altamente llamativo" porque supera a "Venezuela y Bolivia, cuyos gobiernos suelen ser aliados ideológicos del gigante asiático".

El informe apuntó que Perú, también firmante de la BRI, obtuvo un puntaje de 62 (de un máximo de

100) en cuanto a vulnerabilidad frente a la influencia de los chinos en términos de dependencia económica o recepción de beneficios.

Cabe señalar que, en el sector académico, las universidades peruanas han establecido vínculos con entidades de la RPC (Huawei, Tencent, Alibaba) y dado la bienvenida a los Institutos Confucio, que promueven supuestamente "el mandarín y la cultura china", puntualizó el informe.

Añadió que en el terreno económico el país asiático se ha convertido en el socio comercial número uno de la nación andina. Además, entidades relacionadas con China poseen, operan o controlan infraestructura crítica (puertos, centrales eléctricas y centros de datos digitales) y sectores sensibles (biotecnología y materias primas, entre otros).

Un claro ejemplo de esto ocurrió en 1992, cuando la empresa Shougang Group compró el 98,4 % de las acciones de Hierro Perú. Según un reporte de la Red Académica de América Latina y el Caribe sobre China (RED ALC-CHINA), "ese fue el primer proyecto de inversión directa a gran escala de China en América Latina".

De igual forma trascendió en el Expediente Público que Perú importa o recibe donaciones en especie de equipos militares y policiales, así como componentes de equipos de la RPC. A ello se añade que el Ejército Popular de Liberación (EPL) ha participado en labores humanitarias en casos de desastre, al tiempo que militares peruanos han recibido educación militar profesional china.

Según esta fuente, empresas de telecomunicaciones peruanas también han firmado acuerdos para adoptar hardware y especificaciones técnicas de redes celulares (4G y 5G), producidas o desarrolladas por Huawei, ZTE y otras empresas de la RPC; empresas incluidas por EE. UU. en la "lista negra" de entidades por estar directamente vinculadas al EPL.

En Panamá

Como también firmante de la BRI, Panamá ocupa el puesto 23 en la lista de países más influenciados por China. Esa posición obedece a la relación que sostienen muchas de sus universidades con entidades chinas, al establecimiento de un Instituto Confucio en su territorio y a la operación por parte del gigante asiático de importantes infraestructuras panameñas.

Según el reporte Índice de China, "entidades y corporaciones chinas también han implementado sistemas de vigilancia por video o Internet para el cumplimiento de la ley, incluidas tecnologías como reconocimiento facial, de voz, y otras aplicaciones que involucran biometría logradas por inteligencia artificial".

Paralelamente, "entidades conectadas a la RPC (como China Mobile, China Unicom o China Telecom) o sus subsidiarias, brindan servicios de telecomunicaciones en suelo panameño o son proveedores autorizados para suministrar equipos y servicios relacionados con la tecnología a servicios gubernamentales o de seguridad", añadió la fuente.

En Venezuela

Venezuela se posiciona en el lugar número 25 de la lista de países más influenciados por China, porque en 2001 se convirtió en la primera nación de LATAM en establecer una asociación estratégica de desarrollo común con Pekín; asociación que pasó a ser estratégica e integral, desde 2014.

Según el reporte de RED ALC-CHINA, "China percibía a Hugo Chávez y Nicolás Maduro, además de socios comerciales, como apoyos estratégicos en una región donde ha ganado cada vez mayor presencia e influencia como un poder extrarregional". Ese acercamiento ayudaría a Pekín a garantizarse, a mediano y largo plazos, el acceso a los abundantes recursos minerales y suministros de energía de la nación sudamericana.

En México

En el puesto 28 del listado del Índice de China se encuentra México, tercer país de LATAM en asociarse con el gigante asiático, luego de Cuba y Chile. Según el reporte de RED ALC-CHINA, desde inicios del presente siglo, la tasa anual de crecimiento del comercio mexicano con China ha sido de un 20,1 %. Además, México es uno de los principales receptores de la inversión extranjera directa de China en América Latina y el Caribe.

En Argentina

Argentina se ubica en la posición 35 del mencionado listado, porque mantiene importantes nexos con China, sin dejar de mencionar que también es un país firmante de la Iniciativa de la Franja y la Ruta. Aparte de eso, de 2000 a 2018, la inversión del gigante asiático en territorio argentino se triplicó, al pasar de 40.139 millones de dólares, mientras que las exportaciones argentinas a Pekín se incrementaron de 249.000 millones de dólares a 263.000 millones.

En Costa Rica

En el Índice de China, Costa Rica -también firmante de la BRI- ocupa el puesto 39, dada la gran influencia que ejerce el gigante asiático en la economía, educación y seguridad. En territorio tico, el régimen asiático ha establecido programas de reclutamiento como el de los Mil Talentos, además de un Instituto Confucio. Asimismo, ha infringido la seguridad nacional mediante ataques cibernéticos dirigidos al Gobierno, a infraestructuras críticas y empresas locales.

En Bolivia

Bolivia, que también integra la BRI, ocupa la posición 60 en el listado de países mayormente penetrados por China. Entre 2009 y 2015, por ejemplo, los préstamos de bancos chinos a este país alcanzaron un valor de 1.600 millones de dólares. En cuanto a la deuda con la nación asiática, esta ascendió a 710 millones de dólares en 2017, un monto nueve veces mayor que el reportado una década atrás.

En Nicaragua

En el puesto 76 del Índice de China se encuentra Nicaragua, país firmante de la BRI que le sigue el juego al gigante asiático al ser un gran entusiasta de su geopolítica en la región. Esta nación centroamericana ha recibido apoyo financiero de personas y entidades de la RPC, al tiempo que ha permitido que corporaciones de telecomunicaciones chinas operen en su territorio y suministren equipos o servicios al mismísimo gobierno.

En Honduras

Meses después de romper relaciones con Taiwán, Honduras y China anunciaron este domingo la apertura de sendas embajadas en sus respectivos territorios, hecho que, según el canciller hondureño, Eduardo Reina, "abrirá nuevas oportunidades y competencias para fortalecer la cooperación entre ambos países".

En este sentido, el ministro de Exteriores chino, Qin Gang, dijo que el rápido desarrollo de las relaciones bilaterales ha demostrado que la decisión de la nación centroamericana es la correcta y "concuerda con los intereses de ambos países".

China en el resto de países de LATAM

De acuerdo con el citado estudio, otras naciones de América Latina también son impactadas en gran medida por el gobierno de Xi Jinping. En esos casos se encuentran Chile (posición 30), Brasil (32), Uruguay (41), Ecuador (58), Colombia (78) y Paraguay (82). Dato extra alarmante: EE. UU. ocupa el puesto 21 en esa misma lista.

Para tener una idea de cuánto ha aumentado la penetración económica de Pekín en la región, sépase que, en 2000, el volumen de comercio bilateral entre China y los países de esta zona fue de tan sólo 126.000 millones de dólares, mientras que en 2018 superó los 300.000 millones de dólares.

Según el "Boletín Estadístico 2018 de la Inversión Extranjera Directa de China", citado por el reporte de RED ALC-CHINA, "a partir de 2018, la inversión directa total de China en América Latina ha alcanzado los 406.800 millones de dólares".

Asimismo, el Banco Popular de China ha firmado acuerdos de canje de moneda local con Brasil, Argentina, Surinam y Chile, al tiempo que otros importantes bancos chinos han abierto más de 10 sucursales en América Latina.

Solamente en préstamos, hasta junio de 2017, China había otorgado más de 140.000 millones de dólares en créditos a la región, "lo que equivale a la suma de préstamos otorgados a América Latina por el Banco Interamericano de Desarrollo, el Banco Andino de Fomento y el Banco Mundial", señaló la propia fuente.

Partiendo de esta información, no hay que ser un experto en el tema China para comprender el grado de influencia que ejerce ese país en LATAM. Estaremos de acuerdo en que Pekín acierta al 100 % cuando penetra continuamente en la región y se echa al bolsillo a la mayoría de sus naciones, comprometiéndolas con la llamada diplomacia de la trampa de la deuda.

Innegablemente, hay una estrategia muy bien trazada aquí no sólo en cuestiones económicas, sino también en aspectos geopolíticos y geoestratégicos que más de un gobierno de la zona debería valorar muy bien, incluyendo por supuesto a EE. UU.

Supuestas bases de espionaje chinas en Cuba: un desafío geopolítico y militar

Si bien la influencia de China abarca a muchos países latinoamericanos, no es menos cierto que su relación con Cuba es la más amenazante para Estados Unidos dada la cercanía geográfica de la isla y la histórica rivalidad entre Washington y La Habana.

En el sector económico, el comercio bilateral China-Cuba experimenta un crecimiento constante, como reflejan datos suministrados por CGTN en español. Según esa fuente, el volumen comercial entre ambas naciones superó los 1.000 millones de dólares en 2021, mientras que el stock de inversiones chinas en la isla era de 140 millones de dólares en 2020.

Mientras de un lado se suceden convenios que supuestamente benefician a chinos y cubanos —China es el principal socio comercial de la isla y ambas naciones son firmantes de la Iniciativa de la Franja y la Ruta (BRI), por sus siglas en inglés—, del otro se aprueban acuerdos que pretenden vulnerar la seguridad de los estadounidenses. En este último caso se encuentra el recién divulgado trato secreto de crear una base de espionaje electrónico en suelo cubano.

Según The Wall Street Journal (WSJ), funcionarios de EE. UU. dijeron que "China acordó pagar varios miles de millones de dólares a Cuba por permitirle construir la estación de espionaje"; estación que le "permitirá a los servicios de inteligencia chinos captar comunicaciones electrónicas en todo el sureste de EE. UU., donde se encuentran muchas bases militares, y monitorear el tráfico de barcos estadounidenses".

Aunque Cuba ha negado el hecho, "esta revelación ha despertado la alarma en la Administración Biden", ya que "una base china con capacidades militares y de inteligencia avanzadas en el patio trasero de EE. UU. podría ser una amenaza sin precedentes", apuntó la fuente.

Sin ir más lejos, los chinos comunistas nos están comunicando que pueden vencernos por aire, mar, tierra, protocolo de Internet y frecuencia de radio. Y con un aliado estratégico tan cercano a nuestras costas, como Cuba, el resto de la historia es fácil de imaginar.

En años recientes, ha aumentado la preocupación en torno a presuntas bases de espionaje chinas en Cuba, y las posibles amenazas que representan para Estados Unidos y América Latina (LATAM).

Bases de espionaje chinas en Cuba

1.1. La Habana: El alegado epicentro de inteligencia

La capital cubana, La Habana, ha sido el foco de alegaciones respecto a la presencia de bases de espionaje chinas. Se sugiere que el extenso complejo de la embajada en La Habana podría ser un centro clave para las actividades SIGINT chinas.

1.2. Bahía de Siguanea

Situada en el oeste de Cuba, la Bahía de Siguanea ("Isla de Pinos") es señalada como una de las posibles bases de espionaje chinas. Aunque el régimen cubano es esquivo al respecto, los informes insinúan que la instalación podría funcionar como un centro para interceptar comunicaciones electrónicas y realizar operaciones SIGINT. Se especula que China podría usar esta base para vigilar las comunicaciones en la región del Caribe, incluyendo aquellas que involucran activos militares de Estados Unidos.

1.3. Puerto de Mariel: El punto de observación marítimo y cadena de suministro

El puerto de Mariel, al oeste de La Habana, ha sido también señalado como un posible sitio para una base de espionaje china. Dada su proximidad a las principales rutas marítimas, este lugar podría servir como un punto de observación valioso para recabar inteligencia sobre actividades marítimas, incluyendo aquellas relacionadas con las fuerzas navales de Estados Unidos en la región.

1.4. Bejucal: El puesto de monitoreo estratégico

Informes sugieren que Bejucal, ubicada aproximadamente a 30 millas al sureste de La Habana, podría albergar una de las supuestas bases de espionaje chinas. Se rumorea que este centro de monitoreo estratégico cuenta con tecnología avanzada de inteligencia de señales capaz de interceptar comunicaciones y recopilar datos sensibles.

1.5. Matanzas: La estación de monitoreo satelital

Matanzas, situada a 50 millas al oeste de La Habana, ha sido identificada como otro posible sitio para una base de espionaje china. Información de código abierto (OSINT, por sus siglas en inglés) sugiere que esta instalación podría estar involucrada en el monitoreo satelital y la interceptación de comunicaciones, lo que permitiría a China recabar inteligencia de fuentes terrestres y espaciales. Se cree que los operativos cibernéticos chinos asignados aquí llevan a cabo operaciones cibernéticas sofisticadas dirigidas hacia Estados Unidos y países de LATAM.

1.6. Santiago de Cuba: El puesto de vigilancia costera

Santiago de Cuba, localizada en la costa sureste de la isla, también ha sido asociada a actividades de inteligencia chinas. Su cercanía al Mar Caribe la convierte en una ubicación potencialmente estratégica para la vigilancia costera, el monitoreo del tráfico marítimo y la interceptación de comunicaciones regionales. La ubicación estratégica de esta instalación permite el monitoreo de las actividades militares de Estados Unidos en la región, especialmente en el Golfo de México.

2.1. La creciente influencia de China en América Latina

La presencia de presuntas bases de espionaje chinas en Cuba destaca el aumento de la influencia regional de China. Debido a sus abundantes recursos naturales, ubicación geográfica estratégica y potencial económico, América Latina se ha convertido en un foco vital para Pekín. El establecimiento de bases de espionaje en Cuba podría brindar a China una ventaja en inteligencia, permitiéndoles monitorear desarrollos regionales e influir en los asuntos de LATAM.

2.2. Amenaza para la seguridad nacional de EE. UU.

Estas seis supuestas bases de espionaje chinas en Cuba representarían preocupaciones para la seguridad nacional de Estados Unidos si se confirman. La proximidad de Cuba a Estados Unidos y su histórica relación adversarial la convierten en una plataforma potencial para actividades de espionaje dirigidas hacia los intereses estadounidenses. Las operaciones de inteligencia china en Cuba podrían tener como objetivo recopilar información sensible, infiltrar infraestructuras críticas o monitorear las actividades militares de Estados Unidos en la región, representando así una amenaza significativa para la seguridad nacional de Estados Unidos.

Tecnología SIGINT

Las supuestas bases de espionaje chinas en Cuba, según se informa, hacen uso de tecnología de inteligencia de señales (SIGINT) avanzada para interceptar y analizar comunicaciones electrónicas. Esto comprende el uso de antenas parabólicas, arreglos de antenas y sistemas sofisticados de procesamiento de señales, lo cual permitiría a las agencias de inteligencia chinas monitorizar una variedad de canales de comunicación, incluyendo transmisiones de voz, datos e internet.

3.1. Sistemas de radar y vigilancia

Se especula que las bases de espionaje utilizan sistemas avanzados de radar y vigilancia para monitorizar actividades marítimas, tales como movimientos navales y tráfico de envíos. Estas tecnologías proporcionarían capacidades de seguimiento en tiempo real, ayudarían a identificar posibles amenazas y recopilarían información valiosa sobre las operaciones navales de Estados Unidos y la seguridad marítima en LATAM.

3.2. Capacidades de inteligencia cibernética

Es probable que las supuestas bases de espionaje chinas, especialmente las ubicadas en Matanzas, posean capacidades avanzadas de inteligencia cibernética. Los ciberoperativos desplegados en estas instalaciones se dedican a actividades de pirateo, recolección de datos y espionaje cibernético. Mediante herramientas y técnicas cibernéticas sofisticadas, China podría apuntar a información sensible, infraestructuras críticas y redes gubernamentales en Estados Unidos y países de LATAM.

3.3. Sistemas de guerra electrónica

Se alega que la base en Cienfuegos se especializa en guerra electrónica, incluyendo la capacidad de interferir y perturbar sistemas de comunicación. Al interferir con las redes de comunicación, China podría potencialmente obstaculizar las operaciones militares de Estados Unidos en la región, comprometer la seguridad de los países de LATAM y crear una ventaja significativa para sus fuerzas militares.

Posible amenaza militar

4.1. Capacidades tecnológicas C4ISR de las presuntas bases de espionaje chinas

A pesar de que los detalles sobre la tecnología C4ISR (Comando, Control, Comunicaciones, Computadoras (C4), Inteligencia, Vigilancia y Reconocimiento (ISR)) utilizada en las supuestas bases de espionaje chinas en Cuba se mantienen en su mayoría sin confirmar, es ampliamente reconocido que China ha logrado avances significativos en capacidades de inteligencia de señales. El dominio tecnológico de China en comunicaciones satelitales, espionaje cibernético y guerra electrónica genera preocupaciones sobre la posible amenaza militar que estas bases podrían representar.

4.2. Vigilancia y reconocimiento aéreo

Las supuestas bases de espionaje en Cuba podrían funcionar como plataformas de vigilancia y reconocimiento aéreo. Al aprovechar la tecnología de vigilancia avanzada, que incluye vehículos aéreos no tripulados (UAV) e imágenes de alta resolución, China podría recopilar inteligencia militar crítica y monitorear los activos militares de Estados Unidos en la región. Estas capacidades podrían tener implicaciones para la estabilidad regional y el equilibrio militar.

Conclusión

La presunta presencia de bases de espionaje chinas en Cuba genera preocupaciones geopolíticas y militares tanto para Estados Unidos como para América Latina. Las posibles implicaciones y ramificaciones son de gran magnitud. La ubicación estratégica de Cuba y su proximidad a Estados Unidos la convierten en una base atractiva para operaciones de inteligencia dirigidas a los intereses estadounidenses. El desarrollo de instalaciones avanzadas de inteligencia de señales proporcionaría a la República Popular China (PRC) una ventaja en inteligencia, permitiéndoles ejercer influencia en la región y socavar la seguridad nacional de Estados Unidos. La posibilidad de desarrollar e implementar tecnologías avanzadas de ciberseguridad, 5G e inteligencia artificial (IA) y sus aplicaciones militares, en este contexto, podría proporcionar al Ejército Popular de Liberación (PLA) armas de última generación para potencialmente atacar la red eléctrica de Estados Unidos en un ataque sorpresa, una suerte de Pearl Harbor del siglo XXI. En lo que el PLA denomina su "guerra de información total", estas armas podrían causar un corte de energía devastador en Estados Unidos, afectando múltiples sectores económicos y debilitando nuestra seguridad nacional.

Es crucial que los actores relevantes monitoreen de cerca la situación, recojan inteligencia confiable sobre estas supuestas bases de espionaje chinas en territorio cubano y tomen medidas apropiadas para enfrentar las posibles amenazas. Los esfuerzos diplomáticos, la cooperación en inteligencia y el fortalecimiento de las medidas de seguridad son vitales para contrarrestar las actividades de espionaje y garantizar la estabilidad regional en la cara de estas posibles bases de espionaje.

Capítulo 8
Estados Unidos y el desarrollo armamentístico de China
Publicado originalmente el 14 de marzo de 2023

Cuando uno cree que lo ha visto todo en lo concerniente al peligro de China para nuestra seguridad nacional, llega la noticia de que organizaciones militares de la nación asiática están comprando tecnología de punta de los Estados Unidos, creada por firmas norteamericanas subvencionadas con millones de dólares por el Pentágono.

Cuesta trabajo creerlo, pero, sí, indirectamente, nuestro país está haciendo posible que los chinos comunistas estén mejor preparados en el terreno militar o, al menos, eso es lo que ha concluido The Washington Post (The Post) tras realizar una exhaustiva investigación sobre el tema.

Destino final de subvenciones millonarias

A pesar de los controles de exportación de EE. UU., diseñados para evitar las ventas o reventas a entidades extranjeras consideradas una amenaza para la seguridad nacional, firmas privadas chinas están adquiriendo tecnología estadounidense especializada y revendiéndosela a entidades militares de su país.

Si eso le parece preocupante, prepárese, porque el asunto empeora tras conocerse que esa tecnología existe, en buena medida, gracias a subsidios y contratos millonarios otorgados a empresas locales por el Departamento de Defensa (DOD, por sus siglas en inglés), en su afán de fomentar la innovación de vanguardia, según informó The Post.

Para llegar a esas conclusiones, "The Washington Post rastreó más de 300 ventas realizadas desde 2019 "mediante el análisis de solicitudes de contratos y documentos de adjudicación emitidos por grupos de investigación militar a la vanguardia de los programas de misiles hipersónicos de China (muchos de ellos en una lista negra de exportaciones de Estados Unidos)".

The Post también habló con seis científicos chinos que trabajan en laboratorios militares y universidades. Bajo condición de anonimato, dichos investigadores dijeron que "el acceso a la tecnología estadounidense con aplicaciones en el diseño y la prueba de misiles" es "casi ilimitado". O sea, que, en este delicado terreno, que tanto tiene que ver con la defensa de nuestro país, los chinos comunistas se están saliendo con la suya.

En cuanto a las 300 ventas en cuestión, el diario refirió que correspondieron a tecnología de origen estadounidense, como, por ejemplo, el software de ingeniería aeronáutica altamente especializada, comercializado a decenas de entidades chinas involucradas en los programas antes mencionados.

"Los científicos que trabajan en la extensa red de academias chinas de investigación militar y las empresas que las ayudan, dijeron en entrevistas que la tecnología estadounidense llena vacíos críticos en la tecnología nacional y es clave para los avances en el armamento chino", subrayó The Post.

Citado por el diario, un científico chino que trabaja en un laboratorio universitario a cargo de pruebas para vehículos hipersónicos, dijo que, "en este caso, la tecnología estadounidense es superior". Es decir, los chinos reconocen que no pueden "hacer ciertas cosas sin tecnología extranjera, [pues] no tienen la misma base técnica".

Entonces, ¿vamos a permitir que parte de nuestra tecnología defensiva, fruto del talento nacional experto en la materia, les caiga prácticamente del cielo? Pues, según la misma fuente, eso está sucediendo gracias al "fantasma del Pentágono, [que está] subsidiando los avances militares chinos".

En opinión de Iain Boyd —director del Centro de Iniciativas de Seguridad Nacional de la Universidad de Colorado, que realiza investigaciones computacionales sobre programas hipersónicos— esta situación "es muy inquietante, porque la conclusión [a la que se llega] es que la tecnología usada para la hipersónica militar fue financiada por los contribuyentes de EE. UU. y terminó en China".

Tal como puntualizó The Post, el flujo constante de software de alta gama, que va hacia un área crítica de investigación desde la que el Ejército chino amenaza con superar a los Estados Unidos, no hace más que reafirmar el desafío que tiene Washington de evitar que dicho brazo armado explote nuestra innovación.

Alcance de los programas de armas hipersónicas

Abundando más sobre este asunto, The Washington Post dijo en su reporte que el programa de armamentos hipersónicos consiste en "una gama de tecnologías emergentes que pueden impulsar misiles a más de cinco veces la velocidad del sonido y potencialmente evadir las defensas actuales".

Asimismo, explicó que, para construir un misil hipersónico, los científicos deben resolver problemas de física avanzada relacionados con el vuelo de este tipo de arma, como, por ejemplo, las pruebas en el túnel de viento y los lanzamientos en vivo, que realmente son costosos.

Según los expertos chinos que hablaron con The Post, "el uso de software estadounidense comercial, resultado de años y, a veces, décadas de investigación y desarrollo, minimiza el tiempo y los recursos necesarios para tales pruebas", razones que, como ya sabemos, igualmente están asociadas al robo de nuestra propiedad intelectual (PI) por parte de la China comunista.

Otro aspecto que trascendió en la investigación, es que, aparte de la lucha existente entre Washington y Pekín por destacar en la carrera armamentista, la PI estadounidense que está llegando a la RPC "también tiene aplicaciones en la industria aeroespacial comercial, así como en otros campos en los que China y los Estados Unidos compiten, incluido el diseño de motores de aeronaves".

De acuerdo con la fuente, "la tecnología que se está comprando incluye varias formas de software de ingeniería asistida por computadora, como el software de aeroelasticidad, que se puede usar para simular y analizar las condiciones físicas extremas que experimentan los vehículos aéreos".

El diario añadió que "otras ventas incluyen hardware, como interferómetros, utilizados por los científicos para capturar datos de alta precisión en pruebas de túnel de viento". En este sentido, científicos estadounidenses dijeron que la simulación asistida por computadora, es un paso fundamental antes de avanzar al túnel de viento y a las pruebas en vivo de armas, como los propios misiles hipersónicos.

Controles de exportación de EE. UU.

Tal como recordó The Post, los controles de exportación de EE. UU. prohíben cualquier venta de productos estadounidenses a China, y su reventa dentro de la nación asiática, si se sabe que se utilizarán para desarrollar un misil o estarán destinados a una entidad restringida.

Sin embargo, parte de nuestra tecnología "está llegando a grupos militares chinos y entidades restringidas a través de firmas intermediarias chinas, algunas de las cuales anuncian abiertamente relaciones con armas y grupos militares en sus páginas web", puntualizó.

Paralelamente, el diario remarcó que, bajo la orientación del Departamento de Comercio de los Estados Unidos, los exportadores locales son responsables de determinar si su distribuidor está vendiendo a una parte restringida o comercializando algo para un uso prohibido.

En este sentido, citó al subsecretario adjunto de administración de exportaciones de ese departamento, Matthew S. Borman, quien puntualizó: "Lo que siempre les hemos dicho a las empresas es que no pueden cegarse a sí mismas. No pueden simplemente decir: "Oh, se lo vendo a un distribuidor, no sé qué van a hacer con eso". La primera responsabilidad recae en las empresas. Y si no asumen esa responsabilidad, corren el riesgo de estar cometiendo una violación".

Para ahondar un poco más en el tema, The Post explicó que la restricción general de exportación se aplica a empresas u organizaciones incluidas en la Lista de Entidades, que prohíbe las ventas a compañías consideradas un riesgo para la seguridad nacional y que no hayan obtenido un permiso previo de parte del Gobierno de EE. UU.

¿Recuerdan la famosa lista negra comercial de la que hemos hablado en varios artículos sobre el tema? Pues se trata de esa misma, la que, dicho sea de paso, a día de hoy, ya incluye a aproximadamente 600 corporaciones chinas tras la adición de siete firmas más en agosto pasado.

En esa fecha, el Departamento de Comercio, a través de su Oficina de Industria y Seguridad, dijo que tales empresas fueron agregadas a la lista por realizar actividades contrarias a la seguridad nacional de EE. UU., entre ellas, precisamente, el apoyo a los esfuerzos de modernización militar de la RPC.

Empresas de EE. UU. en el ojo público

Según descubrió The Washington Post, alrededor de 50 empresas estadounidenses están en el ojo público porque, desde 2019, les han estado vendiendo productos a firmas privadas del gigante asiático, que han servido de intermediarias en la comercialización de tecnologías de misiles para organizaciones militares chinas.

Utilizando bases de datos de adquisiciones del régimen chino y otros documentos contractuales, el diario no solo identificó a compañías locales involucradas y varios de los productos vendidos, sino también a revendedores chinos vinculados con la transferencia de tecnología avanzada.

Entre las empresas estadounidenses en cuestión se encuentran: Zona Technology, con sede en Arizona, y Metacomp Technologies, con sede en California. Según la fuente, ambas le vendieron un software de simulación aerodinámica a intermediarios chinos que terminaron derivando el producto a la Academia China de Aerodinámica Aeroespacial (CAAA, por sus siglas en inglés).

Dos científicos militares chinos, familiarizados con el programa, dijeron que la CAAA fue fundamental en la prueba de misiles hipersónicos de China 2021. Aunque el diario no pudo determinar si dicho software se usó en ese ejercicio, sí recalcó que entre sus usos potenciales se halla la simulación de condiciones para una prueba de la vida real, como la realizada por el gigante asiático el año pasado.

Recordemos que, mediante la prueba en cuestión, los chinos enviaron a la órbita baja un cohete (conocido como Sistema de Bombardeo Orbital Fraccional) que transportaba un vehículo hipersónico con capacidad nuclear, demostrando así una capacidad espacial avanzada que tomó por sorpresa a la inteligencia estadounidense, tal como informó en su momento el Financial Times.

Taylor Fravel, experto en política de armas nucleares chinas, dijo a ese diario en aquel entonces que "un vehículo de planeo hipersónico armado con una ojiva nuclear podría ayudar a China a "invalidar" los sistemas de defensa antimisiles estadounidenses, que están diseñados para destruir misiles balísticos entrantes".

El segundo al mando de la Fuerza Espacial de los Estados Unidos, general David D. Thompson, dijo a The Washington Post, por su parte, que nuestros satélites "están bajo ataque todos los días" y que EE. UU. está realmente en un punto en el que "nuestros sistemas espaciales pueden verse amenazados".

El portal Alerta Digital, entretanto, señaló que el misil lanzado por China recorre una milla por segundo, hecho "que lo hace muy difícil de detectar con los radares terrestres o el sistema de radar espacial. Solo al final del vuelo es posible encontrarlo, por eso los sistemas de intercepción de misiles no podrían destruirlo antes de alcanzar su objetivo".

Retomando la investigación realizada por The Post, según lo que ha trascendido, la firma estadounidense Zona Technology le vendió el software a Hifar Technologies, un proveedor de tecnología militar con sede en Pekín, que fue el que se lo revendió a CAAA. Al parecer, Hifar no oculta que vende ese tipo de productos a más de 50 fabricantes de misiles chinos, a quienes llama "socios de cooperación".

Cabe mencionar que entre esos "socios" se hallan: la propia CAAA, el Instituto de Investigación de Misiles Aire-Aire de China, la Academia China de Tecnología de Vehículos de Lanzamiento, el grupo de misiles del Ejército Popular de Liberación y el Centro de Desarrollo e Investigación Aerodinámica de China.

En cuanto a Metacomp Technologies, su asesor legal, David Habib, dijo que "la firma no tiene conocimiento sobre si esas empresas adquirieron o transfirieron el software a otros, ni [tampoco acerca de] cómo lo hicieron, refiriéndose a la CAAA y a otro grupo militar chino".

Por lo que señaló The Post, "tanto Zona como Metacomp tienen contratos de servicios de investigación y desarrollo con la Fuerza Aérea de EE. UU., [por tanto], al ser contratistas del Departamento de Defensa, deben cumplir con los controles y las sanciones de exportación aplicables, de lo contrario, corren el riesgo de perder el contrato o, incluso, de ser incluidos en la lista negra como contratistas".

El diario puntualizó, asimismo, que "ambas compañías han recibido subvenciones del programa de Investigación e Innovación para Pequeñas Empresas (SBIR, por sus siglas en inglés) del Pentágono", que otorga dinero para apoyar el desarrollo de tecnologías que ayuden a elevar las capacidades de defensa de los Estados Unidos.

En cuanto al monto otorgado a las dos empresas estadounidenses en calidad de subvenciones, la fuente señaló que Zona Technology recibió 31.6 millones de dólares, mientras que Metacomp Technologies recibió unos 13.9 millones.

Una tercera empresa norteamericana involucrada en este asunto, es Pensilvania Ansys Inc., firma que, en 2020, le vendió un software a Pekín Iwintall Technology Co. Ltd. a través de la subsidiaria Pera Global. Gracias a esa operación, el producto cayó en manos del Instituto de Tecnología de Pekín, una de las principales universidades de defensa de China, ya ubicada en la lista negra comercial.

Según Ian Stewart, director ejecutivo del Centro de Estudios de No Proliferación de Middlebury College, en Washington, "está claro que los controles [de exportación] deben expandirse al software y la tecnología con usos en [misiles] hipersónicos. Y, como regla general, los productos o las tecnologías sensibles nunca deben enviarse, ni venderse a través de distribuidores".

Completamente de acuerdo. Tanto la industria tecnológica estadounidense como sus productos clave necesitan ese respaldo. Ya sabemos que los distribuidores tienden a lavarse las manos, máxime, si son chinos y peor aún, si entre sus "clientes" figuran entidades de corte militar que responden al régimen autocrático de Pekín.

Sin ir más lejos, hay que hacer la tarea. Las empresas exportadoras locales no solo deben mirar por sus bolsillos: también deben indagar quiénes están detrás de las firmas privadas chinas que les compran y que, a su vez, son abiertamente cómplices de los objetivos militares de la RPC.

Si tiran de los hilos correctos, a tiempo, pueden cortar el suministro tecnológico que está alimentando el voraz apetito militar de la China comunista.

China crea aviones de combate a partir de tecnología militar de EE. UU.

Aquello de que es mejor fallar en originalidad que triunfar en imitación parece no tener cabida en la República Popular China (RPC), nación que, mediante el robo de nuestra propiedad intelectual (PI) militar, hoy cuenta con el avión de combate de quinta generación J-20, copia fiel del Lockheed Martin F-22 de Estados Unidos.

Para adueñarse de lo que no les corresponde, y como es habitual en su proceder, los chinos comunistas se han valido (y continúan valiéndose) de diversas artimañas de espionaje, entre ellas, el uso de espías en suelo americano, el tráfico de influencias entre personalidades y funcionarios locales, y, por supuesto, los ciberpiratas.

Ahora, con la certeza de que no sólo nos han robado secretos comerciales, tecnológicos y biomédicos, sino también militares de este calibre, el gigante asiático se acerca peligrosamente a la capacidad de poder enfrentarnos en un posible campo de batalla e, incluso, superarnos.

J-20: la formidable imitación del F-22 estadounidense

Citando a expertos en el tema, Fox News Digital dijo que "China logró su avión de combate de quinta generación copiando tecnología militar de EE. UU., y podría mantener su ritmo de desafío al Ejército estadounidense si no se hace más para salvaguardar la información confidencial sobre las armas".

En entrevista con ese medio de prensa a propósito de este asunto, el exsubsecretario de Defensa Interino para Políticas, James Anderson, señaló que, "debido a los esfuerzos de espionaje de China, su avión J-20 es más avanzado de lo que debería, y ese es el punto [más] importante aquí".

Paterson recordó que los chinos "se han beneficiado mucho de sus robos a lo largo de los años". Según él, "le han dado un buen uso [a lo robado] y han ideado un caza avanzado de quinta generación", del que es muy difícil predecir su capacidad frente al F-22 estadounidense, salvo a través de un combate real.

J-20: el tercer avión de quinta generación en la historia

Popularmente conocido como "Mighty Dragon", el J-20 chino fue fabricado por Chengdu Aircraft Industry Group, constituye una de las armas militares más avanzadas del país asiático y es el tercer avión de combate de quinta generación en la historia, solo precedido por el F-22 y el F-35, ambos de Estados Unidos.

Según un reporte de Business Insider, en 2021, la fuerza aérea china tenía una flota de más de 50 jets J-20; flota calificada de "robusta" por el general Kenneth Wilsbach, jefe de las Fuerzas Aéreas del Pacífico de EE. UU., quien, según esta publicación, quedó impresionado ante las demostraciones de ese avión en el Mar de China Oriental.

Si bien "es un poco pronto para decir exactamente lo que [los chinos] pretenden hacer con el J-20, realmente [cabe mencionar que] todo lo que le hemos visto hacer demuestra superioridad aérea", dijo Wilsbach en una entrevista concedida en marzo de 2022.

Según explicó Fox News Digital, la RPC "comenzó a desarrollar su J-20 en 2008 como parte de un plan para diseñar un nuevo caza que pudiera competir con los de Estados Unidos. El avión despegó por primera vez en 2011 y entró en servicio en 2017", no sin antes haber mostrado similitudes con los aviones de combate norteamericanos.

Resulta ser que en 2015, un informe de Associated Press sobre la tecnología y las capacidades del avión advirtió de las semejanzas existentes entre la aeronave china y la estadounidense. "Al parecer, decía el reporte, parte de su tecnología podría haber venido de los propios EE. UU."

El reporte de Business Insider, entretanto, agregó que el J-20 chino tiene una velocidad máxima de 2468 kph, una autonomía de vuelo de 5.26 km y dos versiones: el J-20A, que es la versión original y el J-20S, que es el primer avión de combate furtivo biplaza.

Según el mismo reporte de Fox News Digital, el experto citó "el caso de Yanjun Xu, un espía chino que fue condenado en 2022 por intentar robar secretos comerciales de varias compañías aeroespaciales y de aviación de EE. UU., incluido el robo de tecnología patentada de ventilador para motores de avión".

"Realmente, fue una gran victoria para Estados Unidos poder resolver ese caso en particular, pero, al mismo tiempo, todavía observamos lo que China está tratando de hacer con la tecnología: el espionaje", dijo McInnis, no sin antes advertir de que China es y seguirá siendo la mayor amenaza para la seguridad nacional de Estados Unidos.

El plan del líder chino en el plano defensivo

Un reporte de La Razón sobre este asunto señaló que el plan del líder chino, Xi Jinping, "es modernizar la fuerza aérea del Ejército. Por eso, el [también llamado] Chengdu J-20 tendrá la misión de defender el país asiático desde el aire".

Sin ir más lejos, el principal avión de combate chino puede transportar hasta 11,000 kg de armas de diferente tipo; lanzar misiles PL-10 de corto alcance, PL-12 de medio alcance y PL-15 de largo alcance, e, incluso, incorporar misiles PL-21 de un mayor alcance, así como bombas de precisión de hasta 60 kg.

Aunque China aún no ha dicho cuántas unidades del J-20 planea construir (aparte de las que ya se tiene noticia), es posible que sean unas 200, a juzgar por las predicciones del experto en aviación militar Andreas Rupprecht, citado por la misma fuente.

El uso de inteligencia artificial en las operaciones militares chinas

Si de por sí China ha logrado avanzar en el terreno militar con la imitación del F-22 estadounidense, la nación asiática podría continuar mejorando su capacidad defensiva aún más con la incorporación de inteligencia artificial (IA) a sus operaciones, según dio a conocer un artículo del portal defensa.com.

De acuerdo con la fuente, el diseñador jefe del J-20, Yang Wei, dijo que el deber de China Aviation Industry Corporation es superar a los demás modelos de aeronaves de quinta generación en cuanto a equipos y tecnologías. En su opinión, "cuando se trata del desarrollo futuro de la industria aeronáutica de China, creo que todos saben lo que necesita el país".

Partiendo de que el caza J-20 "puede interoperar junto con aviones remotamente tripulados", el experto añadió que este modelo de avión también se integrará en los sistemas terrestres, marítimos, aéreos y espaciales a fin de desempeñar un papel óptimo en todo el sistema con el despliegue de las últimas tecnologías de IA.

Claramente, la brecha existente entre Washington y Pekín en el plano aeromilitar cada vez se hace más pequeña. De hecho, ya se habla de que la nación asiática trabaja en la sexta generación de aeronaves tripuladas y no tripuladas, así como en el mejoramiento de sus capacidades furtivas para volverlas invisibles a los radares enemigos.

Por supuesto, nuestro país también está inmerso en el desarrollo de la sexta generación, en este caso, mediante el programa Dominio Aéreo de la Próxima Generación (NGDA, por sus siglas en inglés), el cual prevé tener un avanzado caza tripulado con capacidad operativa antes de 2030.

Por el bien de nuestra seguridad nacional, confiemos entonces en que nuestra tecnología no llegue antes a manos chinas; de lo contrario, el desafío para nuestro Gobierno sería tan grande como las mismas capacidades de estas potentes naves.

Capítulo 9
China y su carrera por la supremacía en informática cuántica
Publicado originalmente el 21 de febrero de 2023

2030: esta es la fecha tope que la República Popular China (RPC) se ha puesto para obtener la supremacía mundial en el terreno de la informática cuántica, tecnología emergente con múltiples aplicaciones en el sector económico, las operaciones de inteligencia y la rama de la ciberseguridad, por citar algunas.

De momento, China no solo asegura tener la computadora más rápida del orbe, sino también el conocimiento para descifrar el RSA, algoritmo de clave pública mayormente usado para encriptar firmas digitales y comunicaciones, intercambiar claves y establecer conexiones seguras.

Si los chinos están (o llegaran a estar) en poder de ambas cosas, esta sería una amenaza sin precedentes en este sector, sobre todo, en lo que concierne a la seguridad informática, tan necesaria para proteger la información y el procesamiento de datos de la manipulación o los daños perpetrados por terceros.

La computadora cuántica más poderosa del mundo

A fines de 2022, IBM anunció la creación del procesador más grande del mundo, el Osprey, de 433 bits cuánticos (qubits). Asimismo, dijo que planea superarse con Condor, un chip de más de 1000 qubits que saldrá a fines de este año. Para 2025, en tanto, la multinacional estadounidense pretende ampliar el objetivo y llegar a los 4000 qubits.

Siguiéndole los pasos muy de cerca, la República Popular China aseguró en 2021 que tiene la computadora cuántica programable más rápida del mundo, la Zuchongzhi 2.1, capaz de operar 10 millones de veces más rápido que la supercomputadora más veloz, la japonesa Fugaku, y un millón de veces más rápido que el procesador Sycamore, de Google.

La revista especializada Physical Review Letters, que difundió el logro de los chinos, también dio a conocer que su computadora cuántica fotónica basada en la luz, Jiuzhang 2, puede realizar cálculos 100 billones de veces más rápido que la supercomputadora existente más rápida del planeta.

El estado actual de la carrera por la supremacía cuántica

Para arrojar más luz sobre el estado actual de la carrera por la superioridad cuántica entre ambas naciones, un reporte de GlobalData señaló a fines de 2022 que EE. UU. está unos cinco años por delante de China, sin embargo, advirtió que la nación asiática se está poniendo al día rápidamente.

Benjamin Chin, analista asociado de la empresa británica de consultoría de datos, reconoció que "la computación cuántica se ha convertido en el último campo de batalla entre Estados Unidos y China". O sea, "ambos países quieren la supremacía cuántica no solo como cuestión de orgullo nacional, sino también por las ventajas financieras, industriales, científicas y militares que esta puede ofrecer".

Hoy por hoy, tres firmas tecnológicas estadounidenses lideran el número de patentes en computación cuántica: IBM (1885), Alphabet (1000) y Northrop Grumman (623). Aparte de eso, el Gobierno desarrolla la iniciativa National Quantum Computing, con un monto de 1.2 mil millones de dólares, de los tres mil millones recientemente destinados a impulsar esta industria.

La inversión de los chinos en informática cuántica

Al parecer, la RPC está invirtiendo más dinero que Estados Unidos en esta rama. De acuerdo con el reporte de GlobalData, Pekín invirtió 10 mil millones de dólares en la construcción del Laboratorio Nacional de Ciencias de la Información Cuántica, destinado a investigar el uso militar de esta tecnología.

La multinacional tecnológica china Alibaba, por su parte, designó 15 mil millones de dólares a la Academia DAMO, cuyas áreas de investigación son: la computación cuántica, el aprendizaje automático, la ciberseguridad, la tecnología de chips y la inteligencia artificial, entre otras.

Un estudio de la consultora tecnológica Capgemini, citado por el portal Computer World, puntualizó que en China, un 43 % de las organizaciones trabajan en aplicaciones de la computación cuántica frente al 23 % de la media mundial. Básicamente, porque "China ha nombrado a la informática cuántica un elemento clave en su 13 plan quinquenal y su plan 'Made in China 2025'".

Según el citado analista de GlobalData, Benjamin Chin, el gigante asiático "ya se ha establecido como líder mundial en comunicaciones satelitales cuánticas seguras. Además, gracias a su modelo económico autocrático, puede juntar recursos de instituciones, corporaciones y el Gobierno".

Chin dijo que "eso le da a China una clara ventaja, ya que puede trabajar colectivamente para lograr un solo objetivo: la supremacía cuántica. En contraste, remarcó, las empresas tecnológicas estadounidenses compiten entre sí" por el mismo objetivo, de ahí que solo es cuestión de tiempo antes de que ambas naciones alcancen la paridad técnica en esta industria.

El avance de China en el descifrado del algoritmo RSA

Recientemente, China anunció que encontró un método gracias al cual puede romper el algoritmo RSA, fundamental en la mayoría de los cifrados usados online, empleando una máquina cuántica de solo 372 qubits (recordemos que un ordenador de 433 qubits ya existe y lo tiene IBM).

Pues bien: si los chinos están en lo cierto, esto marcaría un momento significativo en la historia de la seguridad informática, al decir de Roger Grimes, experto en ciberseguridad, citado por Financial Times (FT). A su modo de ver, "significaría que los gobiernos podrían descifrar los secretos de otros gobiernos" sin problemas.

La revista Forbes, que también reaccionó al anuncio, explicó que "la peor pesadilla para los expertos en seguridad cibernética, es que alguien use un cuanto para factorizar los grandes números que subyacen en los sistemas de encriptación existentes, desde bancos y mercados financieros hasta acceso seguro a bases de datos en todo el mundo".

"A diferencia de los piratas informáticos convencionales, agregó la publicación, un ataque de este tipo sería sigiloso y prácticamente indetectable", o dicho de otro modo: algo así como "despertar en un mundo donde todos los secretos y datos confidenciales estén expuestos a los enemigos mortales de Estados Unidos".

Cabe mencionar que un ciberataque de esa clase podría causar daños desastrosos en sectores muy sensibles, como el Ejército, las agencias de inteligencia, la red eléctrica nacional, la banca, la propiedad intelectual comercial, el tráfico web y, por supuesto, las comunicaciones privadas, por solo citar algunos.

La cercanía del Q-Day o apocalipsis cuántico

Los avances de China en el descifrado del código RSA son muy preocupantes porque "se acerca el Q-Day, día en el que los ordenadores cuánticos podrán romper el cifrado existente", según vaticinó Petko Stoyanov, CTO de la firma de seguridad informática Forcepoint.

En declaraciones a Washington Examiner, el experto señaló que, "a escala global, tenemos una carrera armamentista a puertas cerradas entre la tecnología cuántica y la inteligencia artificial".

Es decir, hay una posibilidad real de que estas máquinas "se vuelvan lo suficientemente poderosas como para romper los esquemas de encriptación populares en minutos, en lugar de los miles de años que necesitan las computadoras modernas convencionales", abundó el diario.

La misma fuente apuntó que, hasta hace poco, se suponía que "esa posibilidad estaría a varios años de distancia", sin embargo, "si los investigadores chinos tienen razón, el futuro es ahora".

Por esa razón, expertos como Bryan Ware, CEO de LookingGlass Cyber Solutions, han instado a las organizaciones que dependen del cifrado tradicional a que busquen otros métodos de protección de datos frente a lo que ya muchos llaman el apocalipsis cuántico.

Los equipos cuánticos chinos destinados al uso militar

Independientemente de la rivalidad por obtener la superioridad en esta industria, hoy se sabe que las computadoras cuánticas son máquinas avanzadas que pueden resolver problemas complejos y, por lo tanto, impulsar el avance económico, tecnológico y militar del país que mejor las desarrolle.

A propósito de este último particular, cabe decir que la RPC ya ha desarrollado equipos cuánticos con usos militares. Según el portal especializado ComSoc, en 2022, científicos de la Universidad de Tsinghua crearon un radar cuántico que podría detectar aviones sigilosos generando una pequeña tormenta electromagnética.

South China Morning Post, entretanto, informó que el año pasado, científicos chinos crearon Sunway, una supercomputadora capaz de "ejecutar con éxito un modelo de inteligencia artificial tan sofisticado como el cerebro humano. Tal logro pone a la máquina china a la par con Frontier, la última máquina construida por el Departamento de Energía de EE. UU., nombrada la más poderosa del mundo en la lista Top 500".

Sabiendo que China nos está pisando los talones, es impostergable prestarle más atención al desarrollo de la informática cuántica. Hay que invertir más capital y recursos para seguir a la vanguardia. Hay que crear una estrategia de defensa que nos permita repeler los ataques de los ciberpiratas chinos.

Si con computadoras tradicionales nos han robado hasta 600 mil millones de dólares por año en concepto de propiedad intelectual, si el 80 % de los juicios de espionaje presentados por el Departamento de Justicia están relacionados con China y si un nuevo caso de contrainteligencia contra Pekín se abre cada 12 horas, según el FBI, ¿qué no serían capaces de hacer con las máquinas más poderosas de la historia?

Capítulo 10
El provocante vuelo del globo espía chino por territorio estadounidense
Publicado originalmente el 14 de febrero de 2023

Ni accidental, ni con fines meteorológicos: el sobrevuelo del globo chino por territorio de Estados Unidos, en flagrante violación de nuestro espacio aéreo, es una provocación de la China comunista motivada por el propósito de recopilar información de inteligencia, conocer nuestro apresto operacional y constatar nuestra capacidad estratégica.

Que haya seguido una ruta específica, justamente sobre importantes instalaciones militares, corrobora que nunca se trató de un globo meteorológico "perdido", arrastrado por el viento hacia un rumbo desconocido. No, señor. Por más que la República Popular de China (RPC) no quiera admitirlo, dudo que no sepa lo que se trae entre manos.

A pesar de que el Buró Federal de Investigaciones (FBI, por sus siglas en inglés) aún está haciéndole un examen forense al globo, para determinar sus verdaderas capacidades e intenciones, ya se conocen algunas de sus llamativas características y sus presuntas funciones de espionaje.

De 60 metros de altura y con una carga del tamaño de un avión comercial, el aparato ingresó a EE. UU. el 28 de enero, por Alaska; fue derribado por el Ejército el 5 de febrero, frente a la costa de Carolina del Sur, y posteriormente trasladado a las instalaciones del FBI, en Quántico, Virginia, a partir del 6 de febrero.

Logística de la recuperación y análisis de los restos

La recuperación, descontaminación e investigación de los restos del globo, constituyen una exigente tarea para los expertos del FBI, así como de todas las fuerzas involucradas: el Departamento de Defensa (DoD), el Servicio de Investigación Criminal Naval, la Marina y la Guardia Costera, entre otras agencias federales.

Hasta el momento de escribir este artículo, la evidencia recuperada consistía en el dosel del globo en sí, cables y componentes electrónicos. La "carga útil" restante sigue dispersa en el océano y será llevada a Quántico según vaya apareciendo. Por cierto, esta es la primera vez en la historia que el FBI responde a una amenaza de este calibre.

En su anuncio sobre el particular, este servicio de inteligencia dijo que "cuenta con expertos en la materia, incluidos equipos de buceo de respuesta a evidencia y equipos de respuesta a evidencia peligrosa, que contribuyen a la misión de recopilar, analizar y compartir información científico-técnica oportuna dentro del FBI, además de otras agencias federales y policiales".

Hallazgos preliminares y capacidades del globo

Tras conocerse sobre el sobrevuelo y posterior derribo del globo, funcionarios de la Administración Biden dijeron que el "equipamiento de los globos de gran altitud claramente sirve para la vigilancia de inteligencia", confirmando, de paso, que este era "inconsistente con el equipo a bordo de globos meteorológicos".

"[El globo] tenía múltiples antenas con una matriz probablemente capaz de recopilar y geolocalizar comunicaciones. Estaba equipado con paneles solares lo suficientemente grandes como para producir la energía necesaria, a fin de operar múltiples sensores de recolección de inteligencia activa", dijo uno de ellos.

Un reporte de CNN, que se hizo eco de las declaraciones de otro funcionario del Departamento de Estado, señaló que el globo "era capaz de realizar operaciones de recopilación de inteligencia de señales" y formaba parte de una flota que había sobrevolado "más de 40 países en los cinco continentes".

Aun así, fuentes oficiales han dicho que el aparato "obtuvo poca inteligencia nueva" por dos razones: primero, porque los chinos dejaron de transmitir información una vez que EE. UU. supo de él; segundo, porque nuestro país tomó las medidas necesarias "para proteger la inteligencia sensible a las operaciones de espionaje chinas".

Instalaciones bajo riesgo en la trayectoria del aparato

Cuando el globo chino entró a nuestro espacio aéreo, oficiales de inteligencia nacional pensaron que no tenía ninguna "intención hostil", sin embargo, tal postura cambió diametralmente cuando supieron que el aparato procedente del gigante asiático comenzó a desplazarse sobre los 48 estados inferiores.

Básicamente, el globo espía sobrevoló varias sedes principales de instalaciones estratégicas, entre ellas, las bases de la Fuerza Aérea de Malstrom (Montana), Ellsworth (Dakota del Sur), Offutt (Nebraska), Whiteman (Missouri), Scott (Illinois) y Pope (Carolina del Norte).

Asimismo, pasó por varias bases de la guardia nacional aérea y sedes de entrenamiento del Ejército, tales como Joe Foss Field (Dakota del Sur), Sioux City (Iowa), Camp Ashland y Lincoln (Nebraska), Fort Leonard Wood y St. Louis Army Human Resources (Missouri), y Fort Campbell, Nashville, Smyrna, Houston Barracks y McGhee Tyson (Tennessee). Otras instalaciones sobrevoladas por el globo fueron: Fort Bragg, Marine Corps Air Station New River y Camp Lejeune (Carolina del Norte).

Polémica partidista sobre el derribo del globo

Si bien Estados Unidos terminó derribando al globo, demócratas y republicanos han estado divididos en cuanto al mejor momento para abatirlo. Así, mientras los primeros respaldan la determinación tomada por Joe Biden, los segundos dicen que debieron derribarlo de inmediato.

Según el mismo reporte de CNN, "en las sesiones informativas secretas del Congreso, los funcionarios de la Administración argumentaron que Estados Unidos no se movió antes para derribar el globo, en parte, por temor a que pudiera provocar una escalada de las tensiones militares con China o, incluso, un conflicto militar".

La misma fuente puntualizó que "otra de las razones por las que el globo no fue derribado cuando ingresó al espacio aéreo de Alaska, es porque allí las aguas son frías y profundas, de ahí que fuera menos probable que pudieran haberlo recuperado".

De la otra parte, trascendió que Marjorie Taylor Greene, representante republicana de Georgia, dijo que el Pentágono hizo que el presidente luciera débil por sus acciones. Entretanto, el presidente de la Cámara de Representantes, Kevin McCarthy, señaló que "estuvo mal que la Administración Biden esperara para derribar al globo". Desde luego, el informe final al respecto, que se divulgará en un tiempo indeterminado, será el que diga la última palabra.

Acciones legales por la violación del espacio aéreo estadounidense

Teniendo en cuenta la evidencia preliminar, que señala que el globo chino operó con tecnología de vigilancia electrónica, y considerando que esta acción ha sido la más atrevida por parte de China, nuestro país podría sancionar al régimen comunista de Xi Jinping por ingresar al espacio aéreo estadounidense.

Fuentes del Departamento de Estado dijeron que "el globo formaba parte de una flota china desarrollada para realizar operaciones de vigilancia, con un fabricante vinculado al Ejército Popular de Liberación (EPL)", por tanto, los chinos comunistas deberían ser castigados por violar la soberanía de EE. UU., así como el derecho internacional.

Según un reporte de la revista Time, "el globo se demoró deliberadamente sobre sitios militares 'sensibles', incluida la base de la Fuerza Aérea Malmstrom, de Montana, una de las tres que alberga campos de misiles balísticos intercontinentales con ojivas nucleares". ¿Casualidad? Para nada.

De hecho, informes clasificados citados por The New York Times sugieren que los chinos están usando su programa de globos de vigilancia no solo para recopilar información sobre las bases estadounidenses en el Pacífico y las operaciones militares con los aliados, sino también para espiar y compilar datos sobre nuestro Ejército.

Medios de China para espiar a Estados Unidos

Por lo que ha trascendido hasta ahora, la República Popular China posee unos 260 satélites para uso militar. En el área del espionaje aéreo, en tanto, destaca con sus globos por su reducido costo, gran capacidad y ventajas operativas, al ser más difíciles de detectar por un radar.

En lo que concierne a la flota de los aparatos dirigibles, nuestro país desconoce su tamaño exacto, pero, en cambio, sí sabe que el gigante asiático los ha utilizado para realizar más de 20 misiones en cinco continentes, en los últimos años, según puntualizó CNN.

Desde luego, la nación asiática emplea varios medios para espiar, comercial y militarmente, a nuestro país: de acuerdo con The New York Post, en 2021, expertos del Centro de Estudios Estratégicos e Internacionales, de Washington, DC, dieron a conocer 160 incidentes de espionaje chino ocurridos desde el año 2000.

Resulta que la actividad china en este aspecto ha ido creciendo con los años: de 2000 a 2009, tuvo lugar el 24 %

de tales sucesos, mientras que de 2010 a 2021, ocurrió el 76 %. Algo que salta a la vista también es que del número total de incidentes, 89 sucedieron tras la llegada de Xi al poder.

Piratas informáticos, agentes secretos; planes de reclutamiento, como el Programa de los Mil Talentos, con nueve detenciones y procesamientos de 2018 a 2021; programas de idioma chino, como los Institutos Confucio (más de 60 en suelo estadounidense), satélites de uso militar y, por supuesto, globos de vigilancia, son los principales medios que ha usado la RPC para espiarnos.

Que nadie se engañe ahora con el supuesto uso civil del aparato derribado. Que nadie subestime las sempiternas intenciones del EPL. Sabemos que la vigilancia es crucial en una nueva era de guerra atmosférica. Ni nacimos ayer, ni nadie nos toma el pelo: a la China comunista la conocemos requetebién.

Capítulo 11
Inversión de EE. UU. en firmas de inteligencia artificial chinas
Publicado originalmente el 7 de febrero de 2023

La capacidad de entender y razonar, posible en cualquier persona dotada de un mínimo de inteligencia, parece bastante limitada entre ciertos inversores de Estados Unidos que han decidido apostar por empresas de inteligencia artificial (IA) del régimen comunista chino, nuestro principal rival económico, devenido contrincante militar.

Partiendo de la amenaza que representa la República Popular China (RPC) para nuestro país en términos de seguridad nacional, cualquiera con dos dedos de frente debería darse cuenta de que invertir en firmas chinas dedicadas al sensible sector de la IA constituye un arma de doble filo.

Si de por sí los chinos comunistas no se cortan ni un pelo para robarnos propiedad intelectual en todas las esferas, ¿cómo vamos a impulsar el avance del gigante asiático en el terreno de esta tecnología, que bien usada es una gran maravilla, pero que en sus manos, y en nuestra contra, puede ser altamente peligrosa?

Más allá de su importancia para el desarrollo de las sociedades en sí, la inteligencia artificial tiene para nuestro país esa doble connotación. De hecho, varios expertos en el tema han advertido de que quien lidere el campo de las tecnologías de avanzada, incluida la IA, será quien estará mejor preparado para el llamado nuevo orden mundial.

Con la RPC, claro está, hay competencia en este aspecto; competencia injusta por sus prácticas ilícitas y desleales. Se sobreentiende entonces que no podemos hacerle el juego para que mejoren sus programas informáticos, sistemas de reconocimiento, infraestructuras inteligentes, robots y drones, entre otros usos de esta tecnología.

¿Esto les ha quedado claro a los inversionistas estadounidenses que han participado en numerosas operaciones con empresas chinas de este sector? Pues todo indica que no, a juzgar por un exhaustivo reporte del Centro de Seguridad y Tecnología Emergente (CSET, por sus siglas en inglés), perteneciente a la Universidad de Georgetown.

Participación de inversores estadounidenses en la IA china

Luego de analizar datos provistos por Crunchbase, plataforma que provee información sobre firmas públicas y privadas, el CSET dio la voz de alarma con un informe en el que detalló la participación de 167 inversores de nuestro país en 401 transacciones con 251 corporaciones chinas de inteligencia artificial entre 2015 y 2021.

Según el reporte, colectivamente, las transacciones que involucran a inversionistas estadounidenses totalizaron 40.2 mil millones de dólares, lo que equivale al 37 % de los 110 mil millones de dólares recaudados por todas las empresas chinas de esa rama en el período mencionado.

Haciendo un desglose de las 401 transacciones de inversión con participación estadounidense, se supo que 107 provinieron exclusivamente de inversionistas estadounidenses por un monto de 7.45 mil millones de dólares. En cuanto a las inversiones mixtas, realizadas por inversores locales y chinos, trascendió que estas sumaron 21.4 mil millones.

Usos del capital estadounidense en firmas de IA chinas

Aunque no se sabe qué porción exacta provino de cada inversor estadounidense, sí se supo que el 91 % de las transacciones se realizaron en etapas tempranas de la inversión de capital de riesgo (VC, por sus siglas en inglés) y que, aparte del dinero en sí, puede que haya habido otros beneficios agregados.

"Las inversiones de VC en las primeras fases, en particular, pueden proporcionar beneficios intangibles más allá del capital, díganse tutoría, entrenamiento, reconocimiento del nombre y creación de redes de oportunidades", señaló el documento de 68 páginas.

En ese mismo sentido, puntualizó que la actividad financiera, los nexos comerciales y la experiencia que se transfiere de los financiadores de EE. UU. a las empresas objetivo del ecosistema de IA chino, suelen tener repercusiones que se extienden más allá del sector empresarial.

Básicamente, "el régimen de control de inversiones teme que el capital estadounidense fluya hacia entidades chinas que están apoyando activamente al Ejército chino", subrayó el texto, sin dejar de reconocer que otras preocupaciones tienen que ver con la salvaguarda de nuestra cadena de suministros, especialmente a raíz de la pandemia del COVID-19.

Principales inversionistas de EE. UU. en el ecosistema de IA chino

A raíz del escrutinio realizado por Crunchbase, igualmente trascendió que los 10 principales inversionistas estadounidenses en el ecosistema de IA chino fueron: GGV Capital (43 transacciones), SOSV (38), GSR Ventures (33), BlueRun Ventures (20), DCM Ventures (16), Qualcomm Ventures (13), Walden International (12) e Intel Capital, HAX y GL Ventures (11 cada uno).

Adicionalmente, se supo que algunas de las inversiones más grandes realizadas en el período de 2015 a 2021 provinieron de Goldman Sachs, y que Cathay Innovation,

Lightspeed Venture Partners, iFlytek y Microsoft, también salieron a relucir en la investigación por haber invertido en al menos una firma de este sector.

El reporte del CSET asimismo expuso un dato que denota aún más la gravedad de esta situación. Resulta que 22 de las 251 empresas de IA chinas que recibieron inversión de EE. UU. son miembros de la Alianza de la Industria de Inteligencia Artificial, red de innovación del mismísimo Gobierno de Xi Jinping.

Precisamente en torno a esa amenaza, "el asesor de seguridad nacional, Jake Sullivan, dijo [en septiembre de 2022] que la IA es una de varias tecnologías 'multiplicadoras de fuerza' y, como tal, el liderazgo en este campo es un imperativo de seguridad nacional, [de ahí que], Estados Unidos debe mantener tanta ventaja como sea posible".

Planes de China en la rama de la inteligencia artificial

Hace cinco años, el líder chino, Xi Jinping, reconoció que uno de los propósitos fundamentales de su país es acelerar el desarrollo de inteligencia artificial, sector al que considera un punto de partida estratégico para que China "gane la iniciativa en competencia científica y tecnológica".

En función de esa meta, Pekín adoptó un enfoque para coordinar ese esfuerzo en las agencias gubernamentales y puso en práctica el Plan IA 2017, orientado a impulsar el desarrollo de esta tecnología a nivel nacional y también en función de la competencia internacional.

Según el reporte en cuestión, dicho plan estableció una progresión de tres etapas: para 2020, la industria de IA china estaría en línea con los países más avanzados (con una producción bruta superior a 22.5 mil millones de dólares); para 2025, alcanzará un nivel de líder mundial en algunos campos de IA (con 60.3 mil millones de dólares), y para 2030, se convertirá en el principal centro de innovación del mundo (con 150,800 millones de dólares).

Datos de 2021 suministrados por Crunchbase dan cuenta de que la RPC ya dispone de más de 1600 firmas especializadas en esta tecnología, hecho que la ubica en el segundo puesto a escala mundial, por detrás de Estados Unidos.

Peligros de la inversión estadounidense en la tecnología china

En el plano económico, con el aporte de capital y conocimiento de nuestra parte, los chinos podrán materializar sus metas en esta industria más fácil y rápidamente, por ende, estarán en una mejor posición, comercialmente hablando, con los beneficios que ello conlleva.

A eso hay que añadir el hecho de que algunas de las corporaciones chinas que han sido beneficiadas con dinero estadounidense no solo han crecido en este campo, sino que también se han vuelto competencia para sus inversores.

El reporte del CSET ejemplificó con el caso de Horizon Robotics, firma china que "parece estar compitiendo con Intel en el desarrollo de chips de IA de grado automático. En esencia, el soporte de Intel para Horizon Robotics puede haber ayudado a la empresa [china] a competir mejor con [la propia] Intel".

En el plano defensivo, entretanto, cabe mencionar que de las 12 aplicaciones militares de IA que China está desarrollando, al menos cinco son parte integral de la misión de su Ejército: satélites inteligentes, vehículos autónomos, y software de inteligencia, vigilancia y reconocimiento, de ciberataque automatizado y electrónico cognitivo.

Tanto es así que un informe de Político sobre el tema señaló: "El Ejército chino está 'inteligenciando' la guerra mediante la compra de sistemas de inteligencia artificial para todo tipo de aplicaciones. Al mismo tiempo, encontramos razones para ser escépticos ante las predicciones más ominosas sobre los esfuerzos de China para automatizar completamente la guerra a través de armas similares al 'día del juicio final'".

Dicho esto, es evidente la gran lucha que tenemos por delante. Con la RPC tratando de eliminar nuestra superioridad en tecnologías avanzadas, y posicionándose muy bien de cara a su fin de convertirse en el líder mundial en IA, no nos queda más alternativa que acelerar la toma de decisiones y la ejecución de medidas al respecto.

Ya lo dijo el Departamento de Defensa de Estados Unidos en su reporte "Estrategia de Defensa Nacional 2022": China es el principal desafío, de ahí que las firmas que absurda y peligrosamente vuelcan capital en el país asiático, deban ser más cautelosas ante el reto lanzado por Pekín. En este caso en particular, más que en ningún otro, la inteligencia humana debería sobrepasar la artificial.

Capítulo 12
El capitalismo de Estado en China no es lo que pintan
Publicado originalmente el 1 de febrero de 2023

No más golpes de pecho. Por más que China quiera seguir con la prédica de que el capitalismo de Estado es el responsable de su creciente y altamente diversificada economía, lo cierto es que ha sido el sector privado, y no el estatal, el verdadero motor del avance económico experimentado, sobre todo, en la época más reciente.

En 2019, un reporte del Foro Económico Mundial (FEM) así lo dejó establecido: "El sector privado de China, que se ha acelerado desde la crisis financiera mundial, ahora actúa como el principal impulsor de su crecimiento económico".

Según el FEM, tal situación obedece a que "las empresas estatales chinas están muy sobreapalancadas y son estructuralmente menos eficientes que sus pares privados". Es decir, las empresas públicas abusan de su acceso preferencial a los préstamos, al tiempo que cabildean a favor de leyes en contra de las firmas privadas competitivas.

Básicamente, "se argumenta que las empresas estatales no sobrevivirían en un entorno de mercado impulsado por la innovación sin las ventajas de las que disfrutan actualmente", a juzgar por el mismo reporte. También se habla de la gestión ineficiente de tales compañías debido a la alta tasa de rotación de sus ejecutivos como resultado de la campaña anticorrupción del líder chino, Xi Jinping.

Con ese quita y pon de ejecutivos, no es de extrañar que, "por un lado, las empresas [gubernamentales chinas] se liberen de ejecutivos corruptos, [pero], por el otro, se queden con una administración que carece de una estrategia coherente", según el texto.

Mientras tanto, el sector privado sigue creciendo, convirtiéndose en el principal motor del desarrollo económico nacional, por más que muchos le concedan el mérito al Estado propiamente dicho y a sus instituciones motrices.

El proceso de reforma económica de China

De acuerdo con un informe presentado por University of California Press (UC Press), durante mucho tiempo, China fue presentada como un paradigma de capitalismo de Estado, "concepto destinado a explicar las economías mixtas en las que el Estado conserva un papel dominante en medio de la presencia de mercados y empresas privadas".

Sin embargo, "cambios recientes en su modelo de desarrollo lo hacen menos comparable a los sistemas capitalistas de Estado [tradicionales], ya que las herramientas de intervención estatal y su lógica subyacente son diferentes". O sea, el proceso de reforma económica de China ha sido, además de multifacético, bastante cuestionado y muy peculiar.

El reporte de UC Press señaló que, desde la década de los 70 hasta principios de los años 90, las firmas privadas chinas fueron alentadas de manera informal, al tiempo que las empresas estatales seguían siendo dominantes y el Estado continuaba controlando los insumos económicos clave, como la tierra y el capital.

A fines de la década de 1990, en tanto, el Partido Comunista Chino (PCCh) comenzó a privatizar y reducir significativamente el tamaño del sector estatal. Y a mediados de la década de 2000, el capitalismo de Estado chino emergió, administrando "grandes empresas estatales para contribuir al crecimiento económico, crear riqueza para el Estado-partido, y velar por sus intereses económicos y estratégicos a nivel nacional e internacional", según reseñó el texto.

Dicen que cuando Xi asumió el poder, en 2013, parecía posible que introdujera reformas audaces para romper con el esquema vigente, sin embargo, aunque el sector público era importante (y lo sigue siendo, del modo en que veremos a continuación), la realidad es que la economía de mercado comenzó a desempeñar un papel decisivo.

El rol de las empresas privadas chinas

Expertos en el tema de la economía China sostienen que el sector empresarial privado del gigante asiático, constituye una fuente importante del desarrollo alcanzado por el país en los últimos años. De hecho, los propios autores del reporte de UC Press dijeron que la rama privada ha superado las contribuciones del sector estatal en la mayoría de los casos.

Para que se tenga una idea de hasta qué punto esto es así, conviene recordar la fórmula que tradicionalmente se ha usado para describir el valor económico de este sector, es decir, 60/70/80/90, que significa que las empresas privadas chinas aportan el 60 % del Producto Interno Bruto, al tiempo que generan el 70 % de la innovación, el 80 % del empleo urbano y el 90 % de los nuevos puestos de trabajo.

Bajo esa misma fórmula, el propio informe puntualizó que la riqueza privada también es responsable del 70 % de la inversión y del 90 % de las exportaciones. Unido a eso, el sector privado igualmente influye en casi dos tercios del crecimiento de la nación, según datos de la Federación de Industria y Comercio de China.

Al estudiar el desempeño de esta rama, el citado informe del Foro Económico Mundial mencionó el éxito que han logrado las firmas tecnológicas privadas, entre ellas, Huawei, que, hoy por hoy, está liderando la revolución 5G por ser el mayor proveedor mundial de equipos de red y el segundo mayor fabricante de teléfonos inteligentes a escala global.

Ese mismo reporte señaló que, a fin de mejorar el trabajo de las empresas gubernamentales, China igualmente ha reorganizado y reestructurado a algunas de ellas, como, por ejemplo, China Unicom, firma de telecomunicaciones que pasó de estatal a mixta luego de que el régimen decidiera vender una parte de sus acciones por 11,000 millones de dólares a 14 inversionistas privados.

"Estos esfuerzos para hacer que las empresas estatales sean competitivas, mientras mantienen el control absoluto sobre su toma final de decisiones, reafirma el compromiso del Gobierno chino de consolidar el control estatal y, al mismo tiempo, permitir que el mercado sea el máximo asignador de recursos. En otras palabras, el Gobierno quiere vigilar de cerca las fuerzas del mercado mientras se reserva la opción de intervención en situaciones críticas", remarcó el texto del FEM.

Paralelamente, refirió que el régimen chino ha demostrado su compromiso con las reformas orientadas a la economía de mercado, al apoyar el espíritu empresarial mediante recortes de impuestos valorados en unos 300 mil millones de dólares.

Función del sector privado chino en la seguridad nacional

Mientras las compañías privadas chinas impulsan el desarrollo del gigante asiático, muchas corporaciones estatales continúan acumulando pérdidas y sufren caídas en la productividad, de ahí que el sector privado se haya convertido en un actor clave de cara a los objetivos de seguridad nacional del Estado, aparte de los económicos, claro está.

A fin de vigilar y monitorear a sus ciudadanos, el régimen chino sabe que depende, en gran medida, de

las herramientas de vigilancia que mayormente pueden ofrecerle las empresas tecnológicas. Y ya se sabe que las firmas privadas son
las que dominan ese espectro: desde el hardware en sí hasta las innovaciones tecnológicas y de infraestructura de la información.

En este sentido, el reporte de University of California Press recordó que los fabricantes de videovigilancia más grandes de China, Hikvision y Dahua, fueron fundados por empresarios privados. Asimismo, destacó que el programa de monitoreo conocido como "sistema de crédito social", implementado desde 2014 para registrar las actividades sociales y económicas de la población, ha sido posible gracias al trabajo o la colaboración de firmas privadas.

A todas estas, según el reporte de UC Press, ciertas teorías fascistas también se han vuelto populares en China, como, por ejemplo, la de Carl Schmitt, jurista y teórico alemán, quien, además, fue un militante nazi. Pues bien, según esta fuente, hay una cierta analogía entre el pensamiento de Schmitt y el capitalismo de Estado que promueve la nación asiática.

Identificado por muchos teóricos sociales de mediados de siglo como capitalismo de Estado, el fascismo fue promovido como una solución política a los problemas del capitalismo de mercado al fusionar los intereses del Estado y la sociedad. Con una lógica similar, remarcó el texto, el PCCh ha demostrado que sus imperativos de seguridad interna y nacional son la fuerza fundamental que impulsa el surgimiento de su cacareado modelo económico.

El concepto engañoso tras el capitalismo de Estado

Un artículo de Forbes, que aborda el tema del supuesto capitalismo de Estado chino, definió a este término como absurdo y engañoso. Para empezar, apuntó, el capitalismo se basa en los principios del libre mercado y la empresa privada, por tanto, es incompatible con una economía estatal en la que las autoridades de planificación determinan lo que se produce.

"En verdad, prosiguió el reporte, China es un sistema mixto que combina capitalismo y socialismo, como cualquier otro país del mundo. El factor clave es cómo la proporción de esos dos componentes cambia con el tiempo. En lugar de ser la razón del milagro económico de China, el hecho de que la mano rectora del Estado siga siendo tan fuerte se debe simplemente a que hace solo cuatro décadas China era una economía puramente estatal".

Para discernir mejor esta temática, el artículo citó a Zhang Weiying, economista chino y autor del libro *La lógica del mercado*. Según este experto, la razón por la que China pudo haber sostenido un crecimiento económico durante el proceso de reforma fue que la proporción de empresas estatales disminuyó, y no al revés.

"Fue, precisamente, la relajación del control gubernamental lo que provocó los precios de mercado; las empresas de propiedad única, de pueblos y aldeas; las empresas privadas, las empresas extranjeras y otras entidades no estatales", apuntó Weiying.

Desde el punto de vista de este especialista, en los últimos años, en su país ha cobrado vigor una interpretación peligrosa del éxito económico; interpretación a la que él llama "Escuela Modelo de China" y que ha ido ganando terreno a lo largo de toda la nación, llegando, inclusive, a los círculos políticos.

¿Qué es lo que preconiza esa teoría? Pues que el éxito de China es el resultado de su sistema único, el mismo que le permitió conseguir en solo unas pocas décadas lo que Occidente tardó 200 años en lograr. Obviamente, tal interpretación es completamente errónea, y así lo afirmó el propio Zhang Weiying.

De acuerdo con el reporte de Forbes, este experto "está convencido de que el rápido crecimiento económico de China en los últimos 40 años es el resultado de su ventaja de llegada tardía". Para él, y para cualquiera con un mínimo de claridad mental, "Occidente construyó el camino; China simplemente lo siguió".

Otro dato que desmonta el presunto modelo chino, es el relacionado con el motivo de su éxito económico. Es decir, para la China comunista, la economía planificada es la razón del triunfo, sin embargo, las estadísticas al respecto dicen lo contrario. Resulta que cuando el país asiático apenas tenía empresas privadas, y cuando prevalecía la planificación por parte del Estado, el 88 % de la población vivía en extrema pobreza.

Según la misma fuente, "la razón por la que esa cifra ha caído por debajo del 1 % no se debe a una 'tercera vía' exclusivamente china entre el capitalismo y el comunismo, sino a que China introdujo los derechos de propiedad privada, y el papel una vez omnipotente del Estado fue rechazándose sucesivamente".

Desde luego, el gigante asiático ha sabido vender tan bien su "milagro", que muchos líderes políticos se lo han comprado. Para esos confundidos, los logros de China demuestran la superioridad del socialismo sobre el capitalismo, cuando es al revés. Para esos engañados, hágase notar, China es un modelo a seguir. ¡Y vaya qué clase de modelo!

La intervención del Partido Comunista Chino en la economía

Ciertamente, la discusión sobre el sistema económico preponderante en China no deja de ser polémica, incluso, entre los expertos más avezados del tema. Es que mientras Pekín permite el auge de firmas privadas —de las que, reitero, depende el 60 % del PIB nacional— también las usa para misiones estatales y las vigila como se le antoja.

Como ya mencionamos antes, el régimen chino acude a las empresas privadas cada vez que necesita concretar objetivos gubernamentales que las firmas estatales no pueden cumplir. Ahí entra el citado caso de la vigilancia nacional para la que son muy necesarias las compañías tecnológicas y de big data, fundamentalmente.

Otro ejemplo de este proceder es la participación de corporaciones del sector privado en tareas orientadas a expandir el comercio rural bajo la campaña antipobreza de Xi. Con más de 500 millones de habitantes, la China campestre constituye otro de los objetivos fundamentales para los planes de reforma del mandatario comunista.

Por otro lado, aunque el número de firmas privadas chinas se cuatriplicó en la última década —pasando de alrededor de 11 millones a casi 45 millones, según datos de la agencia de noticias Xinhua— lo cierto es que eso no basta para hablar de capitalismo.

Según Joseph Sternber, de The Wall Street Journal (WSJ), "el capitalismo real es más que la presencia de empresas privadas; es un sistema en el que los accionistas pueden controlar la gestión de sus empresas".

En este sentido, el artículo del WSJ sobre el tema dejó bien claro que "China está lejos de tener una economía capitalista, ya que el capitalismo de Estado chino es un sistema en el que el propósito de las empresas es cumplir los objetivos del Partido Comunista".

Tanto es así que "los funcionarios del partido forman parte de las empresas chinas para asegurarse de que estas cumplan con la ley, un eufemismo para seguir los dictados del [propio] partido", resaltó el reporte. En este punto cabe acotar que, incluso, a las firmas extranjeras que operan en China junto a empresas locales, también se les exige contar con un comité del PCCh en su seno para cumplir con los lineamientos partidistas.

En suma, que por más que China alardee sobre el rol de su capitalismo de Estado, lo cierto es que allí no hay un capitalismo per se, puro y duro, ni un Estado protagonista del avance económico como tal. Más bien hay una superioridad del sector privado, que es el que crece e impulsa, y una intromisión del sector estatal, que es el que vigila y manda. Allá los que sigan creyendo en el "milagro" chino. Nosotros sí que estamos claros.

Capítulo 13
Megaproyectos globales de la Iniciativa de la Franja y la Ruta china se están desplomando
Publicado originalmente el 23 de enero de 2023

Sin caer en cuenta de que la avaricia rompe el saco, varios megaproyectos globales de infraestructura puestos en marcha por China —en el marco de su Iniciativa de la Franja y la Ruta (BRI, por sus siglas en inglés)— se están desplomando, literalmente, debido a serias fallas de construcción.

Mayormente enfocada en sus objetivos de crecimiento a nivel mundial y, a todas luces, anteponiendo la cantidad a la calidad, la República Popular China (RPC) no solo está pasando por alto ciertos parámetros cruciales del proceso constructivo, sino también usando materiales, equipos y piezas de mala calidad en muchas de sus obras.

Países de África, Asia y América Latina, miembros de la iniciativa creada en 2013, ya han reportado daños en infraestructuras costeadas y ejecutadas por firmas del gigante asiático: desde fallos en la cimentación, pisos desnivelados y cables eléctricos expuestos hasta grietas en techos y paredes, con sus consecuentes filtraciones, y tuberías de acero defectuoso.

Desde luego, las grandes corporaciones a cargo de tales proyectos no han hecho más que lavarse las manos. Amparadas por el régimen de Pekín, y con la justificación de estar llevando el desarrollo a naciones menos favorecidas, se han desentendido de los justos reclamos. Mientras tanto, las obras colapsan o amenazan con hacerlo en cualquier momento.

En ese proceso, como efecto directo de las malas prácticas, los chinos están poniendo en riesgo no solo la vida de quienes laboran en estos proyectos y los ecosistemas circundantes, sino también las maltrechas economías de países necesitados que un día confiaron en los acuerdos rubricados bajo la susodicha iniciativa.

Megaproyectos defectuosos en Uganda

Al parecer, el continente africano ha sido uno de los más afectados por esta problemática. Según un artículo de The Wall Street Journal (WSJ), la empresa Uganda Electricity Generation Co. (UEGC) identificó más de 500 defectos de construcción en la planta hidroeléctrica de Isimba, construida por China International Water & Electric Corp.

Edificada en el río Nilo Victoria por un costo de 568 millones de dólares, de los cuales 480 millones provinieron de un préstamo del Export-Import Bank of China, dicha central hidroeléctrica está sufriendo averías desde el mismo momento en que entró en funcionamiento, en 2019.

De acuerdo con la UEGC, la corporación china a cargo de la obra no construyó "una barrera flotante [que era necesaria] para proteger la represa de las algas acuáticas y otros desechos, lo que provocó obstrucción de las turbinas y cortes de energía", sin dejar de mencionar "filtraciones en el techo de la casa de máquinas de la planta, donde se encuentran los generadores y las [propias] turbinas".

Otro megaproyecto con serios problemas es la planta hidroeléctrica de Karuma, construida por el contratista chino Sinohydro Corp. Por lo que dijo la UEGC, esta central "lleva tres años de retraso; retraso que los funcionarios de Uganda han atribuido a varios defectos de construcción, incluidas paredes agrietadas".

Pero eso no es todo: además de las fallas en el proceso constructivo en sí, la firma china en cuestión "instaló cables, interruptores y un sistema de extinción de incendios defectuosos que necesitan ser reemplazados".

El colmo de esta situación, sin embargo, es que el Gobierno ugandés ya tuvo que empezar a devolver los 1440 millones de dólares que pidió prestados al Export-Import Bank of China para financiar el proyecto, a pesar de que la planta sigue sin funcionar.

Fieles a su naturaleza, y como era de esperarse, ni China International Water & Electric Corp., ni Sinohydro Corp. han accedido a responder los comentarios vertidos por los ugandeses damnificados en reclamo de los citados proyectos malogrados.

Infraestructuras con desperfectos en Angola

Según el mismo artículo de The Wall Street Journal, las plantas generadoras de energía no han sido las únicas afectadas en África. "En Angola, 10 años después de que los primeros inquilinos se mudaran a Kilamba Kiaxi, un vasto proyecto de vivienda social en las afueras de la capital, Luanda, muchos lugareños empezaron a quejarse de paredes agrietadas, techos mohosos y mala construcción"

Primeramente financiado por un monto de 2500 millones de dólares del Banco Industrial y Comercial de China, y posteriormente refinanciado por el Banco de Desarrollo del mismo país, ese proyecto estuvo a cargo de CITIC Group, firma establecida en 1979 con el apoyo del difunto líder chino Deng Xiaoping y autodefinida como una ventana importante en la apertura del gigante asiático al mundo exterior.

De acuerdo con residentes de Kilamba, además de que la humedad se acumula en las paredes, muchos de los materiales de construcción, incluidas puertas y rejas, son de mala calidad. ¿Qué ha dicho CITIC al respecto? Pues que los moradores del complejo son los culpables por haber hecho renovaciones inadecuadas. Así, sin más ni más.

Al igual que en el caso de los proyectos en Uganda, el régimen chino tampoco ha respondido a las solicitudes de comentarios sobre las críticas a las infraestructuras mal construidas, según el citado artículo.

Obras con problemas en Pakistán

En Asia, uno de los países más perjudicados por las malas prácticas constructivas de China ha sido Pakistán. El ejemplo más llamativo en este caso es la planta hidroeléctrica Neelum-Jhelum, cerrada en 2022 luego de que funcionarios locales detectaran grietas en un túnel que transporta agua a través de una montaña.

Iniciada en 2008 y finalizada 10 años después, la obra fue ejecutada por el consorcio chino Gezhouba Group y la corporación China National Machinery Import and Export; contó con la supervisión de la Autoridad de Desarrollo de Agua y Energía, de Pakistán, y requirió de un presupuesto de 2.89 mil millones de dólares, parte del cual provino de bancos chinos.

Según ha trascendido, el presidente de la Autoridad Nacional Reguladora de Energía Eléctrica de Pakistán, Tauseef Farooqi, fue quien advirtió al Senado de su país sobre la posibilidad de que el túnel colapsara "solo cuatro años después de que la planta de 969 megavatios entrara en funcionamiento".

Teniendo en cuenta que "eso sería desastroso para una nación que ha sido golpeada por el aumento de los precios de la energía", al decir de Farooqi, a los pakistaníes no les quedó otra opción que cerrar la planta, hecho que ya les está costando unos 4,4 millones de dólares por mes debido al alto costo de la energía.

Para que tenga una idea del gran fracaso de este proyecto chino en Pakistán, cuyas operaciones, reitero, no sobrepasaron los cuatro años, cabe mencionar que, en sentido general, las plantas hidroeléctricas pueden tener una vida operativa de hasta un siglo.

Proyectos malogrados en Ecuador

En América Latina, Ecuador es, quizás, la nación a la que más le ha tocado lidiar con proyectos malogrados de la Iniciativa de la Franja y la Ruta. Para empezar, la planta hidroeléctrica Coca Codo Sinclair —financiada por China e inaugurada por el mismísimo líder chino, Xi Jinping, en 2016— tiene más de 17,000 grietas debido al acero defectuoso procedente del gigante asiático, según han informado ingenieros locales.

Considerada como la obra de infraestructura más grande jamás realizada en suelo ecuatoriano, con un costo de 2.7 mil millones de dólares, esta planta, la mayor fuente de energía del país, corre un gran riesgo de fallar no solo por las miles de fisuras, sino también porque fue erigida cerca de un volcán en erupción.

En opinión de Fabricio Yépez, ingeniero de la Universidad de San Francisco, en Quito, sencillamente, podrían perderlo todo. "Y no se sabe si eso será mañana o dentro de seis meses". Entretanto, René Ortiz, exministro de energía de Ecuador, ha dicho que, hoy, su país también "está sufriendo por la mala calidad de los equipos y las piezas en los proyectos construidos por China".

La Coca Codo Sinclair, claro está, es un ejemplo de ello. Y por añadidura, hoy se sabe que, desde el inicio, ingenieros ecuatorianos advirtieron a las autoridades involucradas que esta era "una empresa arriesgada debido a su alto costo y ubicación cercana a un volcán activo".

Haciendo oídos sordos a tal amenaza, el entonces presidente ecuatoriano, Rafael Correa, insistió en la construcción de la obra. Para ello, aceptó que el Banco de Desarrollo de China financiara el 85 % de su costo y que Sinohydro se ocupara de su edificación, empleando a cientos de trabajadores chinos entre 2010 y 2016.

La parte más lamentable de esta historia, sin embargo, ocurrió en 2014, cuando 13 empleados, entre chinos y ecuatorianos, murieron aplastados en un accidente de construcción.

Otro de los proyectos sin sentido liderados por los chinos comunistas en Ecuador, es la llamada Ciudad Yachay, una suerte de metrópolis que convertiría a la nación centroamericana en una potencia tecnológica regional. Aunque se expropiaron miles de acres de tierras para construirla, y el Export-Import Bank of China otorgó un préstamo de 200 millones de dólares, lo cierto es que ese megaproyecto nunca se realizó.

Paralelamente, la Contraloría General de la República revisó la construcción de 200 escuelas construidas por chinos, y descubrió que algunos de los edificios presentaban problemas con sus cimientos, pisos inclinados y cables expuestos. Al propio tiempo, se constató que más del 80 % de las instalaciones de un centro de tecnología avanzada están inutilizadas debido a que han presentado fallos estructurales.

Inversión china en África, Asia y América Latina

Como parte de la Iniciativa de la Franja y la Ruta, a día de hoy, la RPC ha gastado un billón de dólares para expandir su influencia en 150 países de África, Asia y América Latina; países que, además de lidiar con proyectos sin calidad, como los citados, ahora están luchando para poder pagar las enormes deudas contraídas.

Teniendo en cuenta que dicha iniciativa es considerada una trampa, líderes occidentales han alertado sobre la dependencia que entrañan los préstamos chinos para las naciones beneficiarias, en su mayoría empobrecidas. Un dato bastante relevante al respecto ha reflejado que, en 2010, solo el 5 % de tales préstamos caían en manos de países pobres. Hoy, sin embargo, ese número ha escalado al 60 %.

Claro, la China comunista sabe que un gran medio para que sus instituciones financieras estatales se abran paso por el mundo, es, precisamente, el conjunto de países menos favorecidos. Eso sí, dichos territorios siempre deben contar con recursos naturales que puedan abastecer al mercado chino y ser capaces de generar empleos para sus contratistas.

Tan descaradamente bien le ha ido a Pekín en esta misión, que, hoy por hoy, ha dejado atrás a Estados Unidos en términos de préstamos y subvenciones a las naciones menos desarrolladas. Según Bradley Parks, director ejecutivo de AidData y coautor de Banking on Pekín, mientras que EE. UU. financia casi todos sus proyectos de desarrollo en el extranjero con ayuda, China actúa más como un banquero.

Es decir, por cada dólar de ayuda a países de bajos y medianos ingresos, el país asiático proporciona nueve de deuda. Estados Unidos, en cambio, por cada dólar de deuda que otorga a esos mismos países, brinda nueve de ayuda.

Acusaciones al principal contratista de la iniciativa china

Según Share America, plataforma del Departamento de Estado de EE. UU. que informa sobre la política exterior estadounidense a todo el mundo, las empresas constructoras de la China comunista también están dañando al medioambiente y amenazando las economías de todo el orbe.

Ese es el caso de la Compañía de Construcción de Comunicaciones de China (CCCC), que no solo está impulsando la expansión militar de la RPC en el mar de la China Meridional, sino también promoviendo la iniciativa de marras, la misma "que promete nuevas infraestructuras a países en desarrollo, pero que, en su lugar, ofrece construcciones de mala calidad, abusos laborales, deudas insostenibles y daños ambientales".

De acuerdo con la citada fuente, la CCCC lleva a cabo megaproyectos de infraestructura a través de sus 34 subsidiarias y, por ser el contratista principal de la Iniciativa de la Franja y la Ruta, sus afiliados han enfrentado acusaciones de todo tipo: tanto por sobornos y construcción de baja calidad como por explotación de trabajadores.

Según el exsecretario de Estado de Estados Unidos, Michael Pompeo, "muchos proyectos de la Franja y la Ruta pueden parecer buenos al principio, pero los países pronto descubren que el compromiso que el Partido Comunista Chino hizo para cumplir, ya fuera una carretera, un puente o un proyecto de infraestructura, como una presa, a menudo resulta en una auténtica factura".

Posición de EE. UU. frente a los proyectos globales chinos

En vista de la amenaza que representa China para los intereses de Estados Unidos, Washington parece estar dispuesto a reforzar su desempeño en el desarrollo de infraestructura global a medida que aumenta su competencia con el gigante asiático para 2027, fecha en la que pretende entregar proyectos innovadores orientados a cerrar la brecha entre ambos países.

Según un reporte de CNN, el actual secretario de Estado de EE. UU., Antony Blinken, señaló recientemente que "es importante que los países tengan opciones [y] que puedan sopesarlas de manera transparente, con el aporte de las comunidades locales, sin presión, ni coerción".

De acuerdo con la fuente, "el desafío para Estados Unidos llega en un momento precario para la Iniciativa de la Franja y la Ruta", porque, si bien esta ha tenido un impacto en varios países, la escasez de fondos, la preocupación por el exceso de deuda, junto a las citadas acusaciones, han terminado por empañar su reputación. Y eso, desde luego, podría crear oportunidades para nuestro país.

Desde su lanzamiento oficial, a principios del primer mandato de Xi Jinping, los fondos de la iniciativa han impulsado la construcción de puentes, puertos, carreteras, plantas energéticas y de telecomunicaciones en una buena parte del mundo.

Y aunque el 35 % de esas infraestructuras han presentado desafíos de implementación, esto no ha mermado los intereses hegemónicos del gigante asiático. Es más: para 2027, se cree que ha previsto un gasto global total de entre 1.3 y 3.7 billones de dólares para más de 2600 proyectos en todo el orbe.

Está claro que la Iniciativa de la Franja y la Ruta es el mecanismo más fuerte con que cuenta China para tratar de cambiar las reglas del orden mundial. Con las naciones a las que supuestamente ayuda cogidas por el cuello, y sin nadie más dispuesto a frenarla, salvo Estados Unidos, muy pronto podría estar en condiciones de encabezar la gobernanza global.

Por eso es crucial que el mundo concientice qué se esconde realmente detrás de las dádivas ofrecidas por el gigante asiático. Por eso es prioritario que nuestro país le corte el paso con acciones que expongan y frenen sus ardides expansionistas. Así como muchas de sus infraestructuras globales se están cayendo, sus dobles intenciones igualmente deben caer ya por su propio peso.

Capítulo 14
EE. UU.-China: del diferendo comercial a la rivalidad geopolítica en 2022
Publicado originalmente el 30 de diciembre de 2022

Mientras la Casa Blanca está reformulando su estrategia para limitar el desarrollo tecnológico de la República Popular China (RPC), mediante la llamada "agenda de protección" de la actual Administración, el régimen comunista de Xi Jinping ha presentado una demanda ante la Organización Mundial del Comercio (OMC) en contra de Estados Unidos.

Así, grosso modo, van terminando las relaciones EE. UU.-China en 2022, un año pletórico de eventos en los que tanto el diferendo comercial como la rivalidad geopolítica entre las dos naciones se agudizó mucho más, debido a las desavenencias en el sector de los semiconductores y la lucha de la RPC por encabezar el nuevo orden mundial, respectivamente.

Repasemos a continuación los principales acontecimientos ocurridos este año en el terreno de los vínculos Estados Unidos-China; acontecimientos que no solo coadyuvaron al recrudecimiento de las relaciones bilaterales en 2022, sino que también marcarán el destino de los nexos entre Washington y Pekín en 2023.

La guerra de los semiconductores

Casi a punto de concluir 2022, la RPC presentó una demanda contra Estados Unidos ante la Organización Mundial del Comercio, alegando que nuestro país está abusando con las medidas establecidas en torno a la exportación de productos informáticos y microchips estadounidenses a China.

Según un reporte de China Briefing, el Ministerio de Comercio de China (MOFCOM) dijo que "las acciones de la parte estadounidense afectan los derechos e intereses legítimos de las empresas chinas".

Un informe de El País, entretanto, refirió que, con esta demanda, el MOFCOM "pretende subrayar cómo EE. UU. ha generalizado el concepto de seguridad nacional, abusando de las medidas de control de exportaciones, y obstaculizando el comercio internacional de chips y otros productos".

Para ahondar en el basamento de la demanda, recordemos que, en octubre, el Departamento de Comercio de EE. UU. estableció que ninguna empresa, independientemente del país donde se encuentre, puede suministrar a China chips fabricados con tecnología americana. Asimismo, prohibió a las firmas estadounidenses exportar herramientas útiles en la fabricación de tales componentes.

Básicamente, las medidas adoptadas por nuestro país buscan restringir la capacidad de la RPC para comprar y fabricar chips de alta gama usados en aplicaciones militares (incluidas armas de destrucción masiva), mejorar la velocidad y precisión en la toma de decisiones defensivas, así como perfeccionar los sistemas de planificación y logística.

Según un reporte de CNBC, la secretaria de Comercio de EE. UU., Gina Raimondo, dijo que hay "que proteger al pueblo estadounidense de China", un país que "se ha vuelto más agresivo en lo que llama estrategia de fusión civil-militar, que es esencialmente una palabrería para comprar nuestros chips sofisticados con fines comerciales".

Sin embargo, continuó Raimondo, el gigante asiático "está utilizando esos chips en equipos militares que podrían usarse contra Estados Unidos". Desde su punto de vista, "este es el movimiento más estratégico y audaz que jamás hemos hecho para decir que no, que no lo toleraremos".

La visita de Nancy Pelosi a Taiwán

Luego de que la presidenta de la Cámara de Representantes, Nancy Pelosi, visitara Taiwán en agosto con el fin de apoyar a la isla, Pekín reaccionó de muy mala manera.

Tengamos en cuenta que, según la República Popular China, el territorio taiwanés le pertenece, por tanto, ningún alto mando de EE. UU. puede visitarlo.

¿Qué hizo China entonces para calmar su rabieta? Pues, para empezar, canceló tres rondas de conversaciones sobre temas militares con Estados Unidos y pospuso otras cinco relacionadas con el cambio climático y el crimen internacional, tal como informó en su momento The New York Times.

De acuerdo con ese diario, "las charlas militares, aunque esporádicas y a menudo burocráticas, todavía se consideraban importantes en un entorno cada vez más inestable, en el que barcos estadounidenses y chinos a menudo navegan peligrosamente cerca en las aguas cercanas a China".

Según la misma fuente, "Estados Unidos está preocupado por lo que parece ser la rápida expansión del arsenal nuclear chino, [toda vez que] en julio del año pasado, expertos de la Federación de Científicos Estadounidenses dijeron que había pruebas claras de que China está construyendo más de 100 silos en su desierto occidental para lanzar misiles nucleares".

Prosiguiendo con la reacción de China tras la visita de Pelosi a Taiwán, CNN en español dijo que la nación asiática también "incluyó entre sus medidas la cancelación de futuras llamadas telefónicas y reuniones entre los líderes de defensa de China y EE. UU". Asimismo, "suspendió la asistencia jurídica en materia penal y de lucha contra los delitos transnacionales".

El régimen de Xi Jinping igualmente concluyó "la cooperación antidroga con EE. UU., que ha sido tensa en los últimos años". Recordemos que nuestro país culpa al gigante asiático de la emergencia sanitaria que sufrimos debido al fentanilo, droga china que, en las dos últimas décadas, ha acabado con la vida de un millón de estadounidenses por sobredosis de la sustancia.

La visita de Pelosi a Taiwán fue la primera de un presidente de la Cámara de Representantes en 25 años. La anterior fue realizada por el entonces presidente de la Cámara, Newt Gingrich, en 1997. Este año, el presidente Joe Biden reiteró que defenderá a la isla de los chinos comunistas, si es preciso. Xi, por su parte, advirtió a EE. UU. que no juegue con fuego. Sin dudas, esta cruzada de advertencias ha sido uno de los eventos más relevantes de este año.

La reacción de China frente a Taiwán

Además de tomar medidas en contra de EE. UU., cabe mencionar que, tras la partida de Pelosi, el régimen de Pekín intensificó los simulacros militares con fuego real alrededor de Taiwán: probó misiles Dongfeng en aguas taiwanesas, comenzó a integrar su flota de transbordadores civiles y organizó invasiones anfibias, así como lanzamientos aéreos y formaciones militares.

Según el artículo de CNN en español, "las fuerzas del Ejército Popular de Liberación de China cruzaron la línea media, es decir, el punto medio entre la isla y China continental, en un movimiento que calificó de 'acto altamente provocativo'". Ante tales provocaciones, "el Ejército de Taiwán respondió con advertencias por radio, y puso en alerta a las fuerzas de patrulla aérea, los barcos navales y los sistemas de misiles en tierra".

Aunque aparentemente se trata de meros ejercicios, existe la preocupación de que estos simulacros se conviertan en una invasión real, hecho que no solo afectaría a Taiwán y su soberanía, sino que tendría connotaciones internacionales, porque Estados Unidos no se quedaría de brazos cruzados.

Naturalmente, que en esta Navidad el Ejército chino haya enviado más de 70 aviones hacia la isla para ejecutar un nuevo simulacro de combate, no ha hecho más que atizar el fuego que ya ha empezado a arder en este sentido.

Según un reporte de El Mundo, "los cazas chinos ingresan a menudo a la zona de identificación de defensa aérea de la isla autogobernada y también cruzan asiduamente la línea media del estrecho, una frontera no oficial que separa ambos territorios. Sin embargo, esta vez la novedad no estuvo en el hecho en sí de las maniobras militares chinas, sino en la cantidad de cazas y drones que participaron, con 41 atravesando la línea divisoria".

El mismo reporte señaló que el Ejército Popular de Liberación de China confirmó que sus aviones habían realizado "simulacros de ataque" como respuesta a la última "provocación de Taiwán y Estados Unidos", en referencia al nuevo proyecto de seguridad firmado por Biden para ayudar a Taipéi a reforzar sus defensas: 10,000 millones de dólares en subvenciones y préstamos para asistencia de seguridad durante los próximos cinco años.

La posibilidad de un nuevo orden mundial

En noviembre pasado, el informe anual del Pentágono de 2022 se centró en los riesgos a los que se enfrenta Estados Unidos como nación ante el imparable ascenso de China como potencia militar. Al respecto, el reporte reiteró que "el gigante asiático es el único país con la voluntad y la capacidad militar para desafiar el orden mundial liderado por Estados Unidos", destacó un análisis de La Razón.

De acuerdo con esa fuente, estrategas del Departamento de Defensa aseguran que China quiere transformar el Ejército Popular de Liberación en una "herramienta militar creíble" para el año 2027. Sin embargo, por lo que dice el informe del Pentágono, Pekín no estaría lista para luchar contra el Ejército de EE. UU., al menos, hasta 2049.

"Ese año resulta clave en el imaginario del Partido Comunista chino (PCCh), ya que entonces se cumplirá un siglo de la creación de la República Popular de China, una fecha en la que el presidente Xi Jinping ha establecido como umbral para sobrepasar no solo a la economía norteamericana, sino también a su proyección militar como potencia hegemónica en el Indo-Pacífico", puntualizó el reporte.

Añadió que el "nuevo concepto operativo central" de China se basa en lo que Pekín denomina "guerra de precisión multidominio", "una suerte de guerra híbrida en la que se requieren avances en big data e inteligencia artificial para identificar rápidamente las debilidades del rival y así poder lanzar ataques con mayor precisión".

Desde el punto de vista de los altos mandos militares estadounidenses, lo más preocupante es la proliferación de armas nucleares. Es decir, para 2035, la nación asiática triplicará su arsenal de ojivas nucleares hasta llegar a la cifra de 1500 unidades.

Según la misma fuente, en la actualidad, se cree que China ya cuenta con unas 400 ojivas después de haber doblado la cantidad en tan solo un año, y a tenor de lo revelado por el Pentágono, la nación asiática aumentó el número de lanzadores de sus misiles balísticos intercontinentales a 300 e incrementó la cantidad de lanzadores para armas de alcance intermedio a 250.

En lo que concierne a su Marina, el reporte señaló que la China comunista "está construyendo buques de guerra más modernos y expandiendo su fuerza de portaaviones para ampliar su influencia naval, con el objetivo de que puedan operar más allá de la Primera Cadena de Islas sin el paraguas protector de sus sistemas de defensa aérea terrestre".

En lo que respecta a las previsiones navales futuras, el informe advirtió que, para 2025, la Marina china tendrá 400 barcos de guerra. Actualmente, ya es la más numerosa del mundo con una flota de 340, superando a la de Estados Unidos en número, pero no en calidad.

El Ejército chino también planea aumentar la flota de submarinos. Hoy, dispone de seis submarinos de misiles balísticos de propulsión nuclear, seis submarinos de ataque de propulsión nuclear y 44 submarinos de ataque de propulsión diésel. Básicamente, su objetivo es mantener entre 65 y 70 submarinos durante la presente década y reemplazar las unidades más antiguas con unidades más capaces.

Con respecto a la fuerza aérea, el reporte del Pentágono citó como avance el cambio de motores WS-10 para sus cazas J-10 y J-20 y reveló que el WS-20 probablemente reemplazará los actuales motores rusos a finales de este año.

En cuanto a las bases militares, EE. UU. considera que China intentará instalar más bases en el extranjero, concretamente en Camboya, Myanmar, Tailandia, Singapur, Indonesia, Pakistán, Sri Lanka, Emiratos Árabes Unidos, Kenia, Guinea Ecuatorial, Seychelles, Tanzania, Angola y Tayikistán, entre otros lugares.

El mayor desafío para la seguridad de EE. UU.

Por las razones antes mencionadas, la República Popular China sigue siendo el mayor desafío de seguridad para Estados Unidos en 2023 y más adelante debido a sus armas nucleares, operaciones cibernéticas y misiles de largo alcance.

En opinión del secretario de Defensa, Lloyd Austin, el gigante asiático "es el único competidor que tiene la intención de remodelar el orden internacional y, cada vez más, el poder para hacerlo".

Por tanto, la estrategia de nuestro país se enfoca ahora en los aliados como un elemento clave de la defensa, así como en la llamada "disuasión integrada", que significa que EE. UU. usará una combinación de poderío militar, presiones económico-diplomáticas y alianzas sólidas para disuadir a un enemigo de agredir.

A pesar de que Joe Biden y Xi Jinping se reunieron personalmente en noviembre, en Bali, Indonesia, y reanudaron el diálogo con el presunto afán de mejorar las relaciones bilaterales, una cosa es cierta: el régimen comunista chino seguirá intentando suplantar a EE. UU. como primera potencia del orbe con el claro objetivo de hacerse con el control del nuevo orden mundial.

En el ámbito económico, probablemente no basten las leyes en contra del accionar chino. Se agradece que la Casa Blanca esté reformulando su estrategia para limitar el desarrollo tecnológico del gigante asiático mediante la llamada "agenda de protección", pero, francamente, la guerra comercial encarnizada que libramos hoy no será tan fácil de terminar. O, al menos, si no se toman medidas mucho más radicales.

"Creo que tenemos que comenzar el proceso de desvinculación estratégica", dijo hace poco Robert Lighthizer, exjefe de comercio de Donald Trump, quien, según un reporte de Político, elogió las recientes acciones tecnológicas de Biden contra la nación asiática, pero lo instó a realizar esfuerzos más amplios para reducir la dependencia de Estados Unidos de los chinos.

De acuerdo con la misma fuente, Lighthizer señaló que "una vez que decides que [China] es un enemigo, debes comenzar el proceso de detener el envío de cientos de miles de millones de dólares cada año, que se están usando para reconstruir sus fuerzas armadas".

He aquí la clave de lo que debería ser la verdadera estrategia estadounidense: China no solo es un contrincante comercial: es nuestro enemigo frontal. Quien no lo quiera ver así, es porque está totalmente ciego o porque enarbola alguna bandera de corte comunista. A estas alturas de los acontecimientos, cuando su régimen no para de dar señales contrarias a nuestra estabilidad y seguridad, todos los estadounidenses deberíamos tenerlo más que asumido.

Capítulo 15
China y el Foro Económico Mundial abrazan iniciativas anticapitalistas
Publicado originalmente el 21 de diciembre de 2022

La agenda del Foro Económico Mundial (FEM), que promueve políticas globalistas, le viene como anillo al dedo a la República Popular China (RPC), que aspira a liderar el nuevo orden global posiblemente resultante de la propuesta económica del FEM, conocida como "El Gran Reinicio" del capitalismo.

Mientras el fundador del organismo internacional, el economista y empresario alemán Klaus Schwab, impulsa la descabellada iniciativa, al creerse el decisor del rumbo económico del mundo, el dictador chino con aires hegemónicos globales abraza la propuesta, tan controversial como disparatada.

A juzgar por el escenario geopolítico actual, bien podría decirse que el discurso antinacionalista del FEM se alinea perfectamente a los objetivos globalistas de Xi. Tengamos en cuenta que a él no solo le interesa gobernar eternamente en su país (ya fue reelecto para un tercer mandato, y contando), sino también imponer sus ideas socialistas al resto del mundo.

FEM: el negocio familiar más influyente del mundo

Según reza en su página web, "el Foro Económico Mundial es una organización internacional para la cooperación público-privada. Se estableció en 1971 como una fundación sin fines de lucro y tiene su sede en Ginebra, Suiza. Es independiente, imparcial, y no está ligado a ningún interés especial".

Hay que decir que esa definición es, cuando menos, cuestionable. Para empezar, lo que Klaus Schwab creó en 1971 fue el Foro de Gestión Europea, un cónclave con un marcado fin de negocios que, en 1987, por su inclinación a temas económicos con tintes políticos, se transformó en el FEM y cambió su forma jurídica a fundación.

El hecho de que es una entidad sin ánimos de lucro, también ha sido cuestionado. Según un reporte de El Mundo, "Schwab obtiene inmensos réditos económicos y ha sido acusado reiteradamente de falta de transparencia contable". Sin dejar de mencionar, claro está, su debatida imparcialidad. Basta con echarle un vistazo a su discurso globalista para percatarnos por dónde van los tiros en esta organización.

¿Qué más decir de su fundador? Pues que Schwab es tan solo un economista octogenario con un postgrado en la Universidad de Harvard, que un buen día decidió crear una empresa, "el negocio familiar más influyente del mundo", según la misma fuente.

Su hijo, Olivier, es el director ejecutivo de la fundación; su hija, Nicole, ha trabajado en organizaciones juveniles y de género vinculadas al Foro de Davos (como también se conoce al FEM), y su esposa, Hilde, es la presidenta de la Fundación Schwab para el Emprendimiento Social, que complementa los objetivos de la entidad.

Según El Mundo, aunque rico e influyente, Schwab no es de las personas más acaudaladas del orbe, ni tampoco ha sido electo jamás para ocupar cargo alguno. Aun así, tiene una gran autoridad y, cada año, logra reunir en Davos, Suiza, a presidentes de gobierno, representantes de organismos internacionales, poderosos empresarios y líderes políticos de todo el orbe.

El globalismo y "El Gran Reinicio" del capitalismo

Aunque algunos creen que el globalismo constituye la parte economicista de la globalización, lo cierto es que es un sistema ideológico que impulsa la concentración del poder a nivel mundial en un solo Estado y el traspaso de la soberanía de los países a entidades supranacionales, con el fin de crear una estructura de poder totalitario.

En consonancia con esos preceptos, en junio de 2020, el Foro Económico Mundial propuso implementar "El Gran Reinicio", una iniciativa globalista supuestamente orientada a reconstruir la economía capitalista tras el impacto del coronavirus. Según el FEM, la pandemia representa una oportunidad tanto para la recuperación económica como para el camino futuro de las relaciones globales.

El FEM igualmente considera que debemos dirigir el mercado hacia resultados más justos, que las inversiones deben estar orientadas al progreso mutuo de las naciones, y que debemos dar lugar a una cuarta revolución industrial basada en una economía digital y una infraestructura pública.

Fue el propio Schwab quien lo dejó así estipulado en su libro *COVID-19: The Great Reset*, obra en la que llamó a realizar los cambios institucionales que sean necesarios para poner a las economías en el camino hacia, lo que él llamó, un futuro más justo y verde.

Según un reporte del Mises Institute, el economista alemán también definió a su propuesta "en términos de convergencia de los sistemas económicos, monetarios, tecnológicos, médicos, genómicos, ambientales, militares y de gobierno". Es decir, su idea "implicaría vastas transformaciones en cada uno de esos dominios".

En términos económicos y de política monetaria, la iniciativa también "implicaría una consolidación de la riqueza, por un lado, y la probable emisión de una renta básica universal, por el otro". Asimismo, "podría incluir el paso a una moneda digital, incluida una centralización consolidada de las cuentas bancarias y los bancos, una fiscalidad inmediata en tiempo real, tipos de intereses negativos, y un control centralizado del gasto y de la deuda".

Dicho de otro modo: lo que el FEM y Schwab intentan vendernos es la creación de un gobierno global bajo el cual se amparen todas las naciones y cuya economía estribe en una sola moneda de tipo virtual, con el añadido de una total centralización de los procesos bancarios y financieros. ¿Recuerdan la metáfora de que el mundo es una aldea global? Pues con esta irrazonable y alocada propuesta dicha metáfora se quedaría realmente corta.

El nuevo orden biotecnológico y feudalista

"Las fuerzas del Ejército Popular de Liberación de China cruzaron la línea media, es decir, el punto medio entre la isla y China continental, en un movimiento que calificó de 'acto altamente provocativo'".

En cuanto a la gobernanza, aparte de significar un solo gobierno, implica la convergencia de empresas y estados, y la digitalización de las funciones gubernamentales con el uso de tecnología 5G y algoritmos de predicción, vigilancia en tiempo real y la gobernanza anticipatoria del comportamiento humano.

"Dicho esto, prosiguió el reporte, 'El Gran Reinicio' no es más que una campaña de propaganda coordinada envuelta bajo un manto de inevitabilidad. Más que una mera teoría de la conspiración, es un intento de conspiración o la 'ilusión' de los planificadores socioeconómicos de que las empresas 'interesadas' y los gobiernos adoptarán la desiderata del FEM".

Pero ¿qué recursos están usando el Foro Económico Mundial y los planificadores de esta enrevesada propuesta? Pues, según el Mises Institute, "la retórica de la 'igualdad económica', la 'justicia', la 'inclusión' y el 'destino compartido', entre otros eufemismos. En conjunto, esas frases representan el componente político e ideológico colectivista del socialismo corporativo previsto".

En otras palabras: bajo el manto de supuestos beneficios económicos y sociales, por solo citar algunos, "el FEM prevé un orden mundial biotecnológico y feudalista" en el que "los planificadores y las partes interesadas" estarán al mando, pero en el que "la mayor parte de la humanidad [estará] en esclavitud". Es decir, para la gente, en general, expectativas reducidas y autonomía individual muy restringida, si no totalmente eliminada.

La relación entre Klaus Schwab y Xi Jinping

A juzgar por lo que ha trascendido en los últimos años, todo indica que las ideas globalistas de Klaus Schwab han encontrado en Xi Jinping al recipiente correcto. Por tal razón, tanto el uno como el otro no hacen más que congratularse entre sí cada vez que tienen una oportunidad.

Hace muy poco, el economista alemán dijo que respeta "los logros de China, que son tremendos en los últimos 40 años, [concretamente], desde que entró en acción la política de apertura y reforma". Asimismo, remarcó que la RPC "es un modelo atractivo a seguir para muchos países", según informó The Epoch Times.

Con anterioridad, en 2021, el economista alemán alabó a Xi tras su discurso online en el Foro de Davos. En aquel entonces, dijo que contaba con el líder chino para comenzar una nueva era global, al tiempo que le agradeció por "su declaración de principios y por recordarnos que somos parte de una comunidad global que comparte el mismo futuro común".

Xi, por su parte, señaló que "ahora desempeñaremos un papel más activo para fomentar una globalización económica mundial, que sea más abierta, inclusiva, equilibrada y beneficiosa para todos", justamente a tono con la polémica Agenda 2030 de la Organización de las Naciones Unidas (ONU) y de la que el FEM es un fiel seguidor.

Sin la presencia de un alto cargo de la Administración Biden en el encuentro de 2021, dicen que, en esa ocasión, Xi habló como si ya fuera el nuevo líder mundial, que señaliza el camino político a seguir. Incluso, se atrevió a decir que lo que está por delante es un nuevo gobierno global en el que su nación tendrá un peso muy importante.

En línea con las ideas de Schwab, el líder chino también ha expresado públicamente su admiración por el empresario izquierdista, lo ha citado varias veces en sus discursos ante el FEM e, incluso, ha llamado "Economía Schwab" a las ideas "brillantes" que suelen debatirse en el cónclave.

Expertos en el tema aseguran que los libros de Schwab (entre ellos, el citado COVID-19: The Great Reset) les han sido de mucha utilidad a Xi, toda vez que las iniciativas globalistas del empresario parecen encajar perfectamente en sus consabidos planes mundiales. Recordemos que la reestructuración que obsesiona al alemán, es un sistema socialista global, mientras que lo que mantiene el chino, es que su país está siguiendo el camino hacia un socialismo moderno.

La controversia entre globalismo y proteccionismo

Si bien Klaus Schwab, Xi Jinping y otros políticos izquierdistas están en la misma página por sus ideas marxistas, hay toda una controversia en torno a la postura del Foro Económico Mundial, pues este no hace más que abogar por que todas las naciones se acojan a su guion, esto es, al llamado reseteo del capitalismo tal cual lo conocemos para dar lugar a un socialismo globalizado.

Como Schwab y Xi convergen tanto en ideas como en principios, no es raro que el economista muestre su simpatía por el dictador y, en cambio, desprecie a los abiertamente contrarios al globalismo, como, por ejemplo, el expresidente Donald Trump, quien en más de una ocasión no solo cuestionó al foro, sino que también expuso su punto de vista respecto a sus desatinadas propuestas.

Según un reporte de la BBC, en su discurso ante la 73ª Asamblea General de la ONU, Trump dijo que "EE. UU. siempre va a escoger la independencia y la cooperación por encima de gobiernos globales, el control y la dominación". Enfatizando en que EE. UU. es gobernado por los estadounidenses, también remarcó que, en vez de la ideología del globalismo, él abraza la doctrina del patriotismo.

En una suerte de respuesta a Trump, Xi dijo en 2017 que "no habrá ganadores en una guerra comercial [y que] seguir el proteccionismo es como encerrarse en un salón oscuro". Para el editor de Economía de la BBC, Kamal Ahmed, "el mensaje de China es claro: Estados Unidos puede estar empezando a mirar más hacia adentro de sus fronteras, pero China busca extender su influencia, y la ruta escogida es la de la economía".

Según Ahmed, "la destacada participación china en el Foro Económico Mundial, el lanzamiento del Banco Asiático de Inversión en Infraestructura, como rival del Banco Mundial dominado por Estados Unidos, y la resurrección del corredor de comercio de la Ruta de la Seda, desde Asia al Medio Oriente y Europa, son estrategias que apuntan en una dirección: el entusiasmo de Xi Jinping por una China más expansionista".

El experimento de ingeniería social comunista

Por supuesto, Trump no es el único que se opone a las locuras globalistas del Foro Económico Mundial. De acuerdo con un reporte de Cambio 16, muchos conservadores opinan que la propuesta del foro induce a un comunismo en el que no habría dinero en efectivo, ni libertad, ni privacidad, dada la vigilancia masiva que recaería sobre los ciudadanos.

Algunas organizaciones, como el Instituto Transnacional de los Países Bajos, aseguran que el Foro de Davos "es un golpe de estado global silencioso". Según un reporte de El Mundo, este instituto basa sus acusaciones "en polémicos informes, elaborados en el propio Foro Económico Mundial, como el que sostiene que los gobiernos ya no son los actores dominantes en la escena mundial y que ha llegado la hora de un nuevo paradigma internacional de gobernanza accionarial, que mezcle lo público con lo privado".

Radio Televisión Martí, por su parte, señaló en su plataforma digital que, en Occidente, el orden globalista tiene un correlato, en el sentido de que se trata de "una nueva dictadura del pensamiento, un experimento de ingeniería social a la altura de lo creado por el comunismo".

Artículos de opinión difundidos en otros medios de prensa, como Forbes o The Guardian, entretanto, han calificado al reseteo de plan vacío, motivado por una "agenda social radical" y marcadamente hipócrita. O sea, es un plan propuesto por quienes combaten el cambio climático, pero que, en cambio, llegan a Davos en jets privados.

Las predicciones para el mundo en 2030

Durante el más reciente encuentro presencial del FEM, celebrado en mayo de 2022, se constató nuevamente que los lineamientos del foro están en sintonía con los polémicos planes de la ONU en relación con su Agenda 2030. Es más: ambas entidades se han unido en un memorando de entendimiento, tan impensable como desconcertante.

El caso es que, siguiendo la pauta trazada por la ONU, el Foro Económico Mundial también lanzó sus predicciones para 2030. Básicamente, asegura que, para esa fecha, las compras serán un recuerdo lejano, pues los habitantes habrán hallado la solución de la energía limpia y tomarán prestado lo que necesiten.

Asimismo, alaba la delantera de China en la lucha contra las emisiones de carbono, refiere que el dominio de EE. UU. habrá terminado; predice que no habrá hospitales, pero sí grandes avances en la medicina preventiva; vaticina que no comeremos carne, sino alimentos saludables, y conjetura que los valores sobre los que se construyó Occidente serán puestos a prueba.

Según reportó el Panam Post, en la reunión presencial del foro, Klaus Schwab se jactó de su protagónico rol en ese empeño, cuando dijo: "El futuro lo construimos nosotros, la poderosa comunidad [presente] aquí, en esta sala". Es que tanto para él como "para los partidarios del reinicio, si no se toman medidas adecuadas, el mundo será cada vez menos sostenible e igualitario, de ahí que solicitan la participación de todos los actores globales".

Cabe mencionar que entre esos actores globales a favor del susodicho cambio se encuentran, nada más y nada menos, que líderes políticos, como el mismísimo Joe Biden, Emmanuel Macron y Justin Trudeau, presidentes de EE. UU., Francia y Canadá, respectivamente. Y, desde luego, el mandatario chino, Xi Jinping.

Que nadie se equivoque creyendo que la cacareada propuesta económica del Foro Económico Mundial y sus fieles seguidores, como Xi Jinping, traerá consigo la bonanza y el bienestar que tanto predicen. Como diría el diario El Español, el globalismo es un producto intelectual, un diseño de la izquierda antiliberal, por tanto, nos toca luchar contra él desde cada una de nuestras fronteras para no dejarnos embaucar.

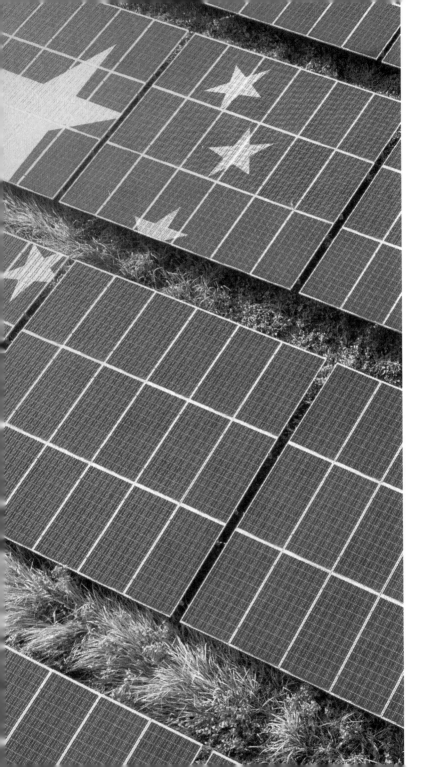

Capítulo 16
La trampa de China para no pagar aranceles de Estados Unidos
Publicado originalmente el 13 de diciembre de 2022

Los chinos comunistas se han estado haciendo los listos para no pagar lo que les corresponde en cuanto a aranceles impuestos por Estados Unidos a las importaciones de células y módulos solares de manufactura china, necesarios para la fabricación nacional de paneles solares.

Como es habitual en sus prácticas comerciales desleales, el régimen de Pekín ha acudido esta vez a la estratagema de usar a otros países como intermediarios a fin de desviar sus productos a dichos territorios y, de ahí, hacerlos llegar a suelo estadounidense, según descubrió una investigación del Departamento de Comercio de EE. UU.

El engaño chino al descubierto

De acuerdo con un reporte de The Wall Street Journal (WSJ), "el Departamento de Comercio comenzó su investigación a pedido del fabricante de módulos solares con sede en San José, California, Auxin Solar Inc". Esta compañía dijo que "los fabricantes chinos estaban eludiendo los aranceles de importación de productos solares" mediante el envío de piezas a través del sudeste asiático, donde se efectúa el ensamblaje final.

Gracias a la investigación, que comenzó en marzo de 2022, ahora se sabe que las empresas chinas que eludieron las tarifas son: BYD (H.K.) Co., Canadian Solar International Ltd., Trina Solar Science & Technology Ltd. y Vina Solar Technology Co. De conjunto, "esas firmas representan más de la mitad de las importaciones de células solares en EE. UU.", señaló el WSJ.

Por lo que ha trascendido hasta ahora, BYD (H.K.) Co, que envía productos a través de Camboya, tiene que pagar una tasa arancelaria del 27 %, mientras que Canadian Solar International Ltd., que lo hace desde una instalación en Tailandia, debe abonar una tasa del 16 %.

Entretanto, Trina y Vina, que envían sus productos desde Tailandia y Vietnam, respectivamente, tienen que pagar aranceles del 254 %, ya que el Departamento determinó que tampoco demostraron su independencia del Partido Comunista Chino (PCCh).

A raíz de lo descubierto, igualmente es muy probable que los países asiáticos que han estado bailando al ritmo impuesto por el régimen de Xi Jinping, al terminar de producir el 80 % de los módulos solares chinos que llegan a nuestro país, deban pagar los mismos aranceles impuestos a las firmas chinas, incluso, con carácter retroactivo.

La suspensión temporal de aranceles

A pesar de la investigación efectuada por el Departamento de Comercio, el resultado obtenido "no conducirá a aumentos inmediatos en las tarifas de productos solares", porque, en junio de 2022, el señor Joe Biden "implementó una suspensión de aranceles por dos años para dar tiempo a los importadores [locales] a hacer ajustes", subrayó la fuente.

La suspensión en cuestión recae en las importaciones de piezas solares provenientes de los países cubiertos por la investigación: Camboya, Tailandia, Vietnam y Malasia. Quiere decir que hasta 2024, a los módulos solares que entren a nuestro país, procedentes de esos territorios, no se les aplicarán las tasas arancelarias.

Básicamente, lo que la actual Administración trata de hacer es ganar algo de tiempo en lo que los fabricantes estadounidenses de paneles solares logran encontrar proveedores alternativos dentro de nuestro territorio o hallar otras posibles fuentes en el exterior. Al parecer, solamente así podrían lidiar con este problema y hacerle frente a la demanda nacional.

Sí hay que decir que, independientemente de la medida temporal tomada por Biden, el hallazgo de la investigación efectuada por el Departamento de Comercio ya ha causado serias repercusiones en esta industria; repercusiones que van del sector comercial al político y que no han hecho más que empezar.

El efecto en las energías renovables

Desde el mismo momento en que se supo que EE. UU. estaba investigando la trampa de la China comunista en cuanto a los citados aranceles, nuestro país comenzó a experimentar una especie de crisis en la industria de paneles solares.

En primer lugar, interrupción en el suministro de piezas; en segundo, retrasos o cancelaciones de proyectos de energía solar; en tercero, polémica entre instaladores solares y fabricantes locales; en cuarto, quejas de legisladores y funcionarios federales; en quinto, pérdidas de empleos en el sector, y en sexto, encarecimiento de los paneles solares propiamente dichos.

Según el reporte de The Wall Street Journal, la Asociación de Industrias de Energía Solar, que tuvo que recortar sus previsiones de instalación solar para 2022 y 2023 en un 46 %, dijo que "el Departamento de Comercio provocó una interrupción en la cadena de suministro que no se resolverá cuando finalice la suspensión de tarifas".

De acuerdo con la misma fuente, la presidenta y directora de ese grupo comercial, Abigail Ross, señaló en este sentido que la investigación ha traído como resultado la pérdida significativa de empleos estadounidenses bien remunerados en energía limpia.

Como "los cuatro países del sudeste asiático representan aproximadamente el 80 % de las importaciones de paneles solares de EE. UU., la investigación del Departamento provocó inicialmente una desaceleración significativa en sus envíos, lo que causó retrasos en los proyectos de granjas solares, y quejas de legisladores y funcionarios federales y estatales", agregó The Wall Street Journal.

Otro artículo del WSJ remarcó, entretanto, que "el problema de los aranceles ha dividido a la industria solar, enfrentando a los instaladores solares, que compran paneles importados, contra los fabricantes estadounidenses, que quieren protección de lo que ven como competidores chinos con tarifas reducidas".

La polémica tras el descubrimiento

Si bien el Departamento de Comercio tenía que tomar cartas en este asunto para castigar a China y sus aliados en Asia, esta situación ha generado una polémica nacional. De un lado, están los que aprueban la medida de cobrar las tasas a los infractores, independiente de las consecuencias; del otro, los que creen que eso traerá más problemas que soluciones.

Mamum Rashid, director ejecutivo de Auxin, la firma que dio la voz de alarma, dijo que "durante años, los productores solares chinos se han negado a fijar un precio justo para sus productos en EE. UU., y han hecho todo lo posible para seguir socavando a los fabricantes y trabajadores estadounidenses". Paralelamente, subrayó que la investigación del Departamento de Comercio parece "haber validado y confirmado en gran medida las acusaciones de Auxin sobre el engaño chino", al tiempo que indicó que su compañía está agradecida con el Departamento por "hacer cumplir de manera justa las leyes comerciales de EE. UU. en beneficio de los fabricantes de energía solar de EE. UU., sus trabajadores y sus comunidades".

Sin embargo, otras empresas estadounidenses pertenecientes a la industria, como NextEra Energy Inc., Xcel Energy Inc. y Southern Co., han señalado que la investigación podría retrasar por varios meses la finalización de proyectos de este año. NextEra, por ejemplo, espera que hasta 2.8 gigavatios de proyectos solares y de almacenamiento pasen de 2022 a 2023 por este motivo.

El presidente ejecutivo de esa firma, John Ketchum, dijo que "habrá una mayor incertidumbre" que, en su opinión, "generará demoras adicionales y obligará a los desarrolladores a comprar equipos solares [directamente] de China, donde se conocen las tasas arancelarias".

Ketchum resaltó, además, que los ensambladores de energía solar de EE. UU., que no son capaces de abastecer todo el mercado interno, están agotados hasta 2024. Al propio tiempo, puntualizó que la opción que tiene, "como participante de la industria, es regresar a China, lo cual es un resultado escandaloso".

La disyuntiva para la Administración Biden

En un artículo de opinión conjunto, del que se hizo eco la Voz de América (VOA), "Tom Kuhn, presidente del Edison Electric Institute; Heather Zichal, directora ejecutiva de la Asociación Estadounidense de Energía Limpia, y Abigail Ross, presidenta y directora ejecutiva de la Asociación de Industrias de Energía Solar, dijeron que el futuro de la energía solar en Estados Unidos sería sombrío si se aplicaran tarifas a los paneles solares provenientes de los cuatro países mencionados".

De acuerdo con la fuente antes citada, "el caso de los paneles solares presenta un dilema para la Administración Biden, porque pone en conflicto dos de las prioridades del presidente: garantizar la igualdad de condiciones para los fabricantes estadounidenses y llevar al país a un futuro energético sin emisiones de carbono".

Para arrojar más luz sobre este tema, téngase en cuenta que los paneles solares fabricados en el extranjero con piezas chinas compiten directamente con los paneles creados aquí, sin embargo, las empresas solares estadounidenses dependen de esas mismas firmas chinas para obtener las materias primas necesarias. Algo así como el pez que se muerde la cola.

En declaraciones a The Hill citadas por la VOA, la senadora demócrata Jacky Rosen subrayó que la Administración Biden debería buscar otras formas de apoyar a las empresas de energía solar de EE. UU. Sobre este particular, dijo sentirse "decepcionada de que la Administración esté iniciando esta investigación, porque deberíamos derogar las tarifas solares existentes, y no explorar la posibilidad de agregar nuevas".

Desde su punto de vista, "la asistencia directa a los fabricantes solares estadounidenses sería mucho más significativa para nuestra industria solar nacional que una investigación comercial o aranceles que solo aumentarán los costos para el consumidor, amenazarán los empleos bien remunerados y nos alejarán aún más de nuestro objetivo climático".

La postura de China y sus intermediarios

Según The Wall Street Journal, cuando comenzó la investigación, el portavoz del Ministerio de Relaciones Exteriores de China, Wang Wenbin, dijo que Pekín "tomaría todas las medidas necesarias para defender los derechos e intereses de las empresas chinas".

En aquel entonces, Wenbin puntualizó que el proteccionismo de Estados Unidos perturbaría y socavaría la estabilidad de las cadenas de suministro globales, así como la cooperación sobre el cambio climático.

Cabe mencionar que, a raíz de esta investigación, el señor Biden invocó la Ley de Producción de Defensa para ayudar a los proveedores estadounidenses a competir con los rivales asiáticos y así estimular una mayor fabricación nacional de paneles solares.

De acuerdo con el reporte de la Voz de América, hasta el momento, la respuesta de los países afectados por el anuncio del Departamento de Comercio (Camboya, Malasia, Tailandia y Vietnam) ha sido limitada.

En vista de eso, la VOA contactó a los representantes de esos gobiernos en Estados Unidos para solicitar comentarios al respecto, pero ninguno había respondido al momento de la publicación de su informe. Al parecer, hasta ahora, solamente el Gobierno de Tailandia es el que ha presentado una queja formal al Departamento.

Los antecedentes de las tasas arancelarias

Según han reseñado varios medios de prensa, en 2011, el Departamento de Comercio dictaminó que China estaba fijando un precio de los paneles por debajo del costo de fabricación, hecho que obligó a las empresas locales a abandonar el negocio, porque no podían operar con ganancias al tiempo que igualaban los precios chinos.

En aquel entonces, el Departamento igualmente determinó que el gigante asiático estaba concediendo subvenciones de entre el 2.9 y el 4.73 % del precio de las placas solares a las empresas chinas que fabrican piezas y componentes útiles para el desarrollo de la energía solar.

Como respuesta a esa situación, Estados Unidos decidió imponer aranceles a los paneles solares chinos de entre el 50 y el 250 % de su precio de venta. A esos aranceles se les conoce como derechos antidumping y compensatorios, y fueron establecidos por la Administración de Barack Obama, en 2012.

Cabe mencionar que, en aquella época, las importaciones estadounidenses de equipos solares chinos disminuyeron de

2800 millones de dólares, en 2011, a menos de 400 millones de dólares tras la imposición de la medida.

Sin embargo, según Auxin, la empresa de California que instó a iniciar la investigación, "mientras las importaciones de paneles solares de China cayeron un 86 % durante ese período, las de Camboya, Malasia, Tailandia y Vietnam aumentaron en un 868 %".

Pero eso no es todo: de acuerdo con la propia firma, "durante ese período, también aumentaron las exportaciones de materias primas y partes de paneles solares de China a los cuatro países mencionados".

¿Casualidad? No, señores. Justamente, estos son los cuatro países vecinos desde donde proceden las piezas y los componentes de energía solar, de manufactura china, que llegan a suelo estadounidense.

Innegablemente, la RPC ha estado jugando cabeza en este sentido, pero, al igual que la mentira, el fraude tiene las patas cortas. Más tarde o más temprano, su deshonestidad comercial caería por su propio peso, y, lógicamente, Estados Unidos actuaría en consecuencia.

Puede que, en efecto, esto esté ocasionando divergencias entre los implicados a nivel local e, incluso, afectaciones en la producción de paneles solares, pero si una cosa debe estar clara, es que a los chinos comunistas hay que darles una lección. Simple y llanamente, no pueden seguir pasando por alto leyes, acuerdos y compromisos comerciales. O tasas arancelarias, como es el caso.

Si Pekín se vale de artimañas para evadir los aranceles sobre los productos solares, haciendo partícipes de sus fechorías a algunas de sus naciones vecinas, ¿qué menos podría hacer Washington para darles a todos su merecido? Hay que sembrar un precedente, de lo contrario, las prácticas comerciales ilegales seguirán caracterizando las ya moribundas relaciones bilaterales.

Capítulo 17
China, Cuba y el marxismo como estandarte
Publicado originalmente el 6 de diciembre de 2022

Seguir fortaleciendo la colaboración recíproca, la ideología comunista y el poder dictatorial, es el eje fundamental de la relación entre el líder de China, Xi Jinping, y su homólogo cubano, Miguel Díaz-Canel, quienes se reunieron en noviembre, en Pekín, para prometerse apoyo mutuo en intereses comunes.

Tal como era de esperarse, ambos dictadores no hicieron más que congraciarse entre sí, enfatizando el vínculo de amistad entre sus respectivos países, promoviendo el discurso anticapitalista de siempre y ahondando en el doble propósito de seguir construyendo el socialismo, a pesar de las circunstancias globales actuales.

Xi Jinping: el marxismo como estandarte

Según informó el Ministerio de Relaciones Exteriores de la República Popular China (FMPRC, por sus siglas en inglés), Xi Jinping recordó que Cuba "fue el primer país del hemisferio occidental en establecer relaciones diplomáticas con la Nueva China". Al mismo tiempo, subrayó que "los lazos sino-cubanos se han convertido en un caso ejemplar de solidaridad y cooperación entre países socialistas".

Asimismo, dijo que "China está dispuesta a trabajar junto con Cuba para profundizar la confianza política mutua, ensanchar la cooperación práctica, apoyarse mutuamente en temas tocantes a los respectivos intereses vitales, y fortalecer la coordinación y la colaboración en asuntos internacionales y regionales, con miras a avanzar de la mano en el camino de la construcción socialista con características propias".

En referencia al papel del Partido Comunista Chino (PCCh) y el Partido Comunista de Cuba (PCC), Xi subrayó que ambos deben intensificar el aprendizaje mutuo y promover tanto la innovación teórica como el progreso práctico del socialismo, con el fin de abrir nuevos horizontes a la adaptación del marxismo bajo las condiciones actuales.

"La amistad sino-cubana ha sido forjada y cultivada con esmero por los líderes históricos. A lo largo de los 62 años de relaciones diplomáticas, ante los constantes vaivenes en la palestra internacional, China y Cuba profundizan invariablemente nuestra amistad fraternal, y desarrollan resueltamente cooperaciones de beneficios mutuos y ganancias compartidas, siendo siempre, el uno para el otro, socios en la reforma y el desarrollo", puntualizó el mandatario chino.

El uno para el otro, señores. Ya sabíamos que ambos regímenes dictatoriales eran tal para cual, pero ahora ha sido el propio Xi quien lo ha corroborado. No digo yo: China tiene en Cuba un lugar desde donde posicionarse mejor en contra de Estados Unidos y Cuba tiene en China un donador de recursos en medio de sus carencias, independientemente de las operaciones comerciales que sostienen y que no se cansan de engrandecer ante el mundo en sus empalagosos discursos floridos.

China-Cuba: amistad a prueba de balas

La amistad entre China y Cuba parece ser a prueba de balas. O, al menos, así lo dejó evidenciado Xi Jinping cuando aseveró que, sea cual sea el cambio que se opere en el escenario internacional, China nunca variará su directriz de amistad duradera con Cuba, nunca alterará su determinación de apoyarla en su camino socialista y nunca cambiará su voluntad de trabajar de manera conjunta para defender la equidad y la justicia internacionales.

Como era de suponer, Xi también dijo que "China seguirá apoyando firmemente los esfuerzos cubanos por defender la soberanía nacional, y rechazar las intervenciones externas y el bloqueo [de Estados Unidos]". Asimismo, adelantó que su país está dispuesto "a promover, junto con Cuba, la implementación de la Iniciativa para el Desarrollo Global y la Iniciativa para la Seguridad Global, en fomento de la paz y el desarrollo del mundo".

En lo que respecta a la Iniciativa de la Franja y la Ruta (BRI, por sus siglas en inglés), el dictador chino refirió que su país también "está dispuesto a profundizar la cooperación práctica con Cuba en todas las áreas e implementar como es debido el Plan de Cooperación de la Construcción Conjunta de la Franja y la Ruta".

Con respecto a América Latina y El Caribe (ALC), Xi subrayó que su país igualmente trabajará con Cuba y los otros países del área para fomentar la construcción de la Franja y la Ruta, haciendo que la Asociación de Cooperación Integral China-ALC tenga un mejor desarrollo en la nueva era tanto para el beneficio del pueblo chino como de los pueblos latinoamericanos y caribeños.

Miguel Díaz-Canel: China como referente

El dictador cubano, Miguel Díaz-Canel —quien voló en un avión prestado por Nicolás Maduro, un Airbus 340 de la aerolínea venezolana Conviasa— aprovechó su visita al gigante asiático para dos cosas principales. La primera, elogiar nuevamente a su par Xi Jinping; la segunda, llorar miseria para el pueblo "bloqueado" por Estados Unidos.

Deshecho en elogios, Díaz-Canel felicitó a Xi por su tercer mandato consecutivo y alabó los éxitos históricos que ha conquistado China bajo su presidencia, reconociendo, de paso, sus contribuciones teóricas y prácticas al socialismo.

Desde su punto de vista, dijo, "eso es un verdadero estímulo para todas las fuerzas progresistas del mundo".

Abro paréntesis aquí para recordar que, a fin de seguir gobernando, el líder chino modificó la Constitución de su país en 2018. Hasta esa fecha, la ley fundamental del Estado chino disponía que la duración del cargo como líder no debía sobrepasar los 10 años. Ahora, sin traba legal alguna que se lo prohíba, no habrá nada, ni nadie que le impida tratar de perpetuarse en el poder, al estilo de los hermanos Castro.

Volviendo a las declaraciones del mandatario cubano, Díaz-Canel se pronunció sobre la crisis económica que sufre la isla y expresó confianza en enfrentarla con el apoyo de países amigos como China, según publicó su oficina en Twitter.

Todo sea dicho: la verdad es que la estrategia le funcionó muy bien, porque, nada más llegar al gigante asiático, "se organizó una ceremonia de entrega y recepción de materias primas, uniformes escolares, donaciones en efectivo, insumos sanitarios y medicamentos para Cuba", tal como difundieron Yahoo y otros medios de prensa.

El mandatario cubano también dijo que "Cuba va a tomar a China como referente y resistir creativamente los desafíos". Asimismo, señaló que la isla "ratifica su firme adhesión al principio de una sola China, y apoya la construcción conjunta de la Franja y la Ruta de alta calidad, la Iniciativa para el Desarrollo Global y la Iniciativa para la Seguridad Global".

Además de rubricar acuerdos para afianzar áreas del intercambio interpartidista, la construcción del BRI y la cooperación práctica, ambos dictadores emitieron la Declaración Conjunta entre la República Popular China y la República de Cuba sobre la Profundización de las Relaciones Binacionales en la Nueva Era.

Aparte de reunirse con Xi, el líder cubano también habló con el presidente del Legislativo chino, Li Zhanshu, y con el primer ministro, Li Keqiang, quien dio la bienvenida a que más productos cubanos entren en el mercado chino y llamó a profundizar la cooperación en varias áreas, entre ellas, la agricultura y la infraestructura, además de explorar otras, como el comercio electrónico y las energías renovables.

La última visita del líder cubano a China había tenido lugar en 2018, en lo que fue su primer viaje oficial al país asiático como mandatario. El encuentro más reciente, entretanto, constituyó el primero de un líder latinoamericano a China tras la finalización del XX Congreso del PCCh, efectuado en octubre.

Operaciones comerciales China-Cuba

En referencia a los resultados del encuentro entre los dos mandatarios, el viceprimer ministro de Cuba, Alejandro Gil, los calificó de positivos, pues "hubo una conversación transparente, cordial, abierta. Se firmaron 12 instrumentos jurídicos, y entre ellos destacan los aspectos vinculados con la reapertura de nuevos financiamientos".

En un comunicado difundido por la presidencia del régimen cubano, Gil especificó "que esas reaperturas están asociadas a la inversión del moderno Dique Flotante, que llegó a Cuba desde el año 2019, y que será una fuente importante de ingresos en divisas para nuestra economía al prestar servicio a los buques que transitan por la zona del Caribe".

El también ministro de Economía y Planificación anunció que se avanzó en otras inversiones importantes para la economía de la isla, "como, por ejemplo, el parque eólico de Herradura, ubicado al norte de Las Tunas, a su vez un parque solar fotovoltaico de más de 100 megawatts, dos inversiones de mucho impacto en el sector energético".

Gil explicó, asimismo, que hay dos plantas de bioplaguicidas, una en La Habana y una en Villa Clara, así como otra pendiente por iniciar en Granma. Paralelamente, dijo que, como parte de las conversaciones con Xi Jinping, trascendió un donativo de la parte china hacia la isla en el orden de los cien millones de dólares. Sin dudas, este es otro triunfo para el llorador de miserias. Ahora, a ver qué uso le da al dinero, porque bien sabido es el rumbo que el régimen cubano suele darle a las donaciones.

En lo que concierne al tema inversiones, el dirigente cubano dijo que Díaz-Canel "convidó a empresas chinas para hacer inversiones directas" en la isla. En su opinión, esto es muy importante, pues China tiene una amplia presencia en América Latina con inversión extranjera directa".

Actualmente, China es el segundo mayor socio comercial de Cuba, país al que le ha "proporcionado autobuses, locomotoras y otros equipos para que mejore su decrépita infraestructura", reportó ABC News. Según esta misma fuente, las empresas chinas también han invertido en la extracción de minerales en Cuba.

Relaciones bilaterales China-Cuba

A propósito de la visita de Díaz-Canel a China, el diario People's Daily reseñó el historial de las relaciones bilaterales entre la nación asiática y la caribeña, recordando que ambas establecieron vínculos diplomáticos el 28 de septiembre de 1960 y que, a lo largo de los años, las dos se han mantenido firmes en sus posiciones.

"El Gobierno cubano ha manifestado reiteradamente su oposición a la interferencia en los asuntos internos de China, abogando por el respeto a la soberanía del país asiático y al principio de una sola China. Por su parte, el Gobierno chino ha mantenido su firme oposición a la política de bloqueo económico, comercial y financiero que, por más de 60 años, las administraciones estadounidenses han implementado contra el pueblo cubano".

En cuanto a la presencia china en la isla, que este año celebra su 175 aniversario, la misma fuente recordó que los primeros chinos que llegaron a Cuba eran de la región de Cantón y se dedicaron a realizar labores agrícolas, básicamente, en el corte de caña de azúcar.

El People's Daily añadió que "la diáspora china en Cuba ha ayudado a difundir los valores y la cultura de la nación asiática, además de dejar una huella notable a través de la historia en las áreas del comercio, el cultivo de hortalizas, las artes marciales y las tradiciones culinarias".

Periplo de Díaz-Canel antes de China

Como parte de su reciente viaje oficial al extranjero, el líder cubano igualmente visitó Moscú para reunirse con su homólogo ruso, Vladimir Putin. Y tal como era de suponerse, ambos mandatarios elogiaron la profunda amistad que tradicionalmente ha unido a sus dos países.

Cabe mencionar que, tras el derrumbe de la Unión Soviética, Rusia y Cuba, al igual que Rusia y China, estrecharon sus relaciones bilaterales. Por eso hoy las tres naciones son harina del mismo costal, es decir, naciones abiertamente en contra de Estados Unidos y del orden global liderado por Washington.

Según un despacho de la agencia española EFE, Díaz-Canel aseguró que "tanto Rusia como Cuba están sometidas a sanciones que proceden y tienen su origen en el mismo enemigo, el imperio yanqui, que ha manipulado también a una parte importante del mundo".

Como no podía ser de otra manera, calificó a las sanciones contra ambos países de injustas y arbitrarias, al tiempo que confirmó que "Rusia siempre puede contar con Cuba" y se declaró admirador del liderazgo del jefe del Kremlin. Sí, señores, el mismo que decidió agredir injustamente a Ucrania, donde ya han muerto miles y miles de personas, entre civiles y militares.

En este mismo sentido, Díaz-Canel señaló que su régimen siempre ha condenado las sanciones impuestas a Moscú por Occidente debido a su campaña militar en Ucrania. Reitero: campaña militar. ¿Habrase visto un eufemismo más descarado y fuera de lugar que este?

Pero ahí no termina todo: el dictador cubano remarcó, además, que el primer compromiso de la isla ha sido seguir defendiendo la posición de la Federación Rusa ante este conflicto que, según su opinión, ha sido creado por el Gobierno de Estados Unidos.

"Usted [en referencia a Putin] había estado alertando al mundo [desde] hace tiempo de que era inadmisible el avance de la OTAN hacia las fronteras rusas. Estados Unidos manipuló esa situación y trató de encontrar en la guerra, como siempre lo hace en las guerras extraterritoriales, la posibilidad de emerger como el gran solucionador de los problemas", subrayó el líder cubano.

China, Rusia y Cuba: unidas por un mismo interés

Tras conocer las declaraciones de Xi y Díaz-Canel a propósito de su encuentro oficial, está clarísimo que los regímenes de La Habana y Pekín no solo seguirán siendo amigos históricos y socios comerciales, sino también grandes aliados, geoestratégicamente hablando. Todos sabemos que su archienemigo común es EE. UU. Entonces, los comentarios huelgan.

Lo que sí me llamó poderosamente la atención es que, "casualmente", el líder cubano también decidiera visitar a Putin. Para ser más exacto, justamente antes de encontrarse con Xi. Si bien Rusia y Cuba también son socios económicos, esta no me pareció una mera visita, sobre todo, por el cariz de las circunstancias mundiales actuales, atizadas por la guerra ruso-ucraniana y la posición de nuestro país al respecto.

Que China, Rusia y Cuba están en la misma sintonía, en medio de la lucha por un nuevo orden mundial, es un hecho. Tanto es así que, mientras las grandes naciones rusa y china trabajan, codo a codo, por ese y otros objetivos globalistas que pretenden socavar la hegemonía lograda por Estados Unidos, la pequeña nación caribeña se presta para el juego porque, si no, sucumbe.

Actualmente, Cuba experimenta una crisis económica gravísima, inclusive, mayor que la sufrida durante el tristemente famoso "período especial", según aseguran residentes en la isla. Ahora mismo, tiene que asirse hasta a un clavo caliente para tratar de salir de la miseria. ¿Y quiénes mejores para eso que el compañero Xi y el camarada Putin? Pues nadie. Definitivamente, Dios los cría y el diablo los junta.

Capítulo 18
Donald Trump y Joe Biden ante la amenaza china
Publicado originalmente el 16 de noviembre de 2022

Aparte de las claras diferencias que saltan a la vista, el expresidente Donald Trump y el actual inquilino de la Casa Blanca, Joe Biden, tienen una percepción distinta sobre cómo lidiar contra la República Popular China (RPC), régimen comunista que ha escalado de competidor económico a rival militar con la subsecuente amenaza a nuestra seguridad.

A casi dos años de haber llegado a la presidencia de los Estados Unidos, Biden no ha hecho más que amagar contra la RPC en vez de ejecutar efectivas acciones concretas, como las adoptadas por Trump, o darles una correcta continuidad a las ya existentes.

Recordemos que, durante su primer día como presidente, el demócrata firmó más de 15 órdenes ejecutivas, proclamaciones y memorandos, básicamente encaminados a deshacer muchas de las decisiones de su predecesor. Repasemos a continuación las principales diferencias entre uno y otro.

Sector comercial

Según un análisis de Observer Research Foundation, "la presidencia de Donald Trump probablemente será recordada como la época en que EE. UU. se enfrentó a China en varios frentes". Es decir, Trump "golpeó con fuerza" las relaciones entre ambos países, en lo que viene siendo una desviación fundamental del enfoque que ha mantenido nuestro país por cuatro décadas en lo que respecta al gigante asiático.

En el sector comercial, por ejemplo, el exmandatario republicano libró una guerra arancelaria con China que involucró cuatro rondas de aumentos arancelarios. Dichos aumentos elevaron los aranceles promedio sobre los productos chinos del 3.1 % al 21 % entre 2018 y 2020.

De acuerdo con la misma fuente, el fin de la medida era desacelerar el crecimiento de China, específicamente en sectores donde la nación asiática acudía a prácticas comerciales desleales. Si bien esta estrategia encontró apoyo nacional e internacional, EE. UU. acordó reducir la tasa de algunos de esos aranceles con dos condiciones.

La primera de ellas tenía que ver con que China reformara su régimen económico y comercial en cuanto a propiedad intelectual (PI), transferencia de tecnología, agricultura, servicios financieros, moneda y cambio de divisas. La segunda, con que comprara bienes y productos agrícolas estadounidenses por valor de 200,000 millones de dólares.

Sobre este particular, un reporte de China en Foco, programa televisivo de The Epoch Times, señaló que, en efecto, Trump le declaró una guerra comercial a Pekín, imponiendo aranceles a productos chinos por un valor superior a los 360,000 millones de dólares.

Como resultado de tal medida, ambas naciones firmaron un acuerdo comercial en virtud del cual la RPC aceptó comprar los citados 200,000 millones de dólares en bienes a nuestro país, en 2021. ¿Qué pasó entonces? Pues que, a pesar del compromiso contraído, el gigante asiático solo cumplió su parte en un 58 %.

Como era de esperarse, el déficit comercial de bienes de EE. UU. con respecto a China subió en 45,000 millones ese año, ascendiendo a 355,300 millones de dólares para un aumento del 14.5 % en comparación con 2020. Todo por el incumplimiento del acuerdo, habitual en el modus operandi de los chinos comunistas.

Si bien Joe Biden ha mantenido los aranceles establecidos por su predecesor, este tema parece haberse quedado en la mesa de revisión, más que nada porque, según China a Fondo, los asesores del actual mandatario están divididos en cuanto a las acciones a tomar.

Observer Research Foundation, por su parte, dijo en su análisis que Biden ha tenido que "enfrentarse a la compulsión política de mantener los aranceles sobre ciertos productos chinos, [pues], en muchos sentidos, su política hacia China se debate entre la necesidad de ser severo y el deseo de distanciarse de las razones 'trumpistas' para [la implementación de] tales políticas".

Rama tecnológica

Sabiendo que los logros en el terreno tecnológico son claves para el desarrollo militar, Donald Trump "redobló la apuesta por expulsar a las empresas chinas de las redes de telecomunicaciones estadounidenses, apuntando en concreto a Huawei, el mayor fabricante de equipos de telecomunicaciones del mundo", señaló el citado reporte.

En aquel entonces, Trump dijo que Huawei es una amenaza para la seguridad nacional, por tanto, intentó bloquear su tecnología 5G en todo el mundo, prohibió la obtención de chips provenientes de esa empresa y la incluyo en la Lista de Entidades, comúnmente conocida como la lista negra comercial.

De acuerdo con el mismo informe, Trump "también apuntó a aplicaciones (apps) chinas, como TikTok y WeChat". En este sentido, "trató de prohibirlas por completo en las tiendas de apps de EE. UU., [así como] construir una red limpia que reuniera a países aliados para expulsar a empresas chinas de sus redes de telecomunicaciones, tiendas de aplicaciones, servicios en la nube y cables submarinos".

Cuando Biden asumió el cargo, en enero de 2021, desestimó la idea de Trump de prohibir dichas aplicaciones y, "a pesar de que mantuvo a Huawei en la lista negra, aprobó que dicha firma comprara microchips para su negocio de componentes de automóviles por valor de cientos de millones de dólares", según un despacho de Reuters citado por el mismo reporte.

Unos meses después, la directora financiera de Huawei, Meng Wanzhou, retenida tres años en Canadá por mandato de Trump debido a que violó sanciones estadounidenses a Irán, fue autorizada a regresar a China por fiscales norteamericanos bajo el mandato de Biden.

Cabe mencionar que esta ejecutiva —para más señas, hija del dueño de Huawei, el multimillonario chino Ren Zhangfei— tuvo que enfrentarse a las autoridades canadienses por petición de la Administración Trump, que, a su vez, pidió en 2018 su extradición a nuestro país para procesarla y condenarla hasta con 30 años de cárcel.

Evidentemente, eso no fue posible por la intervención misericordiosa de la Administración Biden. En cuanto a los movimientos con otras empresas tecnológicas del país asiático, el informe de China a Fondo subrayó que se han mantenido constantes.

En lo que respecta a China Mobile, la fuente dijo que, "bajo Trump, la Comisión Federal de Comunicaciones rechazó su solicitud para prestar servicios de telecomunicaciones en EE. UU., [sin embargo], bajo Biden, [la propia entidad] revocó la autorización de cuatro empresas chinas para operar en suelo estadounidense".

Terreno diplomático

En el terreno diplomático, el programa televisivo de The Epoch Times remarcó que Donald Trump "ordenó el cierre del consulado chino en Houston, al que acusó de ser un centro de espionaje y robo de propiedad intelectual (PI)". Como es sabido, China cuenta con el mejor sistema de ciberespionaje del mundo y encabeza la lista de alta prioridad en lo que concierne al hurto de PI estadounidense.

El reporte continuó diciendo que Trump "también impuso restricciones de visado a determinados chinos que participaban en operaciones de influencia en el extranjero", al tiempo que exigió a cinco empresas de comunicaciones estatales chinas que se registraran como misiones foráneas, imponiendo, de paso, "restricciones de visado más estrictas a sus empleados chinos". Bajo Biden, hágase notar, tanto China como EE. UU. "han relajado las restricciones para los periodistas".

Derechos humanos

En el área referente a los derechos humanos, concretamente en Hong Kong, el reporte de The Epoch TV subrayó que "Trump sancionó a unos 30 funcionarios chinos por reprimir las propuestas de cambios democráticos y puso fin al trato económico preferencial para esa región después de que Pekín interpusiera una nueva ley de seguridad".

En cuanto a la región de Xinjiang, el exmandatario republicano calificó de genocidio a la represión del régimen chino contra los uigures en la zona, al tiempo que prohibió las importaciones de algodón y productos de esa localidad como precaución ante el trabajo forzado.

Su contraparte, Biden, entretanto, aprobó un proyecto de ley que prohíbe las importaciones de Xinjiang por las mismas razones y también sancionó a una treintena de funcionarios chinos y de Hong Kong.

Situación con Taiwán

En lo que concierne a Taiwán, el expresidente republicano "fue más allá de los protocolos diplomáticos: habló directamente con la presidenta taiwanesa, Tsai Ing-wen, lo que supuso una importante ruptura con la política anterior de EE. UU. Asimismo, levantó restricciones a las interacciones entre funcionarios estadounidenses y taiwaneses".

El mismo reporte añadió que "las relaciones entre EE. UU. y Taiwán siguen siendo cálidas en la era Biden, quien dijo que EE. UU. defenderá a Taiwán en caso de una invasión china, hecho que supone un cambio en la postura de ambigüedad estratégica que Washington mantuvo por mucho tiempo".

Cabe mencionar que China interrumpió las conversaciones sobre el clima después de que la presidenta de la Cámara de Representantes, Nancy Pelosi, visitara Taiwán. China, por su parte, suspendió el acuerdo sobre la lucha contra las drogas ilegales, entre ellas, el fentanilo, causante de la muerte de más de 71,000 estadounidenses en 2021.

Tema semiconductores

"Un aspecto clave de la guerra tecnológica de Trump contra China fue la implementación de políticas de control de exportaciones en el sector de los semiconductores", puntualizó Observer Research Foundation en su análisis sobre el tema.

Quiere decir que el actual presidente de EE. UU. asumió el cargo en el apogeo de la llamada "guerra de fichas", que no es más que la lucha global, principalmente entre EE. UU. y China, por controlar la materia prima, la producción y la distribución de los chips semiconductores.

Aunque en agosto pasado Biden firmó una Orden Ejecutiva para implementar la Ley de Ciencias y Chips, diseñada para fortalecer la fabricación de semiconductores en nuestro país y abordar los problemas de la cadena de suministro, cabe mencionar que su postura en este sentido no es tan recia como debería.

He aquí la gran diferencia: mientras, para Trump, las políticas de control de exportaciones eran un medio para imponer restricciones a China, para Biden, los problemas en un sector como este podrían afectar potencialmente la relación bilateral en general.

Cabría preguntarnos entonces de qué relación bilateral está hablando este señor. ¿Acaso no se ha percatado de que, simple y llanamente, no puede haber tal vínculo con un país que no solo compite deslealmente, sino que también nos amenaza abiertamente?

Seguridad nacional

Desde el punto de vista de Observer Research Foundation, dos puntos principales respaldan la política de Biden en China: la guía estratégica provisional de seguridad nacional, publicada en marzo de 2021, y el enfoque de su Administración, como declaró el secretario de Estado, Antony Blinken, en mayo de 2022.

Partiendo de las declaraciones de Blinken, podríamos decir que hoy existe un enfoque diferente para tratar con China en comparación con el de Trump. Blinken, por ejemplo, retrató a un Estados Unidos sin confrontaciones cuando señaló que nuestro país "no está buscando un conflicto o una nueva Guerra Fría. Por el contrario, dijo, estamos decididos a evitar ambos".

Básicamente, los tres pilares de la actual estrategia hacia China son: "invertir, alinear y competir", en lugar de tomar cartas en el asunto para acabar con la dependencia que prácticamente nos ahoga, el constante ciberespionaje, el perenne robo de PI, las prácticas comerciales desleales y, sobre todo, la amenaza a nuestro sistema defensivo nacional.

Señores, no podemos estar pensando en inversiones, acuerdos y competiciones comerciales cuando estamos en peligro de un conflicto armado. Tampoco podemos estar creyendo en estrategias coordinadas y acciones bilaterales cuando nuestra nación se enfrenta a un riesgo tan grande, militarmente hablando.

Como señaló esta fuente en su análisis, "una China en rápido crecimiento está desafiando a los EE. UU. en varias áreas, incluida la tecnología, la producción militar y la influencia global en general". ¿A qué vamos a esperar entonces?

Recordemos que la política de Trump referente a China no escatimaba aislarnos de quien fuera necesario para defendernos. Hoy, restaurar la confianza de aliados en el Indo-Pacífico, Europa y Asia, es una prioridad para Biden, quien no dudó en revertir las políticas del republicano para tranquilizar a tales aliados en torno a China. Que yo sepa, nosotros no tenemos que quedar bien con nadie, más que con nosotros mismos.

Bipartidismo

Según un reporte de Brookings, "los funcionarios de Biden comienzan su defensa de su política de China citando un supuesto fuerte apoyo bipartidista", sin embargo, "es una pereza intelectual justificar la política sobre la base del bipartidismo en lugar de formular una basada en los intereses nacionales".

De acuerdo con el mismo informe, la pretensión de bipartidismo es, además, exagerada. Basta con revisar una encuesta realizada por el Consejo de Chicago sobre Asuntos Globales para percatarnos de cuán grandes son las diferencias sobre China entre demócratas y republicanos.

Para empezar, el 42 % de los republicanos ven a la nación asiática como un adversario, en cambio, solo el 17 % de los demócratas piensa así. En cuanto a la influencia global de China, el 67 % de los republicanos, y solo el 39 % de los demócratas, considera que limitarla es un objetivo importante para nuestra política exterior.

En lo que concierne al intercambio científico, el 73 % de los republicanos está a favor de restringirlo y el 72 % concuerda en limitar la cantidad de estudiantes chinos que estudian aquí. El 59 % de los demócratas, por el contrario, se opone a limitar el intercambio, mientras que el 66 % no ve razones para reducir el número de estudiantes.

Con respecto a los aranceles sobre las importaciones de China, el 83 % de los republicanos está a favor de aumentarlos, mientras que el 50 % de los demócratas está en contra. Evidentemente, las diferencias entre el pensar de unos y otros son, cuanto menos, abismales.

Discurso nacional

Según el análisis de Brookings, "la Administración Trump predicó una política de suma cero con China. Los discursos de sus altos funcionarios describieron una nación de ladrones intelectuales y depredadores económicos que había avanzado en el mundo a través de la traición y el engaño. Asimismo, emprendieron una estrategia de 'desacoplamiento' de China con la imposición de altos aranceles y el lanzamiento de la Iniciativa de China".

¿Qué han hecho Biden y los demócratas por su parte? Pues, en general, mantener intactos estos enfoques políticos de Trump, pero, claro, con un lenguaje menos incendiario. Al parecer, para ellos, no hay urgencia en este asunto de máxima prioridad. En todo caso, hágase notar, dicen que pueden luchar contra China de una manera más efectiva que la de Trump. Muéstrennos, entonces, para empezar.

Conversaciones presidenciales

Este lunes, Joe Biden y el líder chino, Xi Jinping, se reunieron en la cumbre del G-20, en Bali. Por lo que ha trascendido, ambos mandatarios expresaron su interés en cerrar la brecha cada vez mayor entre sus países, aun en medio de las tensiones por Taiwán.

Según un memo de Geopolitical Futures, ambas partes expresaron su deseo de "volver a encarrilar" su relación. Mientras tanto, un informe de CNBC, por su parte, resaltó que un funcionario de la Administración Biden, que habló bajo condición de anonimato, dijo que espera que el presidente sea honesto sobre varias de nuestras preocupaciones.

Con anterioridad, Biden ha mantenido abiertas las líneas de comunicación con Xi. Incluso, ha trascendido que sus principales asesores de seguridad se reúnen regularmente con sus homólogos chinos. Sinceramente, es incomprensible cómo este señor sigue usando esta estrategia, si es que puede llamársele así. Está claro que necesita despertar del sueño en el que vive para evitar una pesadilla de talla nacional.

Capítulo 19
Exasistente de Hunter Biden estaría conectada con el Partido Comunista Chino
Publicado originalmente el 1 de noviembre de 2022

El líder republicano del Comité de Supervisión y Reforma de la Cámara de Representantes, James Comer, pidió al Buró Federal de Investigaciones (FBI, por sus siglas en inglés) que investigue el nexo existente entre Hunter Biden y JiaQi Bao, quien fuera su asistente personal mientras él hacía negocios con una empresa petrolera china.

Partiendo de documentos obtenidos por el Comité —demostrativos de que, más que un rollo de faldas, se trata de una delicada relación con una espía del Partido Comunista Chino (PCCh)— Comer dijo que "los republicanos están preocupados de que Hunter Biden podría haber sido comprometido por la República Popular China (RPC) y los servicios de inteligencia extranjeros".

Un reporte del New York Post sobre este tema indicó que, tras enviar una carta al director del FBI, Christopher Wray, el congresista (R-KY) señaló que espera que este preocupante hallazgo "sea una línea de investigación importante si los republicanos recuperan los poderes en la Cámara en las elecciones intermedias del 8 de noviembre".

Antecedentes laborales de JiaQi Bao

Para entender el contexto en el que sucedieron los hechos, téngase en cuenta que, entre 2017 y 2018, el hijo de Joe Biden estuvo asociado con CEFC China Energy, un conglomerado de energía y finanzas del gigante asiático gracias al cual obtuvo 4.8 millones de dólares a cambio de "presentaciones" matizadas por su influyente apellido.

Resulta que, mientras hacía negocios turbios con CEFC, se codeó directamente con el presidente de la firma, Ye Jianming, a quien consideraba su "socio", así como con su vicepresidente, Patrick Ho, a quien calificaba de "cliente" y "jefe de los espías en China". Justo en medio de esas sospechosas relaciones fue que le presentaron a JiaQi Bao.

La chinoamericana de 29 años, residente en Nueva York, llegó a Hunter como asistente para "ayudarle" en la traducción de documentos y otras funciones de oficina en su firma conjunta con CEFC (Hudson West III), sin embargo, no se trataba de una asistente cualquiera: más allá de una cara bonita, se trataba de alguien con un pasado laboral bastante peculiar.

"Bao trabajó para la Comisión Nacional de Desarrollo y Reforma (NDRC, por sus siglas en inglés), que está a cargo de la planificación macroeconómica de China y aprueba cualquier proyecto importante que reciba financiamiento extranjero, por tanto, estaba vinculada al Partido Comunista de China, su empleador antes que la familia Biden", subrayó Comer en su carta.

Aparte de haberse desempeñado en la NDRC, Bao también trabajó para empleados de CEFC vinculados al PCCh. Cabe mencionar que la CEFC era un brazo de la Iniciativa de la Franja y la Ruta, proyecto del régimen chino para ganar terreno a escala global y así allanar el camino hacia su meta de liderar el nuevo orden mundial.

Sin ir más lejos, señores, la chinoamericana formó parte de "un esfuerzo de la inteligencia china a fin de crear una relación sexual [con Hunter] que pudiera ser utilizada para influir en él y, en última instancia, en su padre", tal como anunció el China Watch Institute en un detallado reporte sobre el tema.

Funciones de la espía JiaQi Bao

De acuerdo con la carta que Comer le envió a Wray, JiaQi Bao intervino en varios asuntos de la familia Biden. Uno de ellos fue la venta de gas natural licuado de EE. UU. a China, promovida por los Biden, en la que Bao, mediante correo electrónico, le dijo a Hunter, Jim Biden y los asociados de CEFC que su trabajo era asegurarse de que sus intereses estuvieran protegidos.

Básicamente, la joven asistió a negociaciones con empresas energéticas estadounidenses y ayudó a ejecutar importantes transacciones financieras. Según el texto, "parecía estar dirigiendo efectivamente la empresa conjunta [con CEFC] bajo el nombre de Hunter Biden". Y no solo eso: también hizo informes anuales y planes de negocios para la susodicha firma.

"Un correo electrónico de mayo de 2017 sobre la asociación de la familia Biden con CEFC, describió que el 'tipo grande' debía recibir un 10 %. [En este sentido], dos exsocios de Hunter Biden, Tony Bobulinski y James Gilliar, identificaron a Joe Biden como el 'tipo grande'. [Entretanto], Bobulinski dijo que se reunió con Joe Biden en el mismo mes [para hablar] sobre el trato", puntualizó el artículo del New York Post.

Volviendo a la carta de Comer, resulta que, después de infiltrarse en la familia Biden, Bao instó a Hunter a alentar a Joe para que se postulara como presidente (mucho antes de que este anunciara su candidatura) y luego le brindó consejos de campaña relacionados con China. Claramente, no hay que ser adivinos para darse cuenta de que la espía estaba asesorando a los Biden, siguiendo los puntuales intereses de Pekín.

Relación entre JiaQi Bao y Hunter

En 2021, The U.S. Sun reportó que, al inicio, los correos electrónicos entre Bao y Hunter eran estrictamente profesionales e incluían horarios de vuelos, reservaciones de hotel y citas médicas. Sin embargo, todo indica que la relación escaló a un vínculo cercano atizado por la coquetería de la espía.

Hace poco, en una entrevista concedida a Fox News, el propio Comer dijo: "Es una chica muy atractiva. Lo hablamos con un denunciante y, según él, ellos eran más que socios comerciales, si sabe a lo que me refiero".

De hecho, en una ocasión, "ella le envió un correo electrónico sobre la devolución de su 'collar de cadena para perros' y en otro mensaje le escribió: 'Uno de mis deseos de Año Nuevo es que puedas beber menos. Haré cualquier cosa para hacerte feliz de modo que la función mítica de las bebidas alcohólicas, como un calmante para el estrés, no sea una excusa para la indulgencia'".

Otra arista de esta historia que llama la atención es la siguiente: tras la disolución de la empresa conjunta con CEFC, luego de que esta última fuera acusada de delitos financieros, Bao se mostró decidida "a permanecer cerca de la órbita política de Biden" en lo que viene siendo "un sello distintivo de la actividad de inteligencia extranjera", resaltó Comer en su misiva.

Es decir, "la relación entre Bao y Hunter Biden, según la evidencia obtenida por los republicanos del Comité, parece haberse vuelto personal y excedió la capacidad profesional". Aparentemente intentando enriquecerlo, "Bao [también] le dijo que el desorden por el arresto del fundador de CEFC 'será una gran oportunidad para ganar', por lo que debía continuar con esa tesis de inversión en gas natural".

En correspondencia con ese grado de insistencia, Comer remarcó que "los esfuerzos de Bao por permanecer cerca de la familia Biden, luego del colapso de la empresa CEFC, plantea serias preocupaciones sobre los motivos y planes de Bao
con la familia".

Concretamente, el congresista pidió averiguar si la joven espía fue presionada por el PCCh para que se asegurara de que los Biden continuarían vendiendo gas natural licuado estadounidense a China. "Si es así, dijo, esto representa una amenaza alarmante para la seguridad nacional".

Postura de JiaQi Bao frente a Joe Biden

Según el New York Post, "para congraciarse aún más con la familia Biden, Bao se interesó concertadamente en la aspiración y estrategia presidenciales de Joe Biden". Incluso, "cuatro meses antes de que anunciara su candidatura al pueblo estadounidense, Bao le envió un mensaje de texto a Hunter, [diciéndole]: 'El tío Joe debería postularse para presidente en 2020'".

De acuerdo con la misma fuente, "en 2018, le dijo al futuro primer hijo que Joe Biden 'será uno de los mejores presidentes en la historia de nuestro país', y que los aranceles del entonces presidente, Donald Trump, sobre los productos chinos fueron 'un fracaso hasta ahora'".

Un análisis de The U.S. Sun al respecto señaló que Bao también le envió a Hunter una investigación que había realizado sobre Trump durante la campaña de Biden de conjunto con una lista de historias negativas sobre el entonces presidente de EE. UU. Según ella, el libro de Trump con exageraciones e invenciones sobre la conexión comercial de Joe con los chinos no tiene ninguna relevancia.

En efecto, y del modo en que sabemos, Joe Biden llegó a la presidencia en enero de 2021, y tal como afirmó el New York Post en su reporte, "es demasiado blando respecto a China en una variedad de temas, incluidas las exportaciones chinas de fentanilo, que provocaron un récord de 107,000 muertes por sobredosis de drogas en los Estados Unidos el año pasado".

Dinero de la China comunista en manos de Hunter

A raíz de los correos electrónicos hallados en la tristemente famosa laptop de Hunter, actualmente en manos del FBI, no solo se ha podido conocer el tipo de comunicación que Hunter y la espía sostenían, sino también los principales temas abordados y la posición de Bao en lo que a EE. UU. se refiere.

Según el citado reporte del China Watch Institute, dichos correos "incluyen detalles sobre cómo se pagó a Biden [por la empresa conjunta con CEFC] y la fluidez de las cuentas establecidas por los chinos".

O sea, en los correos electrónicos de Bao se habla de "cuentas chinas que parecen tener efectivo disponible para que Biden lo use a su discreción. Una de las secciones se titula 'Guarda todo el dinero que puedas' y anima a Biden a vaciar las cuentas que solo tienen dinero en efectivo", indicó la fuente.

Según The U.S. Sun, Bao le dijo a Hunter que tomara todo lo posible o descubriera cómo gastarlo para su propio beneficio, sin importar el carácter del fondo operativo disponible. "Si no tomas ese dinero, terminará convirtiéndose en dinero de nadie, así que es mejor usarlo para bien", le aconsejó.

El propio diario añadió, asimismo, que "las referencias indican la fácil disponibilidad del dinero de los chinos durante un período en el que Hunter admite estar continuamente ebrio y comprometido con excesos sexuales y narcóticos".

Tras la detención de Patrick Ho en 2017, a quien se relacionó con la cúpula gubernamental y la inteligencia chinas, "los correos electrónicos adquieren un cierto carácter de acoso, ya que Bao busca repetidamente reanudar la relación [con Hunter], insistiendo en que quiere ser su amiga".

En esas mismas comunicaciones, la joven "ofrece posibles puntos de conversación para lidiar con las elecciones y la investigación opuesta sobre Trump, incluidos sus supuestos vínculos con un 'salón de prostitución' de propiedad china en Florida, punto de ataque irónico dadas las fotos de Hunter con presuntas prostitutas chinas", prosiguió The U.S. Sun.

Aunque la empresa conjunta con CEFC se derrumbó, "Biden recibió una gran cantidad de dinero sin evidencia de un trabajo sustancial de su parte. De hecho, él admite que todavía era un adicto al crack durante ese período, y las fotos lo muestran desmayado y consumiendo drogas, así como en citas sexuales con varias mujeres".

Según el análisis del China Watch Institute, "hay una pregunta legítima de por qué una empresa estrechamente conectada con el régimen y la inteligencia chinos estaría dando millones a Hunter y a su tío [Jim]", quienes se asociaron con CEFC en 2017. A mí se me ocurren varias respuestas: soborno, tráfico de influencias y confabulación.

No hay que ser un lumbrera para percatarse de lo que se esconde tras las acciones de Hunter, quien le ha sacado todo el jugo posible a su conveniente apellido. Cada vez que trasciende algo —o que los republicanos exigen respuestas en torno a sus actos, como en este caso de la espía china— queda explicitado, de nueva cuenta, cuán rastrera, impropia y, sobre todo, traidora ha sido su conducta referente a la China comunista.

Capítulo 20
China-Brasil: el interés del gigante asiático en el sudamericano
Publicado originalmente el 20 de octubre de 2022

De gigante a gigante, en 2021, China se reafirmó como el principal inyector de capital de Brasil dada su estrategia hegemónica mundial y su particular interés en la zona de las Américas, rica en recursos naturales, hogar del 25 % de los bosques y las tierras cultivables del orbe, así como del 30 % de los recursos hídricos del planeta.

Con un crecimiento del 208 % en sus inversiones, el triple de las reportadas en 2020, Pekín se anotó así otro punto con Brasilia en cuanto a operaciones comerciales se refiere, consolidando de ese modo su presencia en nuevas empresas, diversas firmas de tecnología financiera y grandes petroleras, como Petróleo Brasileiro (Petrobras).

La inyección de capital chino

Estadísticas dadas a conocer por un reporte del diario brasileño Folha de S. Paulo revelaron que, en efecto, "la inversión de empresas chinas en Brasil se triplicó con creces en 2021, volviendo a los niveles anteriores a la pandemia del COVID-19 y convirtiendo al país en el principal destino del capital chino el año pasado".

La fuente explicó que, "tras un tibio 2020, las inversiones de Tencent aumentaron en fintechs y start-ups, como Nubank, QuintoAndar y Cora". Cabe mencionar que Tencent Holdings Limited es una multinacional tecnológica china especializada en servicios de Internet, inteligencia artificial y publicidad.

Otras operaciones que sobresalieron fueron las multimillonarias inversiones en la Cuenca de Santos por parte de dos grandes petroleras del país asiático: la Compañía Nacional de Exploración y Desarrollo del Petróleo y Gas de China, y la Corporación Nacional de Petróleo Marino de China, ambas firmantes de un acuerdo con Petrobras.

La compra de la empresa estatal brasileña de transmisión eléctrica, Río Grande Energía, por parte del grupo chino State Grid, y la adquisición de la planta de Mercedes-Benz de Iracemápolis por parte del fabricante de autos chinos Great Wall Motors, igualmente contribuyeron al auge comercial de China en la nación sudamericana.

Según el Consejo Empresarial Brasil-China (CEBC), citado por la misma fuente, la inversión del país asiático en el sudamericano creció en 5900 millones de dólares en 2021, máximo valor alcanzado en cuatro años y objeto de controversia de cara a las próximas elecciones presidenciales de Brasil, previstas para el próximo 30 de octubre en su segunda vuelta.

La toma de Brasil por China

Recientemente, "el ministro Paulo Guedes (Economía) aseguró que no quería que los chinos entraran, 'destrozando nuestras fábricas, nuestras industrias', [mientras que] el expresidente Lula [da Silva], para quien China 'está tomando Brasil', manifestó su preocupación por el avance del país asiático en el sector industrial", de acuerdo con el mismo reporte de Folha de S. Paulo.

Datos suministrados por el CEBC, citados por BNamericas, revelaron que el año pasado, los chinos impulsaron 28 proyectos en la nación sudamericana y, en lo que concierne a términos de valor, el 85 % de sus inversiones tuvieron como destino el sector del petróleo y el gas mediante dos proyectos de exploración en la Cuenca de Santos y en el campo Búzios.

"Con respecto al número de transacciones, en el sector de energía eléctrica se efectuaron 13 operaciones, casi la mitad de todo el volumen registrado, mientras que la inversión en el segmento de TI [tecnología de la información] se destinó a 10 proyectos", especificó la citada plataforma de inteligencia de negocios.

Adicionalmente, puntualizó que en el período de 2007 a 2021, los "actores chinos inyectaron 70,300 millones de dólares en 202 proyectos en Brasil", mientras que los principales destinatarios de las inversiones fueron los sectores eléctrico (45.5 % del total) y el petrolero (30.9 %).

La importancia de Brasil para China

Un reciente análisis del portal Diálogo Chino indicó que "la región amazónica [mayormente ocupada por Brasil] es importante para China por sus recursos naturales, su agricultura y su comercio", así como también "por su papel en el control del calentamiento global".

Abro un paréntesis aquí para recordar el doble rasero de los chinos comunistas en este último sentido, toda vez que sus emisiones de dióxido de carbono representan el 27 % de las expulsiones globales del gas, en lo que viene siendo casi el triple de las emitidas por los Estados Unidos.

Volviendo al tema que nos ocupa, según la fuente antes dicha, "la presencia china en la Amazonia comenzó con el comercio a través de la compra de productos básicos producidos en la región; [luego], se profundizó con la inversión en grandes proyectos de infraestructura, y ahora está avanzando con la elaboración de normas globales sobre el control del cambio climático y el monitoreo de las cadenas de suministro para combatir la deforestación ilegal".

El propio reporte detalló que, "en 2005, se plantaron 1.14 millones de hectáreas de soja en la Amazonia [y], en 2018, esa cifra se había más que cuadruplicado hasta alcanzar los cinco millones". Añadió que "gran parte de ese crecimiento fue impulsado por la creciente demanda de China, [pues] alrededor del 70 % de la producción de soja de Brasil se exporta ahora a la nación asiática".

De acuerdo con el mismo material, otro recurso natural que interesa a los inversores chinos es el agua. Básicamente, las principales inversiones de China en la región se centran en la generación y transmisión de electricidad a través de la citada firma State Grid y China Three Gorges, que han invertido en centrales hidroeléctricas en las cuencas del río Tapajós y el río Xingu.

"Además de las centrales eléctricas, las inversiones de China también provienen de proyectos de infraestructura, como los ferrocarriles. En general, se trata de iniciativas dedicadas a facilitar y reducir los costos de las exportaciones de materias primas a Asia, conectando minas, plantaciones de soja y campos con puertos fluviales", especificó el reporte.

Asimismo, remarcó que, "en sus diversas manifestaciones, la creciente presencia china en la región amazónica es un signo de una zona más integrada a la economía global, principalmente a través de la extracción de sus recursos naturales, y con Asia como principal mercado externo para muchas de sus principales materias primas. Se trata, [por supuesto], de una geopolítica amazónica en desarrollo".

Claro, en esta historia de inyecciones de capital chino a Brasil no todo lo que brilla es oro. Aparte de las alarmas lanzadas por Guedes y da Silva, el mismo informe indicó que "estas obras de infraestructura [también] han provocado conflictos socioambientales, especialmente con las comunidades tradicionales —como las indígenas, ribereñas y quilombolas— afectadas por las construcciones".

El Acuerdo de Reconocimiento Mutuo

Firmado en 2019, el Acuerdo de Reconocimiento Mutuo (ARM) entre el Programa de Gestión de Acreditación Comercial de China y el programa de Operador Económico Autorizado (OEA) de Brasil ha llevado, entre otras cosas, a que el gigante asiático sea el mayor socio comercial de su par sudamericano.

Por medio de dicho ARM, instrumento de facilitación del comercio entre países socios, ambas naciones pretenden facilitar el reconocimiento de certificaciones del OEA, el manejo de cargas y la reducción de costos asociados con el almacenamiento, el compromiso recíproco con la provisión de beneficios comparables, la previsibilidad de transacciones y el mejoramiento de la competitividad, según un reporte de ICEX.

El mismo texto señaló que, hace cuatro años, unas 3600 empresas chinas ya hacían negocios en Brasil por un valor de 63,930 millones de dólares, situación que no hizo más que "mejorar" el año pasado, cuando firmas existentes, como esas, expandieron su presencia en el país al tiempo que nuevos actores se incorporaban.

Un reporte de la agencia de noticias Xinhua citado por People's Daily indicó que, pese a un escenario de inestabilidad global, las compañías chinas implementaron grandes proyectos en Brasil el año pasado, "retomando el ritmo de crecimiento iniciado en 2016 e interrumpido en 2019 con la pandemia".

Para la economista y miembro del Consejo Empresarial Brasil-China, Tatiana Rosito, ambas naciones están "recogiendo los frutos de una relación de muchos años", motivo por el cual "las empresas chinas están haciendo apuestas de largo plazo en Brasil".

Además del citado acuerdo, los gigantes chino y sudamericano reafirmaron en mayo el compromiso de colaboración bilateral y el estímulo recíproco a las inversiones, a través de la Comisión de Alto Nivel Sino-Brasileña de Cooperación, principal mecanismo de diálogo entre ambos países existente desde 2004.

Según trascendió en su momento, los vicepresidentes de Brasil, Hamilton Mourao, y de China, Wang Qishan, presidieron la cuarta reunión del organismo en la que, una vez más, ambas naciones reafirmaron su intención de expandir y diversificar tanto los flujos comerciales como las inversiones que impulsan en común.

Naturalmente, el líder de China, Xi Jinping, está muy contento con todo esto. Hace poco, a propósito del 200 aniversario de la independencia de Brasil, el líder comunista le envió un mensaje de felicitación al mandatario brasileño, Jair Bolsonaro, y, como era de esperarse, no se cortó ni un pelo en ensalzar el tipo de nexos que mantienen.

Tal como difundió la propia página web del Ministerio de Relaciones Exteriores de la RPC, "Jinping enfatizó que, en los últimos años, gracias a los esfuerzos conjuntos de ambas partes, las relaciones entre China y Brasil se han desarrollado de manera estable, con una cooperación práctica que ha dado resultados fructíferos".

Paralelamente, otorgó una "gran importancia al desarrollo de las relaciones chino-brasileñas, y expresó su voluntad de esforzarse, junto con su homólogo brasileño, para impulsar el desarrollo continuo y profundo de la asociación estratégica integral entre China y Brasil, en beneficio de ambos países y sus pueblos".

Con su recién reelección como presidente de China hasta 2028 —en el marco del XX Congreso del Partido Comunista Chino, que sesiona en Pekín hasta el día 22— es de suponer que, en lo adelante, no solo tratará de seguir cosechando los frutos que ya obtiene de Brasil, sino que también se las arreglará para ganar más terreno en aquellas ramas que le resulten provechosas de cara a sus objetivos hegemónicos globales.

Capítulo 21
Poder de Siberia 2: el nuevo oleoducto que conectará a Rusia con China
Publicado originalmente el 13 de octubre de 2022

Rusia enviará a China el gas natural licuado (GNL) que iba a venderle a Europa. China aprovechará los excelentes precios de Rusia para comprarle más combustible. Así se resume la win-win situation que ha puesto a ambos países en sintonía sobre el oleoducto conocido como Poder de Siberia 2, cuya construcción terminará en 2030.

Aunque Vladimir Putin y Xi Jinping ya habían acordado en febrero la construcción del gasoducto, que llevará a suelo chino 10,000 millones de metros cúbicos del gas cada año, fue ahora cuando Moscú se echó a correr para impulsar el proyecto y así repeler las sanciones económicas impuestas por Occidente a causa de su invasión a Ucrania.

Su contraparte, la República Popular China (RPC), que no se queda atrás cuando de conveniencias se trata, también está haciendo su parte. Y no es para menos. A un precio inmejorable obtendrá esa cantidad de GNL adicional; adicional, sí, porque ya recibe 39,000 millones de metros cúbicos anuales gracias al llamado Poder de Siberia 1.

El Poder de Siberia, nombre oficial del oleoducto como proyecto general en su totalidad, responde a un acuerdo entre la empresa rusa Gazprom y China National Petroleum Corporation (CNPC). Dicho acuerdo, rubricado en 2014, tendrá una duración de 30 años y un costo de inversión cifrado en 400,000 millones de dólares.

Antesala del Poder de Siberia 2

Aunque se desconoce si el Poder de Siberia 2 igualará las históricas exportaciones anuales de gas ruso a Europa, cifradas en 200,000 millones de metros cúbicos, sí se sabe que Pekín aumentó sus compras del combustible a Moscú desde que se inició la invasión. Según reportó El Mundo, la RPC tiene un 50 % de descuento en el GNL que sale de Sakhalin 2, en el extremo este de Rusia.

Básicamente, las exportaciones de gas a China a través del Poder de Siberia 1, que conecta a ambos países desde la región rusa de Yakutia hasta la provincia china de Heilongjiang, crecieron un 63.4 % en los primeros seis meses de 2022, puntualizó la fuente.

Al propio tiempo, añadió que "en agosto, las compras chinas de GNL alcanzaron un máximo de dos años con unas 611,000 toneladas métricas". Citando a Bloomberg, la propia fuente reveló que "algunos comerciantes chinos estarían revendiendo los cargamentos a Europa a precios más elevados", en lo que vendría siendo un accionar muy típico de los oportunistas chinos.

Existente desde 2019, el Poder de Siberia 1 cuenta con una infraestructura de más de 3000 kilómetros. En China, recorre el lado este del país, pasa por la capital y llega hasta Shanghai. En su fase intermedia, comenzó a operar en diciembre de 2020 y en la final, dará inicio en 2025.

Finalidad del Poder de Siberia 2

Medios de prensa han revelado que el proyecto del Poder de Siberia 2 llevaba dos años sobre la mesa de negociaciones cuando Putin y Jinping decidieron materializarlo. Con una extensión de 2600 kilómetros y sujeto a construirse a partir de 2024, estará completamente operativo en 2030, según lo pronosticado.

De acuerdo con El Mundo, este gasoducto es "una alternativa potencial para las arcas de Moscú tras el parón del oleoducto Nord Stream-2", que llevaba gas a Alemania antes de la invasión. Y también -digo yo- una verdadera ganga para China, que aprovechará "los grandes descuentos rusos por la lluvia de sanciones occidentales".

Al momento de la firma del acuerdo, Gazprom dijo en comunicado que este "es un paso importante hacia el fortalecimiento de la cooperación mutuamente beneficiosa entre Rusia y China en el sector del gas. Tan pronto como el proyecto alcance su capacidad máxima, la cantidad de suministro de gas por tubería rusa a China crecerá en 10,000 millones de metros cúbicos, para un total de 48,000 millones por año".

El presidente ejecutivo de Gazprom, Alexéi Miller, por su parte, señaló que "este ya es el segundo contrato que se firma para el suministro de gas ruso a China, indicativo de la confianza mutua y la asociación excepcionalmente sólidas entre nuestros países y empresas. Nuestros socios chinos de CNPC ya han visto por sí mismos que Gazprom es un proveedor confiable".

El viceprimer ministro ruso, Alexander Novak, entretanto, remarcó que este proyecto irá hacia adelante y se usará para enviar a China el gas que Rusia iba a venderle a Europa. Cabe aclarar que Moscú suministró el 40 % del GNL de la Unión Europea (UE) antes de enviar tropas a Ucrania, pero según la misma fuente, esa participación ha caído al 9 %.

En cuanto a Mongolia —tercer participante en esta operación, ya que el gasoducto atravesará la mitad oriental de ese país— hoy se sabe que está muy implicado en la operación. Tanto es así que su presidente, Ukhnaagiin Khurelsukh, confirmó que apoya "la construcción de oleoductos para suministrar gas natural desde Rusia a China" a través de territorio mongol.

Aparte de ser una tabla de salvación para los rusos en tiempos de guerra, el Poder de Siberia 2 también será una vía adicional para exportar más combustible a los países aliados, y como "conectará a los circuitos oriental y occidental, con epicentro en la península de Yamal, el sátrapa ruso tendrá la potestad de escoger hacia dónde se dirigirá el gas siberiano", según destacó El Confidencial.

Propósito de Vladimir Putin

En un análisis sobre el tema, este diario fue incisivo a la hora de describir la actual posición de Rusia con respecto al GNL: "Vladimir Putin tiene el poder. Basta seguir la cotización del gas en Europa durante los últimos meses para comprobar la incidencia que ejerce el presidente ruso sobre el mercado energético del Viejo Continente".

Según el reporte, con una simple frase, "y ya no se diga una decisión, [Putin] puede disparar los [precios] futuros a un ritmo de doble dígito en cuestión de minutos. O hundirlos". El caso es que "el exagente de la KGB no se conforma. Para revivir la gloria imperial de su país, no le es suficiente con ostentar el poder: [le] hace falta acapararlo todo, como hicieron los zares durante la época dorada".

El Poder de Siberia 2, proyecto faraónico que reforzará a la firma semiestatal rusa Gazprom como la más importante de su tipo a nivel global, igualmente pondrá más distancia, si cabe, entre Rusia y Occidente, al tiempo que consolidará el giro estratégico de los rusos con respecto a Asia.

Hablando de Asia, por supuesto, Jinping no solo se beneficiará con los bajos precios del gas que le da su compinche Putin, sino que también resultará favorecido en su Nueva Ruta de la Seda, megaproyecto definido como una red comercial que abarca más de 70 naciones y que, según analistas, podría dar lugar a un nuevo orden mundial.

Volviendo a Rusia, de acuerdo con el reporte de El Confidencial, la península siberiana acumula las principales reservas de gas, que se estiman en 17.3 billones de metros cúbicos. El Poder de Siberia 2, por separado, podría facilitar que las exportaciones del combustible ruso se dupliquen para 2035.

"La última jugada maestra del Kremlin podría situar a la Unión Europea de 2030 como a un títere —si no lo es ya— en manos del autócrata ruso, quien tendría la potestad de elegir si el 'oro' de Yamal fluye hacia el oeste por los gasoductos actuales o se dirige hacia el este mediante la nueva infraestructura", enfatizó el texto.

Actualmente, Rusia es el principal proveedor de gas de la UE, pero como China se ha convertido en el primer importador de GNL a nivel mundial, ¿qué más le da a Putin cortarle el flujo a Europa, si para eso tiene al gigante asiático? Según el mismo reporte, sin duda alguna, la RPC es la "gallina de los huevos de oro de Gazprom".

Fíjense si es así que el propio presidente de la firma rusa, Alexéi Miller, reconoció que "el mercado que crece más rápido es China, [tanto], que cada año nos impresiona". Claro, de qué otro modo iba a ser si no: recordemos que a la alta demanda china de GNL se une el "oportuno apoyo" de Jinping a Putin en medio de la guerra.

Otra que no se cansa de alabar el proyecto del Poder de Siberia 2 es la directora del servicio de Energía para Rusia y el Caspio, Anna Galtsova, quien dijo que "la nueva ruta es favorable para Gazprom. Además de la oportunidad de exportar más gas ruso a China, esto supone una importante diversificación de las opciones de suministro".

A propósito de diversificar, medios de prensa igualmente han dado a conocer que tanto China como Rusia están colaborando en el desarrollo de energía nuclear. Un reporte de CNBC informó que, en mayo de 2021, Jinping y Putin hablaron virtualmente sobre proyectos conjuntos que involucran dos plantas de energía nuclear en suelo chino.

Es más: el jefe de la Agencia Internacional de Energía, Fatih Birol, resaltó que "Rusia y China dominan este espacio, [pues] desde 2017, el 87 % de los nuevos reactores que se han puesto en marcha utilizan diseños rusos y chinos". En su opinión, "las economías avanzadas han perdido el liderazgo en este mercado".

Es que, por razones geopolíticas bastante claras, Moscú y Pekín no hacen más que darse palmaditas en el hombro. Aparte de la condescendencia de Jinping hacia Putin sobre la guerra y la lealtad recíproca que ambos se profesan, están (y surgen) proyectos como este del Poder de Siberia 2, gigantescos, que no solo resaltan por la cuantiosa inversión que suponen, sino también por lo que significan para sus intereses comunes.

Corresponde entonces a los Estados Unidos, y al resto de los países aliados de Occidente, estar muy activos con respecto a las acciones mancomunadas de estas dos naciones. Nuestro Servicio de Investigación del Congreso dijo en un reporte de 2020 que, con el Poder de Siberia, Rusia nos envió el mensaje de que nadie le impedirá conseguir sus objetivos. Por supuesto, algo similar ocurre con la China comunista.

Según el mismo informe oficial, desde 2014, ambas naciones, han consolidado su relación más que nunca, estableciendo una dinámica marcada por la participación conjunta en maniobras militares, el crecimiento de sus operaciones comerciales y, ojo con esto, el acuerdo de Huawei para desarrollar una red 5G en territorio ruso.

Para el Servicio de Investigación del Congreso, "si bien estas interacciones demuestran un fortalecimiento entre los dos países, también pueden estar motivadas por un adversario común: los Estados Unidos". Señores, de que hay una geoestrategia bastante definida en todo esto, claro que la hay. Por tanto, no podemos quedarnos mirando el panorama. El papel de simples observadores ni nos pega, ni nos conviene.

Capítulo 22
Grupo verde que asesora a Joe Biden tiene vínculos con China
Publicado originalmente el 7 de octubre de 2022

Si las políticas medioambientales de Joe Biden son contraproducentes en sí mismas, más lo son todavía al saber que uno de los llamados grupos verdes que apoya al mandatario, el Consejo de Defensa de los Recursos Naturales (NRDC, por sus siglas en inglés), tiene nexos con la República Popular China (RPC) y su régimen comunista.

A sabiendas de esto, uno no puede menos que preguntarse hasta qué punto ha influido el NRDC en la formulación de los planes ecologistas de la presente Administración y hacia qué camino nos podría conducir un vínculo tan desacertado como polémico en medio de la batalla que libramos por independizarnos del régimen autocrático de Pekín.

NRDC: los orígenes del grupo

Fundado en 1970 y ubicado en Nueva York, el NRDC es una organización sin fines de lucro cuyos activos totales suman 450 millones de dólares. Según reza en su página web, nrdc.org, su misión es trabajar "para salvaguardar la tierra: su gente, sus plantas y animales, y los sistemas naturales de los que depende toda la vida".

Actualmente, cuenta con más de tres millones de miembros y activistas, 700 científicos, abogados y defensores de políticas en todo el mundo para garantizar los derechos de todas las personas al aire, el agua y la naturaleza. Su radio de acción no solo abarca a los Estados Unidos, sino también a lo que denomina "países seleccionados".

"El NRDC trabaja sobre el terreno para frenar las emisiones de gases de efecto invernadero en Asia, Europa, América Latina y América del Norte, y aboga por cambios en las políticas internacionales. Ayudamos a asegurar un nuevo acuerdo climático internacional en París y trabajamos de manera efectiva para promover políticas de energía limpia en China, India y América Latina", puntualiza su portal oficial.

Como los desafíos ambientales no conocen fronteras, el grupo asegura que ha "trabajado internacionalmente durante décadas en países seleccionados, así como en foros globales". O sea, básicamente, se ha unido a "socios de todo el mundo para proteger y mejorar juntos el hogar que compartimos".

China: el socio ambientalista

Desde hace alrededor de 30 años, el Consejo de Defensa de los Recursos Naturales influye y participa en asuntos climáticos de China. Su única oficina fuera de EE. UU. está convenientemente ubicada en Pekín, y registrada en la Oficina de Seguridad Pública Municipal de la capital china bajo la supervisión de la Administración Nacional de Silvicultura y Pastizales del gigante asiático.

De acuerdo con un reporte de Fox News Digital, "las declaraciones de impuestos más recientes del NRDC mostraron que la oficina china cuenta con 35 empleados y tiene un presupuesto anual de 4,2 millones de dólares. [Sin embargo], en comparación con el trabajo internacional en América del Norte, América del Sur, el sur de Asia y el Medio Oriente, [solamente] tiene 11 empleados y un presupuesto anual de 1,1 millones".

Si eso le resulta llamativo, prepárese para lo siguiente: "Numerosos miembros clave de la oficina de NRDC en Pekín trabajaron para el Gobierno comunista de China o abandonaron el grupo para ocupar un puesto en el Gobierno", según el mismo servicio noticioso.

Para evidenciar estos inequívocos lazos con el Partido Comunista Chino (PCCh), Fox News Digital puso como ejemplos los siguientes casos:

Jieqing Zhang, director del programa del NRDC en China, fue subdirector general del Departamento de Cooperación Internacional del Ministerio de Ecología y Medio Ambiente chino.

Kai Duan, gerente sénior de proyectos del NRDC, trabajó para una subagencia china dentro del Ministerio de Ecología y Medio Ambiente.

JingJing Qian, actual asesor estratégico sénior del programa de China, laboró en el Ministerio de Ciencia y Tecnología del país asiático.

Yinying Chen, asesora principal del grupo, trabajó en universidades, agencias gubernamentales y empresas estatales chinas.

Hui Huang, gerente del proyecto de energía y clima del NRDC en China, se desempeñó en China Datang Corporation, empresa estatal de generación de electricidad.

Zhiming Pan, director del proyecto de la ciudad del NRDC, fue funcionario del Ministerio de Vivienda y Desarrollo Urbano-Rural de China.

Sobre este particular, la directora gerente del programa internacional del NRDC, Amanda Maxwell, dijo a Fox News Digital en un comunicado que "en China, como en otros lugares, el grupo opera de acuerdo con la ley. [Asimismo], nunca ha recibido financiación directa o indirectamente de organizaciones afiliadas al PCCh".

Desde luego, eso habría que verlo. Según remarcó la misma fuente, el Servicio de Rentas Internas (IRS, por sus siglas en inglés) generalmente no requiere que las organizaciones sin fines de lucro divulguen públicamente la información de sus donantes.

En lo que respecta al registro del grupo en China, Maxwell apuntó que "las organizaciones sin ánimo de lucro, como el NRDC, deben registrarse en China con un patrocinador del Gobierno para coordinar las actividades en el país", explicando así por qué las actividades del grupo son supervisadas por la Administración Nacional de Silvicultura y Pastizales, el equivalente chino del Departamento de Estado de EE. UU.

Paralelamente, destacó que "China, como país más poblado del mundo, juega un papel importante en la búsqueda de soluciones sostenibles", argumentando, de paso, que de eso se trata su trabajo.

NRDC: el consejero climático de Biden

Según correos electrónicos internos del Departamento de Estado obtenidos por el grupo de vigilancia Protect the Public's Trust y compartidos con Fox News Digital, el Consejo de Defensa de los Recursos Naturales mantiene una estrecha relación de trabajo con la Administración de Joe Biden.

Por ejemplo, la expresidenta del NRDC, Gina McCarthy, fue asesora climática del inquilino de la Casa Blanca desde enero de 2021 hasta septiembre de 2022; el actual presidente, Manish Bapna, ha asistido, al menos, a dos reuniones en la Casa Blanca y el grupo en sí se comunica regularmente con la oficina del Enviado Presidencial Especial para el Clima, John Kerry, para hablar de asuntos políticos.

A la legua se ve que hay una sólida influencia del NRDC sobre las políticas ambientalistas de Biden. Y así, mientras ambas partes concuerdan acerca de lo que supuestamente es "mejor" para nuestro país en ese aspecto, no solo se conocen los nexos del grupo con el PCCh, sino también la alta estima que le tiene a la RPC.

"China se ha comprometido seriamente a convertir sus ciudades en lugares más saludables para vivir y, actualmente, lidera el mundo en instalación de energía renovable y penetración de vehículos eléctricos", puntualiza el grupo verde en su portal oficial.

Yéndonos un poco más atrás, en 2016, la expresidenta del NRDC, Rhea Suh, señaló que "China está haciendo mucho para abordar sus problemas internos y ayudar a combatir el cambio climático"; en 2018, entretanto, el director de programas del grupo, Andrew Wetzler, sostuvo que "el trabajo más emocionante en conservación se está llevando a cabo en China".

Otro que se ha deshecho en elogios es el asesor principal del NRDC, Alvin Lin, quien, en 2018, puntualizó que los líderes chinos "están enviando una señal clara de que el cambio de los combustibles fósiles a la energía limpia se está acelerando y que la 'nueva energía' debería ser la base del futuro sistema energético de China".

El año pasado, otros expertos del grupo afirmaron que el acuerdo del gigante asiático con un tratado de las Naciones Unidas, fue una importante victoria climática global que debería dar un impulso de confianza a conversaciones más amplias sobre temas proambientales.

Particularmente, he de decir que tanto elogio hacia las supuestas victorias de la RPC en torno al clima me empalaga, máxime cuando␣se␣sabe␣que␣el␣NRDC␣nunca␣ha␣criticado␣al␣régimen chino, a pesar de que no es tan pronaturaleza como lo pintan.

Según el artículo de Fox News Digital, las emisiones de dióxido de carbono de la nación asiática representan alrededor del 27 % de las expulsiones globales totales, porcentaje que casi triplica el total registrado en EE. UU. Entonces, ¿de qué se trata todo esto?

El doble rasero del NRDC

Por lo dicho anteriormente, se deduce que este grupo verde tiene un doble rasero en lo que respecta a su postura a favor del medio ambiente. Tanto es así que, de acuerdo con el propio servicio noticioso, "los comunicados de prensa, las declaraciones y las publicaciones del NRDC sobre la política climática de China, representan un marcado contraste con la retórica y las acciones del grupo en EE. UU".

Para abundar más en este particular, la fuente señaló que este grupo "ha presentado docenas de desafíos legales que impulsan medidas ecológicas de extrema izquierda". Es decir, "a través de sus esfuerzos legales, se ha opuesto a los programas nacionales de perforación de petróleo y gas, de las plantas de carbón, del oleoducto Keystone XL y de los proyectos de minerales críticos".

Es que, en su propio sitio oficial en Internet, el NRDC dice que ha liderado la lucha contra el citado oleoducto y otros proyectos que expandirían la producción de arenas bituminosas (un tipo de petróleo no convencional resultante de la mezcla de arcilla, arena, agua y bitumen). Asimismo, destaca que trabaja en función de establecer límites y reducciones en el consumo de carbón y petróleo.

Volviendo al reporte de Fox News Digital, hoy se sabe que, en diciembre de 2019, el grupo, incluso, se atrevió a jactarse de haber presentado su demanda número 100 en contra de la Administración Trump. En aquel momento, afirmó que "ninguna Administración está por encima de la ley y que el NRDC seguiría demostrándolo".

Fiel a su promesa, prosiguió el texto, "el grupo ha continuado con sus esfuerzos de litigio en contra de los combustibles fósiles desde que el presidente Biden asumió el cargo hace 20 meses y ha demostrado [ser] una gran influencia en la agenda climática de la Administración".

En declaraciones a Fox News Digital, el director del Centro de Política Climática y Ambiental del Instituto Heartland, H. Sterling Burnett, dijo que, "para el medio ambiente, todo se trata de poder. ¿[Acaso] no se trata de las emisiones de gases de efecto invernadero? Bueno, si así fuera, [el NRDC] estaría hablando de China todo el tiempo, sin parar. [Y] no es así".

En su análisis sobre el tema, Burnett se preguntó por qué el NRDC no ataca a China, a lo que él mismo se respondió: "En primer lugar, [porque] sabe que China puede simplemente echarlo; en segundo, [porque] es difícil morder la mano que te da de comer. Si te pagan para que no critiques a alguien, entonces no necesitas criticarlo".

Naturalmente, los vínculos sospechosos del NRDC con China y su doble moral con respecto a las cuestiones ecológicas que dice defender, no solo han causado crispación en expertos, como Burnett, sino que también han provocado la ira de los legisladores republicanos.

Según el miembro de alto rango del Comité de Recursos Naturales de la Cámara de Representantes, Bruce Westerman (R-AR), el vínculo que los grupos ambientalistas, como el NRDC, tienen con China es algo que continuamos vigilando de cerca.

Tan es así que, en 2018, Westerman y el exrepresentante Rob Bishop (R-UT), se comunicaron con el liderazgo del NRDC a fin de conseguir más información sobre sus vínculos con el país asiático. En aquel momento, ambos sugirieron que la aparente afiliación del grupo con China podría requerir que este se registre en EE. UU. como un agente extranjero.

"La relación del NRDC con China cumple con muchos de los criterios identificados por las agencias de inteligencia y las fuerzas del orden de EE. UU., que ponen a una entidad en riesgo de ser influenciada o coaccionada por intereses extranjeros", escribieron ambos en una carta fechada el 5 de junio del año citado.

Según Fox News Digital, la misiva, "que podría anticipar las acciones futuras que Westerman puede tomar si los republicanos recuperan la mayoría en las elecciones intermedias de noviembre, sugirió que el NRDC estaría violando la Ley de Registro de Agentes Extranjeros (FARA, por sus siglas en inglés)".

Bajo las normas de FARA, un agente extranjero es aquella "persona cuyas actividades están directa o indirectamente supervisadas, dirigidas, controladas, financiadas o subvencionadas en su totalidad, o en su mayor parte, por un mandante extranjero".

A todas estas, recordemos que, dentro del alcance de la recién aprobada Ley de Reducción de la Inflación de 2022, el presupuesto destinado al medio ambiente asciende a 370,000 millones dólares, el mayor monto aprobado para ese fin en la historia de EE. UU.

Por lo que ha trascendido, una buena parte de esos recursos se destinarán a reducir los costos de energía, aumentar la llamada producción limpia y disminuir en un 40 % las emisiones de carbono para el año 2030. Y con certeza, seguramente una buena parte de esas políticas fueron sugeridas o apoyadas por el grupo verde en cuestión. Nada, que, como dice el dicho, una mano lava la otra, y las dos lavan la cara.

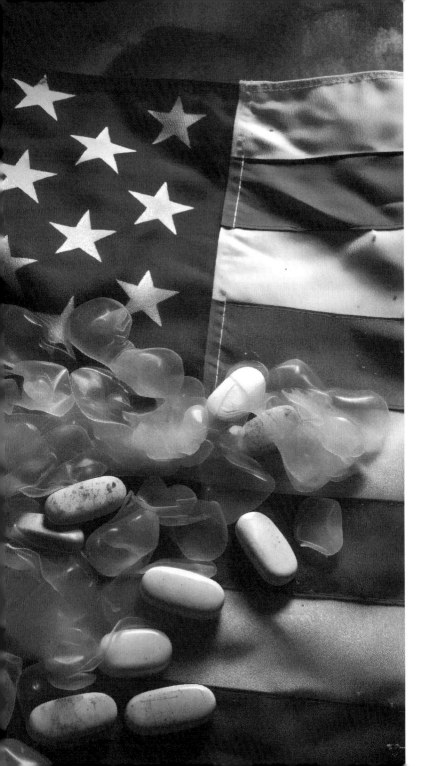

Capítulo 23
Fentanilo: la droga china más letal en los Estados Unidos
Publicado originalmente el 29 de septiembre de 2022

Sus principales compuestos se crean en laboratorios de la República Popular China (RPC). Llega a nuestro país a través de México, luego de que cárteles de esa nación terminan de fabricarlo. El fentanilo, 50 veces más potente que la heroína y 100 veces más fuerte que la morfina, es la droga más letal en los Estados Unidos.

En su claro plan para destruirnos, los chinos comunistas se las han arreglado para convertirse en nuestra principal fuente de este opioide sintético. Ellos son los máximos responsables de que nuestro país esté minado por esta sustancia, causante de una epidemia de sobredosis y una alerta sanitaria cada vez más preocupante.

Muertes por fentanilo en EE. UU.

Un reciente informe de CNN digital reveló que las muertes por sobredosis de fentanilo y otros opioides sintéticos alcanzaron un récord en 2021, al registrarse el deceso de unas 107,622 personas, 66 % de las cuales perdieron la vida debido al fentanilo, según datos de los Centros para el Control de Enfermedades (CDC, por sus siglas en inglés).

La misma fuente indicó que esta droga produce una víctima mortal cada cinco minutos, y no es para menos: aparte de ser altamente mortífera, circula por el país en grandes cantidades. Solo en 2021, por ejemplo, la Administración de Control de Drogas (DEA por sus siglas en inglés), incautó la cantidad suficiente como para darle a cada estadounidense una dosis letal.

Estamos hablando de solo dos miligramos (mg), por lo tanto, un kilogramo (kg) puede matar a medio millón de personas. Eso es lo que ha venido sucediendo en los últimos 20 años, período en el que un millón de estadounidenses fallecieron por sobredosis de la sustancia, cuyo peso en el mercado negro suele oscilar entre 0.02 y 5.1 mg.

Si bien el fentanilo es peligroso por sí mismo, más lo es cuando las redes de traficantes de drogas, en su sed de abaratar su fabricación, lo mezclan con otras sustancias, tales como heroína, cocaína y metanfetamina. Por esta razón, precisamente, es que la DEA habla de un vínculo directo entre las muertes por fentanilo y los narcotraficantes.

Considerada como una opción a la heroína desde 1999 y distribuida por todo el país —fundamentalmente en Texas, Nuevo México, Nueva York, Nueva Jersey, Chicago, California y Georgia, entre otras ciudades— esta droga se vende ilegalmente con los nombres de Apache, China Girl, China White, Dance Fever, Friend, Goodfellas, Jackpot, Murder 8 y Tango & Cash.

Mapa de ruta del fentanilo

Aunque el fentanilo se comercializa ilícitamente en los Estados Unidos desde hace muchísimo tiempo, fue en el año 2013 cuando la RPC pasó a ser nuestro principal suministrador de la sustancia. Allí, unos 5000 laboratorios clandestinos procesan los elementos químicos precursores de la droga: N-fenetilpiperidina y 4-anilino-N-fenetilpiperidina.

Según un reporte de Vanguardia, una vez que los chinos comunistas crean dichos componentes, los "envían a México, donde dos cárteles notorios —el cártel de Sinaloa, en Culiacán, y el de Jalisco Nueva Generación, en Guadalajara— producen la mayor parte del fentanilo que se consume en EE. UU.".

Cabe aclarar que los chinos trasladan los compuestos a suelo mexicano en contenedores de barcos mercantes, que llegan a los puertos de Manzanillo, Colima y Lázaro Cárdenas, principalmente. También los mueven mediante microenvíos directos por correo y embarques vía aérea, que llegan a los aeropuertos internacionales del propio Manzanillo, Culiacán y Ciudad de México.

Un reporte de la BBC indicó que, una vez en territorio mexicano, dichas organizaciones criminales sintetizan los elementos en laboratorios clandestinos de Michoacán, Jalisco, Sinaloa, Durango o Baja California, donde les incorporan otras drogas para luego vender el producto final en línea o mediante distribuidores en EE. UU.

La Institución Brookings, entidad sin fines de lucro con sede en Washington D. C., señaló en un análisis sobre el tema que "ambos cárteles también venden fentanilo a grupos delictivos más pequeños en México, lo que les permite presionar el polvo en píldoras de prescripción falsas y venderlas en EE. UU.".

Para que tenga una idea de cuán redituable es para estos cárteles hacer negocios con la China comunista, hágase notar que elaborar un kg del opioide cuesta unos 32,000 dólares. Sin embargo, con ese mismo kg de fentanilo se puede producir un millón de dosis, que en el mercado estadounidense se venden por unos 20 millones de dólares.

En cuanto al traslado de la droga a través de la frontera con nuestro país, es sabido que puede tener lugar en los cruces de Texas y Nuevo México; de ahí se transporta en camiones hacia el norte, por la autopista 25 hacia Denver, antes de dirigirse a Chicago por la Interestatal 80, según informó Vanguardia. También suele trasladarse por Tijuana, en Baja California, el lugar con mayor confiscación en los últimos años.

Generalmente, la sustancia suele llegar en cajas de frutas, hortalizas, latas de comida, equipo automotriz, juguetes y dulces. Asimismo, puede entrar mediante ciudadanos y vehículos estadounidenses. Una vez que llega al mercado, los traficantes locales la trasladan a apartamentos cercanos donde la cortan, la envasan en sobres y la ponen a la venta.

Aparte de estas vías, el fentanilo también llega a los consumidores mediante traficantes de drogas estadounidenses, quienes lo compran directamente de China en sitios web que lo comercializan o en bazares de drogas de la llamada web oscura, donde las comunicaciones están cifradas y los comerciantes suelen pagar con criptomonedas o tarjetas de regalo que son difíciles de rastrear, dijo LA Times.

Presentaciones del fentanilo

Sea en polvo, líquido (aerosol nasal o gotas oculares), pastillas similares a la Oxicodona o su más reciente versión en colores, llamada arcoíris, esta droga está invadiendo cada vez más el mercado estadounidense. Para muestra, el siguiente dato: en julio, los decomisos registraron el récord de 950 kg, tres veces más de lo incautado en junio y un 200 % más comparado con lo decomisado en mayo, de acuerdo con datos de la Patrulla Fronteriza, difundidos por El País.

En lo que respecta al arcoíris, "los agentes están particularmente preocupados de que este tipo de fentanilo llegue a manos de niños o jóvenes, que pueden confundir esta droga con un dulce o un juguete, señaló la oficina del alguacil del condado de Multnomah, [en Oregon], tras encontrar 800 pastillas de esta variedad en una casa de Portland", señaló la fuente.

Asimismo, añadió, "las autoridades sospechan de una táctica casi mercadológica, pues una presentación más colorida [de la droga] la hace también más atractiva para quienes no la han probado. En la capital del país, esta variedad ha aparecido de forma recurrente en los últimos

18 meses, de acuerdo con funcionarios entrevistados por cadenas locales de televisión".

En opinión de la directora de la DEA, Anne Milgram, "el fentanilo está en todas partes, desde las grandes áreas metropolitanas hasta las zonas rurales del país, [por tanto], ninguna comunidad está a salvo de este veneno. [De hecho], esta es la droga más mortífera que nuestro país ha enfrentado".

EE. UU. y China frente al fentanilo

De acuerdo con el reporte de la Institución Brookings, si bien China colocó todas las drogas de tipo fentanilo y dos precursores clave de esta sustancia bajo un régimen regulatorio controlado en mayo de 2019, la verdad es que la nación asiática sigue siendo nuestra principal fuente de este opioide sintético.

Es decir, la clasificación de la sustancia y la adopción por parte de China de un monitoreo más estricto han tenido un cierto efecto disuasorio, sin embargo, esto no ha servido de nada porque, de todos modos, el fentanilo continúa llegando a los Estados Unidos mediante las redes de contrabando mexicanas.

Según el mismo informe, "la cooperación antinarcóticos entre EE. UU. y China sigue siendo tensa y, desde la perspectiva de EE. UU., es insuficiente". Básicamente, mientras nuestro país le exige a la RPC que aplique las leyes como es debido y supervise las sustancias químicas no clasificadas, la RPC rechaza nuestra posición y les echa la culpa a nuestras supuestas fallas internas.

Para colmo de males, la situación ha ido a mayores después de la reciente visita que hiciera a Taiwán la presidenta de la Cámara de Representantes de EE. UU., Nancy Pelosi, ocasión tras la cual el régimen autocrático de Pekín suspendió la colaboración en cuanto a delincuencia transnacional y drogas ilegales.

"Los funcionarios del Gobierno chino insisten en que los Estados Unidos por sí solos son los responsables de la epidemia e identifican como sus orígenes a los controles inadecuados de opioides recetados, la codicia de las compañías farmacéuticas, la tradición histórica de abuso de drogas, y la cultura y los valores que vinculan el consumo de drogas con la libertad y la individualidad", añadió el citado texto.

China y México de cara al fentanilo

En cuanto a la posición de China y México con respecto a esta problemática, el propio informe puntualizó que la cooperación mutua relativa a la aplicación de la ley contra el tráfico de fentanilo sigue siendo mínima. Al igual que con los Estados Unidos, China rechaza la responsabilidad conjunta, y enfatiza que los controles y el cumplimiento de la ley son asuntos de las autoridades aduaneras mexicanas.

Sin ir más lejos, la RPC se lava las manos. "No ha demostrado interés alguno en cooperar con México, un país cuya disposición para colaborar con los Estados Unidos en acciones antinarcóticos también ha disminuido sustancialmente durante los últimos años", prosiguió el análisis.

En cuanto a México, son tantas las ganancias obtenidas por sus cárteles de la droga, que es poco probable una reducción del tráfico de este estupefaciente. Según datos oficiales, ese país ingresa entre 6000 y 21,000 millones de dólares cada año por concepto de exportación de este tipo de sustancia.

EE. UU. y México sobre el fentanilo

El análisis de la Institución Brookings destacó, asimismo, que, desde 2019, los flujos de fentanilo a través de la frontera de EE. UU. y México aumentaron constantemente en respuesta a las medidas chinas contra los envíos directos por correo desde la nación asiática a la estadounidense.

"La cooperación antinarcóticos entre México y los Estados Unidos se ha deteriorado significativamente desde que Andrés Manuel López Obrador se convirtió en presidente, en diciembre de 2018, al disminuir tanto la cooperación de aplicación de la ley entre los dos países como el enfoque interno del Gobierno mexicano respecto a la seguridad", resaltó el documento.

Paralelamente, remarcó que, a pesar del nuevo marco de seguridad y colaboración entre EE. UU. y México —que reemplaza la Iniciativa Mérida anterior, con la que se lograron niveles sin precedentes de cooperación entre 2006 y 2012— las perspectivas de volver a una colaboración estrecha son realmente malas.

Epidemia del fentanilo chino

Considerada como una gallina de huevos de oro para los contrabandistas, esta droga surgió hace décadas como un analgésico superfuerte para pacientes recién sometidos a una intervención quirúrgica. Comúnmente, también se utiliza para tratar a enfermos de cáncer, dado su efectivo poder contra el dolor.

A mediados de la década de 2000, los cárteles de la droga empezaron a manejarla y, 15 años más tarde, se volvieron más ricos de lo que ya eran no solo porque la sustancia se volvió inmensamente popular, sino también porque China, régimen comunista "con regulaciones laxas y corrupción generalizada", al decir de LA Times, no hizo más que servirles este suculento banquete en bandeja de plata.

Más de dos décadas después, EE. UU. sigue lidiando con el tráfico y consumo local del opioide, y nada indica que el problema vaya a menguar. Por el contrario, la actual Administración, que al parecer no se entera de la gravedad que entraña este fenómeno, no acaba de tomar acciones contundentes a fin de detener el flujo de la droga.

Para Jim Skinner, alguacil del condado de Collin, en Texas, "francamente, [esta situación] es un tsunami de muerte que se está estrellando contra los Estados Unidos a través de nuestra frontera sur". Porque, oportunistas, al fin y al cabo, los cárteles están sacando ventaja de la ola de migrantes que cruzan dicha frontera diariamente.

Según el presidente del sindicato nacional de la Patrulla Fronteriza, Brandon Judd, "el noventa por ciento de los recursos están destinados al procesamiento de inmigrantes, [por ende], los cárteles están explotando [el hecho de] que los agentes están atados, lo que significa que la frontera está abierta de par en par para ellos".

Así las cosas, esperemos que nuevas medidas federales le pongan un alto a la epidemia de sobredosis por fentanilo chino y que la campaña lanzada por la DEA, One pill can kill, sirva para concientizar al público sobre el peligro de muerte escondido tras este opioide, muchas veces vendido con recetas falsas para parecer un fármaco genuino.

Capítulo 24
Espionaje de China en EE. UU. también viene en forma de dron
Publicado originalmente el 20 de septiembre de 2022

"Cada dron de DJI en los cielos de los Estados Unidos, es tan bueno como un espía chino flotante": con esta afilada y preocupante aseveración, expertos del Instituto Gatestone alertaron sobre el peligro que supone para los estadounidenses el uso de drones Made in China, en concreto, los provenientes de la mencionada firma.

A raíz de la Ley Estadounidense de Drones de Seguridad (ASDA, por sus siglas en inglés), sujeta a aprobarse en el Congreso, Peter Schweizer, miembro distinguido del citado instituto, publicó el análisis "Amenaza a la seguridad nacional: los ojos de China en los Estados Unidos", en el que cita los esfuerzos de Da Jiang Innovations para cabildear en contra del proyecto legislativo.

Mayormente conocida como Ley de Drones de 2022, la propuesta de ley insta al Gobierno a prohibir el uso de productos de esa empresa china, no solo por la información que recopilan sus drones en sí, sino también por los datos que recoge la aplicación móvil con la que los usuarios controlan sus dispositivos, entre ellos, los contactos, las fotos, la ubicación GPS y las actividades en línea.

¿Quién es DJI?

Si usted nunca ha oído hablar de DJI, sepa que esta empresa china controla casi el 90 % del mercado mundial de drones comerciales y el 70 % de la demanda de drones empresariales e industriales. Con sede en Shenzhen, ciudad considerada el Silicon Valley de China, tiene acceso directo a proveedores, materias primas, y talento joven y creativo para conseguir el éxito, según se lee en su sitio web.

Desde una pequeña oficina en 2006 a una fuerza laboral mundial de más de 6000 empleados, la empresa de propiedad privada cuenta, asimismo, con oficinas en Pekín, Hong Kong, Alemania, Holanda, Japón y, naturalmente, en nuestro país, donde, solo entre 2020 y 2021, se ha gastado 3.6 millones de dólares por concepto de cabildeo.

Su objetivo, según Schweitzer, es "evitar la aprobación del proyecto de ASDA", razón por la que, incluso, "han reclutado a agentes de policía de jurisdicciones locales para que vayan a Washington y presionen al personal del Congreso sobre lo buenos que son los drones DJI para sus fuerzas".

De acuerdo con este experto, "los chinos saben que acaparar el mercado en un área donde el alcance es igual al acceso, es fundamental para sus planes de dominación a largo plazo. Su patrón incluye el robo de tecnología que no pueden crear y el uso de cualquier medio para facilitar ese robo. Por tanto, cada bit de acceso a la información que buscan, es de más valor para ellos que el producto usado para obtenerlo".

Schweitzer subrayó, además, la importancia de comprender estos patrones de los chinos y, para ejemplificar su modus operandi, citó el caso del Centro Wilson, que en 2017 fue objeto de tácticas de intimidación (recopilación de inteligencia y represalias financieras) por parte de estudiantes y diplomáticos de la República Popular China (RPC).

Agregó que "esas preocupaciones fueron las que llevaron a la Administración Trump a crear la 'Iniciativa China' dentro del Departamento de Justicia, en 2018; un esfuerzo que generó muchas condenas de ciudadanos chinos en EE. UU. por robo de tecnología y otras formas de espionaje industrial", y que la presente Administración decidió dar por terminado en este año.

Para Schweizer, está claro que "la recopilación de inteligencia china en EE. UU. toma muchas formas y tiene diferentes propósitos. [De hecho], la mayoría de los estadounidenses están familiarizados con algunos de sus medios y tácticas, aunque no así con su alcance y persistencia".

En este orden de cosas, el también autor de Red Handed: How American Elites are Helping China Win, resaltó que los estadounidenses pueden saber sobre el malware contenido en la aplicación de TikTok que usan sus hijos, así como sobre el servicio de ciberinteligencia del Ejército chino, que probablemente ha estado detrás de muchos de los principales ataques a datos personales de los norteamericanos.

Adicionalmente, dijo que "es posible que también sepan cómo la política de defensa e inteligencia de EE. UU. ha sancionado al gigante chino de las telecomunicaciones Huawei y ha aconsejado a los aliados que rechacen las implementaciones de redes 5G diseñadas por China", sin embargo, lanzó una interrogante al aire: "¿[Acaso] saben que [eso] se extiende a los drones de nivel consumidor?".

¿Quiénes usan los productos de DJI?

Haciéndose eco del reporte publicado en The Dispatch por el experto en seguridad cibernética Klon Kitchen, Schweizer resaltó en su análisis que los drones de DJI "son rentables, fáciles de volar y operar, y envían cada byte de datos que recopilan a servidores en China".

"Por esa razón, enfatizó, están prohibidos por el Ejército de EE. UU. y el Departamento de Seguridad Nacional, aunque todavía son usados por el FBI [Buró Federal de Investigaciones] y cada vez más por la policía local, como 'ojos en el cielo', durante eventos delictivos".

En el caso del FBI, puntualizó que su uso "es especialmente irónico, considerando que el director de la oficina, Christopher

Wray, ha advertido a menudo sobre los peligros que representan los chinos para el comercio occidental".

Quien sí está totalmente convencido del grave peligro que representan los drones chinos para la seguridad estadounidense, es el senador Rob Portman (R-OH), quien, durante una audiencia en el Senado sobre la legislación ASDA, dejó más que evidenciada su indiscutible postura al respecto.

Teniendo en cuenta "lo que nos ha dicho el FBI, lo que nos ha dicho el Departamento de Comercio y lo que sabemos de los informes, no puedo creer que tengamos que redactar una legislación para obligar a las agencias estadounidenses a prohibir el uso de drones fabricados en China, máxime si los servidores están en China, donde el Gobierno es copropietario y partidario de esa empresa en particular", señaló Portman.

¿Para qué DJI roba información?

Además de las características antes mencionadas, los drones en cuestión son pequeños y más asequibles que las ofertas de la competencia, sin embargo, representan un grave problema, porque, "como empresa china, todos los datos recopilados están disponibles para el Partido Comunista Chino (PCCh), que luego puede agregar esa información a sus crecientes almacenes de datos sobre ciudadanos estadounidenses, infraestructura crítica y otras objetivos de espionaje", señaló Klon Kitchen.

El experto agregó que si bien DJI niega todo esto, el Departamento de Seguridad Nacional (DHS, por sus siglas en inglés) difundió una advertencia sobre los drones fabricados en China, en la que, entre otras cosas, dijo: "El Gobierno de los Estados Unidos tiene fuertes preocupaciones sobre cualquier producto tecnológico que lleve datos estadounidenses al territorio de un estado autoritario, que permite que sus servicios de inteligencia tengan acceso sin restricciones a esos datos o abusen de ese acceso".

De acuerdo con Kitchen, quien fuera asesor de seguridad nacional del senador Ben Sasse, el Departamento de Defensa (DOD, por sus siglas en inglés) también prohibió la adquisición de drones DJI, con excepciones limitadas para investigación, debido a que representan una amenaza potencial para la seguridad nacional.

Como no podía ser de otra manera, y teniendo en cuenta el peligro que entrañan estos dispositivos para nuestra integridad como nación, la empresa de marras ya fue añadida a la lista negra comercial, por tanto, firma estadounidense podrá exportarle tecnología o materiales necesarios para la manufactura de sus drones.

En cuanto al proyecto de ASDA, el también veterano de la comunidad de inteligencia dijo que "podemos y debemos ir aún más lejos al prohibir que DJI haga negocios en los Estados Unidos, porque creo que la seguridad de los datos locales e individuales es tan importante como la seguridad de los datos federales".

En lo que concierne al argumento del FBI para seguir usando los drones, Kitchen remarcó que "hay muchas alternativas confiables, que son igual de buenas (si no mejores), y no me importa cuánto dinero estén ahorrando estas organizaciones, si eso requiere el sacrificio de nuestros datos y nuestra seguridad".

Con respecto a los departamentos de policía, explicó que estos usan estos dispositivos para documentar pruebas, buscar delincuentes en entornos de difícil acceso y mantenerse informados acerca de la situación en escenas activas de crímenes, como un robo a un banco o una toma de rehenes, por ejemplo.

Desde su punto de vista, no es exagerado decir que DJI se ha convertido en una solución para estas entidades policiales, que buscan mejorar su juego tecnológico. Fíjense si es así que, actualmente, "el 90 % de las agencias de seguridad pública de EE. UU. tienen drones de DJI, y eso le da a la compañía [china] un defensor convincente", argumentó.

En esta misma línea de información, resaltó el hecho de que "los líderes a nivel estatal, local, tribal y territorial de EE. UU. corren el riesgo de ser manipulados para apoyar agendas ocultas de la RPC", sobre todo, si se tiene en cuenta que sus "operaciones de influencia pueden ser engañosas y coercitivas, con oportunidades comerciales aparentemente benignas o intercambios entre personas que, a veces, enmascaran las [verdaderas] agendas políticas".

El experto reafirmó, asimismo, que "la manipulación y el uso por parte de DJI de las fuerzas del orden locales y estatales, es parte de una campaña de influencia política más amplia dirigida a los Estados Unidos. Y si bien se puede perdonar a los funcionarios regionales por no ser conscientes de la estafa, el Gobierno federal debe cerrarla, y ayudar a los líderes locales y estatales a volverse más sofisticados".

Al igual que el senador Rob Portman, con quien Kitchen dice no poder estar más de acuerdo, este especialista sénior en seguridad informática espera que "los republicanos y los demócratas finalmente trabajen juntos para aprobar la ASDA, y [así] enfrentar el espionaje tecnológico de China y la manipulación cínica de las fuerzas locales del orden".

Por supuesto, de aprobarse la ley, también se reduciría el gasto federal al respecto. Datos de USA Spending, citados en un reporte de The Diplomat sobre el particular, mostraron que DJI recibió alrededor de dos millones de dólares por 159 transacciones realizadas en varias agencias gubernamentales. Si eso le parece alarmante, más lo es el hecho de que algunas de esas operaciones se realizaron después de que el DOD emitió la advertencia sobre la empresa china.

En fin, que a como dé lugar, debemos librarnos de los drones de Da Jiang Innovations. Sabrá Dios cuánta información ya nos ha robado tanto a nivel federal como comercial. Y a saber qué uso ya le estará dando el PCCh. Sin dudas, tenemos que andar con pies de plomo en cuanto a la manufactura china y, muy en especial, sobre aquellos productos que, por sí mismos, son una perfecta arma de espionaje.

Capítulo 25
¿Cuán probable sería el espionaje chino en elecciones de EE. UU.?
Publicado originalmente el 9 de septiembre de 2022

Tirando de hilos que podrían conectar a la República Popular China (RPC) con los comicios de los Estados Unidos EE. UU., el portal de periodismo investigativo Kanekoa está hurgando en el posible espionaje del Partido Comunista Chino (PCCh) en las elecciones presidenciales estadounidenses de 2020.

En una serie de boletines informativos difundidos en su sitio web, este servicio noticioso explicó un presunto vínculo entre las firmas de asesoría electoral Konnech Inc., afincada en EE. UU., y Jinhua Yulian Network Technology Co., ubicada en China, así como el rol desempeñado en las votaciones por el director ejecutivo de ambas, Eugene Yu.

Como si de un real puzle se tratara, en el que las piezas van conformando mejor la imagen total, la conclusión a la que ha llegado Kanekoa se sustenta en la investigación realizada por Catherine Engelbrecht, de True the Vote, y Gregg Phillips, de OPSEC Group, quienes desde hace tiempo lanzaron la alarma de un posible fraude electoral durante la última contienda por la presidencia de EE. UU.

Este 13 de agosto, Engelbrecht y Phillips presentaron nueva información sobre el particular durante el evento The Pit, encuentro efectuado en Arizona y al que asistieron unos 150 periodistas, investigadores, influenciadores y otras partes interesadas en el polémico tema. Al parecer, ambos formaron parte de una investigación de un año sobre Konnech tras descubrir que la dirección IP del servidor de esa empresa cambiaba de ubicación entre Grand Rapids, Michigan, y Zhejiang, China.

Tras conocer ese y otros hallazgos relativos a las dos firmas citadas, Kanekoa, autoproclamado a favor del movimiento America First, se dio a la tarea de profundizar en el asunto, desenrollando la madeja de hechos, fechas y actores presuntamente involucrados en el espionaje chino que habría podido incidir en los resultados de los pasados comicios presidenciales.

Sospechosas firmas de asesoría electoral

Cronológicamente hablando, Konnech, empresa creadora del software PollChief® usado por miles de oficinas electorales en nuestro país, fue fundada en EE. UU., en 2002, y aparece en Internet bajo el dominio konnech.com; Jinhua Yulian Network Technology, entretanto, fue creada en China, en 2005, y estuvo online bajo yu-lian.cn hasta 2013, fecha en la que su sitio web fue eliminado.

El primer gran detalle llamativo de este caso es que ambas firmas de asesoría electoral fueron creadas por la misma persona, solo que, en Konnech, Eugene Yu figuraba como tal y en Jinhua Yulian Network Technology, como Jianwei Yu, su nombre de pila chino. El segundo, que este mismo ejecutivo redirigía el tráfico de la segunda empresa hacia la primera y en ambas usaba la misma imagen de portada.

Según Kanekoa, en el portal eliminado de la compañía china aparecía esta declaración de Yu: "Podemos proporcionar el servicio de consultoría electoral más profesional y soluciones de actividades electorales para todos los lugares y niveles de comités del Partido, APN, CCPPCh, sindicatos, federación china en el extranjero, federaciones de mujeres [y la] Liga de la Juventud Comunista", entre otras comunidades y entidades.

Es decir, a través de su empresa china, Yu ofrecía servicios electorales para el Partido Comunista Chino (PCCh), la Asamblea Popular Nacional (APN) y la Conferencia Consultiva Política del Pueblo Chino (CCPPCh), organismo de asesoramiento político de la RPC y parte central del sistema del Frente Unido del PCCh.

Aparte de la citada declaración, Yu también elogiaba al expresidente chino Jiang Zemin y afirmaba: "Después de muchos años de inversión científica y tecnológica, de acuerdo con el principio de 'primero las tareas políticas y segundo los beneficios económicos de las empresas', nuestra compañía ha perfeccionado el conjunto de teoría de gestión electoral y las herramientas de software en línea". Paralelamente, decía que esperaba "brindar servicios de consultoría y gestión de campañas electorales democráticas con características chinas".

En la sección "Historias de éxito" del mismo sitio web, por su parte, se enlistaban otras de sus competencias, entre las que destacaban la gestión de elecciones, voluntarios electorales, puntos de distritos electorales, almacenes electorales y, la más preocupante, un sistema de gestión de elecciones de votantes en el extranjero de EE. UU.

Operación electoral en manos chinas

Citando a un periodista independiente que asistió a The Pit y que firma sus artículos bajo el nombre de CognitiveCarbon, Kanekoa resaltó que lo descubierto por Engelbrecht y Phillips "fue impactante: encontraron datos que incluían detalles personales de casi 1,8 millones de trabajadores electorales estadounidenses; detalles como sus nombres, números de teléfono, direcciones, etc. Incluso, nombres de los miembros de la familia, cosas que se pueden recopilar de forma rutinaria cuando contratas a alguien y le emites un cheque de pago".

Si esto le resulta alarmante, prepárese para lo siguiente: "según los informes, también se encontraron detalles substanciosos sobre dónde se ubicaron las máquinas electorales, incluidos los planos de los edificios utilizados en las elecciones. Nominalmente, esa información sería útil para las agencias electorales, porque la aplicación que estaban usando les ayudó a rastrear su inventario de máquinas electorales. Nada de esto, sin embargo, debería haber quedado a la vista para que cualquiera lo viera, y seguro que no debería haberse hecho en China".

A estas alturas, puede que usted se esté preguntando cómo lograron descubrir esto. Pues bien, aquí está la respuesta: "Mientras Phillips y su equipo investigaban, hicieron algunos controles de ciberseguridad rutinarios para saber qué servicios estaba utilizando la dirección IP china y así determinar qué había detrás. Uno de esos escaneos mostró un puerto en esa dirección IP, que normalmente usa una aplicación de base de datos llamada 'MongoDB'", al parecer, uno de los productos de Konnech.

Si bien ese hallazgo es sumamente importante, más lo es el hecho de haber constatado que el acceso a esa base de datos no estaba restringido. Básicamente, no tenía ningún protocolo de seguridad configurado, ni siquiera una contraseña para impedir que alguien entrara, por ende, Phillips y su team pudieron acceder sin problemas, según CognitiveCarbon, quien también es experto en tecnología de la información.

"Aparentemente, apuntó, China tiene una ley según la cual cualquier dato que se encuentre en su Internet pertenece al Gobierno, por lo que, en efecto, tiene la 'custodia' de todo lo que existió en ese servidor. Tal vez por el hecho de que los programadores chinos conocen esa política del PCCh, son perezosos y no se preocupan mucho por asegurar sus servidores de bases de datos". En su opinión, "[esto] podría ser algo cultural, una especie de actitud de 'cuál es el punto [si], de todos modos, todo les pertenece a ellos'".

Posible subcontratación china

Tratando de engranar las piezas de este rompecabezas, y teniendo en cuenta que empresas de EE. UU. usualmente subcontratan a otras provenientes de China, donde todo les sale más barato, CognitiveCarbon dijo que "lo que pudo haber sucedido es que Konnech contrató a uno o dos programadores en China para desarrollar y probar piezas de sus aplicaciones con la idea de que, llegado el momento, traerían la aplicación final (y la base de datos) de regreso a Gran Rapids para su despliegue y uso en elecciones verdaderas".

Desde su punto de vista, los programadores chinos no siempre tienen las suficientes habilidades de administración y seguridad de red, y pueden cometer errores en la configuración e implementación de sistemas de producción. También es posible que no cambien las direcciones IP tras finalizar la fase "Beta" y antes de estar "en vivo" en alguna ciudad de EE. UU. Asimismo, pueden copiar los datos de "producción en vivo" a un sistema de desarrollo en China para seguir refinando la aplicación y eliminando errores, incluso, cuando el sistema ya está en uso.

Como la base de datos de "MongoDB" estaba completamente desprotegida, es probable que posibles intrusos no solo leyeran todos sus datos, sino también los cambiaran, sobrescribieran o agregaran otros. Por ejemplo, alguien podría haber agregado docenas de trabajadores electorales que no fueron examinados y estaban actuando como plantas para cumplir con las órdenes de alguien en las máquinas electorales o las boletas, señaló el también diseñador de supercomputación.

Dado que Phillips y su equipo pudieron entrar en "MongoDB", añadió que es lógico pensar que los propios equipos de ciberseguridad de China también lo hicieron y, por tanto, el PCCh probablemente está en posesión de los datos de los trabajadores electorales de EE UU. Lo que el PCCh hizo con esa información no se sabe, pero, ciertamente, hay razones para sospechar que podría usarla para su propio beneficio, aseveró.

Como supuestamente el Buró Federal de Investigaciones (FBI, por sus siglas en inglés) rechazó el intento of Engelbrecht y Phillips de informar acerca de esta preocupante situación, este periodista independiente cuestionó si no está interesado en saber si esos datos fueron mal utilizados por China para lo que llamó "secuestrar nuestras elecciones".

Vínculo con firma comunista china

A raíz de este descubrimiento, Kanekoa investigó perfiles de Linkedin, publicaciones de Facebook, registros de dominios, archivos de Internet, patentes de empresas y motores de búsqueda chinos, entre otras herramientas de código abierto, para establecer una conexión entre las empresas de Eugene más otras firmas chinas presumiblemente implicadas.

Básicamente, encontró "cómo Konnech ha estado contratando codificadores chinos para su sucursal en Zhejiang desde al menos 2005, cómo la compañía estadounidense construyó una plataforma de comunicación para los Institutos Confucio, en 2006; cómo miembros del Parlamento australiano se quejaron de los codificadores chinos de Konnech durante su elección de 2020 y cómo [Jinhua] Hongzheng Technology (fundada por Lin Yu en 2015 y registrada en el sitio web de Michigan de Eugene, en ese mismo año) ha estado desarrollando tecnología de votación para la APN [Asamblea Popular Nacional de China] en asociación con Lenovo, Huawei, China Unicom, China Telecom y China Mobile".

Cabe mencionar que Lin Yu trabajó como supervisora de Eugene en Jinhua Yulian Network, desde 2014 hasta 2019 (ahora se sabe, recordemos, que esa firma fue registrada por el propio Eugene, pero con su nombre chino). Paralelamente, trascendió que Eugene mezcló el sitio web de la otra empresa de Lin Yu, Jinhua Red Date Software Co. (reddatesoft.com), con el de su compañía electoral china (yu-lian.cn), el que, a su vez, fue registrado bajo el e-mail de su firma electoral de EE. UU., eyu@konnech.com.

Según Kanekoa, de este modo quedó establecido el vínculo entre Konnech, empresa de tecnología de votación actualmente usada en Australia, Canadá y los Estados Unidos, con Jinhua Hongzheng Technology, Jinhua Red Date Software y Jinhua Yulian Network, la firma comunista china creada por Eugene bajo su nombre chino.

Mentes chinas en suelo americano

De acuerdo con Kanekoa, a pesar de toda esta información, Eugene todavía brinda tecnología de votación a los países mencionados. "Es más, según Catherine Engelbrecht y Gregg Phillips, la oficina del FBI en Washington D.C. está intentando encubrir esta crisis de seguridad nacional, en lugar de investigar por qué los ciudadanos chinos asociados con los gigantes de las telecomunicaciones están programando el software electoral estadounidense".

Actualmente, en el portal de Konnech aparece lo siguiente: "Desde la asociación del primer cliente de Konnech con la ciudad de Detroit hasta los 32 clientes con los que trabajamos actualmente en América del Norte, nuestro fundador y presidente, Eugene Yu, ha implementado un enfoque centrado en el cliente".

Además de que esta empresa es utilizada por "miles de oficinas electorales en América del Norte", entiéndase, los Estados Unidos y Canadá, según reza en su propio portal, también conviene mencionar que la mayoría de sus ingenieros informáticos y empleados se graduaron en universidades chinas, entre ellas, la Universidad de Zhejiang, la Universidad de Nanjing, la Universidad de Ciencia y Tecnología de China, la Universidad de Lengua y Cultura de Pekín, la Universidad Agrícola de China y la Universidad de Ciencia y Tecnología de HuaZhong.

Aparte de eso, Konnech también es responsable de la creación de la plataforma de comunicación de los Institutos Confucio, los mismos que, en el pasado, fueron vinculados con el robo de propiedad intelectual estadounidense al ser usados por la RPC para financiar y penetrar instituciones educativas locales, como, por ejemplo, las universidades de Michigan, Maryland y Emory.

En el caso concreto de Eugene Yu, además de fundar y dirigir Konnech, fue funcionario de la Fundación Educativa Estadounidense Zhu Kezhen (entre 2000 y 2001), entidad cuya misión oficial es unir la Universidad de Zhejiang con universidades estadounidenses. Por supuesto, no es necesario explicar todo lo que realmente se esconde tras este tipo de vínculos.

Lo que sí hay que subrayar ahora es que, afortunadamente, los hallazgos de True the Vote y OPSEC Group, más los siguientes análisis de Kanekoa y CognitiveCarbon, están disponibles en Internet para que el mundo evalúe qué pudo haber ocurrido en las pasadas elecciones presidenciales, pero, sobre todo, para que usted, votante comprometido con este país, conozca los entresijos de la firma electoral "estadounidense" Konnech, que es de aquí, pero no lo es. ¡Usted seguro me entiende!

Capítulo 26
La injerencia de China en las principales redes sociales
Publicado originalmente el 9 de septiembre de 2022

Más allá de conectar a personas virtualmente, las redes sociales se han convertido en una eficaz herramienta para la República Popular China (RPC), que las usa para mejorar su reputación a nivel global, aplacar las acusaciones de violaciones de derechos humanos en su contra y empañar la imagen de Estados Unidos.

Por medio de una perenne campaña mundial de Internet, el Partido Comunista Chino (PCCh), principal instigador de esta cuestionable práctica, no ceja en dichos esfuerzos y para ello se vale de los medios sociales más populares a escala global, entre ellos, Facebook, Twitter, Instagram y TikTok.

Redes de bots

Son muchísimos los métodos que utiliza Pekín para manejar la opinión pública a su favor. Consciente del alcance de las redes sociales, el régimen no vacila a la hora de usar cualquier vía a su alcance, independientemente de si es correcta o no. Al PCCh lo único que le interesa es moldear la imagen del gigante asiático para bien.

Documentos revisados por The New York Times (NYT) en 2021 revelaron que la RPC emplea mayormente redes de bots, también conocidas como botnets, a fin de generar publicaciones automáticas y crear perfiles sociales difíciles de rastrear. Gracias a ese recurso, el gigante asiático logró aumentar el tráfico proChina en los dos últimos años.

Empresas privadas

De acuerdo con el NYT, los chinos comunistas también acuden a empresas privadas para conseguir contenidos a la carta, atraer seguidores, rastrear a los críticos del régimen y acceder a otros servicios para continuar con sus campañas de información, una operación que "se desarrolla cada vez más en Facebook y Twitter, plataformas internacionales que el Gobierno chino bloquea en el país".

La propia fuente ejemplificó este modus operandi. En mayo del año pasado, la policía de Shanghai publicó un anuncio en internet en el que solicitaba ofertas de compañías privadas, lo que se conoce entre las autoridades chinas como gestión de la opinión pública.

Según el anuncio en cuestión, los funcionarios exigían a los proveedores de este servicio crear cuentas en las citadas redes sociales (unas 300 por mes en cada una, en cualquier momento), razón por la cual enfatizaban en que ese proyecto era altamente sensible en cuanto al factor tiempo.

Contratistas tecnológicos

Mediante la negociación con contratistas tecnológicos, los chinos comunistas se salen con la suya en el control sobre cuentas sociales falsas, las mismas que les sirven para impulsar la censura y también la difusión de mensajes ficticios orientados a moldear la opinión pública mundial.

"A veces, estas publicaciones en las redes sociales refuerzan las cuentas oficiales del Gobierno [chino] con 'Me gusta' y reacciones. En otras ocasiones, atacan a los usuarios críticos con las políticas del régimen", subrayó el reporte del The New York Times.

Como parte de la guerra de desinformación y calumnias que ejecuta China en contra de EE. UU., la fuente puntualizó que en 2021 Facebook retiró 500 cuentas de su plataforma que se habían utilizado para difundir comentarios de un biólogo suizo llamado Wilson Edwards.

Supuestamente, el tal Edwards había dicho que nuestro país interfería en los esfuerzos de la Organización Mundial de la Salud para rastrear los orígenes del coronavirus. El biólogo nunca existió, sin embargo, sus falsas acusaciones fueron citadas como verdaderas por medios estatales chinos.

Otra de las artimañas empleadas por Pekín para manejar las redes sociales a su antojo es la creación de cuentas con seguidores orgánicos que puedan convertirse en objetivos del régimen cuando sea necesario. Una suerte de marionetas que le hacen el juego y que contribuyen a que sus perfiles luzcan auténticos.

Como parte de la censura a la que acude asiduamente, la policía cibernética china también persigue y amenaza a quienes critican al régimen en Twitter. Según el NYT, en 2018 este cuerpo policial inició una cruzada para detener a usuarios chinos de esa red dentro del país y obligarlos a eliminar sus cuentas.

Ahora, la campaña se ha extendido a los que viven fuera del gigante asiático. O sea, la policía quiere descubrir la identidad de las personas que están detrás de determinadas cuentas y rastrear sus conexiones. Para ello, amenazan a los miembros de la familia en China, detienen a los titulares cuando regresen al país y les exigen cerrar sus perfiles.

Tráfico artificial

El tráfico artificial, por su parte, es otro de los métodos empleados por los chinos. Mediante cuentas robotizadas, logran informar acerca de un número irreal de "Me gusta" y retuits tanto en las publicaciones del régimen como en los medios de prensa estatales.

"La avalancha de tráfico artificial puede hacer que las publicaciones tengan más probabilidades de ser mostradas por los algoritmos de recomendación de muchas redes sociales y motores de búsqueda", remarcó el reporte del NYT.

El diario neoyorkino aseveró, además, que la policía de Shanghai sabe que varias cuentas basura pueden conseguir que determinada publicación de una cuenta oficial parezca brevemente viral, dándole mayor exposición y otorgándole credibilidad.

Materiales audiovisuales

En cuanto a los medios visuales, hoy se sabe que los chinos no solo se conforman con la creación de cuentas falsas, sino que también trabajan en la obtención de contenidos originales, principalmente videos.

Según otro documento al que tuvo acceso el NYT, a finales de 2021 la policía china buscó proveedores de material audiovisual a fin de que le proporcionaran al menos 20 videos al mes, y los distribuyeran en redes sociales nacionales y extranjeras. Poco tiempo después, Shanghai Cloud Link ganó esa licitación.

A principios de 2021, "un análisis del [propio] New York Times y ProPublica mostró cómo miles de videos que retrataban a miembros de la minoría étnica uigur, viviendo felices, eran parte clave de una campaña de información que Twitter luego atribuyó al Partido Comunista Chino".

Cuando Twitter desmontó la red que estaba detrás de esas publicaciones, eliminó las cuentas vinculadas a un contratista que fue el encargado de grabar los videos, resaltó la fuente.

Por lo que ha trascendido, los contratistas tecnológicos empleados por el régimen chino suelen venderles a las autoridades el hardware y el software para los citados fines. En el caso de la propia Shanghai Cloud Link, por ejemplo, se supo que los funcionarios le pagan una suscripción mensual por la manipulación de las redes sociales.

Firmas de mercadotecnia

Las empresas de mercadotecnia también forman parte de las campañas impulsadas por Pekín para sacarle partido a los medios sociales. Un reporte de CNBC indicó recientemente que una firma de este tipo organizó un anillo de 72 sitios de noticias falsas en 11 idiomas con las correspondientes personas falsas en las redes.

Obviamente, el principal objetivo de estas páginas web es respaldar los puntos de discusión del gobierno chino, criticar a EE. UU. y Occidente e intentar suavizar las preocupaciones en esos países en torno a los derechos de la minoría étnica uigur, que labora como esclava en los campos de detención.

Según el informe de CNBC, los sitios web en cuestión estaban alojados en una infraestructura de Internet de la empresa Shanghai Haixun Technology. Dakota Cary, analista de China en Krebs-Stamos Group, señaló que tales websites "parecían ser un torpe intento de un grupo proChina de influir en la conversación occidental".

Para que se tenga una idea acerca de la gravedad de las acciones chinas en este sentido, cabe mencionar que esta campaña usó tres cartas falsificadas para difamar al antropólogo Adrian Nikolaus Zenz, quien publicó una investigación sobre el trato que China les da a los uigures.

Las cartas hacen alusión a la Fundación Conmemorativa de las Víctimas del Comunismo, un grupo de expertos de Washington donde trabaja Zenz. La primera, supuestamente del senador Marco Rubio (R-FL), agradece al científico y parece relacionarlo con el exasesor de Donald Trump, Steve Bannon. Las otras dos parecen evidenciar que Zenz recibió más de medio millón de dólares por su estudio.

"Portavoces de la oficina de Rubio y de la fundación confirmaron a NBC News que las cartas son falsas. Sin embargo, fueron tratadas como auténticas en varios artículos sobre Zenz en el círculo de noticias de Shanghai Haixun. China Daily, el principal medio de comunicación en inglés patrocinado por el Estado del país [asiático], también escribió un artículo en el que las trata como genuinas", puntualizó CNBC.

Cuentas sociales oficiales

Cuentas sociales de embajadores chinos, medios de comunicación respaldados por China y voceros del régimen de Pekín, también sirven de apoyo a los objetivos del gigante asiático. Un ejemplo de esto ocurrió tras la muerte de George Floyd, cuando de perfiles de este tipo salieron más de 1.200 tuits contrarios a nuestro país, usando el hashtag #BlackLivesMatter.

Según el portal noticioso europeo Político, esa cifra representa la mayor cantidad de menciones referentes al tema provenientes de cualquier país, incluidos China y Rusia, en el período en que ocurrió tal hecho; menciones que hacían alusión a que EE. UU. estaba asociado con la violencia.

Uno de los mensajes de redes sociales más compartidos en aquel entonces, fue el del portavoz del Ministerio de Relaciones Exteriores de China, Hua Chunying, quien publicó un mensaje que decía "No puedo respirar" y que fue compartido más de 8.000 veces en Twitter.

Si bien estas cuentas oficiales de redes sociales no han publicado imágenes manipuladas o información falsa, sí han sembrado contenido divisivo, subrayó la fuente; al tiempo que agregó que "el objetivo, según expertos en desinformación, es fomentar la desconfianza en ambos lados del espectro político".

Los "promotores" estadounidenses

Algunos "influencers" en EE. UU. igualmente son utilizados por el PCCh para lograr sus fines en las redes sociales. Ese es el caso de la estrella de televisión de Real Housewives of Beverly Hills, Crystal Kung Minkoff; la nadadora paralímpica y personalidad de Instagram Jessica Long, y el tiktoker conocido como "el rey de la marca", Ryan Dubs.

Un reporte de CBS News señaló que estos llamados "influencers" fueron pagados por funcionarios chinos para ser parte de una campaña de promoción de los Juegos

Olímpicos de Invierno en Pekín, según documentos del Departamento de Justicia estadounidense.

Todo indica que el consulado chino en Nueva York pagó 300.000 dólares a la firma Vippi Media, con sede en Nueva Jersey, para reclutar a los citados influencers. De acuerdo con Jessica Brandt, experta en desinformación e interferencia extranjera de Brookings Institution, esto les permitió "aumentar el alcance y la resonancia de sus mensajes para que parecieran contenido auténtico e independiente". Dirigida a usuarios de redes sociales de nuestro país, la campaña de Vippi Media llegó a aproximadamente a cuatro millones de personas a través de anuncios distribuidos en historias, videos y publicaciones tanto en TikTok como en Instagram.

Cuentas sociales en inglés

El régimen autocrático de China igualmente utiliza cuentas sociales en inglés de medios de prensa chinos para impulsar la propaganda positiva sobre la RPC entre usuarios estadounidenses, según una evaluación de la firma de inteligencia de seguridad Recorded Future, citada por el portal Security Ledger.

De acuerdo con el estudio, China retrata a su propio Gobierno de manera positiva y trata de convencer a la gente de que su ascenso como líder mundial será "beneficioso, cooperativo y constructivo para la comunidad mundial".

Teniendo en cuenta que el gigante asiático es un adversario clave de EE. UU. en lo que concierne a ciberseguridad, los expertos de Recorded Future analizaron más de 40.000 publicaciones de las redes sociales en inglés de Xinhua, People's Daily, China Global Television (CGTN), China Central Televisión (CCTV), China Plus News y Global Times.

Básicamente, descubrieron que las publicaciones en Instagram de Xinhua y People's Daily, por ejemplo, intentan "moldear cuidadosamente la imagen del país ante el público estadounidense para inspirarlos a apoyar los objetivos políticos del Gobierno".

Aparte de eso, los especialistas constataron que China también hace uso de anuncios pagados de Xinhua, People's Daily, CGTN y China Daily en Facebook, entre otras plataformas, para difundir su mensaje; mensaje que responde a su objetivo de presentar a un país fuerte, confiado y optimista.

Adicionalmente, los investigadores determinaron que "la campaña de influencia de las redes sociales de China está creando una narrativa intencionalmente distorsionada y sesgada para que los usuarios de las redes sociales de EE. UU. la digieran en función de los propósitos políticos hostiles del país asiático".

Robo de datos vía TikTok

Las redes sociales estadounidenses no son las únicas empleadas por la RPC: TikTok, su propia aplicación de video, también podría estar enviando de forma encubierta las contraseñas de los usuarios, los números de tarjetas de crédito y otros datos confidenciales al PCCh, según un experto citado por The Epoch Times.

Casey Fleming, director ejecutivo de la firma asesora BlackOps Partners, dijo que cuando uno está pulsando teclas, cada letra, cada número, se registra en la nación asiática bajo la supervisión del Partido Comunista Chino.

De acuerdo con la fuente, "los comentarios [de Fleming] llegan solo una semana después de que se supo que el navegador de TikTok contiene un código para realizar el registro de teclas, lo que significa que la app puede recoger todas las pulsaciones de teclas de un usuario en el dispositivo que utilice".

Fleming describió a TikTok como una "aplicación de espionaje" y dijo que se usa para recopilar la información personal de los estadounidenses, en particular de los jóvenes. "La gente debe entender que TikTok es una aplicación militar armada en manos de nuestros estudiantes de secundaria, nuestros adultos jóvenes", remarcó.

En su opinión, es probable que la aplicación también se utilice como parte de la estrategia de "guerra híbrida" del PCCh, en la que el régimen busca lograr objetivos militares a través de medios no militares. Quiere decir que la "app" podría usarse para robar propiedad intelectual, difundir propaganda a favor del partido y obtener información sobre los estadounidenses como medio de chantaje.

Nosotros "creemos que China es como los Estados Unidos, con el mismo tipo de gestión, Gobierno, valores, etc. [Pero] no lo es. Todo en China, ya sea una empresa, una aplicación, está completamente controlado por el Partido Comunista Chino", puntualizó.

A todas estas, mientras Pekín intenta influir en la opinión pública mediante redes sociales y otras plataformas estadounidenses, se da el lujo de prohibirlas en su propio territorio como parte del llamado Gran Cortafuegos de China. En ese caso están Twitter, Facebook, Instagram, Snapchat, YouTube y Google, así como ciertos libros, sitios web y hasta películas de Hollywood, de las que sólo pueden exhibirse en el país unas 34 cada año.

La guerra en contra de China debe abarcar todos los frentes, incluida su intromisión en las redes sociales para su beneficio. Lo mismo en el terreno comercial, principal sector implicado en el diferendo que nos separa y en el resto de las ramas amenazadas.

Es harto evidente que este adversario económico, devenido enemigo frontal, no escatima en recursos en busca de su supremacía. Washington necesita potenciar las medidas de vigilancia y seguridad en los medios sociales locales, y eliminar su popular TikTok de nuestro horizonte digital para una convivencia virtual segura y libre de escollos chinos.

ANCTIONS

LIST

Capítulo 27
EE. UU. agrega siete firmas chinas a lista negra comercial
Publicado originalmente el 6 de septiembre de 2022

A fin de salvaguardar la seguridad nacional, la Oficina de Industria y Seguridad (BIS, por sus siglas en inglés) del Departamento de Comercio de los Estados Unidos añadió siete empresas chinas más a la lista negra comercial, concebida para restringir el accionar de corporaciones que trabajan, directa o indirectamente, con el Ejército chino.

Las entidades agregadas pertenecen a los sectores espacial, aeroespacial y tecnológico, y, a partir de ahora, tendrán acceso restringido a tecnologías, productos básicos y programas informáticos sujetos a las Regulaciones de Administración de Exportaciones (EAR, por sus siglas en inglés), dijo la oficina en un comunicado.

Según la nota de prensa, las firmas en cuestión fueron agregadas "por sus actividades contrarias a la seguridad nacional de EE. UU. e intereses de política exterior, específicamente, para adquirir o intentar adquirir artículos de origen estadounidense destinados a apoyar los esfuerzos de modernización militar de la República Popular China (RPC)".

Nuevas firmas chinas comprometidas

Las entidades que pasan a engrosar la lista negra comercial son las siguientes:
- Instituto de Investigación 771 de la Novena Academia de la Corporación de Ciencia y Tecnología Aeroespacial de China (CASC, por sus siglas en inglés)
- Instituto de Investigación 772 de la Novena Academia de la CASC

- Instituto de Investigación 502 de la Academia China de Tecnología Espacial
- Instituto de Investigación 513 de la Academia China de Tecnología Espacial
- Instituto de Investigación 43 del Grupo Corporativo de Tecnología Electrónica de China (CETC, por sus siglas en inglés)
- Instituto de Investigación 58 del CETC
- Sistemas de Control Zhuhai Orbita

"Las tecnologías estadounidenses que apoyan las actividades espaciales y aeroespaciales no deben utilizarse para apoyar la modernización militar de la RPC. [Por tal razón], estamos monitoreando constantemente estos sectores en busca de evidencias de desvío", señaló el subsecretario de Comercio para Industria y Seguridad, Alan Estévez.

En este sentido, el funcionario puntualizó que "el programa de fusión militar-civil de China requiere que la BIS esté alerta y actúe con fuerza cuando sea necesario para proteger nuestras tecnologías sensibles".

La subsecretaria de Comercio para la Administración de Exportaciones, Thea D. Rozman Kendler, por su parte, resaltó la importancia que reviste la vigilancia constante sobre China, "particularmente en sectores como el aeroespacial, donde el potencial de desvío a aplicaciones militares es tan alto".

La ejecutiva subrayó, asimismo, que esta lista de entidades es una herramienta poderosa, aunque no la única, para demostrar que el Gobierno de EE. UU. no dudará en utilizar controles de exportación para proteger la seguridad nacional.

El subsecretario de Comercio para el Cumplimiento de las Exportaciones, Matthew S. Axelrod, entretanto, recordó que "Estados Unidos es el líder mundial en tecnologías espaciales y aeroespaciales", al tiempo que aseguró que "seguiremos aprovechando todos nuestros recursos de investigación para negar el acceso de la República Popular China a las tecnologías estadounidenses sensibles".

El Instituto de Investigación 771 (correspondiente al Instituto de Tecnología Microelectrónica de Xian) diseña y fabrica circuitos integrados de semiconductores. Por ejemplo, la unidad central de procesamiento para los cohetes Gran Marcha 5 y los sistemas informáticos usados en misiones espaciales.

El Instituto de Investigación 772 (correspondiente al Instituto de Tecnología Microelectrónica de Pekín), por su parte, es una entidad similar que desarrolla componentes electrónicos de grado militar, así como dispositivos integrados a gran escala con tecnología de montaje y empaque cerámico.

El Instituto de Investigación 502 (correspondiente al Instituto de Ingeniería de Control de Pekín), entretanto, realiza investigaciones relacionadas con la ingeniería de control de naves espaciales y trabaja en la transferencia de tecnologías de dichas naves para su uso en otras áreas, como sistemas de control, aplicaciones informáticas e instrumentos ópticos de precisión.

El Instituto de Investigación 513 (correspondiente al Instituto de Tecnología de Telemetría de Yantai), por su lado, forma parte de la Academia China de Tecnología Espacial, que trabaja en la producción de comunicaciones y sistemas tanto satelitales como meteorológicos.

Los Institutos de Investigación 43 y 58 desarrollan electrónica civil y militar, ya que corresponden al Grupo Corporativo de Tecnología Electrónica de China, principal fabricante de dispositivos electrónicos a nivel nacional. Zhuhai Orbita, en tanto, desarrolla, produce y vende chips aeroespaciales, así como sistemas de semiconductores.

Entrada en vigor de la medida

Según la mencionada nota de prensa, este 24 de agosto entró en vigencia la medida adoptada por el Departamento de Comercio. Quiere decir que, desde ya, la Oficina de

Industria y Seguridad impondrá un requisito de licencia a todas las exportaciones, reexportaciones o transferencias sujetas a las EAR de las que estas entidades chinas sean parte.

Es decir, ninguna de estas siete empresas del país asiático podrá comprar artículos de tecnología estadounidense, a menos que proveedores locales consigan una licencia para hacerlo, hecho que parece improbable. Revisadas bajo una presunción de negación, las solicitudes de dichas licencias tendrán lugar bajo la autoridad de la Ley de Reforma del Control de Exportaciones, de 2018.

De acuerdo con diversos reportes de prensa, funcionarios de la RPC han criticado la cada vez más creciente adición de corporaciones chinas al listado, aduciendo que se trata de una campaña de "represión" por parte de los Estados Unidos, basada en "pretextos fabricados".

Puro arrebato en defensa de sus intereses nacionales y hegemónicos. No es más que eso. Ya sabemos que Washington cuenta con sobradas evidencias del papel que juegan tanto estas como las otras compañías previamente ubicadas en esta lista negra, de la que ya forman parte gigantes chinos de las telecomunicaciones, como Huawei y ZTE.

Al cortarles el flujo a tecnologías y programas informáticos Made in USA, nuestro país intenta así cercenar sus respectivas cadenas de suministros para entorpecer sus avances en el terreno militar y, con ello, salvaguardar nuestra integridad, que, al fin y al cabo, es la prioridad nacional.

Capítulo 28
El peligro para la salud del uso de la ropa hecha en China
Publicado originalmente el 23 de agosto de 2022

Que el 39,2 % de la ropa y los artículos textiles que adquirimos en Estados Unidos provenga de la República Popular China (RPC), no sólo es un despropósito monumental por el grado de dependencia que eso significa, sino también un alto costo a pagar en términos de salud, el bien más preciado con el que contamos.

Dando por sentado que romper la atadura con los chinos es un asunto de máxima prioridad —debido al riesgo que conlleva depender de un régimen autocrático, con ínfulas de superpotencia hegemónica global— también conviene tener muy presente que las prendas de vestir Made in China son tan tóxicas como la misma dependencia.

Ropa china envenenada

En la fábrica del mundo que se ha convertido China, no hay reparos de ningún tipo a la hora de producir. Para el país asiático, lo realmente importante es continuar perpetuándose como el mayor exportador de ropa y productos textiles del orbe, con una cuota del 31,6 % del comercio mundial, según estadísticas de 2020.

La RPC es igualmente la principal exportadora de prendas de vestir y artículos textiles de nuestro país, hecho que acentúa la preocupación sobre el riesgo sanitario que entrañan muchos de sus productos, en especial, en grupos poblacionales vulnerables, como los niños y las mujeres embarazadas.

Haciéndose eco de un estudio realizado en Canadá, el servicio noticioso BLes Mundo dio a conocer que en 2021 científicos de ese país descubrieron un nivel peligrosamente alto de plomo en una chaqueta para niños comercializada por Shein, firma minorista china de moda rápida y ropa deportiva.

Por lo que dijeron los investigadores, el nivel del metal encontrado en dicha prenda era casi 20 veces superior al umbral establecido en Canadá. Ese, sin embargo, no fue el único hallazgo: los científicos también descubrieron que ropas de otras marcas chinas, como Zaful y Ali Express, igualmente están contaminadas con sustancias nocivas.

En 38 muestras tomadas a ropas y accesorios para niños, adultos y embarazadas, pruebas de laboratorio constataron que una quinta parte del material examinado tenía niveles excesivos de productos químicos, altamente perjudiciales para el ser humano.

Al parecer, a los chinos comunistas no les preocupa como fabricantes su responsabilidad en garantizar que el uso de cualquiera de sus artículos no traiga consigo ningún tipo de daño a los consumidores, tal como demandan los protocolos de seguridad del comercio.

De acuerdo con el Índice de Transparencia de la Revolución de la Moda de 2022, "el progreso en este sentido sigue siendo demasiado lento en al menos 250 de las marcas y los minoristas de moda más grandes del mundo, con firmas que lograron un puntaje [de transparencia] promedio de solo un 24 %". Como es de suponer, la RPC es una de las que más destaca en este sentido, por supuesto, para mal.

Sustancias dañinas en la ropa china

Según un reporte de Fashion United, los químicos nocivos mayormente hallados en la ropa Made in China son: plomo, NFE (nonilfenol etoxilados y nonilfenoles), ftalatos, PFC (productos perfluorados y polifluorados) y formaldehído.

En el caso del plomo, es usado para teñir telas y se encuentra principalmente en artículos que poseen colores brillantes. Tal como han informado los Centros para el Control y la Prevención de Enfermedades, exponerse a este metal podría ocasionar serios daños, particularmente en el desarrollo mental y físico de niños menores de seis años.

En varias ocasiones, el Servicio Federal de Aduanas de nuestro país ha ordenado la destrucción de productos chinos con una alta concentración de plomo. Ese es el caso, por ejemplo, de 6.000 mochilas y loncheras que tuvieron que ser incautadas en 2015, debido a los niveles inaceptables del metal en sus cremalleras.

Según el portal oficial de la entidad federal, en ambos casos, las mochilas y loncheras estaban destinadas al mercado estadounidense y sus cremalleras contenían niveles de plomo de entre 900 partes por millón a 15.000, cuando el umbral de contenido del metal según la Ley Federal de Sustancias Peligrosas es de solo 100 partes por millón.

Sobre el NFE (nonilfenol etoxilados y nonilfenoles), este se halla en detergentes industriales empleados para lavar materiales textiles. De acumularse en los tejidos del cuerpo, podría paralizar el funcionamiento de las hormonas y contribuir a un mal desempeño de las funciones reproductivas.

De acuerdo con Fashion United, en 2013 Greenpeace publicó los resultados de un estudio efectuado en dos centros de producción de ropa infantil en China. En conjunto, esos dos centros proporcionan el 40 % de toda la ropa infantil fabricada en el país asiático, la mayor parte de la cual se exporta al nuestro.

Los investigadores encontraron que más de la mitad de todos sus productos contienen nonilfenoles.

En el caso de los ftalatos, se trata de plastificantes utilizados para conseguir que el plástico sea más flexible y duradero. Mayormente, se encuentran en artículos para el hogar, tales como productos de limpieza, envases para guardar alimentos y cosméticos.

En el sector textil, se halla en materiales de caucho empleados para crear imágenes y logotipos en camisetas. Expertos en el tema aseguran que quienes se expongan a estas sustancias podrían experimentar descontrol en los niveles hormonales e, incluso, desarrollar cáncer mamario. El mismo estudio de Greenpeace descubrió ftalatos en muestras de la ropa china examinada.

Los productos químicos perfluorados y polifluorados, conocidos como PFC, por su parte, se usan en la fabricación de impermeables y zapatos, y podrían ocasionar problemas en la actividad endocrina, el sistema inmunológico, la función hepática y el páncreas, según investigaciones realizadas en animales.

Aunque "el efecto en el cuerpo humano no se ha estudiado por completo [todavía], varias combinaciones de PFC, como PFOS y PFOA, han provocado enfermedades renales y cáncer", puntualizó la fuente.

En lo que concierne al formaldehído, este se encuentra en todo tipo de objetos domésticos, entre ellos, materiales de construcción, muebles, champús y cosméticos. Además, es ampliamente usado en la industria textil para crear productos con propiedades "no destructivas", así como para evitar la acumulación de bacterias y hongos en los pliegues de la ropa durante el transporte.

Las personas que se expongan a niveles inadecuados de esta sustancia, podrían sufrir alergias, náuseas, tos, irritación dérmica, y ardor en los ojos, nariz y garganta, según un estudio del Instituto Nacional del Cáncer de EE. UU., citado por Fashion United.

Una investigación realizada en nuestro país descubrió que "algunos textiles procedentes de China excedían los estándares permisibles para el nivel de formaldehído. El informe incluyó productos como sombreros para niños pequeños, en los que el contenido de esta sustancia superó el doble de la norma", añadió la fuente.

Ropa china hecha con trabajo esclavo

La República Popular China no escatima en recursos para producir a toda máquina, aunque estos recursos sean trabajadores esclavos, que deben laborar en condiciones terribles, y los llamados uigures, detenidos a la fuerza en la región de Uigur, Xinjiang, de donde sale el 80 % del algodón producido en suelo chino y el 20 % del algodón de todo el planeta.

De acuerdo con el reporte de BLes Mundo, la prisión número uno de Xinjiang produce prendas de vestir para la exportación, principalmente a Canadá y Estados Unidos, y gana cientos de millones de dólares por esta actividad. Pero esa prisión no es la única.

Según Minghui.org, "en 2013, había más de 213 campos de trabajo, en los que más del 95 % de las personas detenidas eran perseguidas ilegalmente por sus creencias. [En esa fecha], ya habían más de 100 000 practicantes recluidos en unas 700 prisiones de China".

Para contrarrestar esta situación, en 2020 una coalición formada por casi 200 grupos de derechos humanos lanzó una campaña a fin de exigir la eliminación del trabajo esclavo de los uigures de Xinjiang.

"Casi todas las principales marcas de ropa y los minoristas que venden productos de algodón están potencialmente implicados. En este momento, casi existe la certeza de que cualquier marca que se abastezca de prendas de vestir, textiles, hilados o algodón de la región uigur, se está beneficiando de violaciones de derechos humanos, incluido el trabajo forzoso tanto en la región uigur como en toda China", dijo el grupo durante el lanzamiento de la campaña.

Por lo que ha trascendido mediante BLes Mundo, muchas firmas occidentales ya "dejaron de producir en el gigante asiático y otras, como la reconocida marca sueca H&M, tuvo que cerrar la mayoría de sus tiendas en China continental tras ser terriblemente acosada por el Partido Comunista Chino, luego de que anunciara en 2021 que se negaba a utilizar algodón de Xinjiang, argumentando abusos de derechos humanos".

En el caso de la firma minorista Shein, casi al unísono de su creciente popularidad, sobre todo entre la población más joven, crece la incertidumbre acerca de qué se esconde detrás de sus precios tan bajos.

En este sentido, el parlamentario francés Raphaël Glucksmann publicó un video en sus redes sociales recientemente en el que decía: "Detrás de los vestidos de diez euros y las camisetas de dos euros de Shein, hay un sistema masivo de explotación. Doce horas de trabajo al día, solo un día libre al mes, sin contrato laboral, ni seguro de trabajo, y [bajo] condiciones de seguridad laboral pésimas".

Según publicó BLes Mundo, Glucksman "señaló que ese sistema de explotación permite que esta marca venda a bajo precio". Paralelamente, explicó por qué la sociedad aún consume esta mercancía, sugiriendo que "muchos no están enterados de que los productos comprados son gracias al sudor y la sangre de esclavos uigures".

Además de Shein, otras marcas mucho más famosas y consolidadas han aparecido en el centro de esta polémica tras descubrirse que algunas de sus piezas de vestir contienen algodón procedente de Xinjiang. En ese caso se encuentran Adidas, Puma y Hugo Boss.

Expertos en la materia pudieron corroborar la procedencia del tejido debido a la especificidad de los isótopos respecto de cada región, que permiten rastrear el origen geográfico de sustancias orgánicas o no orgánicas, según reveló The Guardian.

EE. UU. contra la explotación uigur

Como recordarán, el expresidente Donald Trump fue uno de los primeros en alertar tanto a importadores como a empresas foráneas sobre la comercialización de productos fabricados en centros clandestinos de explotación en Xinjiang.

Posteriormente, la actual Administración ahondó en algunas de las medidas de Trump a fin de prohibir todos los productos hechos con algodón provenientes de esa región china, aduciendo que son resultado del trabajo forzado de los uigures, quienes son perseguidos por el PCCh.

En Europa también se toman medidas. Ese es el caso de la reciente aprobación de dos resoluciones referentes a derechos humanos, que podrían afectar directamente a los sectores de la industria textil beneficiados con la explotación laboral de prisioneros de conciencia o prisioneros políticos.

Si bien es cierto que este movimiento de un lado y otro del Atlántico podría ganar terreno en contra del PCCh, como principal instigador del trabajo obligado en la región de Xinjiang, los consumidores deberían aportar su desdén y tomar en cuenta muchos de estos argumentos a la hora de comprar.

Los estadounidenses deberían adquirir ropa y otros artículos textiles de marcas libres de productos tóxicos (preferentemente, de manufactura nacional para potenciar el Made in USA) y evitar las imitaciones y los productos con etiqueta china, que suelen ser más baratos, pero que finalmente terminan siendo más caros por el riesgo potencial que entrañan para la salud.

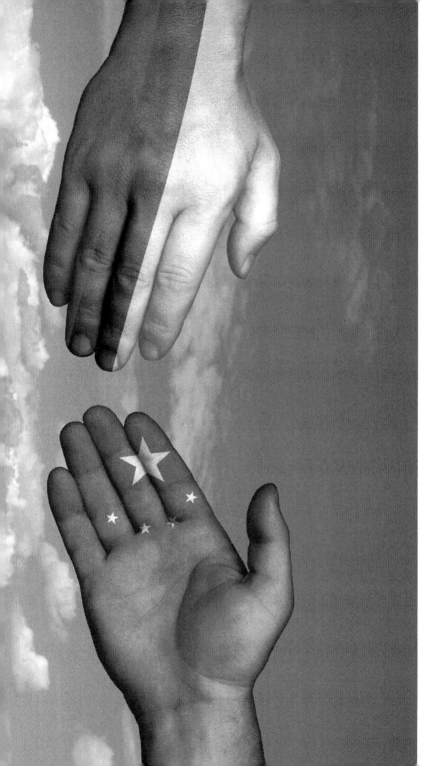

Capítulo 29
Gustavo Petro: el presidente colombiano apoyado por China comunista
Publicado originalmente el 18 de agosto de 2022

El primer presidente izquierdista en la historia de Colombia, Gustavo Petro, llegó al poder el pasado 19 de junio en medio de una atmósfera polémica, atizada, de una parte, por su comunismo solapado y, de la otra, por sus sospechosos nexos con la República Popular China (RPC), nación autocrática con marcados objetivos hegemónicos y contra la integridad nacional de Estados Unidos.

Aunque era de suponer que Pekín vitorearía su triunfo, dado su interés en ganar más terreno en América Latina (LATAM), el mensaje de felicitación del mandatario chino, Xi Jinping, a su homólogo colombiano no hizo más que corroborar los vínculos existentes entre las dos naciones, en general, y sus propósitos como líderes afines, en particular.

Con información de la Agencia de Noticias Xinhua, el diario China Daily publicó el comunicado de enhorabuena de Xi, quien no dudó en reconocer que "las relaciones entre China y Colombia se encuentran en un nuevo punto de partida" tras el triunfo de quien fuera alcalde de Bogotá.

Como no podía ser de otra manera, el líder chino señaló, asimismo, que está "listo para trabajar con el presidente electo a fin de profundizar la confianza política mutua, promover la cooperación práctica e impulsar un mayor desarrollo de los vínculos China-Colombia en beneficio de los dos países".

Petro, por su parte, expresó su agradecimiento al presidente del gigante asiático vía Twitter, plataforma en la que igualmente dijo sentirse seguro "de que habrá una relación productiva entre las dos naciones, basada en la superación de la crisis climática y la construcción de economías justas".

Con el 50,44 % de los votos, el otrora guerrillero del movimiento nacionalista M-19 se hizo con la presidencia de su país, y ahora, no sólo tiene ante sí la misión de cumplir con sus promesas de campaña, sino también de hilar fino en lo que a relaciones internacionales se refiere, en especial con la RPC, archienemiga de Estados Unidos.

Como hemos advertido antes, China es el principal contrincante comercial de EE. UU. y a la vez un riesgo en potencia para nuestra seguridad nacional. Cada vez, aparecen más pruebas de que intenta socavar el poderío de Washington, y una de ellas es, precisamente, su obstinado acercamiento a los partidos izquierdistas de América Latina y el Caribe.

Sin dudas, los chinos comunistas saben perfectamente que el apoyo a sus pares latinoamericanos y caribeños constituye una fuerte moneda de cambio para sus intereses, tanto en la región en sí misma, como en la cercanía geográfica y geoestratégica que esta zona le ofrece de cara a sus objetivos contra EE. UU.

Para ellos, mientras más regímenes comunistas haya en Latinoamérica y la región caribeña, mejor. Por tanto, que el candidato izquierdista de Colombia haya ganado en los comicios presidenciales, frente a su contendiente, el derechista Rodolfo Hernández, es, cuando menos, sospechoso. Y si no, remitámonos a los hechos.

Respaldo de China a Latinoamérica

Con su reciente llegada a la presidencia de Colombia, Gustavo Petro se convirtió en el sexto político de izquierdas que asumió el poder en América Latina en los últimos cuatro años. Le acompañan en ideología Andrés Manuel López Obrador, de México; Alberto Fernández, de Argentina; Luis

Arce, de Bolivia; Pedro Castillo, de Perú; Xiomara Castro, de Honduras, y Gabriel Boric, de Chile.

Ante esta creciente oleada de presidentes izquierdistas en la región, uno no puede dejar de preguntarse por qué tantos partidos socialistas se imponen frente a la derecha, justamente cuando eso es lo que menos necesitan las naciones latinoamericanas en vías de desarrollo.

La respuesta más atinada nos hace pensar en China, país que —detrás de organismos internacionales de izquierdas, como el Foro de São Paulo, por ejemplo— respalda este tipo de sistemas, tal como quedó evidenciado en el más reciente seminario virtual de esta organización, llamado "Las relaciones entre China y América Latina en la Nueva Era".

Efectuado el 10 de mayo pasado, el encuentro contó con la presencia online de la viceministra del Departamento Internacional del Comité Central del Partido Comunista Chino (PCCh), Shen Beili, quien, además de alabar al foro "como importante organización de partidos políticos de izquierdas en América Latina y el Caribe", no hizo más que corroborar el interés del gigante asiático en la región.

Según se lee en la página web oficial del organismo regional, "desde el XVIII Congreso Nacional, las relaciones entre China y América Latina han entrado en una nueva era de igualdad, beneficio mutuo, innovación, apertura y beneficio para el pueblo. [Por ende], China está dispuesta a trabajar con latinoamérica para superar las dificultades, crear oportunidades y promover la construcción de una comunidad de destino común China-América Latina".

Ideología comunista en Latinoamérica

¿De qué beneficio mutuo están hablando los chinos comunistas? ¿Qué ganan exactamente Latinoamérica y China por estos vínculos? El PCCh se convirtió en el padrino global del Foro de São Paulo en 1993, apenas dos años del surgimiento de esta entidad, según un análisis realizado por el PanAm Post.

Quiere decir que, en 2023, ambas partes celebrarán 30 años del establecimiento de sus relaciones bilaterales. O lo que es lo mismo: 30 años de haber estado colaborando en función de su máximo interés común, que no es más que perpetuar su ideología en el mayor número posible de países latinoamericanos y caribeños.

Shen Beili dijo que, "el PCCh está dispuesto a trabajar con el Foro de São Paulo y sus partidos miembros, guiado por el consenso alcanzado por los dirigentes de ambas partes, para fortalecer los intercambios y las cooperaciones en amplios terrenos, [así como para] impulsar lazos amistosos a un nuevo nivel".

Queda más que claro entonces su sempiterno apoyo a las asociaciones izquierdistas de la región. Y ya se sabe perfectamente de qué pata cojea el PCCh: "Es el que mueve todo, el que autoriza todo, el que reprime lo que quiere, el que se mete en las empresas, y el que, [además], no está estableciendo una interlocución con los gobiernos de América, sino con los partidos políticos, y solo con los de izquierdas", según reportó el PanAm Post.

Sobre el porvenir de Latinoamérica, la misma fuente resaltó que "nuestro futuro no lo decidimos nosotros, ni nuestras democracias (las pocas que queden en el continente), sino que lo deciden un conjunto de partidos políticos zurdos y con agenda a su conveniencia"; conveniencia, hágase notar, en cuanto a empoderamiento y búsqueda de perpetuidad, claro está.

Remarcando ese mismo planteamiento, la propia Beili especificó que, en los últimos años, se han fortalecido continuamente las visitas de alto nivel entre China y América Latina-el Caribe (ALC), pues Xi Jinping le concede alta importancia al desarrollo de las relaciones latinoamericanas y caribeñas.

En este mismo orden de ideas, la funcionaria comunista añadió que Xi ha estado en la región en cinco ocasiones, dirigiendo las relaciones a una nueva era caracterizada por la igualdad, el beneficio mutuo, la innovación y el bienestar del pueblo.

"¿Qué quiere China de América Latina? ¿En qué se beneficia con el apoyo desinhibido del Foro de São Paulo? Eso no lo dice, pero es obvio: viene por nuestras materias primas, por la energía, por el territorio. En suma, por el colonialismo", remarcó, no sin razón, el PanAm Post.

Cooperación entre China y América Latina

En su nada creíble puesta en escena, la República Popular China intenta disfrazar su interés en América Latina y el Caribe destacando el "beneficio económico" que, supuestamente, entraña hacer negocios con Pekín. En este sentido, el mismo portal del foro se ha encargado de ensalzar pródigamente las atribuidas "ventajas" para la región.

"La cooperación práctica entre China y América Latina ha sido fructífera", de hecho, "el comercio total superó los 450 000 millones de dólares en 2021. [Además], hasta el momento, 21 países de América Latina y el Caribe han firmado el Memorando de Entendimiento con China para la construcción conjunta de la Iniciativa de la Franja y la Ruta, y ya se ha puesto en marcha un gran número de importantes proyectos de cooperación".

Por si eso no fuera suficiente, prosigue el texto, "las relaciones entre China y América Latina están a punto de lograr nuevos méritos en la nueva era con diferentes grupos étnicos y civilizaciones que se respetan mutuamente, coexistiendo armoniosamente y teniendo progresos conjuntos".

De regreso al discurso de Beili, todo parece indicar que, aparte de la implicación del Foro de São Paulo en los destinos de los países latinoamericanos y caribeños, hay otro organismo que le está haciendo la pelota a la

China comunista: se trataría de la Comunidad de Estados Latinoamericanos y del Caribe (CELAC).

Según Beili, hasta la fecha, "el Foro China-CELAC ha convocado tres veces a la reunión ministerial, elaborando varios programas de cooperación y promoviendo vigorosamente las cooperaciones pragmáticas entre ambas partes", hecho que viene a redondear la idea de que la RPC acude a cuanto mecanismo le es posible para intervenir en los asuntos de la zona.

Ahora solo falta que Colombia se sume a la Iniciativa de la Franja y la Ruta, proyecto con el que la China comunista aparenta "ayudar" económicamente a las naciones integrantes para luego cobrarles lo que estas le deben del modo en que más le convenga: con recursos naturales, reservas minerales e infraestructuras de toda clase, por solo citar algunos ejemplos.

A propósito de esta iniciativa, el PanAm Post reseñó que el presidente de Argentina, Alberto Fernández, recibió 23.000 millones de dólares al entrar a este proyecto; dólares que usará "para construir una central nuclear, una termoeléctrica, y para [poner en marcha] muchos otros proyectos de infraestructura de energía y comunicaciones".

Según la fuente, "Petro hará lo mismo, y lo hará al unísono con Gabriel Boric, su vecino marxista posmoderno de Chile, quien entregará a su país y al litio que ya está por estatizar".

Nexos económicos Colombia-China

En la actualidad, Colombia está bastante comprometida con los chinos comunistas. En 2021, por ejemplo, la nación asiática se convirtió en su primera fuente de importaciones y en su segundo socio comercial en cuanto a exportaciones. En lo que respecta a inversiones, China se consolidó como el primer inversionista de Asia en el país sudamericano, según informó la embajada colombiana en el gigante asiático mediante su portal oficial.

En su reporte sobre los asuntos económicos entre las dos naciones, dicha fuente apuntó que "Colombia tiene como objetivo promover la inversión china en el país, la cual se ha dado en diferentes sectores, como telecomunicaciones, hidrocarburos, infraestructura y tecnología, entre otros".

Datos de ProColombia citados por PanAm Post en cuestión revelaron que los flujos de inversión también han crecido constantemente. O sea, en los últimos tres años, el país sudamericano ha puesto en marcha alrededor de 38 proyectos con un valor de 2,048 millones de dólares.

Entre esos proyectos destacan: el de Zijin Mining, que adquirió la mina de Buriticá; la licitación que ganó China Harbour Engineer Company-CHEC para la construcción del metro de Bogotá, el proyecto Regiotram a cargo de China Civil Engineering Construction Corporation-CCECC y el de Trina Solar, referente a energías renovables.

Colombia ya ha sido penetrada por unas 100 compañías de la RPC, entre ellas, China Harbour Engineering Company, Watson Medical Appliance, Fotón, Express Luck, BYD, Xiaomi, Miniso, Jiangling, Huawei y ZTE, entre otras. Abro paréntesis para recordar que estas dos últimas forman parte de la lista negra comercial que EE. UU. creó para sacar de nuestro mercado a firmas vinculadas con el Ejército chino.

Entretanto, ¿qué dice Petro sobre estas relaciones comerciales? Pues que China "ha contribuido con millones de dólares en cooperación internacional para la paz [y que] su Gobierno ha promovido la hermandad" entre ambos territorios.

En su opinión, "las relaciones con China no pasan solo por lo comercial: también pasan por las inversiones, las finanzas, la cooperación, y el intercambio en diversos aspectos y niveles". Según él, "China es un actor global que ha conseguido mediar sus diferentes posturas, [tal] como lo hacen muchas otras grandes potencias".

Comunista disfrazado de progresista

Volviendo al presidente de 62 años que dirigirá el destino de Colombia de 2022 a 2026, se dice que la forma más "realista" de entender a Gustavo Petro, es calificándolo como un "comunista disfrazado de oveja progresista".

Este epíteto, que parece bastante atinado a juzgar por su perfil político, fue concebido por el también colombiano Jorge Gómez Pardo, especialista en derecho penal internacional de la Universidad de Utrecht, Holanda, y autor del libro Defensa de la libertad y la democracia: el centro político y los extremos explicados.

Según este abogado, "el problema de Petro no es que sea de izquierda: el problema de Petro es que es populista y, además, un comunista disfrazado de oveja progresista, que se vale del populismo para acceder al poder y que hará lo propio durante su gobierno cuando las circunstancias así se lo exijan".

A tono con esa línea de pensamiento, el diario El Colombiano vaticinó que su mandato será una suerte de "accidente trágico", en el que morirán décadas de sacrificio de empresarios y trabajadores, así como la libertad, la propiedad privada, el deseo de emprender y la cultura de la dedicación, porque en el comunismo lo anterior es castigado con expropiación y cárcel.

El medio periodístico independiente Las 2 orillas, entretanto, resaltó que "Gustavo Petro representa al conductor de ese vehículo llamado comunismo, tocando a la puerta de la Casa de Nariño [residencia oficial del presidente]". En un análisis sobre su ideología, este portal noticioso dijo que "el destino [de Petro] es claro: llevar a Colombia directo a la miseria, la desidia y el odio", que son "los tres baluartes fundamentales de los gobiernos comunistas".

Es de suponer entonces que no le será nada fácil encabezar el futuro de Colombia, país que ocupa el puesto 61 entre los territorios más miserables del mundo. La tarea es realmente grande para este recién estrenado presidente, que lo mismo enarbola su postura de izquierda, que se codea con la China comunista y hasta cuenta con el apoyo de Rusia.

Tras recibir la felicitación por parte del Kremlin, la embajada rusa en Colombia dijo que "las relaciones ruso-colombianas tradicionalmente tienen un carácter amistoso" y que Rusia espera que "su labor como mandatario contribuya al desarrollo ulterior de lazos de cooperación bilateral, mutuamente ventajosa en diferentes campos".

En efecto, puede que Pekín le haya hecho creer al presidente colombiano que todo irá sobre ruedas. Puede que, incluso, Moscú se haya comprometido a apoyarlo en calidad de "país amigo". Pero una cosa es cierta: EE. UU. no se cruzará de brazos ante la avalancha roja que amenaza con teñir al continente. Esto debería tenerlo en cuenta Gustavo Petro, así como el resto de mandatarios comunistas de la región, que hoy dan vítores por su dudosa victoria.

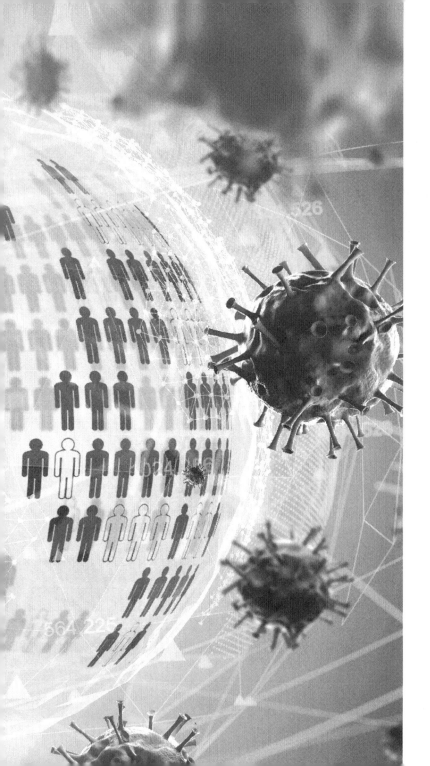

Capítulo 30
Investigación: El COVID-19 fue creado y "propagado intencionalmente" por China
Publicado originalmente el 15 de agosto de 2022

Como se ha repetido en múltiples ocasiones, el COVID-19 fue creado en un laboratorio del Partido Comunista Chino (PCCh) como parte de la guerra biológica emprendida por la República Popular China (RPC) en contra de Estados Unidos, donde las muertes por su causa rebasan el millón y los contagiados, los 92 millones.

Lo anterior se desprende del informe "El PCCh está en guerra contra Estados Unidos", creado por el Centro de Políticas de Seguridad (CSP, por sus siglas en inglés) y en el que contribuyeron, entre otros, el expresidente del Comité de Inteligencia de la Cámara de Representantes, Pete Hoekstra, y el exsubsecretario adjunto de Defensa, teniente general William Boykin.

Según un artículo del diario The Epoch Times, que se hizo eco de esta impactante investigación, se confirma que "no existe ninguna prueba de que el COVID-19 sea un virus natural, pero sí evidencia significativa de que proviene de un laboratorio del PCCh".

La investigación reveló asimismo que el brazo político chino "posibilitó deliberadamente que el coronavirus se propagara por todo el mundo al permitir vuelos internacionales, [pero eso sí], bloqueando el movimiento dentro de China" por obvias, pero no menos cuestionables razones.

Para el CSP, el informe en cuestión devino un "ejercicio de análisis competitivo que desafía fuertemente la conclusión de septiembre de 2021 del Director de

Inteligencia Nacional", de EE. UU. la cual aseguró que el virus no fue creado como un arma biológica.

"La preponderancia de la evidencia indica que el SARS-CoV-2 fue fabricado en laboratorio y que, en cualquier caso, Pekín actuó con intenciones asesinas al propagar la enfermedad más allá de sus fronteras", ratificó el texto.

Bases del informe del Centro estadounidense de Políticas de Seguridad

Para arribar a sus conclusiones, el Centro de Políticas de Seguridad señaló que el COVID-19 posee características genéticas que no se encuentran en los virus naturales y que el Ejército de China cuenta con un programa de guerra biológica.

A ello hay que añadir que el régimen chino restringió los viajes domésticos para detener la propagación del coronavirus, pero mantuvo abiertas sus fronteras internacionales, sin dejar de mencionar que compró suministros y equipos de protección personal, algo que fue siempre bastante sospechoso.

Incluso, en caso de que la liberación original del virus hubiera sido un accidente, su propagación mundial sí fue intencional, según argumentó el estudio, que igualmente planteó un probable motivo de los chinos para expandirlo: cerciorarse de que el resto del orbe sufriera un revés económico en la misma medida en que lo haría China.

El informe del CSP reveló que el régimen de Xi Jinping sintió la necesidad imperiosa de asegurarse de no sufrir privaciones económicas de modo aislado, aunque ello fuera en detrimento de la economía mundial, especialmente para Estados Unidos.

No hay que ser científico para deducir que "la propagación activa del virus fue, por tanto, un medio para librar una guerra económica por parte de los comunistas chinos", quienes pusieron manos a la obra y la hicieron con venganza, destacó el estudio.

Historial de ataque biológico

China no sólo creó el coronavirus en un laboratorio, sino que también diseñó sus políticas de cuarentena de modo que pudiera enfrentarse a la pandemia con ventaja. Es más: "El daño que las medidas del COVID-19 causaron a la economía de Estados Unidos, [definitivamente], puso al PCCh por delante", señaló The Epoch Times.

Es que, según el propio informe del CSP, "uno de los principales beneficiarios de tal trauma económico fue [justamente] el Partido Comunista Chino", único grupo político gobernante en una China marcada por un historial de guerra biológica, cuya data se remonta a 30 años atrás.

Por lo expuesto por el diario, a principios de la década de 1990, el general chino Chi Haotian contempló la idea de que el programa de armas biológicas de su país despoblara a EE. UU. para que China pudiera tomar el control. El maquiavélico plan, sin embargo, se mantuvo en total secreto, porque no les convenía en ese momento.

Tal como prosiguió la fuente, el propio Haotian dijo que ese no era el momento de romper abiertamente con EE. UU., pues la reforma y apertura al mundo exterior de la nación asiática aún dependían del capital y la tecnología norteamericanas. Lo anterior refleja las verdaderas intenciones de China en sus relaciones con EE. UU.

Los autores del informe apuntaron que "las armas biológicas podrían ser el camino de China hacia la dominación mundial". No en vano "las revistas militares chinas han publicado abiertamente artículos sobre la guerra biológica dirigida genéticamente".

El gigante asiáticotambién "ha recopilado perfiles genéticos de extranjeros, al tiempo que mantiene una estrecha vigilancia sobre los perfiles genéticos de los chinos". ¿Cuál es el objetivo de tanta vigilancia? Crear microorganismos que atenten sólamente contra ciudadanos foráneos.

Las consecuencias contra la población estadounidense y del resto del planeta sería el crimen más atroz en la historia de la humanidad, solo comparado con los campos nazis de exterminio masivo.

Según alertó el informe, "si los científicos chinos logran diseñar patógenos dirigidos únicamente a extranjeros, el próximo germen, virus o microbio de China podría acabar con las sociedades no chinas", así, tal cual.

Realmente revelador, el estudio también vaticinó que "Xi será el primer [líder] supremo en poseer una arma que haga posible el dominio chino en todo el mundo", un augurio nefasto si se tiene en cuenta que, a juzgar por la propia investigación, quienes han muerto por el COVID-19 fuera de China "deberían considerarse víctimas de asesinato".

En consonancia con tal hallazgo, el reporte sugirió varias medidas, entre ellas, que el PCCh y cualquiera que se haya confabulado con él, debe rendir cuentas por los resultados de la pandemia; que EE. UU. debe desarrollar elementos de disuasión contra las armas biológicas chinas y que las futuras acciones sanitarias que se tomen en nuestro país no deben acogerse a consejos de cierre totalitario procedentes de Pekín.

"Nunca más debemos permitir que se nieguen nuestras libertades constitucionales con el pretexto de una emergencia de salud pública, especialmente ante la insistencia de potencias extranjeras y, mucho menos, [provenientes] de nuestro enemigo mortal", remarcó el reporte.

La "guerra sin restricciones" contra EE. UU.

Disponible en Amazon en formato de tapa blanda y versión Kindle, el reporte del Centro de Políticas de Seguridad resaltó en su sinopsis que "el Partido Comunista Chino busca alcanzar el estatus de soberano del mundo. Por eso, durante décadas, ha seguido una estrategia integral conocida como "guerra sin restricciones", a fin de derrotar y destruir a la nación que constituye el mayor impedimento para sus ambiciones: Estados Unidos de América".

Según abundó el resumen, "en mayo de 2019, el brazo de propaganda preeminente del PCCh, People's Daily, declaró una "Guerra del Pueblo" contra EE. UU. Y en cuestión de meses, el virus oficialmente conocido como SARS-CoV-2 comenzó a circular en todo el mundo gracias a las acciones deliberadas del partido para propagarlo".

Tal como sospechábamos hasta ahora, "la planificación y los preparativos para diseminar agentes biológicos han sido parte del programa de guerra biológica ilegal de China durante décadas. Particularmente preocupante es el énfasis puesto en los últimos años por la nación asiática en el uso de técnicas de bioingeniería para mejorar la virulencia de las armas biológicas utilizadas contra las poblaciones y etnias objetivo".

Virus del PCCh

A raíz de este descubrimiento por parte del CSP, el Gobierno estadounidense, así como a todas las instancias federales implicadas, deberían hacer un uso rápido y correcto de esta valiosa información.

Para el presidente Donald Trump, siempre estuvo claro que el coronavirus surgió en un laboratorio del Instituto de Virología de Wuhan, a pesar de la negativa china y las reticencias de las agencias federales involucradas en la investigación.

Recordemos que cuando los contagios del COVID-19 superaron los 3,25 millones, de los cuales un tercio correspondía a nuestro país, el exmandatario comenzó a sospechar de que el SARS-CoV-2 había sido creado por el PCCh (virus chino le ha llamado siempre) y dijo que, de ser ciertas sus sospechas, habría serias represalias para Pekín.

Como es de suponer, el Gobierno chino siempre negó esa afirmación a la que calificó de "infundada e inventada", pero este estudio del Centro de Políticas de Seguridad confirma lo contrario.

Ahora ratificamos que la peor pandemia de la era moderna fue engendrada por el PCCh a conciencia, por lo tanto, a conciencia deberá actuar el gobierno de EE. UU. y del resto del mundo. Sin acciones concretas, el mundo se expone nuevamente a ser blanco cuando el régimen de China disponga de su próximo microorganismo patógeno.

Capítulo 31
China desafía a EE. UU. con la fabricación de "chips" avanzados
Publicado originalmente el 29 de julio de 2022

En momentos en que el mercado mundial clama por "microchips" (semiconductores) para cubrir su demanda y pese a las sanciones impuestas por los Estados Unidos, llega el principal fabricante de "chips" de la República Popular China (RPC), Semiconductor Manufacturing International Corp. (SMIC), con modernos semiconductores de 7 nanómetros (nm).

Por supuesto, esta no ha sido una grata sorpresa. Desde 2020, SMIC integra la lista negra comercial de firmas chinas vinculadas con el Ejército Popular de Liberación (EPL), por lo tanto, no puede recibir equipamiento de firmas estadounidenses para la fabricación de esos dispositivos electrónicos, a no ser que se obtenga una licencia para hacerlo.

Aprobada por el expresidente Donald Trump antes de culminar su mandato, la inclusión de dicha corporación en ese listado se produjo como parte de las medidas tomadas por nuestro país para contrarrestar la doctrina china, que propicia la fusión entre lo civil y lo militar.

Esa fue la respuesta de Washington a la clara evidencia de actividades realizadas entre SMIC y entidades preocupantes del complejo industrial militar de la RPC, tal como anunció en su momento el Departamento de Comercio de EE. UU.

¿Qué pasó entonces para que los chinos comunistas hayan logrado avanzar en este sentido? ¿Acaso han fallado los controles de exportación a la nación asiática? ¿Qué tendría que hacer EE. UU. para no quedarse atrás en esta carrera tecnológica?

La cruzada de China comunista

El portal de análisis sobre tecnologías avanzadas y propiedad intelectual TechInsights, dijo recientemente que SMIC podría haber adelantado su tecnología de producción de 'chip', al conseguir semiconductores dos generaciones más modernos que los previstos.

"A pesar de no tener acceso a las tecnologías más avanzadas a causa de las sanciones impuestas por Estados Unidos, Semiconductor Manufacturing International Corp. parece haber utilizado tecnología de 7 nm para fabricar el sistema en "chip" (SoC, por sus siglas en inglés) MinerVa Bitcoin Miner", reveló la fuente.

TechInsights explicó que este es el producto más avanzado de SMIC hasta el momento, un resultado clave para las empresas chinas fabricantes de 'chip'. Este avance las ayudará a reducir su dependencia de las tecnologías occidentales durante estos tiempos de acceso restringido.

El portal de información financiera Bloomberg, entretanto, puntualizó que el producto "está muy por delante de la tecnología de 14 nm de SMIC", puesto que esta firma no debería tener acceso a la maquinaria requerida para fabricar semiconductores de 10 nm o menos.

Con anterioridad, la propia "SMIC había dicho que sus capacidades principales se sitúan en 14 nm, dos generaciones por detrás de los 7 nm, que están aproximadamente cuatro años por detrás de la tecnología más avanzada de Taiwan Semiconductor Manufacturing Co. (TSMC) y Samsung Electronics Co.", resaltó la fuente.

MinerVa Semiconductor Corp., cliente de SMIC según TechInsights, está anunciando su "chip" de 7 nm, el Minerva7, en su página web y a juzgar por el reporte de

Bloomberg, comenzó su producción en masa en julio de 2021, sin especificar quién es el fabricante.

Los antecedentes del caso SMIC

A finales de 2020, un reporte de EuropaPress dio a conocer que el proveedor chino de soluciones personalizadas de "chips" Innosilicon estaba culminando las pruebas de un prototipo de semiconductor creado según el proceso de SMIC, conocido como FinFET N+1 (similar al de 7 nm de TSMC, la mayor fundidora independiente de microchips del mundo).

Por esa fecha, expertos en el tema afirmaron que el sector debería tomar vuelo en uno o dos años, pues ya experimentaba un rápido crecimiento, impulsado por el avance en la cadena industrial de "chips" de 28 nm (usados en televisores, aires acondicionados, autos, trenes, cohetes, satélites, robots industriales, ascensores, equipos médicos, drones, etc.).

El propio codirector ejecutivo de SMIC, Liang Mengsong, dijo en ese entonces que el nodo N+1 7 nm constituye una mejora significativa del 14 nm, con un rendimiento superior al 20 % y un consumo de energía inferior al 57 %.

Por su parte, Ni Guangnan, experto de la Academia China de Ingeniería, señaló que las sanciones de Washington no tendrían un efecto importante en la nueva infraestructura china. Incluso, vaticinó que, "si el país consolidaba efectivamente sus recursos nacionales, no tardaría mucho en lograr progresos en algunas áreas más débiles, como la fabricación de chips, [precisamente], y el desarrollo de sistemas operativos".

El sorprendente impulso de SMIC

En franco desafío a las sanciones estadounidenses, todo indica que la empresa china se las arregló para seguir adelante. Tanto es así que, según Bloomberg, "una persona familiarizada con los acontecimientos confirmó el informe [de TechInsights]", sin dejar de mencionar el hecho de que las acciones de la firma ya subieron un 1,9 % en la Bolsa de Hong Kong.

Calificado de "sorprendente" por Bloomberg, el avance de SMIC plantea "dudas acerca de cuán efectivos han sido los controles de exportación [hacia el país asiático], al tiempo que cuestiona la capacidad de Washington para frustrar la ambición china de impulsar su industria de 'chips' y, con ello, reducir la dependencia de tecnologías extranjeras".

Al parecer, la firma está fabricando semiconductores de 7 nm bajo cuerda en respuesta a la necesidad de Pekín de crear "chips" avanzados sin equipamiento de EE. UU. o de sus aliados. Cómo lo ha hecho se desconoce hasta el momento. En cambio, sí se sabe que no ha sido con la ayuda de ASML, líder mundial en el suministro de máquinas para la fabricación de semiconductores.

Con sede en Veldhoven, Holanda, dicho gigante tecnológico dejó de venderle esta maquinaria a China debido a presiones del Gobierno estadounidense. Aun así, está claro que la actual Administración no ha logrado detener sus pasos. Peor aún: Joe Biden descartó tomar acción de modo unilateral a fin de darle más tiempo para negociar, algo que evidentemente no ha funcionado ni funcionará.

La asociación entre SMIC y Huawei

A inicios de 2022, El Diario dio a conocer la asociación establecida entre SMIC y Huawei con el fin de construir una planta de fabricación de semiconductores en China. Primero, para cubrir sus necesidades al respecto y, segundo, para repeler el impacto de las sanciones estadounidenses que limitaron su acceso a la citada tecnología.

La fuente reveló que la planta se ubicaría "en la ciudad china de Shenzhen y que se utilizaría para fabricar los 'chips' HiSilicon de Huawei, presumiblemente utilizando tecnologías de proceso desarrolladas por SMIC".

Al parecer, Huawei invirtió como mínimo 10.000 millones de dólares para la construcción de esa fábrica, ligada a la producción de "chips" de 14 nm y con una tasa de rendimiento del 98 % de las obleas, considerada la más alta de la industria.

Por lo que ha trascendido hasta la fecha, se infiere que "Huawei podría ser dueña de la factoría, mientras que SMIC licenciaría sus tecnologías de proceso de fabricación y cedería algunos de sus ingenieros y trabajadores", según reportó El Diario. El resto de los detalles de ese acuerdo se desconocen.

Lo que sí es de dominio público es que ambas corporaciones comparten sitio en la lista negra comercial, que incluye a más de 60 firmas chinas relacionadas con el EPL, por tanto, cabe la posibilidad de que se hayan unido en este empeño para contrarrestar esa medida disuasoria.

Hasta finales del año pasado, se creía que China estaba muy lejos de otras economías, como la estadounidense. De hecho, se consideraba que a pesar de sus grandes inversiones en este campo, dependía en gran parte de firmas extranjeras para la fabricación de sus "chips", tal como remarcó Yahoo en esa fecha.

Es más: en aquel entonces, varias corporaciones del gigante asiático, como Baidu, Alibaba y Oppo, anunciaron la creación de sus propios "chips" (de 7, 5 y 3 nm, respectivamente), pero con la ayuda de herramientas y materiales obtenidos a nivel internacional.

Es que China "no tiene una empresa capaz de fabricar semiconductores de vanguardia en esos tamaños, así que [dichas corporaciones] dependen de tres empresas: Intel, de EE. UU.; TSMC, de Taiwán, y Samsung, de Corea del Sur. Su principal competidor local, SMIC, aún está por detrás de esas empresas", apuntó la fuente en aquel momento.

A propósito de SMIC, añadió que esta puede fabricar "chips" de 28 nm a gran escala, mientras que TSMC trabaja en la tecnología de 3 nm. Para ponerse al día, la primera tendría que dominar todos los procesos de fabricación que la segunda ha implementado durante años. A juzgar por cómo están las cosas, bien podría decirse que lo ha conseguido sin que nadie se haya percatado hasta ahora.

La crisis mundial de semiconductores

Ante la crisis experimentada por este sector a raíz de la pandemia, Joe Biden solicitó el año pasado invertir 50.000 millones de dólares en la investigación y fabricación de estos dispositivos, al tiempo que comenzó a buscar fabricantes que quisieran invertir en nuestro país.

Como parte de esos esfuerzos, Intel informó sobre su intención de gastar 20.000 millones de dólares en la construcción de dos fábricas de "chips" en suelo estadounidense. A propósito de ese anuncio, la secretaria de Comercio, Gina Raimondo, dijo en ese entonces que el objetivo era (es) competir con China y que "cada día que esperamos, nos quedamos más atrás".

En 2021, la carencia de semiconductores llevó a los fabricantes de automóviles de todo el mundo a parar las ensambladoras y recortar la producción en 7,7 millones de autos, lo que provocó una escasez de vehículos nuevos y usados. En este sentido, Raimondo recordó que el aumento de los precios de los carros representó un tercio de la inflación general del año pasado.

Estadísticas recogidas en un reporte de Cambio16 revelaron que, a inicios de la década de 1990, nuestra nación albergaba casi el 37 % de la fabricación mundial de "microchips", participación que ha caído a un escaso 12 %, cuando la producción se ha trasladado a Asia, donde tiene lugar el 75 % de la manufactura. Solamente en Taiwán, se fabrica el 90 % de los chips más avanzados.

Retomando la propuesta de Biden, la semana pasada, el Senado la aprobó con 64 votos a favor y 34 en contra y también fue aprobado en la Cámara de Representantes con el voto de 24 republicanos. Biden debe convertirlo en Ley este viernes o la próxima semana.

La Ley permitirá traer a casa cuanto antes la producción de estos dispositivos electrónicos muy indispensables. La construcción de las fábricas tomará bastante tiempo, por tanto, urge avanzar en este sentido no sólo para tener a mano los "chips" necesarios, sino también para enfrentar a China en esta guerra de independencia que hemos iniciado.

El "Movimiento América 2.0", que creamos en fecha reciente y promovemos, tiene precisamente ese fin: apoyar el regreso de la manufactura en general a suelo americano para que los productos con etiqueta Made in USA sean los que prevalezcan en los anaqueles de mercados y tiendas estadounidenses.

Capítulo 32
Huawei: el peligro para instalaciones militares de EE. UU.
Publicado originalmente el 26 de julio de 2022

Cuando de espionaje contra Estados Unidos se trata, resalta a la vista Huawei, compañía tecnológica de la República Popular China (RPC) que no sólo ha sido imputada por poner en riesgo nuestra seguridad nacional, sino que también se le vincula ahora con el robo de información altamente restringida del Departamento de Defensa (DOD).

Desde hace bastante tiempo, esta empresa multinacional china ha estado en la mira del Buró Federal de Investigaciones (FBI, por sus siglas en inglés), bajo acusaciones de robar códigos de información y manuales de usuario para routers de Internet en detrimento de la integridad como nación, sin dejar de mencionar los altos riesgos de espionaje de su tecnología 5G.

¿Qué la trae de vuelta al escenario noticioso actual?: Las más recientes sospechas del FBI sobre el espionaje de comunicaciones altamente restringidas del DOD.

Las dudas incluyen las relacionadas con el Comando Estratégico de EE. UU. (USSTRATCOM, por sus siglas en inglés), cuya misión es disuadir ataques estratégicos, emplear la fuerza cuando se requiera para garantizar nuestra seguridad y supervisar las armas nucleares del país, entre otras funciones.

Información sensible en manos de Huawei

Creada en 1987, en Shenzhen, provincia de Cantón, Huawei es una empresa líder a nivel mundial en el terreno de tecnologías de la información y la comunicación (TIC), productos electrónicos de consumo y teléfonos inteligentes.

Las cosas se complican por el control y exigencias del gobierno chino para el espionaje en EE. UU.

Un reciente reporte de CNN Digital reveló que entre las cosas más alarmantes que ha descubierto el FBI desde 2017 se encuentran equipos de Huawei colocados en la cima de torres de telefonía celular, cerca de bases militares estadounidenses ubicadas en el medio oeste rural.

Según esta fuente, funcionarios familiarizados con el asunto que prefirieron el anonimato, dijeron que dicho equipamiento puede capturar e interrumpir comunicaciones del Departamento de Defensa. Es decir, no sólo es capaz de interceptar el tráfico celular comercial y las ondas de aire usadas por militares, sino también obstaculizar transmisiones sensibles del DOD.

Un exfuncionario del FBI -conocedor de la investigación- remarcó que "esto entra en algunas de las cosas más delicadas que hacemos, [porque] esencialmente afectaría nuestra capacidad de mando y el control sobre la tríada nuclear". La división del arsenal atómico del país en tres elementos fundamentales: misiles en tierra, proyectiles transportados por bombarderos y cohetes trasladados por submarinos nucleares.

A pesar de que Huawei es vigilada de cerca por sus implicaciones en nuestra seguridad nacional, CNN Digital puntualizó que nunca se informó sobre la existencia de esta investigación, cuyos orígenes se remontan a la Administración Obama. Asimismo, señaló, que tampoco se sabe si la comunidad de inteligencia estadounidense determinó que los datos fueron realmente interceptados y enviados a Pekín desde las mencionadas torres.

Naturalmente, y tal como era de suponer, el Gobierno de la RPC negó que estuviera espiando a Estados Unidos. Es más: mediante un comunicado enviado al portal de CNN, la

- misma empresa Huawei "negó que su equipo sea capaz de operar en cualquier espectro de comunicaciones asignado al Departamento de Defensa".

Paralelamente, dijo que todos sus productos importados a EE. UU. han sido probados y certificados por la Comisión Federal de Comunicaciones (FCC, por sus siglas en inglés) antes de implementarse aquí. Y que su equipo sólo opera en el espectro asignado para el uso comercial.

"Durante más de 30 años, Huawei ha mantenido un historial comprobado en seguridad cibernética y nunca hemos estado involucrados en ningún incidente malicioso de seguridad cibernética", añadió la multinacional en su comunicado.

Pero con los antecedentes, es muy difícil aceptar ese "cuento chino". Los expertos estadounidenses conocen que su tecnología sí tiene el potencial para espiarnos y de presentársele un chance para usarla como el descrito, es de suponer que no habrá dudado en hacerlo para obtener información privilegiada y trasladarla al gobierno de su país.

Origen y desarrollo de la investigación

Si bien lo expuesto hasta ahora se sabía desde 2017, "la investigación fue tan secreta que algunos altos funcionarios de la Casa Blanca y otras partes del Gobierno no fueron informados de su existencia hasta 2019", reportó CNN Digital.

La misma fuente señaló que en el otoño de ese último año la FCC puso en práctica una ley que prohibía a las pequeñas empresas de telecomunicaciones utilizar equipamiento proveniente de Huawei y algunas otras marcas de equipos fabricados en China.

"En 2020, prosiguió, el Congreso aprobó 1,9.000 millones de dólares para eliminar la tecnología celular de dicha multinacional y de ZTE en amplias franjas de las zonas rurales de los Estados Unidos". Dos años después, sin embargo, "ninguno de esos equipos ha sido retirado y las empresas de telecomunicaciones rurales todavía están esperando el dinero del reembolso federal".

A pesar de que la FCC recibió solicitudes para retirar unas 24.000 piezas de equipos fabricados en China, una actualización dada a conocer por esta misma entidad el 15 de julio de este año, reveló que necesitará más de 3.000 millones de dólares para hacer dicho reembolso.

A finales de 2020, el Departamento de Justicia (DOJ, por sus siglas en inglés) remitió sus preocupaciones de seguridad nacional sobre el equipo de Huawei al Departamento de Comercio y proporcionó información sobre dónde se encontraba dicho equipamiento chino.

Luego de que Joe Biden asumiera la presidencia del país, en enero de 2021, el Departamento de Comercio abrió su propia investigación sobre la multinacional china con el fin de determinar si se necesitaban medidas más urgentes para eliminarla como proveedora de tecnología de las redes de telecomunicaciones de EE. UU.

El portal de CNN señaló que, en dependencia de lo que descubra esta entidad federal, los operadores de telecomunicaciones estadounidenses podrían verse obligados a retirar rápidamente el equipo de Huawei o enfrentar multas u otras sanciones.

Un portavoz del Departamento de Comercio citado por Reuters dijo que "no podemos confirmar ni negar las investigaciones en curso, pero estamos comprometidos a proteger nuestra cadena de suministro [tanto] de servicios y tecnologías de la información [como de] las comunicaciones".

El mismo vocero agregó que "proteger la seguridad de los estadounidenses contra la recopilación de información maligna, es vital para resguardar nuestra economía y la seguridad nacional". Mientras tanto, funcionarios de contrainteligencia de EE. UU. se hicieron eco de las amenazas chinas.

El Centro Nacional de Seguridad y Contrainteligencia advirtió a las firmas estadounidenses, así como a los gobiernos locales y estatales, sobre los esfuerzos encubiertos de China para manipularlos e influir en la política nacional.

El director del FBI, Christopher Wray, por su parte, viajó al Reino Unido para reunirse con altos funcionarios policiales a fin de llamar la atención sobre los peligros que nos acechan de parte de la República Popular China. Como ya es sabido, el FBI abre una nueva investigación de contrainteligencia contra el gigante asiático cada 12 horas.

De acuerdo con Wray, se trata de "alrededor de 2000 investigaciones o más. Y ni siquiera contempla su robo cibernético, para el que tienen el programa de piratería más grande que el de todas las naciones juntas, y [mediante el cual] han robado más datos personales y corporativos de los estadounidenses que todos los países juntos".

Cuestionado acerca de por qué después de años de advertencias de seguridad nacional sobre Huawei, sus equipos todavía permanecen en gran parte de las torres de telefonía celular cerca de las bases militares de EE. UU., Wray dijo que en 2020 el DOJ acusó a Huawei de conspiración de crimen organizado y conspiración para robar secretos comerciales. Y que eso era todo lo que podía decir sobre este tema.

Según un despacho de Reuters, con anterioridad, el director del FBI dijo que, "si a las empresas chinas, como Huawei, se les da acceso sin restricciones a nuestra infraestructura de telecomunicaciones, podrán recopilar cualquier información que atraviese sus dispositivos o redes. Peor aún: no tendrán otra opción que entregarla al Gobierno chino, si se la piden".

Reticencia del Gobierno sobre China

Para la investigadora principal del Centro de Seguridad y Tecnología Emergente de la Universidad de Georgetown,

Anna Puglisi, China nos ha demostrado a través de sus políticas y acciones que no es un actor neutral. Por tanto, es bastante cuestionable la reticencia del Gobierno sobre el tema del peligro chino.

Es que desde la era de Barack Obama, agentes del FBI ya monitoreaban un patrón inquietante a lo largo de la Interestatal 25 en Colorado y Montana, y en las arterias hacia Nebraska. Resulta que esa transitada vía conecta a algunas de las instalaciones militares más secretas del país, incluido un archipiélago de silos de misiles nucleares.

Al tratarse de zonas poco pobladas, donde la cobertura celular era escasa, pequeños proveedores de telecomunicaciones rurales instalaron enrutadores y otros equipos baratos fabricados en China en las torres de telefonía celular. Como ejemplo, CNN Digital expuso el caso de Viaero Wireless, el proveedor regional más grande del área, que en 2011 firmó un contrato con Huawei para actualizarse con tecnología 3G.

Diez años después, Viaero continúa operando gracias al equipamiento de la multinacional china instalado en todas sus torres (aproximadamente 1.000 repartidas en cinco estados del oeste). Inverosímil, pero muy real.

Cuando los equipos de Huawei comenzaron a proliferar cerca de las bases militares, investigadores federales empezaron a tomar nota, según las fuentes anónimas consultadas por el servicio digital de CNN. "De particular preocupación fue que Huawei vendía habitualmente equipos baratos a proveedores rurales en casos que parecían no serle rentables", pero que sí estaban cerca de activos militares.

John Lenkart, exagente del FBI experimentado en cuestiones de contrainteligencia relacionadas con China, destacó que "los funcionarios estudiaron dónde se concentraron más los esfuerzos de ventas de Huawei y hallaron acuerdos que no tenían sentido desde la perspectiva del retorno de inversión".

Lenkart puntualizó que se descubrieron muchas preocupaciones de contrainteligencia basadas en esas búsquedas. Y es que, al examinar el equipamiento de Huawei, los investigadores del FBI determinaron que efectivamente podía reconocer e interrumpir las comunicaciones del espectro DOD.

Por su parte, Eduardo Rojas, profesor asociado de la Universidad Aeronáutica Embry-Riddle, dijo que "técnicamente, no es difícil hacer un dispositivo que cumpla con la FCC, que escuche bandas no públicas, pero que luego espere en silencio a que se active algún disparador para escuchar otras bandas".

Para profundizar en el tema, Rojas explicó que se requerirían expertos técnicos para desarmar un dispositivo hasta el nivel de un semiconductor y hacer ingeniería inversa del diseño, pero que esto es algo que sí se puede hacer.

Respecto al reporte de CNN respecto a Viaero Wireless, hoy se sabe que en 2014 este proveedor comenzó a instalar cámaras de vigilancia de alta definición en sus torres para transmitir en vivo el clima y el tráfico, servicio público que compartió con organizaciones de noticias locales.

Mediante decenas de cámaras colocadas arriba y abajo de la I-25, los equipos brindaron una vista panorámica del tráfico y el clima durante las 24 horas del día, los siete días de la semana e, incluso, ofrecieron advertencias anticipadas de tornados. Pero también capturaron (sin saberlo) el movimiento del personal militar de nuestro país.

De pasar esa información a terceros, este tipo de espionaje le daría a Pekín, o a cualquiera, la capacidad de rastrear el patrón de actividad entre una serie de instalaciones militares estrechamente custodiadas, tal como subrayó la misma fuente.

Funcionarios cercanos a esta investigación dijeron que la comunidad de inteligencia determinó que las transmisiones en vivo estaban siendo vistas y probablemente capturadas desde China. Es decir, se creía que el servicio de inteligencia de China había ordenado piratear la red de cámaras y controlar hacia dónde apuntaban, algo sencillamente inconcebible para la seguridad de EE. UU.

El director ejecutivo de Viaero Wireless, Frank DiRico, argumentó que nunca se le ocurrió que las cámaras podrían ser un riesgo para la seguridad nacional y comentó: "hay muchos silos de misiles en las áreas que cubrimos. Hay algo de presencia militar, pero nunca me dijeron que quitara el equipo o que hiciera algún cambio". Es más: según DiRico, se enteró del peligro relacionado con los equipos de Huawei a través de artículos periodísticos, no del FBI.

En cuanto a la medida propuesta de sustituir el equipamiento chino riesgoso por otro, el también fundador del citado proveedor de telefonía e Internet señaló que el costo es astronómico y que no espera que el dinero del reembolso sea suficiente para pagar el cambio.

¿Oportunidad comercial o espionaje?

Bill Evanina, quien hasta 2021 dirigió el Centro Nacional de Seguridad y Contrainteligencia, subrayó que a veces es difícil diferenciar entre una oportunidad comercial legítima y el espionaje, en parte porque ambos pueden ocurrir al mismo tiempo.

Evanina añadió que este Gobierno tiene que hacer un mejor trabajo para que todos sepan que este es un problema del Partido Comunista Chino (PCCh), no un problema del pueblo chino. Es que el PCCh y el Ejército de ese país son los responsables no sólo de idear acciones en nuestra contra, sino también de introducir sus tentáculos en nuestras fronteras.

En el caso que nos ocupa, Huawei, desde 2020 fue incluida en la lista negra de empresas chinas vinculadas directamente con la principal facción militar del gigante asiático. Conforme a la Ley de Autorización de Defensa Nacional de 1999, el entonces presidente de nuestro país, Donald Trump, aprobó el listado de tales firmas, que no sólo corresponden al sector tecnológico, sino también al aeroespacial, telefónico y nuclear.

Es decir, estas empresas chinas roban secretos comerciales de esas ramas con el fin de aplicarlos en el orden comercial y también en el militar, en un franco desafío a nuestra seguridad nacional y como prueba fehaciente de un posible Pearl Harbor en el siglo XXI.

Como parte de la denominada Guerra Total de Información, las armas creadas por China con tecnología estadounidense podrían ser utilizadas para agredirnos, quizás no en una guerra tradicional, sino a modo de una invasión cibernética que haría colapsar nuestras redes informáticas, señales telefónicas, centrales eléctricas y otros objetivos de vital importancia.

Y de llegar a materializarse un conflicto bélico en sí, China ya cuenta con las famosas armas de impulso electromagnético gracias al hurto, persistente y descarado, de nuestra innovación en la carrera armamentística: red de satélites, ojivas nucleares y misiles de alta velocidad, por solo citar algunos ejemplos.

De todo esto se infiere que Washington no puede seguir subestimando con paños tibios las claras acciones de Pekín. Ya es hora de presionar en todos los niveles y doblegar a la nación asiática. También es hora de romper con cuanto contrato, acuerdo o vínculo exista entre EE. UU. y China. Está más que comprobado que no existe una relación comercial sana: lo que hay es oportunismo, hipocresía y malsanas intenciones.

Capítulo 33
Células comunistas de China invaden empresas occidentales
Publicado originalmente el 19 de julio de 2022

Como una manzana podrida con potencial de echar a perder a las demás, las células del Partido Comunista Chino (PCCh) están invadiendo empresas occidentales que invierten o comercian en la República Popular China (RPC), otro de los graves peligros que conlleva hacer negocios con el régimen comunista de Pekín.

A tenor de lo trascendido, el presidente chino Xi Jinping no hace más que ejercer presión para que funcionarios del Partido incrementen su poder sobre las empresas extranjeras, lo que aumenta notablemente el riesgo de comercializar con el gigante asiático.

La intromisión política en el comercio

Por muy increíble que parezca, la Comisión Reguladora de Valores de China está implementando cambios en sus reglas para exigir a los administradores de fondos de propiedad extranjera que creen células del PCCh cuando operen en suelo chino, anunció The Wall Street Journal (WSJ) en un análisis sobre el tema.

Significa un enorme riesgo y daño que haya un núcleo del Partido Comunista de China dentro de BlackRock o Fidelity, multinacionales estadounidenses de gestión de inversiones y servicios financieros, respectivamente. Esto podría ocasionar enormes afectaciones a esas y otras muchas empresas norteamericanas que operan en territorio chino.

BlackRock es el administrador de activos más grande del mundo y uno de los principales defensores de los lazos financieros con China. Dado su tamaño e influencia, la mayoría de las firmas financieras occidentales establecidas en suelo chino se verían forzadas a seguirle si este se viera obligado a aceptar una célula del partido, ejemplificó el diario estadounidense.

La misma fuente añadió que, si estas firmas responsables de los ahorros de miles de millones de jubilados fueran forzadas a aceptar un comité del PCCh, como precio del acceso continuo a los mercados chinos, sus directivos estarían obligados a buscar consejo en el partido sobre decisiones estratégicas. [Y lo que es peor], "los riesgos políticos internos chinos se exportarían rápidamente a la industria financiera occidental".

Si esta intromisión política en el comercio por parte de China se vuelve una práctica común y de carácter obligatorio, bien podríamos decir que "el riesgo legal y regulatorio de hacer negocios en China aumentaría mucho más", tal como aseguró el diario.

Desde el mismo momento en que un comité del PCCh coexista en una firma extranjera, sea del país que sea, la toma de decisiones corporativas y sobre el futuro comercial de la empresa podrían resultar muy perjudicadas.

Por supuesto, es imposible saber cuál es la función exacta que estos grupos comunistas desempeñarían en el marco de una empresa foránea; sin embargo, de acuerdo con la misma fuente, "bajo las reformas de Xi, a las células del partido se les están dando cada vez más roles en la toma de decisiones estratégicas y el reclutamiento".

"Algunas empresas chinas, incluso, han enmendado sus estatutos para decir que en las decisiones corporativas clave, la junta directiva buscará primero la opinión del grupo líder del partido de la firma", algo que bien podría replicarse en el seno de corporaciones estadounidenses o de otras naciones que igualmente operen en territorio chino.

Al ahondar más en este tema, el WSJ remarcó que, "si Xi se sale con la suya, estas empresas responderán no sólo ante sus accionistas, sino también ante los funcionarios del partido". Está claro que, por la doctrina que enarbola el PCCh, los chinos comunistas asumirán las decisiones sobre el rumbo de las corporaciones extranjeras en su territorio.

A juzgar por lo que se avizora en el horizonte del comercio entre China y firmas occidentales, igual podría decirse que "los inversionistas ordinarios, ya sean fondos de pensiones o individuos, no podrán discernir si los directivos de esas empresas toman sus decisiones estratégicas basadas en el juicio comercial o bajo la dirección de los burócratas del Partido Comunista Chino", señaló la propia fuente.

Ni hablar de las transferencias forzadas de tecnología a subsidiarias chinas y el robo de propiedad intelectual de los que hacen gala los autócratas chinos, devenidos ladrones a cuatro manos que no se cansan de hurtar secretos comerciales de toda índole: industriales, científicos, tecnológicos, sanitarios, académicos y hasta militares.

El basamento de la intrusión comunista

Según lo divulgado por The Wall Street Journal, desde 2016 Xi Jinping ha presionado para que las empresas estatales y las subsidiarias de corporaciones de propiedad extranjera establezcan células a través de las normas dispuestas en los Artículos de Asociación del Partido Comunista de China.

Desde 2018, analistas del propio gigante asiático han advertido que esas leyes no sólo incluyen a negocios locales y corporaciones estatales, sino que también podrían afectar a empresas foráneas que operan mediante firmas conjuntas chinas. De hecho, desde ese mismo año, empresarios extranjeros han informado que el partido se les ha acercado con dicho objetivo.

El WSJ puntualizó que, "en septiembre de 2020, la Oficina General del Comité Central del Partido Comunista emitió la 'Opinión sobre el Fortalecimiento del Trabajo del Frente Unido de la Economía Privada en la Nueva Era', instando a los Departamentos de Trabajo del Frente Unido del país a fortalecer su participación en el gobierno corporativo".

En respuesta a tal petición, "la Cámara de Comercio Europea en China advirtió que el fortalecimiento del papel de las células del partido, tendría un impacto considerable en el sentimiento empresarial y podría llevar a las empresas extranjeras a reconsiderar inversiones futuras e, incluso, actuales en China", agregó la fuente.

A pesar de eso, las compañías financieras occidentales se amontonaron en China, atraídas por la perspectiva de altos rendimientos y convencidas por contactos chinos de que el compromiso con el PCCh es el precio que hay que pagar para hacer negocios en la llamada fábrica del mundo.

De momento, no se sabe cuántas células comunistas existen en el seno de las empresas extranjeras operativas en suelo chino, pero sí existe la confirmación de que las hay, según diversos reportes de prensa.

El supuesto símbolo de la excelencia

Hace seis años, Fresenius Kabi —compañía alemana de alcance global especializada en fármacos y tecnologías médicas con sede en Bad Homburg— accedió a crear una célula del Partido Comunista Chino en su organización, indicó el principal diario de la RPC, People's Daily, haciéndose eco de un reporte de la agencia de noticias china Xinhua.

De acuerdo con ese artículo, el gerente de la filial de la firma alemana en Nanchang, Yang Zhiming, dijo que al principio tenían miedo de que las actividades del partido pudiesen interferir en los negocios, dado que los chinos y alemanes tienen diferentes culturas, costumbres y formas de pensar; sin embargo, algo les hizo cambiar de opinión.

Zhiming señaló el cambio de idea fue el comportamiento de los miembros del PCCh en la filial ante una escasez de mano de obra. Integrantes del Partido movilizaron a toda la plantilla para encontrar candidatos que trabajaran en la empresa y tuvieron la iniciativa de ayudar a resolver disputas dentro de la firma.

Para el equipo ejecutivo alemán, "los miembros del PCCh tienen más autodisciplina y más voluntad de asumir tareas que suponen un reto. [Asimismo], se hacen cargo de más responsabilidades y se muestran más interesados en el negocio". Todo un amasijo de "buenas y nobles aptitudes"...

Veamos un segundo ejemplo de empresa extranjera con comités del PCCh en su organización. En este caso se trata de Metro Group, otra multinacional alemana, que opera tiendas de membresía comercial y cuya sede principal se encuentra en Düsseldorf.

Tal como contó a Xinhua el jefe de su célula partidista, Chen Siying, en dicha firma ocurrió una transición similar a la descrita anteriormente, en lo que respecta a la actitud de la dirección hacia los miembros del partido.

"Una vez teníamos que cargar un pedido muy grande y se estropeó el montacargas. [Entonces], algunos miembros del PCCh trabajaron más de 10 horas sin descanso para cargar las mercancías solo con sus manos", destacó Siying, alabando así las "generosas acciones" de los comunistas.

Un tercer ejemplo de intromisión política en los negocios ocurrió en Sedrin, filial en Nanchang de la firma belga AB InBev, multinacional de cervezas y bebidas, cuya sede central radica en Leuven. De acuerdo con Xinhua, su célula reúne a 18 integrantes, tiene una estructura organizativa clara y se rige por una serie de normas internas.

En opinión del jefe del partido en la empresa, Zheng Wenqing, "así es como vamos a implementar el espíritu del Congreso", en referencia al liderazgo general que están llamados a ejercer en todas las áreas de actividad en cada lugar del país como parte de las directrices del PCCh; directrices que hacen recordar a las de la estancada Cuba comunista.

Los lineamientos del Partido Comunista Chino

Entre algunos de los lineamientos del PCCh que todos sus miembros deben cumplir figuran: deben ser una vanguardia que lucha por la clase trabajadora china; deben servir al pueblo incondicionalmente y estar dispuestos a hacer cualquier sacrificio personal; deben separar los intereses públicos de los privados y anteponer los primeros; deben trabajar desinteresadamente y defender la simplicidad y la frugalidad, además de luchar contra el despilfarro.

Desde hace bastante tiempo, "la pertenencia al PCCh es una condición que se prefiere a la hora de contratar nuevos profesionales", remarcó Xinhua en su reporte y añadió: "El partido ha aumentado su presencia en el sector no público. [Y] las empresas de capital extranjero, [al igual que] las conjuntas, son una parte clave de su expansión".

Además de pertenecer a esos comités comunistas, aquellos que los integren, da lo mismo si pertenecen a firmas estatales chinas o trabajan para empresas occidentales que hacen negocios allí tienen que asistir a las actividades del partido, así como estudiar y debatir sus preceptos.

Lo peor de todo es que al cierre de 2016, de las más de 100 000 corporaciones de capital extranjero que había en la República Popular China, el 70 % tenía células del partido, según el subdirector del Departamento de Organización del Comité Central del PCCh, Qi Yu.

Citado por la misma fuente, el profesor de la Universidad Fudan de Shanghai, Zheng Changzhong, dijo que "tras décadas de que empresas extranjeras empezaron a operar en China, estas han reconocido que las organizaciones del partido desempeñan papeles positivos en el desarrollo del negocio para generar beneficios".

Para Changzhong, "ser miembro del PCCh no es pertenecer únicamente a una identidad política, sino un símbolo de excelencia. [Básicamente], la integridad moral y la competencia en el trabajo son criterios necesarios para ser miembro de este partido, [por tanto], esa es la gran diferencia".

Y eso, precisamente, es lo que la China comunista le vende a empresarios e inversores occidentales: un tóxico argumento para atraerlos a su territorio como nación empecinada en conseguir la supremacía mundial. Con muchas firmas foráneas allí, contaminadas con miembros del PCCh, Pekín sabe que le será mucho más fácil lograr sus objetivos comerciales y otros.

Las manzanas podridas en el cesto de EE. UU.

En el caso de las corporaciones estadounidenses, habría que ver cuántas de ellas han sido corrompidas por las manzanas podridas del comunismo chino. Datos de 2020, divulgados por The Epoch Times, revelaron que algunas importantes multinacionales del patio ya contaban en ese entonces con el triste récord de acoger en su seno a empleados comunistas.

Entre esas corporaciones norteamericanas se encuentran: IBM, con más de 800 miembros; Dow Chemical Company, con 337; 3M, con 230; Nielsen Holdings, con 94; PepsiCo, con 45; MetLife, con 31; Westin Hotel & Resorts, de Marriott International, con 23, y Mars Food, con 14.

A nivel nacional en China, entretanto, la prensa estatal del país asiático informó en 2020 que la nación tiene casi 92 millones de miembros del PCCh. Según el corresponsal del Washington Times, Bill Gertz, "si bien la base de datos representa una pequeña fracción del total de miembros, esta es una pieza clave del rompecabezas para descubrir la penetración del régimen en las empresas internacionales".

Desde el punto de vista de este experto en seguridad nacional, que está muy claro en lo referente a la real amenaza de esta problemática, la pertenencia a dicho partido hace que las personas se dediquen no a la nación de China, o al pueblo de China, sino al Partido, como parte del impulso ideológico de esta ideología política para apoderarse del mundo.

Como diría con razón Gertz: "Occidente, el mundo libre, necesita despertar y empezar a luchar contra el Partido Comunista Chino", estimo que ninguna empresa estadounidense debe permitir que se le embauque de este modo, por muy pintorescos que sean los cantos de sirenas provenientes de Pekín.

Sería algo así como dormir con el enemigo. O propiciar que todas las manzanas se pudran por el mero hecho de juntarlas. La fruta podrida que representa el PCCh, definitivamente, debe quedar fuera de cualquier entidad estadounidense.

Capítulo 34
Uganda es rica en oro y China lo sabe muy bien
Publicado originalmente el 7 de julio de 2022

Los chinos comunistas están dondequiera: Uganda acaba de confirmar que cuenta con 31 millones de toneladas de oro y la República Popular China (RPC) ya está ahí para explotar el yacimiento más grande del mundo a través de un contrato de arrendamiento minero válido por 21 años.

Según lo que ha trascendido hasta ahora, la firma china Wagagai Mining Limited logró hacerse de una licencia de explotación para establecer una planta de extracción a gran escala, así como una refinería del metal bajo el amparo de la Autoridad de Inversiones de Uganda (UIA, por sus siglas en inglés).

El hallazgo de oro en detalles

Luego de dos años de una exploración aérea en todo el país, seguida de estudios y análisis geofísicos y geoquímicos, la República de Uganda, ubicada en el África oriental, confirmó que dispone del yacimiento de oro más grande del planeta.

En recientes declaraciones a Reuters, el portavoz del Ministerio de Energía y Desarrollo Mineral de esa nación, Solomon Muyita, explicó que, "de los 31 millones de toneladas existentes, se podrían extraer unas 320 158 toneladas de oro refinado".

Aunque la mayoría de los depósitos del metal precioso están en Karamoja, un área ubicada en el noreste del país, junto a la frontera con Kenia, Muyita puntualizó que también hay importantes reservas en zonas del este, centro y oeste del territorio.

Diario Digital señaló que "el plan del Gobierno de Uganda es promover la extracción de 5000 kilogramos de oro por día, una producción enormemente alta [si se tiene en cuenta que], proyectada a un año, da como resultado 1825 toneladas, lo que corresponde a alrededor del 51 % de la producción minera mundial registrada en 2021".

La propia fuente indicó, además, que, para medir la cantidad descubierta en esta nación africana hay que contemplar la cantidad de oro que se ha extraído en la historia de la humanidad. En este sentido, el World Gold Council (WGC) informó que la cantidad obtenida hasta 2021 es de 205 238 toneladas, de las cuales alrededor de dos tercios corresponden a operaciones realizadas desde 1950.

El beneficio económico en números

Teniendo en cuenta la abundancia del oro potencialmente disponible en Uganda, el gobierno de ese país anunció que las reservas tienen un valor aproximado de 12,8 billones de dólares, un monto que bien podría cambiar el panorama económico-social de esa nación subdesarrollada y extremadamente empobrecida.

Desde hace unos cuantos años, ese país ha apostado por la explotación del metal precioso y ahora, tras la confirmación de los depósitos hallados, se ha propuesto crear la Compañía Nacional de Minería, como parte de una nueva ley minera de marzo de 2022, para así manejar mejor los intereses comerciales nacionales.

De cara a los inversores foráneos, el presidente de la nación, Yoweri Kaguta Museveni, de conjunto con el parlamento nacional, ha dicho que obligará a las firmas extranjeras a otorgarle un 15 % de cada operación minera, así como a firmar un acuerdo de producción compartida con el Gobierno, indicó el mismo reporte de Reuters.

La misma fuente agregó que Museveni también anhela desarrollar la explotación de otros recursos naturales, entre ellos, cobre, mineral de hierro, cobalto y fosfatos. Solomon Muyita, por su parte, ha dicho que otro de los objetivos nacionales es atraer mineros de oro e inversores en el sector de las criptomonedas.

La presencia china en Uganda

Wagagai Mining Limited, la empresa china que ya metió sus manos en el botín de oro ugandés, cuenta con una mina en Busia, en el este del país, donde habría reservas de oro valoradas en unos 16 000 millones de dólares.

Esta firma china dispone igualmente de una refinería en la localidad de Mawero Parish, en el subcondado de Butebo, en la que ha invertido unos 200 millones de dólares y donde se estima que hay 12,5 toneladas del metal refinado explotable, en lo que vendría siendo el depósito de oro cuantificado más grande del país africano.

Según lo previsto, sus operaciones comenzarán en este mismo año, pero la explotación en sí iniciará con la producción de 1.000 toneladas para exportar anualmente una vez que comiencen las labores de forma oficial, en junio de 2023, de acuerdo con un reporte de The Independent.

Hablando de exportaciones, Wagagai pretende iniciar sus actividades vendiendo el metal precioso en diversas partes del mundo, entre ellas, los Emiratos Árabes Unidos, Europa y, por supuesto, Estados Unidos.

Si bien esta empresa obtuvo los permisos para la producción del oro en marzo pasado, autoridades ugandesas han dejado claro que el Gobierno monitoreará todas sus actividades mineras a fin de que se cumplan las políticas gubernamentales.

Según la directora ejecutiva de la Autoridad de Zonas Francas de Uganda (UFZA, por sus siglas en inglés), Kimoomi Alonda, se espera que la firma china reclute a más de 3.000 trabajadores locales, algo en lo que también coincidió el comisionado del Distrito Residente de Busia, John Rex Achila, cuando recalcó la importancia de favorecer a los lugareños para contribuir a eliminar la pobreza.

Aunque el presidente Museveni le dio luz verde al proyecto chino, cabe mencionar que también abogó por refinar el metal localmente, de modo que se creen muchos más empleos y se consiga una mejoría en la prestación de servicios sociales a quienes viven cerca de donde se extrae el mineral.

Un reporte de MiningReviews se hizo eco de la opinión del mandatario cuando calificó de criminal a cualquier refinería externa. "Es criminal que alguien abogue por la continuación de las exportaciones de materias primas de África, cuando ese producto tiene un 90 % más de valor del que se le está dando a los foráneos", aseveró.

La experta ugandesa en desarrollo mineral Winnie Ngabirwe, por su parte, remarcó que "si este es realmente el volumen que tenemos, es hora de limpiar nuestra casa y hacer negocios para desarrollarnos a nosotros mismos y a nuestro país, pasando a un estado de ingresos medios y más allá".

El oro disponible en el mundo

En 2021, la producción mundial del oro fue de aproximadamente 3.000 toneladas. Vista por países, y según datos del World Gold Council, cabe mencionar que China, principal productor del metal a escala global, continuó en el top el año pasado al reportar unas 332 toneladas, representando así el 9 % de la producción mundial total.

A la República Popular China le siguieron Rusia, con 330,9 toneladas; Australia, con 315,1; Canadá, con 192,9; Estados Unidos, con 186,8; Ghana, con 129,2; Perú, con 127,3 y México, con 124,5. Partiendo de estos datos, y a tenor del depósito encontrado en Uganda, cabe preguntarnos entonces qué cantidad de oro queda realmente en la tierra.

Antes de que supiéramos sobre el citado yacimiento ugandés, el WGC había reportado que las actuales reservas del metal son de unas 50 000 toneladas. Habría que ver ahora si esa cantidad aumenta a partir de lo reportado en Uganda. De momento, esta autoridad mundial en cuanto al oro se refiere no se ha pronunciado sobre el particular.

Los tentáculos chinos en África

Ahora que la China comunista lleva la delantera en cuanto a la explotación de oro en los yacimientos ugandeses, las naciones occidentales, comenzando por nuestro país, naturalmente, deberán actuar y estar más atentas que nunca a lo que el régimen comunista de Pekín trama en realidad.

Que los chinos ya estén en posesión de una mina que forma parte del considerado mayor yacimiento del metal de todo el orbe, no es una linda casualidad del destino. La RPC lleva años investigando e invirtiendo en tierras africanas, insertando sus empresas y también sus infraestructuras, como ferrocarriles, represas, oleoductos y carreteras.

Paralelamente, también ha llevado su fuerza laboral a territorio africano, de hecho, hasta 2016, según datos de la Iniciativa de Investigación China-África de la Universidad John Hopkins, había introducido a más de 200.000 empleados chinos en Argelia, Angola, Etiopía, Nigeria y Kenia, según la BBC.

Como no podía ser de otra manera, igualmente ha transferido a varias naciones africanas la producción de muchos de sus artículos de mano de obra barata y, paulatinamente, de modo paralelo, también ha logrado introducir sus propios productos en ese mercado emergente.

Por si eso fuera poco, como parte de su Iniciativa de la Franja y la Ruta, que impulsa la diplomacia de la trampa de la deuda, ya ha atraído a más de 50 naciones del continente africano. Solo en el África Subsahariana, por ejemplo, cuenta con unos 43 países, y cada vez más, sigue sumando.

Bien podría decirse que a la China comunista la mueven varios intereses en África. En primer lugar, las cuantiosas fuentes de recursos naturales y minerales; en segundo, los posibles socios comerciales y en tercero, la potencial esfera de influencia de donde obtener soporte político a escala mundial en caso necesario.

La RPC no hace nada fortuitamente. Detrás de cada una de sus acciones, como esta del oro en Uganda, hay sueños hegemónicos largamente acariciados. Por eso es que nuestra nación debe independizarse de cualquier nexo con esa nación autocrática e izquierdista. Señores, su delirio por suplantarnos en todos los órdenes está más claro que el agua.

Capítulo 35
La laptop que vincula al hijo de Biden con China comunista
Publicado originalmente el 6 de julio de 2022

Un cabo suelto. Eso parece ser la computadora portátil de Hunter Biden, la misma que dejara abandonada en un taller de reparaciones de Delaware en 2019 y que le sigue dando dolores de cabeza.

La computadora personal del hijo del presidente Joe Biden lo ha delatado sobre sus nexos directos con el régimen comunista de la República Popular China (RPC).

De acuerdo con un artículo de The New York Post, la famosa laptop contiene una lista de contactos de importantes funcionarios de Estados Unidos, básicamente, encargados de supervisar las relaciones EE. UU.-China, y también de al menos 10 altos ejecutivos de Google, con quienes Hunter habría contado en términos financieros.

Este nuevo descubrimiento ha causado un tremendo revuelo en la opinión pública nacional, ya que "genera nuevas preguntas sobre hasta qué punto el hijo de Joe Biden podría haber aprovechado sus importantes conexiones para beneficio personal", señaló el reporte en cuestión.

Implicados en el disco duro

Mientras Joe Biden fungía como vicepresidente del país durante el mandato de Barack Obama (entre 2009 y 2017), todo indica que Hunter no perdía su tiempo. Hijo problemático y polémico, al fin y al cabo, más bien se dedicaría a sacar ventaja de su apellido y sus trascendentes conexiones.

A juzgar por lo descubierto, entre esos vínculos aparecen muchos funcionarios gubernamentales de alto nivel que estaban en condiciones de ayudarlo con sus aspiraciones comerciales en el gigante asiático, y también varios expertos de Google que le habrían aportado dinero para sus proyectos con firmas chinas.

Varios medios de prensa difundieron los nombres y cargos de los funcionarios implicados que aparecieron en el disco duro de la laptop:

- John Kerry (exsecretario de Estado)
- Max Baucus (exembajador de EE. UU. en China)
- Thomas Parker (exasesor especial del vicepresidente Biden para asuntos de seguridad nacional)
- Sarah E. Kemp (exconsejera comercial en la embajada de EE. UU. en Pekín)
- Patrick Mulloy (excomisionado de la Comisión de Revisión Económica y Seguridad Estados Unidos-China)
- Bruce Quinn (exdirector de implementación de la oficina del Representante Comercial de EE. UU. en China, Hong Kong y Taiwán)

A propósito de Quinn, según The Post, este fue el único funcionario que accedió a comentar sobre su vínculo con Hunter, del cual se deslindó rotundamente. "Nunca lo he conocido. Ni siquiera puedo imaginarlo". Eso sí, rememoró que "en ese entonces, solía ir a todo tipo de conferencias y seminarios, [y] no hay duda de que [el aludido] podría haber asistido a uno de los eventos conmigo".

En cuanto a los expertos de Google, que también estarían vinculados con las actividades de Hunter, estos serían los presuntamente implicados:

- Kenneth Davies (ramas filantrópicas y capital de riesgo entre 2008 y 2012)
- Bill Maris (fundador de Google Ventures)

- Dan Reicher (exdirector de Iniciativas de Energía y Cambio Climático)
- Alan Davidson (exdirector de Políticas Públicas para las Américas)
- Christiaan Adams (defensor sénior de desarrolladores, Divulgación y Respuesta a Crisis de Google Earth)
- Johanna Shelton (directora de Políticas Públicas)
- Manuel Tamez (exjefe de Políticas Públicas y Asuntos Gubernamentales para México, Centroamérica y el Caribe)
- Mike Brasil (gerente de operaciones financieras)
- Jacquelline Fuller (vicepresidenta de Google y presidenta de Google.org)
- Megan Smith (exvicepresidenta de Desarrollo de Nuevos Negocios)

Algo llamativo en esta lista es que, curiosamente, algunos de esos contactos sirvieron en la Casa Blanca, entre ellos, Megan Smith, quien se convirtió en directora de tecnología en septiembre de 2014 y Alan Davidson, quien pasó a ser director de Economía Digital del Departamento de Comercio a partir de junio de 2015, según comentó Washington Dailies.

Kenneth Davies, por su parte, dijo a The Post que recordaba a Hunter viniendo a la sede de Google en Mountain View, California, para presentarle a los empleados algunas inversiones en el extranjero. "Ciertamente, no sabía de qué estaba hablando. Era más algo así como: 'Soy Hunter Biden, mira el apellido'".

El propio Davies, quien según la laptop le envió a Hunter una solicitud de conexión de LinkedIn en junio de 2011, señaló que no podía rememorar las empresas específicas que el hijo de Joe presentó durante esas reuniones, pero sí mencionó que su impresión general fue que "este tipo claramente estaba bajo las faldas de su padre".

Paralelamente, recordó que Google "organizaba grandes eventos de recaudación de fondos en nombre del Comité Nacional Demócrata y como muchos en Silicon Valley, la compañía y sus empleados sirvieron como fuentes de ingresos confiables para Biden y el Partido Demócrata", puntualizó The Post.

Megan Smith, por ejemplo, donó más de 75.000 dólares al partido azul, mientras que Jacquelline Fuller donó más de 27.000 al mismo bando, incluidas donaciones de 2.700 dólares al comité de campaña presidencial de Biden y su comité de acción política, de acuerdo con registros de la Comisión Federal de Elecciones.

Actividad conjunta de los Biden en China

Como ya es sabido, en 2013, Hunter Biden y su padre, en ese entonces vicepresidente del país, viajaron juntos a Pekín para visitar a Xi Jinping. En aquella ocasión, Joe intentaba reducir las tensiones en torno al Mar de China Meridional al tiempo que su hijo trataba de hacer negocios con Jonathan Li, un financiero chino que dirigía el fondo de capital privado Bohai Capital.

Según el antes citado reporte del New York Post, "diez días después de ese viaje, funcionarios chinos aprobaron la licencia comercial china para Bohai Harvest, una nueva empresa que invertiría dinero chino en proyectos fuera del país y que Hunter había estado tratando de lanzar durante más de un año".

Cuenta el mismo artículo que Hunter, incluso, fue agasajado por oligarcas chinos, entre ellos, Ye Jianming, jefe de CEFC China Energy Co., quien llegó a regalarle un diamante valorado en unos 80.000 dólares.

De manera paralela se supo que, además de reunirse con socios comerciales de Hunter en la Casa Blanca, Joe Biden igualmente habría sido receptor de una participación accionaria del 10 % como resultado de una empresa conjunta con CEFC, firma petrolera vinculada con el Partido Comunista Chino y brazo capitalista de la Iniciativa de la Franja y la Ruta (BRI, por sus siglas en inglés).

Según confirmaría el exsocio comercial de Hunter, Tony Bobulinski, en los correos electrónicos encontrados en la computadora portátil de marras (unos 120.000, según ha trascendido) se referían a Joe como "el tipo grande". Naturalmente, la asociación de los Biden fue crucial para darle a CEFC una apariencia de respetabilidad en el extranjero, de acuerdo con otro reporte de The Post.

La misma fuente dijo que la empresa petrolera china pagó muchísimo dinero "por el brillo que representaba tener el apellido del vicepresidente de los Estados Unidos adjunto a sus proyectos turbios". Es decir, "CEFC pagó a Hunter y a su tío unos cinco millones de dólares y [otros] seis millones a Rob Walker, amigo de confianza de la familia Biden, cuya esposa, Betsy, era la asistente de Jill Biden", esposa de Joe.

Si bien el contrato entre el consorcio Biden y CEFC se firmó en mayo de 2017, luego de que Joe dejara el cargo, Bobulinski afirmó que el dinero mencionado fue el pago por el trabajo realizado en 2015 y 2016 (los últimos dos años de la vicepresidencia de Joe), referente al uso de su nombre para avanzar con el BRI en Omán, Luxemburgo, Rumania, Medio Oriente y Asia.

En 2017, como también se relata en la computadora portátil y en el material de Bobulinski, CEFC se embarcó en una adquisición de 9.000 millones de dólares del gigante petrolero estatal ruso Rosneft. De acuerdo con la misma fuente, esa fue la inversión más grande de China en Rusia y la que significó un cambio preocupante en el poder geopolítico en detrimento de la seguridad nacional de EE. UU.

A raíz de estos descubrimientos, el senador republicano por Wisconsin, Ron Johnson, dijo a The Post que, "una vez más, esto plantea dudas sobre hasta qué punto Hunter

Biden usó el nombre de su padre para beneficio personal". Al propio tiempo, se preguntó "¿por qué Hunter tiene estos contactos? ¿Alguna vez conoció o se comunicó con esas personas? Y si es así, ¿cómo esos contactos lo beneficiaron a él, a su padre y a Biden Inc.?".

Con anterioridad, en abril pasado, Johnson apuntó que "Joe mintió cuando dijo que nunca discutió los negocios extranjeros de Hunter. [Por tanto], ya es hora de que los medios corporativos exijan la verdad y la corrupción de Biden, Inc. sea expuesta". Desde luego, esas y otras muchas cuestiones requieren, cuando menos, una precisa y honesta aclaración.

Repercusiones del escándalo

A pesar de la evidencia que continúa saliendo a la luz pública, el ahora presidente Joe Biden siempre ha negado cualquier nexo que lo involucre en los turbios acuerdos internacionales de su hijo. Es más: la Casa Blanca ha dicho reiteradamente que se trata de negocios privados no vinculados con el mandatario.

Google, entretanto, manifestó en un comunicado de prensa que nunca ha invertido efectivo alguno en ningún proyecto de Hunter. En cuanto al personal de la empresa presuntamente implicado en sus negocios, declaró que se trata de "empleados que, en su mayoría, se fueron hace mucho tiempo [de la compañía]".

Otros medios de prensa se han hecho eco de este reciente descubrimiento y han expresado su opinión al respecto. Fox News, por ejemplo, dijo a través de su colaboradora Miranda Devine que, al parecer, Hunter estaba muy arraigado a los escalones más altos del Gobierno durante el tiempo en que su padre era vicepresidente.

Según Devine, hay preocupaciones bien fundadas de que Joe Biden también podría verse comprometido respecto a China, a través del negocio familiar de su hijo y su hermano, hechos que ya están siendo investigados por el fiscal federal de Delaware.

En su opinión, tras las próximas elecciones intermedias de noviembre, si los republicanos recuperan la Cámara o el Senado, definitivamente estarán investigando estos vínculos con el régimen comunista chino.

De momento, Hunter parece desentenderse del problema. En el pasado, ha dicho que "podría haber una computadora portátil que me robaron" y, tratando de restarse culpabilidad por los hechos antes citados, ha sugerido que podría haber sido víctima de un ciberataque por parte de la inteligencia rusa, un argumento insulso y poco creíble a estas alturas.

Sobre el resto de las cosas que se han encontrado en su laptop delatora, ni hablemos: hay de todo lo que usted pueda imaginarse, pero eso no es lo que importa. Lo que sí importa, y mucho, son sus claros nexos con la China comunista, su uso del tráfico de influencias para lograr sus objetivos y el grave peligro al que ha expuesto a EE. UU. desde cualquier ángulo que se analice.

Confiemos entonces en que las investigaciones al respecto confirmen lo que ya se sabe para que reciba el castigo que merece. No por llevar el apellido Biden sus acciones deben quedar impunes. A la gente oportunista, inescrupulosa y apátrida, como él, hay que condenarla cuanto antes. Como dice la Constitución, nadie está por encima de la ley.

Capítulo 36
China: La mala hierba en la agricultura estadounidense
Publicado originalmente el 28 de junio de 2022

Invasora y parásita: así es la mala hierba china que pone en riesgo a la agricultura de Estados Unidos. En su persistencia por hacerse con méritos que no le pertenecen, y mediante el robo de propiedad intelectual (PI), Pekín nos usurpa de este modo secretos tecnológicos agrícolas para garantizar su producción de alimentos.

Al parecer, no le basta con el espionaje económico al que nos tiene sometidos en prácticamente casi todos los sectores; también necesita meter sus narices en nuestro sector agrario y sustraernos semillas, con sus respectivos códigos genéticos, para proteger su seguridad alimentaria e ir contra nosotros cuando se le venga en gana.

El trabajo número uno de China

En un extenso análisis sobre este tema, el diario The Epoch Times reveló recientemente que el hecho de que la República Popular China (RPC) nos robe secretos tecnológicos relativos al sector agrícola, constituye una amenaza para nuestra seguridad nacional.

Es decir, "por muy pequeño que sea un núcleo de una semilla, este no es diferente a una minicomputadora biológica. En él está todo el código genético, propiedad intelectual que contiene miles de millones de dólares de valor potencial [y] que, si cae en manos de un adversario, podría darle el control sobre la producción de alimentos de un país e, incluso, más allá", indicó el reporte.

En opinión del analista de logística y cadena de suministro Ross Kennedy, "un adversario inconfundible aquí es, [obviamente], China". En ese país, hogar de 1,400 millones de personas, "poseer los medios para aumentar su propia seguridad alimentaria nacional es el trabajo número uno".

En declaraciones a NTD, filial de The Epoch Times, el también fundador de Fortis Analysis dijo que "China ha demostrado estar dispuesta a hacer lo necesario para obtener esa tecnología", así sea mintiendo, robando y haciendo trueques, en una especie de "guerra asimétrica de la zona gris", como suele llamarle a este malsano accionar.

Los secretos de la vida en un grano de maíz

Ya sabemos que la RPC desea obtener la supremacía global. "Al robar tecnologías agrícolas de EE. UU. y desarrollar una versión propia, China podría satisfacer las necesidades más básicas del país mientras nos socava, económica y diplomáticamente, en su búsqueda del liderazgo mundial en la producción agrícola", puntualizó el experto.

Según él, "la mayoría de la gente no se da cuenta de que se pueden robar algunos granos de maíz o unas cuantas semillas de soja, y perpetuar una campaña de espionaje industrial multimillonaria. [Y] si eres capaz de descifrar el código de un organismo genéticamente modificado, entonces podrías robar cientos de millones o, incluso, miles de millones de dólares en propiedad intelectual".

Para este especialista versado en la materia, quien pueda hacer eso, "estaría revelando los secretos de la vida de ese maíz, esa soya, [así como] dando un gran paso adelante en términos de tiempo y ventajas de costos para alimentar a su propia población", justo lo que, a todas luces, intenta hacer el régimen autocrático de Pekín.

El dilema alimentario chino

En mayo pasado, la Comisión de Revisión Económica y de Seguridad Estados Unidos-China dio a conocer su reporte "Intereses de China en la agricultura estadounidense: aumentando la seguridad alimentaria a través de la inversión en el extranjero", en el que dejó bien clara la situación del país asiático en cuanto a producción agrícola se refiere.

Según ese informe, "en 2021, China importó una cantidad récord de maíz, 28,35 millones de toneladas métricas, [lo que representó] un 152 % más que en 2020 y más del 10 % de lo estimado por el Ministerio de Agricultura y Asuntos Rurales de China (MARA, por sus siglas en inglés) para el consumo total del país".

Si eso le resulta llamativo, considere también el posible déficit de granos que el gigante asiático podría experimentar de aquí a 2025. Estamos hablando de "alrededor de 130 millones de toneladas, incluidos unos 25 millones de toneladas de cereales alimentarios básicos", de acuerdo con el mismo texto.

Todo indica que "la disminución de la tierra cultivable, los cambios demográficos y los desastres naturales, agravan esas tendencias y presentan desafíos de seguridad para los líderes chinos". Para superarlos, han tomado medidas internas y acudido a inversiones en el extranjero, pero como estas no bastan para resolver su dilema alimentario, se han girado para EE. UU. con ese propósito y no siempre de manera lícita.

La actividad ilegal en cuestión es, obviamente, el robo de nuestra PI agrícola, hecho que, hágase notar, entraña un verdadero riesgo no solo para nuestra estabilidad económica, sino también para nuestra seguridad nacional.

El tráfico ilegal de semillas transgénicas

El tráfico ilícito de semillas genéticamente modificadas (GM) por parte de China, es otra arista del mismo problema. Gracias a esta actividad ilegal, Pekín impulsa su desarrollo en este sentido, se ahorra años de investigación y recursos, y -¡el colmo de los colmos!- socava a los competidores estadounidenses en los mercados internacionales.

Las semillas GM robadas por la RPC igualmente sirven para mitigar el riesgo de sequía, plagas y enfermedades, así como para minimizar la cantidad de tierra necesaria para plantar. Por añadidura, posibilitan la reducción de ingresos de empresas dedicadas a este rubro, como, por ejemplo, Monsanto, hoy propiedad de la firma alemana Bayer.

Hablando de Monsanto, en abril de este año, el ciudadano chino Xiang Haitao, quien trabajaba en esa empresa de biotecnología agrícola, fue condenado a 29 meses de cárcel, tres años de libertad supervisada y una multa de 150 000 dólares por robar el algoritmo Nutrient Optimizer.

El fiscal federal del Distrito Este de Missouri, Sayler Fleming, señaló que "el señor Xiang usó su estatus de información privilegiada para robar valiosos secretos comerciales en beneficio de su China natal", algo que no podemos permitir.

Según recoge el portal Justice.gov, Fleming también fue enfático cuando dijo que "continuaremos con nuestra vigorosa aplicación de las leyes de espionaje económico y secretos comerciales, [pues] estos delitos representan un peligro para la economía de los EE UU, y ponen en riesgo el liderazgo de nuestra nación en innovación y nuestra seguridad nacional".

El fiscal general adjunto de la División de Seguridad Nacional del Departamento de Justicia, Matthew G. Olsen, por su parte, apuntó que "Xiang conspiró para robar un secreto comercial importante a fin de obtener una ventaja injusta para él y la RPC".

Mediante una nota de prensa citada por Yahoo News, Olsen también resaltó el hecho de que "las empresas víctimas invirtieron mucho tiempo y recursos para desarrollar esa propiedad intelectual". El Nutrient Optimizer es un software que ayuda a los agricultores a recopilar, almacenar y visualizar datos de campo para mejorar la eficiencia productiva.

Si el chino en cuestión hubiera logrado transferirlo a su país, como estaba a punto de hacerlo, imagínese el daño que eso nos habría causado. Y que conste: este es tan solo el ejemplo más reciente del hurto de PI que sufrimos en el ámbito agrario.

Es que EE. UU. le está dando a los chinos donde les duele. En primer lugar, nuestro país es el mayor exportador de cultivos transgénicos a nivel mundial, y en segundo lugar, tal actividad nos reporta miles de millones de dólares en ingresos, incluidos los provenientes de la propia China, que, solo en 2021, tuvo que destinar 173,91 millones para esto.

A eso hay que añadir el elevado costo que entraña la creación de semillas robustas, como resultado de la reproducción de dos líneas puras de semillas endogámicas para obtener un híbrido.

"Desarrollar un solo consanguíneo podría costar entre 30 y 40 millones de dólares en pruebas de laboratorio, trabajos de campo y ensayos prueba-error, pues hay que evaluar decenas para poder desarrollar un solo híbrido", indicó LA Times en un artículo sobre el tema.

¡Qué pasa! A sabiendas de que deben mejorar urgentemente su producción agrícola dada su densidad poblacional, y ladrones, al fin al cabo, los chinos comunistas se han ido por la vía más fácil, esto es, "robar propiedad intelectual y tecnología agrícola de EE. UU. en lugar de intentarlo, investigarlo y desarrollarlo ellos mismos", según remarcó el reporte de la comisión antes citada.

Para el propio Kennedy, entretanto, esto "podría parecer una tontería, pero si [el régimen de Pekín] puede obtener tres, cuatro, cinco, seis, 10 variedades diferentes de semillas, tendrá la capacidad de aplicar ingeniería inversa a la tolerancia de esa semilla a varios pesticidas o insectos".

Por medio de esa técnica, además, la nación asiática podría desbloquear la capacidad de una semilla para producir con un alto rendimiento y una gran adaptabilidad a diversos climas, cosa que le resulta difícil, de momento, porque, según este experto, no tiene buena tecnología genética para lograr semillas capaces de prosperar en condiciones climáticas desafiantes.

Las semillas devenidas armas

Unas semillas, aparentemente simples, pueden convertirse en un gran problema en las manos equivocadas. Esto es lo que se desprende de las declaraciones de Kennedy cuando dijo que China también podría convertir las semillas en armas para acabar con la capacidad de un adversario de producir cultivos a escala.

¿Cómo podrían convertirlas en armamento? Pues activando o desactivando los desencadenantes genéticos que hacen que los cultivos fallen, creando toxinas en las plantas para envenenar a los animales o ciertos tipos de bacterias u hongos para aumentar drásticamente la presión de la enfermedad en la tierra.

Es que, según el reporte mencionado, las semillas pueden tener aplicaciones militares. Es decir, Pekín podría piratear fácilmente el ADN de las semillas transgénicas de EE. UU. y llevar a cabo una guerra biológica, al crear algún tipo de plaga que podría destruir nuestros cultivos. El informe ejemplificó con esporas de hongos que podrían usarse como agentes de guerra biológica para atacar cultivos básicos.

Si bien la RPC podría ganar esta guerra agrícola con tan solo enfrentarse a dos grandes empresas del sector, como Dow Chemical Company y Dupont, que controlan gran parte de la producción de alimentos de EE. UU., los chinos solo necesitan penetrar o crear problemas en una, en opinión de Kennedy.

Es que con la tecnología agrícola que nos han robado, no solo serían capaces de satisfacer las demandas alimentarias de su nación, sino también proporcionar alimentos al resto del mundo y socavar los esfuerzos de nuestro país.

"Tal robo de tecnología puede convertirse en una palanca diplomática masiva para China, y permitirle socavar los esfuerzos diplomáticos y de seguridad nacional estadounidenses en todo el mundo", remarcó el especialista.

En cuanto a la Iniciativa de la Franja y la Ruta, el experto subrayó que, así como China exporta tecnología de construcción para ese proyecto, también podría crear otro similar, algo así como una franja y una ruta relativa a alimentos y energía.

"En lugares como África, donde hay abundancia de tierra cultivable y mano de obra, pero no tecnología moderna de semillas, China podría entrar y decir: 'Oye, podemos dar el equipo agrícola, los métodos, la maquinaria y esta propiedad intelectual muy costosa, pero, [a cambio], queremos acceder a estos minerales críticos, o construir una base militar en su costa, o lo que sea'", ejemplificó Kennedy.

Como la vida de las semillas es muy corta, prosiguió, China tendría una forma para mantener el control anual sobre ciertas cosas. O sea, al controlar las semillas, podría dictar los términos que deben seguir los países que dependan de ese recurso. Desde su punto de vista, esta sería una variante más de la llamada diplomacia de la trampa de la deuda.

La producción china en suelo americano

Puede que esto le parezca increíble, pero la RPC también participa en el sector agrícola estadounidense. Un ejemplo claro de esto lo constituye la compra por parte de los chinos del principal productor de carne de cerdo del mundo, Smithfield Foods, ubicado en Virginia. Desde 2013, esa compañía está en manos del procesador de carne chino WH Group (antes Shuanghui International Holdings).

A raíz de esa operación, la firma china obtuvo más de 146.000 acres de tierra que se extienden a lo largo de seis estados y le reportan grandes cantidades de carne de cerdo.

El objetivo del régimen chino, claro está, es poder hacerse con la mayor cantidad posible de tierras de cultivo estadounidenses para abastecer exclusivamente a China, indicó el mismo artículo de The Epoch Times.

Entretanto, el citado reporte de la Comisión de Revisión Económica y de Seguridad Estados Unidos-China reveló que la inversión del país asiático en tierras agrícolas de EE. UU. se ha disparado y lea bien esto: más de 25 veces. Es decir, ha pasado de 13.720 acres a 352.140 en tan solo una década (de 2010 a 2020).

Para Kennedy, "este es un problema enorme", ya que "tales tierras podrían convertirse en un vector potencial para que el régimen [comunista] organice diversas formas de espionaje contra los Estados Unidos". Por lo tanto, dijo, "las amenazas del espionaje agrícola chino exigen una mayor conciencia nacional y un cambio de mentalidad".

Evidentemente, justo así debemos proceder. Si se fijan, los chinos comunistas están en todas: lo mismo roban PI del sector económico, sanitario y armamentístico que del científico, industrial y tecnológico, además del agrícola. La verdad, ya no saben qué hacer para superarnos.

Lástima que sean tan bajos y recurran al robo brutal y descarado para sustraernos lo que con tanto sacrificio, tiempo y dinero hemos conseguido. A esta mala hierba que es la República Popular China hay que cortarla de raíz. Fuego con ella. Por invasora y parásita, no merece condescendencia alguna.

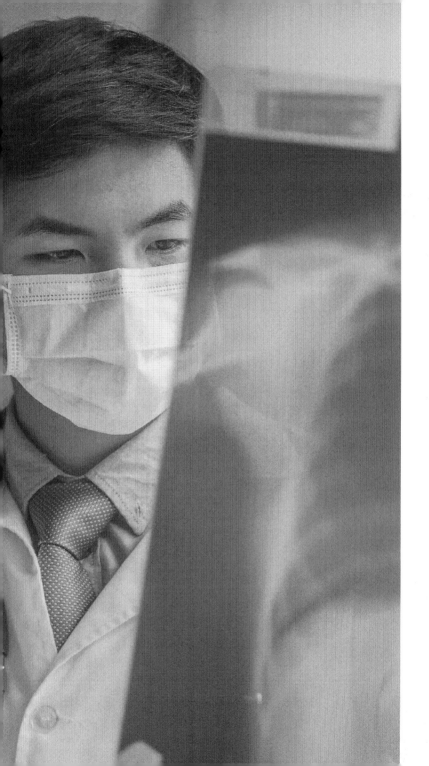

Capítulo 37
Dr. Fauci: "No puedo comprometerme a dejar de financiar investigaciones chinas"
Publicado originalmente el 22 de junio de 2022

Es la terquedad hecha persona. Eso, por decir lo menos. ¿Qué estaría pasando por la cabeza del Dr. Anthony Fauci cuando dijo que no podía comprometerse a dejar de financiar investigaciones chinas?

¿El asesor médico de la Casa Blanca estará viviendo en una realidad paralela? Porque a estas alturas del partido, ¿quién no conoce el peligro que acarrea para los Estados Unidos el hecho de seguir haciéndole concesiones al régimen comunista chino?

Financiamiento en tela de juicio

Pongamos el asunto en contexto: la semana pasada, durante una reunión virtual del Senado sobre Salud, Educación, Trabajo y Pensiones, el senador Roger Marshall (R-KS) señaló que "los Institutos Nacionales de Salud (NIH, por sus siglas en inglés) aún están financiando investigaciones en China".

Asimismo, recordó que, en la Evaluación Anual de Amenazas de 2022, el Partido Comunista Chino (PCCh) se presentó como uno de los principales peligros para EE. UU., además de Rusia, Irán, Siria y Corea del Norte. "[Y] que yo sepa, puntualizó, solo China está recibiendo dólares estadounidenses para investigación".

Según reportó The Epoch Times, desde 2020, los NIH han otorgado 8,3 millones de dólares en subvenciones al Centro Chino para el Control y la Prevención de Enfermedades y a cinco de las mejores universidades públicas de China continental. Como nota aclaratoria hay que decir que el Instituto Nacional de Alergias y Enfermedades Infecciosas (NIAID, por sus siglas en inglés), forma parte de los NIH y funciona con el Dr. Fauci a la cabeza.

Según el alegato de Marshall, parece que el citado monto de dinero no incluye la suma que se habría otorgado a una entidad china mediante EcoHealth Alliance, organización no gubernamental vinculada con el Instituto de Virología de Wuhan para realizar experimentos con el coronavirus; experimentos que, dicho sea de paso, entrarían en el campo de la ganancia de función, asociada con el aumento de la patogenicidad o la transmisibilidad de un virus.

El senador republicano le preguntó al Dr. Fauci "cuándo, como director del NIAID, dejará de financiar la investigación en China". A lo que el aludido respondió que las agencias federales de EE. UU., de conjunto con "nuestros colegas chinos", desarrollan proyectos investigativos de gran prestigio "que han conducido a algunos avances importantes en la investigación biomédica, así que no creo que pueda decirles que vamos a dejar de financiarlos".

¿Usted está entendiendo lo mismo que yo? ¿Significa que EE. UU. va seguirá invirtiendo en un régimen que sólo desea destrozarnos? ¿Significa que nuestros principales centros de salud van a seguir "apostando" por la misma nación que creó el coronavirus; un virus que hasta hoy ha matado a más de un millón de estadounidenses y contagiado a otros 86 millones?

Claro que el Dr. Fauci intentó matizar su postura, basándose en dos polémicos argumentos. El primero: "Debemos ser cuidadosos y asegurarnos de que cuando los financiamos, obtengamos la revisión por [parte de] pares adecuados y sigamos todas las pautas establecidas". El segundo: "Las subvenciones que se destinan a países extranjeros, incluida China, tienen la autorización del Departamento de Estado". ¡Díganme si esto no es increíble e insultante!

Enganche del Dr. Fauci con China

"Los comentarios del Dr. Fauci prueban que China es la droga que simplemente no puede dejar", dijo a The Epoch Times el senador Marshall tras recibir tamaña respuesta de parte del director del NIAID. No es para menos. Si el país asiático es nuestro principal rival no sólo comercialmente hablando, ¿cómo es posible que este señor actúe como un yonqui enganchado al veneno chino?

La respuesta la tenemos en las propias aseveraciones del senador republicano por Kansas. "El Dr. Fauci dijo la verdad de una buena vez, tras años de deshonestidad reiterada que ha erosionado la confianza de los estadounidenses en nuestras instituciones de salud pública. A raíz de la pandemia de coronavirus, nuestro Gobierno debe saber que es peligroso e incorrecto continuar financiando proyectos de investigación apoyados por el Partido Comunista Chino".

Por supuesto que es peligroso e incorrecto. ¿Qué se puede esperar de una nación que, en sus ansias de desbancarnos como primera potencia del mundo, acude a las vías más cuestionables e ilícitas para acabar con nuestra economía, robarnos secretos comerciales de toda índole y superarnos en el terreno militar? Pues lo peor, naturalmente.

Caso de EcoHealth Alliance

En febrero pasado, tras filtrar documentos clasificados de la Agencia de Proyectos de Investigación Avanzada de la Defensa (DARPA, por sus siglas en inglés), el grupo periodístico Project Veritas dio a conocer un vínculo entre el Dr. Fauci, EcoHealth Alliance y el Instituto de Virología de Wuhan.

Al parecer, la empresa de periodismo investigativo obtuvo "documentos sorprendentes nunca vistos sobre los orígenes del COVID-19, la investigación funcional, las vacunas, los tratamientos potenciales suprimidos y el esfuerzo del Gobierno por ocultar todo eso", tal como publicó en su momento a través de su portal ProjectVeritas.com.

Los documentos a los que se refiere son parte de un informe enviado en agosto pasado al Departamento de Defensa (DOD, por sus siglas en inglés) por parte del Mayor del Cuerpo de Marines de EE. UU., Joseph Murphy, exmiembro de DARPA.

En dicho reporte, Murphy informaba al DOD sobre sus estudios en torno al origen del virus, diciendo que "EcoHealth Alliance, los NIH y el Instituto de Virología de Wuhan produjeron el SARS-CoV-2 a través de una investigación controversial de ganancia de funciones descrita en una propuesta de subvención del Pentágono".

El subsidio en cuestión se trataría de 14 millones de dólares solicitados por el presidente de EcoHealth Alliance, Peter Daszak, a DARPA en 2018 "para realizar una investigación de ganancia de funciones de los coronavirus transmitidos por murciélagos" mediante el llamado Proyecto Defuse.

Aunque la subvención solicitada a DARPA fue rechazada, sí fue respaldada por el NIAID y, se sobreentiende, por el Dr. Fauci. Es decir, EcoHealth finalmente habría obtenido al menos una parte de los fondos, unos tres millones de dólares, de los cuales el instituto chino terminaría recibiendo unos 599 000.

Violación de los términos de la subvención

Si está muy mal que el Instituto de Virología de Wuhan haya obtenido dinero estadounidense para sus riesgosos estudios, peor está el resultado de su experimento en ratones infectados con una versión modificada del coronavirus de murciélago original.

O sea, las ratas se enfermaron más que las contagiadas con la versión original, y, aunque, en teoría, fue algo inesperado para los investigadores, "EcoHealth habría violado los términos de la subvención al no notificar de inmediato a los NIH sobre ese hallazgo", dijo en su momento el exsubdirector de los NIH, Lawrence Tabak.

A raíz del revuelo que se formó al respecto, y como era de esperarse, el Dr. Fauci negó su implicación bajo juramento, pero, de acuerdo con Project Veritas, los documentos revisados revelaron otra cosa: que, a pesar de los pesares, "el NIAID siguió adelante con la investigación en Wuhan y en varios sitios de los Estados Unidos".

Ahora que ha trascendido que el Gobierno no pretende parar la financiación a investigaciones chinas, el propio Marshall cuestionó al científico sobre su postura en torno al hecho de que el público estadounidense realmente no sabe bien qué pasó con la investigación de EcoHealth Alliance.

De acuerdo con The Epoch Times, la respuesta del Dr. Fauci fue evasiva. Básicamente, se lavó las manos al decir que "tenemos acceso a una cantidad extraordinaria de información. [Y esta] información, disponible públicamente en las revistas científicas, es suficiente". O sea, que quien quiera saber más sobre este tema, que busque estas publicaciones y se documente. ¿Qué le parece?

A todas estas, y según detalló la propia fuente, en la audiencia de la semana pasada, el asesor de la Casa Blanca sobre el coronavirus le dijo al senador republicano Mike Braun que cree que el brote del virus podría haber surgido más a raíz de un salto en las especies de un huésped animal y menos como resultado de una fuga de laboratorio.

Interrogado por el propio Braun acerca de si cree que Pekín cooperará con él para conocer más detalles acerca del origen del COVID-19, el Dr. Fauci se limitó a decir: "Creo que es esencial tener cooperación y colaboración con los chinos". "Esencial".

Amenaza del Partido Comunista de China

En la antes citada Evaluación Anual de Amenazas de 2022, se confirmó que el PCCh constituye una de las principales amenazas para Estados Unidos. En este sentido, la directora de Inteligencia Nacional, Avril Haines, dijo que China cada vez compite más contra nosotros "en áreas de relevancia para la seguridad nacional".

Según publicó The Epoch Times, haciéndose eco de sus declaraciones, la nación comunista está "presionando para revisar las normas e instituciones globales en su beneficio y desafiando a los Estados Unidos en múltiples escenarios, particularmente en lo económico, militar y tecnológico".

Es que tal como reveló el reporte referente a la evaluación de amenazas, "el PCCh está expandiendo rápidamente sus esfuerzos espaciales, cibernéticos, nucleares, económicos y diplomáticos, y también tratando de aumentar aún más su presencia militar a través de nuevas bases en suelo extranjero".

El propio informe detalló que China seguirá siendo la principal amenaza para la competitividad tecnológica de EE. UU., ya que apunta a sectores clave, como, por ejemplo, la tecnología comercial y militar patentada de empresas e instituciones estadounidenses y sus aliados.

Asimismo, seguirá "acelerando el desarrollo de sus capacidades clave, pues cree que el Ejército Popular de Liberación necesita enfrentarse a los Estados Unidos en un conflicto sostenido a gran escala". Al propio tiempo, está trabajando para igualar o superar las capacidades espaciales de nuestro país a fin de obtener beneficios tanto económicos como militares.

Paralelamente, Pekín trata de explotar dudas sobre el liderazgo de EE. UU., socavar nuestra democracia y seguir con la difusión de información errónea sobre el COVID-19, como que fuimos nosotros los creadores del coronavirus, según aseguró el mismo reporte.

Por estas y muchas otras razones es que nuestro país no puede continuar con las concesiones al régimen comunista de China. ¿Hasta cuándo vamos a prestarnos para su juego?

El gobierno de EE. UU. y sus agencias federales deben cortar el flujo de dinero de los contribuyentes estadounidenses.

Dr. Fauci, la seguridad nacional de EE. UU. no es negociable. Si hay que sufragar cualquier tipo de estudios, definitivamente, tienen que ser nuestros. No necesitamos experimentos dudosos que pongan en alto riesgo la seguridad de los estadounidenses y que promuevan acciones contra Norteamérica. Talentos en EE. UU. hay más que suficientes para todo tipo de investigaciones. No existe ninguna necesidad de financiar estudios de países extranjeros, mucho menos enemigos.

Capítulo 38
China: la talasocracia que amenaza a los Estados Unidos
Publicado originalmente el 15 de junio de 2022

El empecinamiento de la China comunista por tener bases navales fuera de su territorio y una gran cantidad de buques con fines militares, no hace más que confirmarnos su obstinado interés en convertirse en una talasocracia, sistema político que basa su poderío en el dominio de los mares como parte de su geoestrategia para lograr sus fines.

La Base Naval Ream de Camboya, en el Golfo de Tailandia, podría ser su más reciente avance en este sentido, según informó The Washington Post en un extenso reporte sobre el tema. Al decir de la fuente, todo indica que se trata de una base militar (hasta ahora secreta) "para uso exclusivo del Ejército [chino]".

Rodeada de una densa jungla y manglares, y cercana a un templo budista, la instalación abarca alrededor de 190 acres e incluye dos instalaciones y un muelle. Partiendo de lo que ha trascendido, China habría construido dos muelles más (uno para uso chino y otro para el camboyano) y estaría ocupando unos 62 acres de la superficie total.

La estrategia de Pekín

Aunque la República Popular China (RPC) y Camboya han negado la existencia de esta operación conjunta, esa base naval sería la segunda de su tipo en el extranjero y la primera estratégicamente importante en la región del Indo-Pacífico.

Básicamente, formaría "parte de la estrategia de Pekín para construir una red de instalaciones militares en todo el mundo, en apoyo de sus aspiraciones de convertirse en una verdadera potencia global", señaló The Washington Post.

La propia fuente indicó que "tener una instalación capaz de albergar grandes buques de guerra al oeste del Mar de China Meridional, sería un elemento importante de la ambición china por expandir su influencia en la región y fortalecería su presencia cerca de las rutas marítimas claves del sudeste asiático".

Funcionarios occidentales que optaron por permanecer en el anonimato, dijeron al diario que el Indo-Pacífico es una pieza clave para los líderes chinos, quienes la ven como una parte esencial de su influencia legítima e histórica en la zona.

"Esencialmente, China quiere volverse tan poderosa [como para] que la región ceda ante su liderazgo en lugar de enfrentar las consecuencias [por el hecho de no hacerlo]", dijo uno de los funcionarios, quien añadió que Pekín confía en que la zona no quiera o no pueda desafiar sus intereses fundamentales.

Si bien ha trascendido que los chinos comunistas solamente ocuparían una parte de la base camboyana, en concreto, la parte norte, igualmente se ha conocido que el Ejército Popular de Liberación habría financiado la expansión de la edificación, a la que usarían de modo oculto, enmascarando su presencia cada vez que fuera necesario.

The Washington Post recordó que "la subsecretaria de Estado, Wendy Sherman, visitó Camboya en 2021 y solicitó aclaraciones sobre la destrucción el año anterior de dos instalaciones financiadas por los Estados Unidos en la [misma] base naval de Ream", según informara en su momento el Departamento de Estado.

Al parecer, la citada demolición tuvo lugar después de que Camboya rechazara una oferta de EE. UU. para pagar la renovación de una de las instalaciones. Según un informe del Pentágono, dado a conocer después, esa negativa "sugirió que Camboya podría haber aceptado en cambio la asistencia de la [RPC] para desarrollar la base".

Los antecedentes de la operación

En 2019, The Wall Street Journal (WSJ) dio a conocer que la RPC había firmado un acuerdo secreto para permitir que su Ejército usara la base de marras, aparentemente, durante unos 30 años, con renovaciones automáticas cada década, según detalles del borrador inicial.

Tal como era de esperarse, Pekín y Phnom Penh (localidad donde radica la instalación) negaron el informe, al tiempo que el primer ministro de Camboya, Hun Sen, lo denunció como "noticia falsa" y un portavoz del Ministerio de Defensa chino lo calificó de "rumores".

Eso sí, este mismo vocero de la contraparte china admitió que su país solo se había limitado a ayudar a los camboyanos con entrenamiento militar y equipo logístico. ¿Ustedes creen en esta ayuda sana y sin malicia? Porque yo, obviamente, no.

Volviendo al tema que cada vez se pone mejor, el caso es que el acuerdo en cuestión otorgaría a los chinos "derechos exclusivos sobre una parte de la base", que, para colmo, está cerca de un aeropuerto que construye una empresa de nacionalidad china. ¿Ustedes creen en las casualidades? Porque yo, naturalmente, no.

Dicho aeropuerto, que se construye gracias a contrato de arrendamiento con los chinos, válido por 99 años, tiene una pista de aterrizaje de dos millas de largo, por tanto, naves grandes, como Boeing 747, Airbus A380 y bombarderos de gran alcance, como los cazas, podrían despegar y aterrizar allí sin problema alguno.

Al parecer, tanto las operaciones militares desde la base naval, como las del aeropuerto, o ambas, estarían encaminadas a "aumentar la capacidad de Pekín para hacer cumplir los reclamos territoriales y los intereses económicos en el Mar de China Meridional, amenazar a los aliados de EE. UU. en el sudeste asiático y extender su influencia sobre el Estrecho de Malaca, de importancia estratégica", según el WSJ.

El otro punto que trascendió del acuerdo tiene que ver con la posibilidad de que la nación asiática no solo envíe personal militar a la instalación, sino que también la use para almacenar armas y atracar buques de guerra. Todo un rosario de usos "sanos" e "inofensivos", ¿verdad? ¿A quién pretenden engañar?

Tal como asegura la misma fuente, Pekín "tiene una larga historia de mentiras sobre sus intenciones militares". Y para demostrarlo, puso como ejemplo "la promesa del presidente chino, Xi Jinping, durante el mandato de Barack Obama, de que no militarizaría las islas artificiales en el Mar de China Meridional".

¿Qué pasó en realidad? Pues que las susodichas islas albergan hoy una amplia variedad de equipos militares chinos avanzados. Recordemos que la RPC acostumbra a negar sus operaciones y ocultarlas el mayor tiempo posible, hasta que un día todo explota. ¿Por qué esta vez sería distinto con la instalación en Camboya? Nada me lleva a pensar en otra posibilidad.

Las otras bases navales

Hace aproximadamente un año, informes de inteligencia de EE. UU. dieron a conocer que China estaba realizando actividades sospechosas en el puerto de Khalifa, Abu Dhabi. Aunque la información inicial no fue concluyente, en fecha más reciente se supo que los chinos estarían construyendo algún tipo de instalación militar en dicho puerto.

Otro reporte de The Wall Street Journal informó, entretanto, que, "a principios de este año, China y las Islas Salomón, en el Pacífico Sur, firmaron un pacto de seguridad". A pesar de que ambos gobiernos negaron que el acuerdo conduzca a una base naval china o a una presencia permanente de la nación asiática, es de imaginar qué podría estar pasando allí actualmente.

De igual modo, a fines de mayo pasado, el ministro de Relaciones Exteriores de China, Wang Yi, realizó una gira por ocho países del Pacífico Sur. Según un reporte de CNN en español, el objetivo sería "promover la cooperación, y hacer una propuesta económica y de seguridad regional de gran alcance que podría aumentar significativamente el papel de Pekín en dicha región".

En honor a la verdad, la China comunista quiere dominar las rutas de navegación que durante mucho tiempo han pertenecido a la Marina de los Estados Unidos, recordó el WSJ en su informe, al tiempo que subrayó las intenciones de los chinos de "contar con una red global de bases que les facilite la proyección de poder".

Actualmente, el Ejército Popular de Liberación cuenta con una base en Djibouti, este de África, y según el jefe del Comando de África de EE. UU., el general Stephen Townsend, "Pekín también quiere una base en África Occidental, en el Océano Atlántico, lo que amenazaría la seguridad nacional estadounidense".

Un reporte del Departamento de Defensa resaltó las palabras de advertencia de Townsend, quien, asimismo, remarcó: "Creo que lo que más me preocupa es esta base militar en la costa atlántica, y donde [los chinos] tienen más tracción hoy es en Guinea Ecuatorial", sitio en el que han logrado un mayor progreso.

A todas estas, la República Popular China ha construido instalaciones portuarias comerciales en otras partes del mundo, entre ellas, Pakistán y Sri Lanka; instalaciones que bien podrían ser utilizadas por su Marina a fin de lograr sus objetivos tanto económicos como militares.

El nuevo orden mundial

Como hemos venido advirtiendo en anteriores artículos sobre la relación EE. UU.-China, está bastante claro que el gigante asiático no hace lo que hace solo por el mero gusto de escalar a nivel económico: también lo hace con fines geopolíticos y militares dada su nada oculta desesperación por encabezar el llamado nuevo orden mundial.

De acuerdo con el WSJ, "Pekín cree necesaria una red de base amplia para garantizar el suministro de petróleo, minerales y otras materias primas en caso de sanciones, escasez mundial o guerras", pero también cree que "las bases militares facilitan el seguimiento de los movimientos de barcos estadounidenses y amenazan las instalaciones norteamericanas en Guam y otros lugares en caso de un conflicto".

Si China se hace de una red base de este tipo podría implementar y utilizar su propia versión del Sistema de Posicionamiento Global por satélite de EE. UU. Y si a ello añadimos el hecho de que cuenta con una Marina en constante crecimiento, pues ya se podrán imaginar ustedes lo que podría sobrevenir.

En la actualidad, la nación asiática dispone de 355 barcos y planea contar con unos 460 para 2030. Nuestro país, en cambio, va en la dirección opuesta, con 297 buques y planes de caer a 280 para 2027, tal como resalta el mismo artículo del WSJ. Aparte de eso, la RPC se prepara para poner en marcha "un portaaviones avanzado que le otorgará más poder en el extranjero".

La misma fuente puntualizó que, si bien "algunos representantes en el Congreso parecen ser conscientes de este relativo declive naval de los Estados Unidos, la Marina y el Pentágono no parecen tan alarmados, cuando deberían estarlo".

Es decir, nuestras instituciones y agencias militares, con la actual Administración a la cabeza, deberían tomarse más seriamente la amenaza china, en el sentido de prepararse mejor no solo con más plataformas marítimas y fuerzas militares, sino con la tecnología de punta que nos garantice permanecer arriba, en la supremacía global.

Ya se sabe que quien adquiera el dominio de los mares, así como el control de las redes globales de datos, tecnologías avanzadas mediante, ganará la carrera por la hegemonía mundial. Es así, simple y llanamente. Por eso tenemos que ponernos los patines y acabar de una buena vez con los delirios chinos.

No necesitamos una talasocracia con ojos rasgados. No requerimos de un país rojo al frente del mundo. Necesitamos una América fuerte, invencible, que, como el águila que orgullosamente nos representa, ejerza su autoridad no solo por cielo y tierra, sino también por el mar.

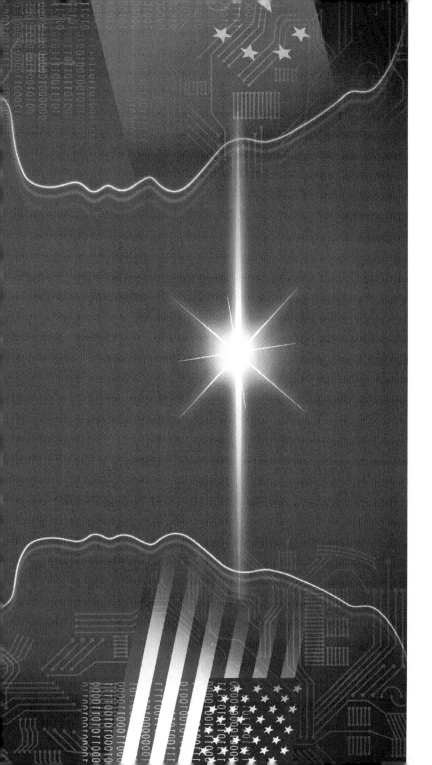

Capítulo 39
La información científica de EE. UU. con destino a China
Publicado originalmente el 10 de mayo de 2022

En el equipaje de piratas cibernéticos chinos y espías locales modernos que se venden por un plato de lentejas, la información biomédica de los Estados Unidos ocupa un significativo espacio dada su utilidad para impulsar el desarrollo científico, económico e, incluso, militar de quien espera al final del viaje: El régimen de China, la llamada República Popular China (RPC).

Para el país asiático, nuestro principal adversario comercial, disponer de nuestros macrodatos biomédicos no solo significa acceder a valiosos descubrimientos, sino también ahorrarse muchos años de investigación, apropiarse de logros ajenos y, sobre todo, aplicarlos como mejor le parezca, así sea en contra de Estados Unidos.

Ya sabemos que los chinos comunistas se valen de lo que haga falta para adquirir información estadounidense, y que en más ocasiones de las que quisiéramos se han salido con la suya. Ahora, ¿quiénes manejan esos datos? ¿Cómo los decodifican? ¿En qué los usan exactamente? Estas y otras interrogantes están llamadas a responderse con urgencia.

La adquisición ilícita de datos

Un estudio financiado por el Proyecto sobre Sistemas y Conceptos Avanzados para Contrarrestar Armas de Destrucción Masiva (PASCC, por sus siglas en inglés), señaló recientemente que "la adquisición ilegal de datos por parte de China es solo un aspecto de lo que se requiere para producir una capacidad científica y tecnológica mejorada que represente una amenaza para la seguridad".

Es decir, el hecho de que nos roben información biomédica no es el único problema por resolver ahora mismo: también lo es saber cuáles son los desafíos que enfrenta la nación asiática para dar sentido a esa información y utilizarla. En cualquier caso, hay que conocer muy bien sus capacidades científico-tecnológicas, incluida la de interpretar, integrar y utilizar los datos adquiridos para su economía o beneficio militar.

Con solo saber eso podremos determinar hasta qué punto representa una amenaza para nuestro país, al menos, en el campo de la biomedicina y sus múltiples aplicaciones, según se deduce del citado estudio, llevado a cabo por las distinguidas investigadoras estadounidenses Kathleen M. Vogel y Sonia Ben Ouagrham-Gormley.

Expertas en bioseguridad y macroestadísticas, Kathleen es directora interina y profesora de la Escuela para el Futuro de la Innovación perteneciente a la Sociedad de la Universidad Estatal, de Arizona, mientras que Sonia es profesora asociada en la Escuela Schar de Política y Gobierno correspondiente a la Universidad George Mason, en Virginia.

Según su investigación, "durante demasiado tiempo, la comunidad de seguridad de EE. UU. ha hecho suposiciones sobre la facilidad con la que los datos pueden convertirse en una amenaza para la seguridad, [pero] sin tener en cuenta los factores sociotécnicos más complejos que determinan cómo se pueden usar esos datos en la práctica".

En su opinión, "los analistas de inteligencia, los funcionarios encargados de hacer cumplir la ley y los investigadores deberían dedicar más tiempo a estudiar la infraestructura bioinformática de China". Esto es: "determinar quién está trabajando en la comunidad bioinformática china, dónde se encuentran las industrias y cuáles son sus capacidades", sin pasar por alto, desde luego, los "problemas que ha encontrado el país [asiático] al usar y traducir [nuestros] grandes datos biomédicos".

Desde su especializado punto de vista, "sondear este tipo de preguntas de investigación proporcionaría una comprensión más matizada sobre qué tipo de innovación autóctona está ocurriendo dentro de la comunidad bioinformática de China, que en realidad podría plantear problemas de seguridad para Estados Unidos".

La vulnerabilidad de los datos biomédicos

Los macrodatos biomédicos y de las ciencias de la vida provenientes de la secuenciación genómica, las bases de datos y los registros médicos electrónicos de pacientes, han dado lugar a la medicina de precisión (también conocida como medicina personalizada o genómica), muy útil para prevenir, diagnosticar y tratar diversas enfermedades.

Sin embargo, detrás de ese logro monumental, siempre está el peligro latente de que alguien acceda a tan importante información, según advirtieron en 2014, la Asociación Estadounidense para el Avance de la Ciencia, el Buró Federal de Investigaciones (FBI, por sus siglas en inglés) y el Instituto Interregional de Investigación de la Justicia y el Crimen de las Naciones Unidas.

En un informe, estos organismos dijeron que la posible adquisición de esos datos entraña un doble riesgo de seguridad: "el primero es la vulnerabilidad de las bases de datos biomédicas y la infraestructura de tecnología de la información (TI) frente al robo; el segundo, la posibilidad de que actores malévolos puedan acceder, integrar y analizar diversos datos biomédicos privados y públicos disponibles a fin de crear patógenos, toxinas o moléculas biológicamente activas para dañar animales, plantas o personas, y/o para evadir los dispositivos de detección actuales y otras contramedidas médicas".

Ed You, quien era jefe de la Unidad de Contramedidas del FBI en ese entonces, dijo que "quien tenga el conjunto de datos más grande y diverso, ganará"; una preocupación que igualmente comparte la Academia Nacional de Ciencias (NAS, por sus siglas en inglés). Mediante su informe dado a conocer en 2020, Salvaguardando la bioeconomía, esta entidad señaló que los principales riesgos tienen que ver con la privacidad, la economía y la seguridad nacional.

"Los datos asociados con información de identificación personal, salud individual y conjuntos de datos genómicos, podrían aprovecharse para el chantaje, la extorsión o varios tipos de explotación y vigilancia", puntualizó la NAS en el reporte en cuestión. Entretanto, Kathleen y Sonia ejemplificaron el particular con un suceso de alto perfil ocurrido en 2015.

En ese año, "piratas informáticos se infiltraron en Anthem, la segunda aseguradora de salud más grande de los Estados Unidos, y accedieron a una base de datos de la empresa que contenía hasta 80 millones de registros de clientes, y empleados actuales y anteriores".

Según dijeron las expertas en su estudio, "investigaciones posteriores revelaron que los piratas informáticos accedieron a información personal, como nombres, identificaciones de miembros, números de Seguro Social, domicilios, direcciones de correo electrónico e información de empleo", en un incidente que "planteó dudas sobre si la Ley de Portabilidad y Responsabilidad del Seguro Médico (HIPAA, por sus siglas en inglés) protege adecuadamente contra este tipo de ataques cibernéticos".

La seguridad cibernética en la rama sanitaria

A juzgar por las estadísticas sobre este particular, todo indica que el ciberespionaje de datos médicos ha empeorado en los últimos años. Solo en 2019, por ejemplo, 32 millones de registros de pacientes estadounidenses fueron violados, cifra que, según el informe de la HIPAA correspondiente a ese año, es mayor que la reportada entre 2009 y 2014.

"Los grupos de piratería con sede en China han sido responsables o están fuertemente implicados en varios de estos incidentes", apuntaron las citadas especialistas, basándose en el hecho de que "investigadores de la empresa de seguridad ThreatConnect descubrieron que la infraestructura técnica utilizada en el ataque a Anthem estaba vinculada a Topsec, una empresa china de seguridad informática".

Agregaron que la firma de seguridad estadounidense FireEye, por su parte, ha identificado varios grupos vinculados con la nación asiática que se dedican a piratear sistemas sanitarios y bases de datos en todo el mundo. Los hackers chinos igualmente han sido relacionados con el robo de PI relativa a ensayos clínicos, investigaciones científicas y dispositivos médicos. Como si eso no fuera suficiente, las expertas subrayaron que "el FBI también ha destacado cómo China puede tener acceso a otros conjuntos de datos biomédicos a gran escala a través de contratos, asociaciones comerciales y colaboraciones de investigación con hospitales, universidades y empresas de biotecnología".

El reclutamiento de científicos americanos

Recordemos que el Plan de los Mil Talentos es uno de los medios usados por el Partido Comunista Chino (PCCh) para reclutar expertos de alto nivel en el extranjero, incluido EE. UU. Es decir, a los chinos comunistas no les basta con el tristemente típico robo de patentes y secretos científicos, "hackeo" mediante, sino que también acuden al reclutamiento de personal clave para llevar adelante sus inescrupulosos planes.

Uno de los casos más sonados al respecto ha sido el de Charles Lieber, expresidente del departamento de Biología Química de la Universidad de Harvard, considerado el químico más influyente de la primera década de este siglo y, además, contemplado como un potencial premio Nobel en el año 2011 por sus aportes a la nanotecnología.

Lieber, sin embargo, fue declarado culpable de ocultar sus vínculos con el citado programa de reclutamiento chino; programa que le pagaba 50 000 dólares mensuales por su "trabajo", aparte de los 1,5 millones de dólares que recibiera por concepto de subvenciones. ¿Qué debía hacer el científico a cambio? Pues publicar artículos, organizar eventos internacionales y solicitar patentes en nombre de la Universidad Tecnológica de Wuhan.

Para James Mulvenon, vicepresidente de la División de Inteligencia de Defense Group, Inc. (DGI), una cosa es tener acceso a un plano o un diseño, [por ejemplo]; otra, "tener a alguien que te los explique. Y si el que te los explica es el que los ha creado, mejor. [En este caso], no estamos hablando de secretos militares, sino de terapias médicas, líneas para nuevos tratamientos o herramientas de diagnóstico".

En este mismo sentido, el también director del Centro de Investigación y Análisis de Inteligencia del DGI opina que "la información concreta es valiosa, pero los intangibles pueden serlo aún más porque abren nuevos horizontes", cosa que los chinos, naturalmente, saben muy, pero muy bien.

Tanto es así que el 93 % de 189 científicos bajo una reciente investigación por sus nexos con gobiernos extranjeros tenía conexiones con la República Popular China, de acuerdo con una pesquisa realizada por el Instituto Nacional de la Salud y divulgada por el portal share.america.gov. De esos expertos, según la fuente, unos 54 ya fueron despedidos o renunciaron a sus puestos.

En un artículo de ABC sobre el tema, por su parte, se afirma que China no solo compra genialidad, sino que también la exporta. Es decir, casi la mitad de los investigadores en laboratorios universitarios estadounidenses es de origen chino, en parte, porque los científicos norteamericanos se sienten más atraídos por el sector privado; en otra, porque los estudiantes chinos tienen un gran nivel.

La fuente sustenta su afirmación en el hecho de que unos 6000 científicos chinos han recibido becas del Instituto Nacional de la Salud. Datos manejados por el FBI indican que el robo de PI está relacionado con expertos de China, enrolados en 71 universidades y hospitales. Si ese hecho de por sí es grave, mucho más lo es su dualidad, o sea, la información robada lo mismo puede ser usada para hacer el bien que para hacer el mal. ¡Así de desprotegidos estamos!

La prioridad nacional china

Retomando el estudio del PASCC, aún no están del todo claros los motivos específicos de los ataques cibernéticos chinos, "sean puramente para obtener ganancias económicas o industriales, o para la creación de nuevas armas biológicas o mecanismos de vigilancia destinados a ayudar a China a obtener una ventaja militar".

Lo que sí está claro, en cambio, es que el gigante asiático "ha tratado de aumentar su capacidad biotecnológica en los últimos 15 años. [Es decir], el Gobierno chino ha priorizado la construcción de su industria biotecnológica y, a la par, ha hecho un esfuerzo significativo por adquirir conocimientos a través del [citado] Programa de los Mil Talentos".

Básicamente, el Gobierno de Xi Jinping ha hecho de los macrodatos biomédicos una prioridad nacional, lanzando una iniciativa de medicina de precisión por valor de 60.000 millones de yuanes (unos 9,300 millones de dólares), solo en 2016 para abordar las enfermedades con vínculos genéticos en la población envejecida de su país.

A sabiendas de tal panorama, las entidades de inteligencia estadounidenses trabajan por identificar e interceptar los intentos de China de lograr una mayor capacidad científico-tecnológica a través de la adquisición ilícita de varios tipos de datos biomédicos para promover sus ambiciones comerciales o de seguridad.

Sin embargo, como apuntaron Kathleen y Sonia, en el aire quedan varias preguntas clave al respecto, entre ellas: ¿China realmente ha podido usar estos datos para obtener ganancias económicas o de seguridad? Si es así, ¿cómo lo ha logrado? ¿Qué tan difícil le ha resultado lograr sus objetivos?

La hoja de ruta a seguir

Como de momento no hay respuestas para esas interrogantes, EE. UU. tiene que seguir trabajando para conseguirlas lo antes posible, de lo contrario, tal como apunta el estudio de marras, "será cuestión de tiempo antes de que China nos supere, y se convierta en la nueva potencia mundial de ciencia y tecnología".

Para Sabina Leonelli, estudiosa de "big data" citada en la investigación, los datos son como "piezas móviles de información" que se pueden recopilar, almacenar y difundir. Estos datos pueden ser exactos o no, y pueden utilizarse para un fin aplicado o no, en dependencia de las diversas personas involucradas.

Según ella, "los datos se pueden emplear para representar varios aspectos de la realidad y cada interpretación dependerá de las circunstancias específicas del análisis, incluidas las habilidades y premisas técnicas que permiten a las personas y/o algoritmos organizar y visualizarlos de manera que corroboren una determinada conceptualización de la realidad. En otras palabras, la interpretación de los datos está constantemente mediada por el punto de vista y las habilidades de quienes los utilizan".

Partiendo de ese análisis, Leonelli ha recalcado la importancia de estudiar lo que ella llama el "viaje de datos", que se compone de los diversos factores sociales, las infraestructuras y el trabajo involucrados en la transferencia de información y su uso en nuevos contextos. Para esta experta, sería ideal que los organismos estadounidenses encargados de hacer cumplir la ley al respecto aplicaran este enfoque a su trabajo, y no solo se enfocaran en detener a quienes piratean datos.

Es decir, sí deberían conocer al detalle qué información fue robada, pero al mismo tiempo, también deberían saber en qué forma y formato estaba almacenada, cómo podría usarse o combinarse con otros datos para el beneficio económico o de seguridad de un determinado actor, qué se requeriría para ser usada y qué desafíos o limitaciones existirían en su manejo, entre otras cuestiones.

Para comprender el llamado viaje de datos igualmente se requeriría conocer mucho más acerca de la infraestructura bioinformática de China; sus políticas, programas gubernamentales e instituciones involucradas en ello, así como los flujos de financiamiento dedicados al efecto, recalcó Leonelli.

Kathleen y Sonia, entretanto, propusieron recolectar esa valiosa información "a través de una variedad de medios de código abierto, como conferencias bioinformáticas chinas e internacionales, publicaciones científicas, actividades de la industria, ensayos clínicos e, incluso, medios clandestinos".

Al propio tiempo, sugirieron que estas evaluaciones podrían ser realizadas por Open Source Enterprise, de la CIA, dentro de su Dirección de Innovación Digital, así como dentro del nuevo Centro de Misión de China, entre otras instituciones.

Al concluir su tesis, estas reconocidas expertas en biodefensa subrayaron que las preocupaciones de seguridad sobre el robo de macrodatos biomédicos y el papel de China en ello, deben estudiarse a fondo, con evidencia empírica más sólida, para informar mejor a los tomadores de decisiones de EE. UU.

Una vez que sepamos la verdadera naturaleza del peligro, estaremos mejor preparados para enfrentarlo.

Definitivamente, contar con las estadísticas de piratería en torno a la información biomédica, perseguir a los hackers chinos y arrestar a científicos estadounidenses vendidos, no nos sacará del aprieto en el que estamos.

"En verdad, es una carrera contra el tiempo para que los buenos encuentren las vulnerabilidades, las corrijan e implementen esas correcciones antes de que el adversario [chino] las encuentre y las aproveche", dijo a The New York Times el director adjunto de seguridad informática de la Agencia de Ciberseguridad e Infraestructura del Departamento de Seguridad Nacional, Bryan S. Ware. Según él, "la competencia está más cerrada que nunca".

¡Y vaya que sí lo está! Indudablemente, hay que parar el viaje de macrodatos biomédicos a como dé lugar, máxime si el principal destino es la RPC. No más transferencia ilícita de nuestra propiedad intelectual y nuestros secretos científicos. El fruto del talento nacional, que se quema las pestañas cada día para beneficio de EE. UU., debe permanecer aquí, en casa, como siempre ha debido ser.

Capítulo 40
El teatro de China frente a la invasión de Rusia a Ucrania
Publicado originalmente el 3 de mayo de 2022

Sólida como una roca: así describió Pekín su relación con Moscú a días de comenzar la invasión de Rusia a Ucrania; sin embargo, detrás de ese símil tan resonante como teatral, podrían estar escondiéndose no pocas elucubraciones por parte de China comunista en su indudable carrera por alzarse como la mayor superpotencia mundial.

A medida que la guerra ha ido avanzando, el autoproclamado país neutral ha dejado claro que mientras le pasa la mano a Moscú, haciéndose de la vista gorda frente a la condenable acción militar y desligándose de las sanciones impuestas al Kremlin por Occidente, también le hace saber a Kiev que nunca le agredirá.

En congruencia con su puesta en escena, sigue dándole forma a una trama en la que Xi Jinping se percibe con la supremacía global. O sea, ni se pelea con Vladimir Putin por su belicismo ni se enemista con Volodimir Zelenski, a quien ha prometido ayudar. Más bien, se ofrece para mediar como "el solucionador de conflictos" que presume ser.

Las dos máscaras del régimen chino

Mientras Pekín le pone su mejor cara a Moscú y la envalentona de forma subliminal en su invasión a Ucrania —no ya por el consabido tema de la OTAN, sino por los cuantiosos recursos naturales ucranianos, posible tesis fundamental de esta guerra— también se acomoda en la butaca para asistir a su estrepitosa caída.

"China está muy feliz. El declive de Rusia significa su ascenso", asegura Taras Kuzio, experto en política, economía y seguridad ucranianas. En entrevista con BBC Mundo, el académico británico dijo que "ellos comparten una posición en contra de Occidente, pero la diferencia es que China es una potencia en ascenso y Rusia, una en declive".

En este orden de cosas, Kuzio recalcó que "la imagen internacional de Rusia ha sido muy dañada. Ya nadie quiere trabajar, ni comercializar con ellos, [de hecho], 400 empresas occidentales han abandonado ese país", de ahí que es muy posible que "China se levante como la potencia antioccidental alternativa dominante".

Según él, está claro que Rusia ha sido apartada de la globalización, lo que significa que entrará en un rápido descenso al tiempo que China ascenderá frente a Occidente. Es de suponer entonces que la nación asiática está al corriente de esto; sabe que será la mayor beneficiada de esta guerra injusta. Y seguro que por más de una razón.

Los recursos naturales ucranianos

Aunque Moscú y Pekín achacan la culpa de la guerra ruso-ucraniana a la intención de Kiev de integrarse a la OTAN, así como a los países miembros de esta alianza, en especial; Estados Unidos, por debajo del telón no hacen más que codiciar los cuantiosos recursos naturales de Ucrania.

Por si usted no lo sabe, este país de Europa del Este ocupa el primer puesto en Europa en superficie de tierras cultivables y el primero en el mundo en exportaciones de girasol y el aceite derivado de este; el tercero a nivel mundial en producción de papas; el cuarto, en producción de cebada y centeno, y exportación de maíz, y el quinto, en exportaciones de trigo. En suma, puede satisfacer las necesidades alimentarias de 600 millones de personas, según un exhaustivo reporte de Infobae.

Adicionalmente, a nivel mundial, es el tercer país en exportación de arcilla, el cuarto en gasoductos de gas natural, el quinto en exportación de hierro y titanio, el séptimo en capacidad instalada de centrales nucleares, y el duodécimo en exportación de productos de la industria de defensa, así como en la producción de acero.

Es decir, Ucrania es uno de los mayores productores de minerales metálicos y no metálicos del mundo. De acuerdo con la Oficina de Atracción de Inversiones del Gobierno ucraniano, posee 117 de los 120 minerales conocidos y cuenta con 86.761 depósitos de relevancia para el sector industrial.

Llamado "el granero de Europa" por su extensa producción de cereales y oleaginosas, este país es especialmente rico en uranio, titanio, manganeso, hierro, mercurio, níquel, cobre, neón, cobalto, carbón, gas de lutita y litio, considerado como "el oro blanco" y material clave para la transición ecológica.

Esencial para impulsar los proyectos de energía limpia de Europa Occidental, en general, y para las baterías de los autos eléctricos, en particular, el litio podría ser un gran incentivo para la invasión rusa, según apuntó La Vanguardia a raíz de un estudio realizado previo a la guerra.

Ejecutado por Svitlana Vasylenko y Uliana Naumenko, investigadoras de la Academia Nacional de Ciencias de Ucrania, el análisis reveló que esa nación alberga 500.000 toneladas de óxido de litio, una riqueza que, de confirmarse y explotarse debidamente, convertiría al país en "uno de los principales productores de litio del mundo".

Tal como reseñó la investigación, "es especialmente significativo que el yacimiento con el mayor potencial para ser explotado se encuentre, precisamente, en la región oriental del Donbass, cuyo conflicto abierto desde 2014 en las regiones de Donetsk y Luhansk fue uno de los detonantes de la ofensiva rusa".

El estudio resaltó también que "esta reserva podría ser el objetivo primario para la formación de una industria del litio en Ucrania y uno de los [elementos] más atractivos en las condiciones actuales para los mercados de Europa Occidental", algo que Rusia, obviamente, conoce muy bien. Como también sabe que el precio del metal se ha disparado un 550 % en el último año. Saquen cuentas y verán si esto le conviene o no.

La base mineral de Ucrania

Fíjense si este análisis da en el blanco en lo que respecta al intríngulis de esta guerra, que no sólo contempla este motivo como uno de los acelerantes de la invasión lanzada por Rusia, sino que también expone a China como nación interesada en aprovechar este suculento botín.

Resulta que, desde antes de la invasión, inversores chinos ya habían mostrado interés en la explotación del llamado oro blanco. Se trata de la firma Chengxin Lithium Group Co. Ltd, fabricante y distribuidora de baterías de litio, así como de sales y otros productos derivados de este metal.

Según el estudio, la empresa china, además de la austríaca European Lithium, ya se había postulado como explotadora de los depósitos de Donetsk y Kirovograd, pero aún no se sabe qué pasó con su petición porque la guerra lo ha paralizado todo. Lo que sí se infiere, digo yo, es que Rusia no lo permitirá, dado que ya ocupa parcialmente a Donetsk.

Si esto le parece interesante, prepárese ahora para la conclusión a la que llegaron las investigadoras: "Teniendo en cuenta las reservas probadas y los recursos esperados de litio, Ucrania puede ser considerado el país más rico de Europa. Puede cubrir por completo sus propias necesidades y suministrar litio a todo el mercado europeo".

A mi modo de ver, esto es música para los oídos rusos. Para Rod Schoonover, jefe del Programa de Seguridad Ecológica del Consejo de Riesgos Estratégicos, "una razón por la que el país es tan importante para Rusia", tal como indicó a The New York Times.

De acuerdo con este experto nativo americano, que también se ha desempeñado como científico y analista principal de la Oficina de Inteligencia e Investigación perteneciente al Departamento de Estado, definitivamente, "esta invasión pone en juego esos minerales".

El atraco del siglo

Yendo un poco más lejos, Ucrania es muy importante para Rusia desde varios puntos de vista: desde el económico, porque tiene cuantiosas reservas mineras; desde el histórico, porque posee un vínculo innegable con su historia y desde el geoestratégico, porque es un enclave fundamental tanto en el Mar Negro como en la relación con varios países.

En declaraciones a Euronews, la investigadora principal de Rusia y Eurasia en el Real Instituto Elcano, Mira Milosevich, dijo que, tanto el cerco a Kiev, como el bombardeo en la parte central del país, son meros elementos de distracción.

Mientras pasa esto, Putin está realizando el atraco del siglo, apoderándose de recursos naturales y del territorio oriental de Ucrania, donde están situadas las mayores riquezas, tanto de litio como de gas, aseveró.

Para Milosevic, el potencial de estas tierras es grande y podría ser uno de los objetivos del mandatario ruso. "Diría que los yacimientos no son la causa principal de la invasión, pero seguro que son un aliciente más", apuntó la investigadora, y es probable que tenga mucha razón.

La experta aprovechó asimismo para analizar la lógica del Kremlin en este sentido. En su opinión, Moscú también estaría castigando a Kiev, privándola de sus recursos naturales; hecho que, a su vez, haría que tanto la Unión Europea como Occidente paguen por apoyarla. "Sería un doble cobro, apuntó, aunque, claro está, tener más recursos naturales, nunca viene mal".

La puerta china a Europa

Desde la anexión de Crimea por parte de Rusia en 2014, Ucrania empezó a sufrir los efectos de la guerra civil, un panorama que Xinping supo aprovechar muy bien. A partir de esa fecha, como el personaje oportunista que saca partido de las desgracias ajenas, pasó a ser un socio clave para Ucrania.

Así las cosas, casi de la noche a la mañana, China pasó a ser el principal importador de productos ucranianos y, en 2020, se convirtió en su socio comercial por excelencia con la compra de bienes por un valor superior a los 7,508 millones de dólares, equivalente al 14 % de todas las ventas de Ucrania al extranjero. Rusia, desde luego, quedó detrás, concretamente en el tercer lugar luego de Polonia, según un reporte de El Economista.

A raíz de este nuevo intercambio comercial, la nación europea comenzó a proveer a la asiática de maíz, aceite de girasol, cebada, hierro, entre otros productos, al tiempo que empezó a adquirir muchísimos artículos Made in China, como era de esperarse. Ni corto, ni perezoso, el gigante asiático, por su parte, compró en 2013 el 9 % de toda la tierra cultivable de Ucrania. Interesante movida, ¿no creen?

Tal como señaló la misma fuente, "en un acuerdo poco común en Europa, China adquirió más de 29.000 kilómetros cuadrados en la región de Dnipropetrovsk. Se trata de una fórmula que ya ha empleado en países africanos con la idea de asegurar el suministro de trigo y alimentos para su enorme población".

A fin de que tenga una idea de cuán relevante es este acuerdo para la China comunista, sepa que este es su mayor proyecto agrícola fuera de su territorio. La empresa a cargo es Xinjiang Production and Construction Corps, que colabora con la ucraniana KSG Agro, mientras que el objetivo, naturalmente, es conseguir productos básicos a un costo realmente bajo.

Alternativa a la Nueva Ruta de la Seda

Pero esto no es todo: lo que está tras bambalinas es la inversión en infraestructura, porque el principal objetivo de los comunistas chinos es crear una vía terrestre que una a Pekín con Madrid. Hasta el momento, la nación asiática ha invertido mucho para conseguir esto a través de Rusia, pero ¿cuál es su otra opción para la Nueva Ruta de la Seda (BRI, por sus siglas en inglés)? La mismísima Ucrania, claro está.

Resulta que China sabe que el territorio ucraniano puede ser su puerta a Europa, de ahí sus grandes inversiones en infraestructura. Solo en 2018, por ejemplo, gastó unos 7.000 millones de dólares en eso. "Si China quiere venir a mejorar nuestros puertos y vías férreas, y construir carreteras, ¿por qué detenerlos?", puntualizó el ministro de infraestructura ucraniano, Volodymry Omelyan, al ser cuestionado sobre el tema.

Zelenski, por su parte, prometió que Kiev sería el puente hacia Europa a propósito de un acuerdo de infraestructura firmado por los dos países en 2021, fecha en la que ambas partes se comprometieron a colaborar activamente en diversos proyectos a lo largo y ancho de todo el territorio ucraniano.

En alusión a este acuerdo, Jinping, recalcó su apoyo a "la integridad territorial de Ucrania", frase que ha coincidido con la postura del ministro de exteriores chino, Wang Yi, en el marco de la invasión rusa.

El juego de la neutralidad china

A propósito de Wang Yi, hace poco manifestó claramente que Pekín "no quiere que esta guerra le salpique de forma directa", al tiempo que aseveró que su país "no es parte de la crisis ucraniana, ni quiere verse afectado por las sanciones [de Occidente]".

Un reporte de RTVE se hizo eco de esas declaraciones, así como de las del embajador de la nación asiática en

Ucrania, Fan Xiangong, quien manifestó que China nunca atacará a Ucrania. Por el contrario, "vamos a ayudar, sobre todo, en materia económica y a actuar de forma responsable".

Tras analizar estas posturas, Gracia Abad, profesora de Relaciones Internacionales y experta en política exterior china, apuntó que el gigante asiático "ha dicho que es neutral, [lo que] no significa que sea imparcial, pero va a jugar a la neutralidad".

Desde su punto de vista, China "quiere aparecer como facilitadora de la solución del conflicto, como una potencia responsable que hace un juego diplomático". Significa que quiere dársela de mediadora, ayudar a Ucrania "responsablemente" y apoyar a Rusia "siempre que no le perjudique a ella", subrayó Abad.

A simple vista, como habrán notado, la postura china está bastante clara. Mientras Rusia invade, destruye y mata en suelo ucraniano, los chinos comunistas conforman su mejor puesta en escena: estar con Dios y con el diablo, y sacar de ello el mayor provecho posible.

Esto es: sobresalir por delante de Rusia como la primera potencia antioccidental, aprovechar el suelo y los recursos de Ucrania, BRI mediante, para seguir potenciando su crecimiento económico e impulsar su avance hacia la hegemonía global, en lo que viene siendo su perenne obsesión en contra de los Estados Unidos.

Para ellos, sacar lasca de la invasión es vital. No se inmiscuyen. No toman partido. Apenas opinan. Pero eso sí: en su guion está claro su rol, aunque no salgan de camerinos (todavía) y vean la guerra desde la platea. Así como Rusia quiere apoderarse de Ucrania, ellos también desean lo suyo. Sus actos, más que sus palabras, hablan por sí solos.

Capítulo 41
Rusia contra Ucrania: la invasión que beneficia a China
Publicado originalmente el 29 de marzo de 2022

A río revuelto, ganancia de pescadores. Justamente eso es lo que podría estar pensando ahora mismo la República Popular China (RPC) a juzgar por las diversas maneras en que podría beneficiarse de la invasión de Rusia contra Ucrania.

Es que para el espectador comunista chino que ve la guerra desde las gradas, este conflicto bélico no solo representa nuevas oportunidades comerciales, sino también la posibilidad de establecer un nuevo orden mundial en el que China, naturalmente, esté a la cabeza.

Nuevo matrimonio a la vista

Mientras Occidente, en general, y los Estados Unidos, en particular, condenan enérgicamente la invasión a Ucrania e imponen medidas de corte económico para obligar a Rusia a terminar con los ataques, Pekín y Moscú podrían estar a punto de darse el "sí, quiero" a partir de las circunstancias resultantes de la guerra.

A la China comunista no le importa que el Ejército ruso invada al territorio ucraniano, destruya su infraestructura y ocasione la muerte de civiles, que hoy suman más de 1110, entre ellos, decenas de criaturas inocentes, según un reporte de la oficina de derechos humanos de Naciones Unidas.

Con su no condena a la invasión, la China comunista se desentiende del conflicto y solo mira hacia el lado de la guerra que, por obra y gracia del destino, le conviene más; aquel que le sirve de algún provecho, que le fortalece o le pone en una mejor posición económica de la que está.

Gregory Copley, presidente de la Asociación Internacional de Estudios Estratégicos, de Washington, considera que la economía china ha estado implosionando gradualmente en los últimos años, por tanto, "lo realmente significativo de la guerra en Ucrania, es que ha salvado al Partido Comunista Chino (PCCh) en gran medida, porque ha hecho que Moscú regrese a los brazos de Pekín".

En declaraciones ofrecidas a EpochTV, citadas en un artículo de The Epoch Times, Copley dijo que, "a medida que la economía se deteriora cada vez más bajo el liderazgo del PCCh, la guerra entre Rusia y Ucrania presenta oportunidades comerciales y de inversión que pueden permitir que la élite gobernante de China se mantenga un paso por delante de los disturbios sociales y extienda su dominio".

En opinión de este analista, "Moscú podría estar repentinamente dispuesta a hacer negocios con China a precios muy favorables para la nación asiática", lo que se traduce en que Pekín podría adquirir productos rusos que los ciudadanos chinos necesitan con urgencia a precios realmente bajos.

Desde luego, se trataría de nuevos productos con etiqueta rusa, toda vez que Rusia ya es el segundo mayor proveedor de petróleo de China (equivalente al 15,5 % de las importaciones totales del gigante asiático, según estadísticas de 2021), así como también un importante exportador de gas y carbón para el régimen de Pekín.

Entre los nuevos productos de facturación rusa que China podría recibir figuran los alimentos. O, al menos, eso es lo que se desprende del análisis realizado por Copley, cuando valoró estos supuestos: de un lado, la nación asiática es la que más alimentos importa a nivel global, dada su colosal demografía; del otro, EE. UU. es uno de sus principales suministradores, lo que, aparte de salirle caro, la hace bastante dependiente de Washington.

Atando cabos: "La realidad es que la guerra de Ucrania significa que Rusia ahora no puede vender gran parte de su producción agrícola, sus productos alimenticios y excedentes al mundo exterior, así que los alimentos estarán disponibles para la República Popular China a un precio más bajo", resaltó el experto.

Estamos hablando de un negocio redondo en el que cada uno resolvería su problema sin tener necesidad de acudir a Occidente para sus operaciones comerciales en esta área, aunque, según Copley, también existe la posibilidad de que Rusia desvíe a China otros productos energéticos que ya no puede vender a los mercados occidentales.

De concretarse el amorío entre Moscú y Pekín, la primera tendría una vía de escape para darle salida a su producción alimentaria; la segunda, un medio para recibir importaciones imprescindibles y, de paso, consolidar un nuevo bloque económico distante e independiente de EE. UU. y cualquiera de sus aliados.

China ya lo ha dejado bien claro. En lugar de oponerse abiertamente a la guerra, como dicta el sentido común, no solo ha dejado entrever su puesto al lado de Rusia, sino que también ha calificado la relación chino-rusa de sólida como una roca.

Nuevo orden mundial

Desde que empezó la invasión en Ucrania, no son pocos los que ya hablan del posible establecimiento de un nuevo orden mundial, teniendo en cuenta los intereses de China y Rusia al respecto, así como su potencial alianza estratégica a propósito de la guerra.

Cuando el presidente chino, Xi Jinping, y su homólogo ruso, Vladimir Putin, se reunieron en febrero, lejos de dialogar para tratar de reducir las tensiones rusoucranianas, más bien se enfocaron en temas acordes a su conveniencia. De hecho, fuentes cercanas a ese encuentro lo catalogaron como una muestra de solidaridad entre los dos regímenes.

A juzgar por lo que revela otro reporte de The Epoch Times, la ocasión estuvo marcada por una larga "declaración conjunta" de 5000 palabras en la que los dos países anunciaron una asociación "sin límites" y su oposición a "una mayor ampliación de la OTAN".

Para el teniente coronel retirado Robert Maginnis, citado por la mencionada fuente, esa declaración tan detallada definió claramente el objetivo de la relación emergente entre China y Rusia, esto es, entre Xi y Putin, quienes están empeñados "en sofocar a Occidente, desmantelar a la OTAN y crear un nuevo orden mundial".

Maginnis considera que Pekín le ofreció a Moscú respaldo político y garantías financieras a fin de ayudarle a contrarrestar el efecto económico de las sanciones occidentales. En su opinión, "que el régimen chino no haya criticado al ruso por su ataque a Ucrania, podría ser una señal del apoyo silencioso de Pekín".

Este militar retirado también cree posible que "Xi se sienta alentado por lo que Occidente está haciendo o, más apropiadamente, por lo que no está haciendo", es decir, enviando tropas a Ucrania, en especial, Estados Unidos, su más grande y poderoso contrincante.

Maginnis considera, asimismo, que el presidente chino ayudará al Gobierno ruso, en general, y a Putin, en particular, a lavar sus finanzas para seguir adelante, al tiempo que busca establecer un nuevo orden mundial, como lo demuestran muchos de sus escritos y discursos.

"Este nuevo orden mundial, agregó, es uno que acepta mucho más un régimen autoritario, en lugar de los valores liberales que formularon el orden establecido después de la Segunda Guerra Mundial".

Alicia García-Herrero, economista jefa de la división Asia-Pacífico del banco francés Natixis, dijo a BBC Mundo, por su parte, que, en un nivel más geopolítico, la relación económica entre ambos países se basa en que tienen una visión parecida sobre lo que debería ser un nuevo orden global.

"Tienen un acuerdo de caballeros: Rusia vuelve a ser la 'Gran Rusia' y China consolida su poder", es decir, según esta experta, a estas dos naciones las une la visión de un mundo donde la hegemonía es china, pero hay espacio para "el bulldog" o el "perro que ladra", que es como en el país asiático le llaman a Rusia, en el sentido de que son ellos, los rusos, quienes aportan el potencial nuclear.

En este mismo sentido, un reporte de El País resaltó que Putin y Xi comparten una misma visión en cuanto a los derechos humanos, el deseo de un nuevo orden global que les garantice a ambos un papel protagonista, y el rechazo a los Estados Unidos y sus alianzas.

Según esta fuente, las economías, los intereses y las áreas de influencia de estas dos naciones son casi complementarios, de ahí que no sea de extrañar su marcado interés en unirse en función de un propósito que las beneficie, única y exclusivamente, a las dos.

En lo que la invasión termina o no, lo cierto es que China debe estar frotándose las manos desde ya porque, tanto en el área económica como en el terreno geopolítico, la guerra contra Ucrania la está beneficiando. Es más: según el asesor económico presidencial de Ucrania, Oleg Ustenko, China es el único país que se beneficia de este conflicto armado.

Es que, a partir de ahora, la nación asiática podrá contar más con Rusia en cuanto a importaciones y exportaciones se refiere, dependerá menos de los Estados Unidos en muchos sectores y seguirá intentando imponer un nuevo orden mundial, fiel a su objetivo de ganarle a Washington la pelea como gran potencia global. Remarco, "intentando", porque, como ya sabemos, una cosa es querer y otra, poder.

Desde la primera hora de la invasión a Kiev, a Pekín debe haberle quedado claro que EE. UU. nunca se ha quedado de brazos cruzados, ni ante directos adversarios en una guerra declarada, ni ante naciones oportunistas que velan por su propio beneficio mientras inocentes mueren.

Porque eso es lo que es China: un país oportunista al que esta invasión le viene como anillo al dedo para lograr muchos de sus planes.

Capítulo 42
De cómo ciertas élites de EE. UU. se pliegan ante la China comunista
Publicado originalmente el 4 de febrero de 2022

Tus deseos son órdenes. Así parecen responderle a China algunas corporaciones, personalidades y hasta funcionarios de nuestro país, quienes juegan a estar con Dios y con el diablo en lo que se refiere a la amenaza que representa el régimen comunista del gigante asiático para la seguridad y los intereses de nuestra nación.

Lo anterior se deduce de una investigación devenida libro que ha encendido la discusión sobre el tema. *Infraganti: cómo las élites estadounidenses se enriquecen ayudando a China a ganar*, es su título. ¿El autor? Peter Schweizer, presidente del Government Accountability Institute, consultor político y escritor bestseller del New York Times.

Sobre los entusiastas de Pekín

En su recién publicado libro, considerado por él mismo como "la investigación más aterradora que jamás haya realizado en un cuarto de siglo como periodista de investigación", Schweizer no solo compromete a gurús de Silicon Valley y gente de Wall Street, sino también a la propia familia presidencial, entre otras importantes figuras.

Según él, las compañías y personalidades involucradas no han hecho más que sacrificar la seguridad de nuestro país a cambio de su acceso al mercado chino y su consiguiente enriquecimiento. Por tanto, "deberían estar avergonzados", señaló, enfático, durante una entrevista con EpochTV, resumida por The Epoch Times.

Para el autor superventas, está claro que Pekín no tiene necesidad de presionar a nadie en función de sus intereses, pues ya "hay muchos poderosos en EE. UU. que cabildean en su nombre". Una cruda realidad que, sin duda, pone a la nación asiática en el lugar perfecto para convertirse en la principal superpotencia mundial.

"A menos que empecemos a tomar medidas radicales, perderemos; perderemos porque nuestras élites estarán felices de vender, recoger su dinero y ubicarse en posiciones ventajosas para las generaciones venideras", remarcó el también autor de Clinton Cash.

Aunque matizó diciendo que eso no necesariamente significa que el Partido Comunista Chino (PCCh) ocuparía EE. UU., sí remarcó que nuestra nación, como la conocemos hoy, será muy distinta en el futuro, ya que "la vida aquí va a estar fuertemente influenciada por lo que quiera el régimen de Pekín".

Acerca de la familia Biden

Si bien desde hace tiempo se viene hablando de los nexos de Hunter Biden con China, sus controversiales negocios y sus no menos polémicos ingresos, Schweizer dijo en su obra que "hay razones importantes para que Pekín quiera que sus lazos comerciales con la familia Biden sigan ocultos".

Para hacer tal afirmación, se basó en las palabras del académico chino Di Dongsheng cuando, en referencia a los negocios de Hunter, dijo: "Hay transacciones de venta directa involucradas aquí, por lo que creo que, en este momento en particular, es de valor estratégico y táctico para nosotros mostrar buena voluntad".

Está clarísimo que la "buena voluntad" a la que se refirió Dongsheng —quien, para más inri, trabajó con órganos de propaganda del Gobierno de su país, difundiendo materiales, incluso, dentro de EE. UU.— no es más que el silencio cómplice entre ambas partes a fin de conseguir sus particulares fines.

Pero eso no es todo: el propio Dongsheng, incluso, se jactó de que "Pekín tiene viejos amigos dentro del círculo de poder de EE. UU". Y claro que los tiene. Según la investigación de Schweizer sobre los Biden, a quienes les dedicó todo un capítulo de su flamante libro, no solo Hunter ha estado implicado en estos escandalosos asuntos.

Otros integrantes de la familia han establecido relaciones financieras también, ansiosos por sacar provecho de esos negocios lucrativos, dijo el autor, a lo que agregó: "La nueva evidencia deja en claro que esta familia recibió unos 31 millones de dólares de empresarios chinos vinculados con altos niveles de inteligencia china durante y después del mandato de Joe Biden como vicepresidente".

Aportando varias pruebas y evidencias acerca de las implicaciones de la ahora familia presidencial, el consultor político dijo que Hunter y Joe tenían finanzas entrelazadas, dejando entrever de este modo cómo el inquilino de la Casa Blanca se ha visto salpicado al respecto, económicamente hablando.

Otra cosa que llamó poderosamente la atención, es el descubrimiento de que el otrora número dos del Gobierno estadounidense solía "reunirse con los clientes de su hijo, particularmente, los de China y Ucrania, en encuentros celebrados extraoficialmente". Cabría preguntarnos entonces, ¿a qué venía tanto misterio si no había nada que ocultar? Piensa mal y acertarás, como dice el viejo refrán.

Sobre la senadora Dianne Feinstein

Además de la familia Biden, Schweizer hizo hincapié en otros miembros del Gobierno estadounidense, como, por ejemplo, la senadora Dianne Feinstein (D-California), quien, en el pasado, "defendió al PCCh mientras su esposo,

Richard Blum, obtenía ganancias al firmar acuerdos comerciales con empresas chinas".

Tal como señala The Epoch Times en su artículo sobre el libro, en 1994, cuando el Senado de los EE. UU. contemplaba rescindir el estatus comercial de nación más favorecida con China, la demócrata se opuso, y dijo que tal medida sería "contraproducente" y "avivaría las inseguridades de Pekín".

Según la investigación de Schweizer, Feinstein mantenía un vínculo con el exlíder chino Jiang Zemin, desde que ambos eran alcaldes en San Francisco y Shanghai, respectivamente. Incluso, en aquella época, el diario Los Angeles Times publicó que dicho nexo le daba a Blum "acceso al impenetrable sistema político de Pekín".

La posición de la senadora, obviamente, estaba (y sigue estando) clara, a pesar de los tintes de defensa que salieran a la luz en declaraciones hechas por su propio portavoz, en el año 2000. En ese entonces, su vocero dijo que Blum tenía "derecho a hacer negocios y nunca había hecho nada malo".

Sí, ¡cómo no! ¿A quién puede quedarle dudas de que todos se tapan con la misma sábana mientras hacen y deshacen en función de sus intereses? Lástima para ellos que la mentira sea como una bola de nieve, que cuanto más rueda, más grande se vuelve. Al final, todo se sabe, y para muestra, el libro en cuestión.

Acerca de Silicon Valley y Wall Street

En el apartado referente al mundo de la tecnología, Schweizer puso como ejemplo al fundador de Microsoft, Bill Gates, quien, en 2006, fue nombrado por el medio de comunicación estatal chino People's Daily Online como uno de los 50 extranjeros que dan forma al "desarrollo moderno de China".

Al parecer, Gates es miembro de la Academia China de Ingeniería (CAE, por sus siglas en inglés), lo que, en opinión del connotado escritor, "suena un poco amigable y apolítico", pues, "en realidad, se trata de una organización dirigida por el PCCh, cuyo objetivo es asesorar a su Gobierno sobre política tecnológica".

De acuerdo con el propio People's Daily Online, Gates, incluso, fue uno de los 18 extranjeros seleccionados por la CAE en 2017 para ser uno de sus miembros vitalicios, o lo que es lo mismo, para "mejorar su estatus en el campo de la ingeniería", a todas luces, con carácter permanente.

Ahora piensen ustedes: si la propia CAE ha dicho que brinda apoyo científico al plan del régimen "Hecho en China 2025", y que respalda tanto a la estrategia de "Fusión militar- civil" como a la Iniciativa de la Ruta de la Seda, ¿qué se puede esperar entonces de alguien, como Gates, que forma parte de sus selectos miembros?

Al igual que sucede con él y otros gurús de Silicon Valley, el investigador aseveró que en Wall Street y hasta en Washington hay demasiados que se hacen los sordos, ciegos y mudos mientras venden "soga" a Pekín, aclarando que por "soga" se entiende tecnología, dinero, inteligencia e, incluso, apoyo político al régimen comunista chino.

Aparte de Bill Gates, Elon Musk, Goldman Sachs, Blackstone, Black Rock, la Asociación Nacional de Baloncesto y hasta la Universidad de Yale, son otros que igualmente salieron a relucir en el libro de Schweizer, según informara esta semana The Guardian.

Sobre la estrategia china

Para el autor superventas que hoy hace titulares por su valiosa investigación, está claro que a la China comunista no le importa quiénes sean sus socios o adeptos de este lado. A ese régimen lo único que le interesa es que aquellos que le defienden en la nación norteamericana, simplemente cumplan con sus deseos o, más bien, con sus órdenes.

A ellos "no les importa si los políticos estadounidenses hablan de los uigures de vez en cuando o dicen que deberíamos tener un boicot diplomático: ellos están bien con eso siempre que los ayuden en lo que quieren, que es el acceso a las finanzas y a la tecnología estadounidenses, además de algunas otras cosas".

Claro que para ninguno de nosotros es nuevo lo que el régimen chino ha estado haciendo por años en nuestra contra. El propio consultor político así lo ha recordado en la entrevista que le concediera a EpochTV: "Esa es la estrategia que han estado empleando". E, innegablemente, el panorama se pondrá peor.

Según The Epoch Times, cada 10 horas, el Buró Federal de Investigaciones (FBI, por sus siglas en inglés) abre un nuevo caso de contrainteligencia vinculado con China. Súmele a ello el hecho de que, actualmente, el FBI tiene unas 2500 investigaciones activas a lo largo de todo el país.

En cuanto al robo de nuestra propiedad intelectual, cada año, perdemos entre 225 000 millones y 600 000 millones de dólares solamente por ese concepto, tal como reflejan estadísticas suministradas por la Comisión sobre el Robo de Propiedad Intelectual Estadounidense, citadas por la misma fuente.

Así como Schweizer pidió en su libro que EE. UU. prohíba el cabildeo a empresas vinculadas al Ejército de la China comunista, y que nuestra prensa hurgue en la participación de las grandes firmas tecnológicas en el gigante asiático, es hora de que todos aboguemos por la ruptura de cualquier nexo con quien nos desea ver de rodillas.

¿Qué otra investigación tiene que salir a la luz pública para que la actual Administración se ponga el cinturón y actúe? ¿Hasta cuándo vamos a permitir que los chinos comunistas se rían en nuestras caras y, peor aún, que nuestra gente trabaje, comercie o se relacione con ellos en lugar de darles la espalda?

La palabra de orden aquí es "basta". Basta ya de sumisión ante los comunistas chinos; basta ya de ayudarles en sus objetivos, directa o indirectamente; basta ya de permitirles sus fechorías, en nuestro suelo y nuestro ciberespacio; basta ya de dejarlos hacer y deshacer en nuestras propias narices. En suma, basta ya de dejarlos ganar.

Capítulo 43
EE. UU.-China: la batalla por el mar trasciende al ciberespacio
Publicado originalmente el 27 de enero de 2022

Es una piedra en el zapato. China, además de ser nuestro principal contrincante comercial, también se adueña de los mares en un claro pulso con la Marina de los Estados Unidos, cabecilla internacional de los océanos desde que finalizara la Segunda Guerra Mundial (SGM), en 1945.

Con la más que evidente intención de superarnos en todos los frentes, la nación asiática no ha cejado en sus propósitos y por eso hoy regenta las aguas en el Pacífico Occidental, desplazando a nuestro país de la que fuera una posición estratégica y, consecuentemente, poniendo en riesgo a nuestra seguridad nacional.

Dominio y pérdida de los mares por EE. UU.

Naturalmente, nadie en sí es dueño de los océanos, pero cuando EE. UU. se convirtió en una de las potencias ganadoras de la SGM, nuestra Marina asumió el dominio de los mares no solo para defender nuestros intereses globales y garantizar nuestra seguridad militar, sino también para unir a otras naciones con causas comunes a las nuestras.

Dicho control oceánico también sirvió para sentar las bases de una economía globalizada, al permitir que el 80 % del volumen y el 70 % del valor de todo el comercio transitara de manera segura por el mar, dijo el oficial retirado de la Marina y excongresista Joe Sestak en un reporte difundido por Texas National Security Review.

Por más de 50 años, nuestro país mantuvo su hegemonía en los mares, sin embargo, todo eso cambió luego de que, en 1996, dos grupos de portaaviones estadounidenses navegaron hacia Taiwán en respuesta a los misiles disparados por China en las costas de esa isla.

Sestak apuntó que, si bien EE. UU. prevaleció en esa crisis, el gigante asiático aprendió de ella. Es decir, China se percató de la gran diferencia que hay en la distancia a recorrer por las fuerzas estadounidenses en comparación con las chinas, por tanto, supo que la velocidad era determinante para cambiar el dominio de los mares.

Respuesta de China al control oceánico

En su lucha por ganar esta batalla, la nación asiática empezó a explorar sistemas de armas que retrasaran la ya lenta velocidad de 30 nudos de nuestros buques de guerra, desarrolló misiles balísticos capaces de alcanzar a nuestros portaaviones a miles de millas de distancia y logró que sus submarinos fueran más silenciosos.

"El desarrollo de misiles balísticos, como el DF-21 y el DF-26, para apuntar a bases aéreas y portaaviones a un alcance cada vez mayor significa que, aunque los aviones estadounidenses son incomparables en su misión una vez en el aire, no tendrían ningún lugar para aterrizar donde estallara un conflicto", subrayó el exmarine.

Por otra parte, los avances de China en torno al silenciamiento de los submarinos nucleares y de ataque significa que la detección de alerta temprana ya no se puede realizar mediante un sonar pasivo de largo alcance: ahora tiene que hacerse con un sonar activo cercano.

De acuerdo con Sestak, "los submarinos solo podrían detectarse usando el sonar activo después de que ya están dentro del rango de disparo de sus armas. Esta amenaza mantiene a la mayoría de las fuerzas estadounidenses a una gran distancia hasta que lleguen suficientes buques de guerra (y transporte aéreo) que les permitan avanzar".

Dicho de otro modo: la Armada del Ejército Popular de Liberación de China hizo que navegar directamente a sus aguas sea demasiado arriesgado para nuestras fuerzas, lo que nos obliga a mantenernos alejados hasta que lleguen refuerzos. Sin dudas, un tiempo precioso que los chinos comunistas bien sabrían cómo aprovechar.

Lucha de China por el ciberespacio

Según explicó el excongresista, esta no es, sin embargo, la peor amenaza. La más grave tiene que ver con el nuevo dominio no tradicional de la guerra: el ciberespacio. Aunque las operaciones militares tienen lugar en los escenarios habituales (aire, mar y tierra), ahora la victoria dependerá de quien domine las redes de datos en el ámbito virtual.

Estando en manos de China significa una fragmentación instantánea de nuestras redes de combate y sus respectivos flujos de datos, más que nada porque la clave de la velocidad en la guerra contemporánea está relacionada con las capacidades ofensivo-defensivas que se logren en el ciberespacio.

Si a ello le sumamos el gran potencial de los sensores para reunir datos de un modo más rápido y seguro sobre los objetivos que deben ubicarse, rastrearse y atacarse, imagínese usted lo que eso representaría para nuestra seguridad.

Como apuntó Sestak, la capacidad de acceder, explotar, usar, abusar, dañar, inutilizar o, simplemente, obtener información de las redes de datos y los sistemas en red cuando sea necesario, es lo que realmente brinda una ventaja a las fuerzas de uno en contraposición con lo que obtiene el otro.

El también exdirector de Deep Blue (unidad antiterrorista de la Marina) agregó que, con las fuerzas estadounidenses ciegas y sordas, como resultado de las acciones cibernéticas de China, el dominio marítimo se convierte en un refugio seguro para que las fuerzas de la nación asiática alcancen rápidamente sus objetivos.

"Debido a que el ritmo de la guerra cibernética se mide en nanosegundos, su impacto generalizado supera con creces el de las fuerzas [tradicionales] que requieren semanas para estar completamente disponibles, lo que hace que la estructura de nuestras fuerzas sea menos que efectiva", aseveró Sestak.

China y su Ruta de la Seda Digital

Como parte de sus intentos por dominar el mundo occidental, China también está explotando los bienes comunes internacionales del ciberespacio que impactan la seguridad de EE. UU. a través de su Ruta de la Seda Digital, otro componente de su iniciativa.

Tal como recordó el exmarine en su reporte, los chinos "tienen un monopolio virtual en la fabricación de productos de alta tecnología, [pues] fabrican el 75 % de los teléfonos móviles del mundo y el 90 % de las computadoras personales, además de fabricar la mayoría de las piezas y los materiales de los que depende el Ejército de EE. UU.".

Sestak también alertó sobre el serio impacto de la tecnología 5G en manos chinas. "Podría decirse que esta es la mayor amenaza de todas. Revolucionará no solo las economías del mundo, sino también la guerra, porque la transmisión y recepción casi instantánea de enormes cantidades de datos permitirá lograr cosas que no se pueden hacer en la práctica con la tecnología actual".

En lo que concierne a cuestiones militares, el experto dijo que, "cuando se trata de guerra, la [tecnología] 5G permitirá guiar misiles hipersónicos con velocidades cinco veces superiores a la del sonido, así como ordenar un cambio de dirección en fracciones de segundos para evitar misiles interceptores después de recopilar y transmitir enormes cantidades de datos al instante".

Paralelamente, vaticinó que, "quien construya una red 5G es dueño de ella. Esto le da al país asiático una capacidad de estado policial para vigilar todo lo que pasa con fines comerciales, de inteligencia y militares". A ello se añade que "las empresas chinas podrían socavar la integridad de los sistemas en red de EE. UU. al interceptar o denegar las comunicaciones militares, o al impedir la precisión de los objetivos".

Sestak manifestó, asimismo, que, "para empeorar las cosas, en los últimos años, China ha establecido o mejorado una cuarta parte de los cables de fibra óptica submarinos que conectan los continentes; cables que, además, transportan más del 95 % de todo el tráfico de comunicaciones internacionales".

Batalla de EE. UU. para contrarrestar a China

Mientras los chinos comunistas se hacen con el dominio de los mares en el Pacífico Occidental y trabajan por comandar el ciberespacio, EE. UU. intenta construir una estructura de fuerza e inteligencia que le permita hacerle frente e invertir el orden de las cosas.

Aunque, de momento, la nación asiática permite que nuestra Marina y la de otras naciones accedan al Mar de China Meridional en tiempos de paz, expertos militares citados por Sestak coinciden en que, si en el futuro ocurriera una batalla, ya no habría garantía alguna de que nuestro país gane un posible conflicto.

Además, el marco de tiempo para cambiar el actual escenario cibernético se ha reducido aún más porque los requisitos de datos —incluida la capacidad de capturar, filtrar, almacenar y analizar una gran cantidad de información— aumentan exponencialmente junto con las crecientes vulnerabilidades a las que nos enfrentamos.

"Los planes anunciados para construir buques de guerra no tripulados de EE. UU. exigen grandes cantidades de datos almacenados y en red. Son las vulnerabilidades en estas enormes y complejas bases de datos las que se han convertido en el objetivo principal de China, no las plataformas en sí", remarcó el excongresista.

Sobre el peligro en torno a este particular, subrayó que aviones y barcos conectados y funcionando con datos pueden perder, sin saberlo, sus sistemas de control de armas y misiles; sus trayectorias de vuelo (en el caso de los primeros) y sus conexiones a datos en tiempo real (en el caso de los segundos).

A pesar de que, según él, nuestro país puede tener una presencia avanzada global "para comprometerse, tranquilizar, persuadir, disuadir o responder rápidamente a las contingencias, al menos fuera del Mar de China Meridional", lo cierto es que debe hacer algo urgentemente para cambiar su presencia geoestratégica en los mares del mundo.

De permitir que la China comunista siga imponiéndose en todos los escenarios, estaríamos lidiando con fuertes implicaciones, no solo para la Marina de nuestro país y los demás servicios militares, sino también para el Gobierno federal en sí mismo y nuestra nación como tal.

Según recomienda el exmarine, "es necesario hacer un cambio de mentalidad, pues el enfoque ya no debe estar en la cantidad de cascos, sino en volver al plan para una postura de fuerza más avanzada basada en capacidades, principalmente al comandar el ciberespacio para recuperar el dominio de los mares".

Es decir, y tal como sugiere el propio reporte, a la hora de medir la capacidad de combate, ya no se trata de la cantidad de barcos y plataformas que tengamos: se trata de las capacidades que tenga nuestra flota y de nuestro dominio del ciberespacio como factores clave para defendernos y ganar todas las batallas.

"Construir más barcos de 30 nudos no es la respuesta. Los barcos en sí mismos ya no son los objetivos principales: sus redes y datos lo son", enfatizó Sestak, al tiempo que señaló: "La preparación nunca ha sido tan importante". Y por preparación se entiende que las fuerzas estadounidenses emulen a sus pares chinas y les ganen.

Al decir del experto, nuestras fuerzas necesitan "reconocimiento, emplazamientos y puertas traseras listas para ser desbloqueadas dentro de las redes y bases de datos chinas; espionaje de datos para conocer sus vulnerabilidades, uso de inteligencia artificial para medios rápidos de intrusión exitosa, envenenamiento de datos para alimentar a los adversarios con información corrupta y talento del personal en ciencias, matemáticas e ingeniería para hacer todas estas cosas".

Desde luego, también habría que trabajar en seis áreas que requieren cambios para defender los sistemas y datos vulnerables de la Marina: cultura, para determinar qué cambios se requieren para librar esta batalla; gente, porque se requieren ciberprofesionales; estructura, porque los directores de información necesitan criterios de "navegar/no navegar" para la preparación cibernética; proceso, para asegurar resultados reales, y recursos, para demostrar los riesgos de la guerra virtual ofensiva de China y los beneficios de defenderse de ella.

Según una revisión anual del poderío militar del gigante asiático, realizada este año por el Departamento de Defensa (DOD) de nuestro país, "China tiene ahora la Marina más grande del mundo y está llena de nuevos submarinos, destructores y anfibios de tecnología avanzada".

Reseñada en un artículo de La Voz de América, la investigación constató que China fue el principal fabricante de barcos por tonelaje en 2020. Además, su Marina tiene ahora una fuerza de batalla de unos 350 barcos y submarinos, mientras que la de nuestro país era de unos 239 barcos a principios de ese mismo año.

Sobre este particular, el jefe de Operaciones Navales, Mike Gilday, dijo que "Washington necesita comprender la urgencia del asunto. No pretendo parecer dramático, pero creo que la fuerza naval pierde el liderazgo si nos salimos de curso y no centramos nuestros esfuerzos en las cosas en que necesitamos estar enfocados".

Con anterioridad, específicamente, en 2018, el exdirector de la Sexta Flota de EE. UU., James Fanell, aseguró que China desarrollaba una Marina dos veces más grande que la de Estados Unidos y que esta podría reemplazarla como la principal potencia marítima mundial.

Cálculos premilitares realizados por Fanell auguran que la nación asiática tendrá 450 buques y 99 submarinos operativos en 2030, mientras que nuestro país solo tendría unos 355. Y lo peor, en eso coincidimos todos, es que la brecha entre ambas naciones, en cuanto a poderío tecnológico se refiere, cada vez se torna más grande.

Corresponde entonces a nuestro Gobierno, en general, y a nuestra Marina, en particular, seguir trabajando en función de revertir este desalentador panorama. Hay que truncar los pasos y objetivos de la China comunista a como dé lugar. Definitivamente, tenemos que volver a conquistar los mares y liderar el ciberespacio por nuestra propia seguridad y la de nuestros hijos.

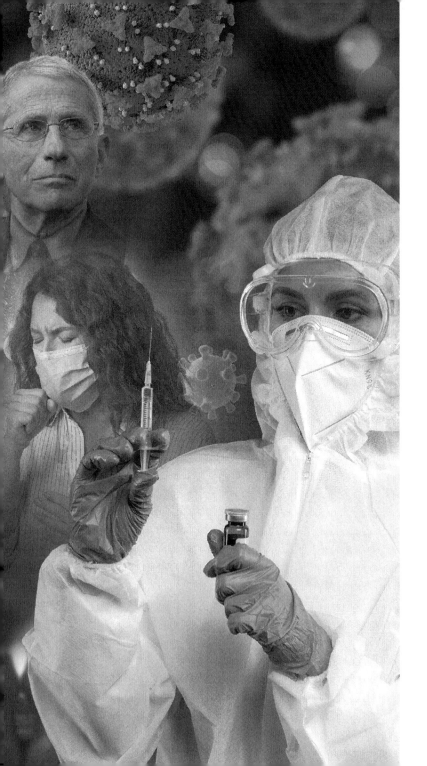

Capítulo 44
Escándalo sobre el origen del COVID-19 recae sobre el Dr. Anthony Fauci
Publicado originalmente el 18 de enero de 2022

La bomba ha estallado. Justo dos años después de que la Organización Mundial de la Salud (OMS) informara sobre la aparición de la pandemia de coronavirus, un tremendo escándalo se cierne sobre la causa real de la aparición del COVID-19, los implicados en su surgimiento en China y los responsables de contarle la verdad al mundo.

Project Veritas, organización de periodistas que investigan y exponen sus hallazgos sobre temas complejos del acontecer nacional, ha sido la autora del anuncio que no solo deja muy mal plantado al Dr. Anthony Fauci, asesor de la Casa Blanca sobre el tema, sino que también destapa una caja de pandora sobre el origen del mortal virus.

Subvención en tela de juicio

Tras filtrar documentos clasificados de la Agencia de Proyectos de Investigación Avanzada de la Defensa (DARPA, por sus siglas en inglés), el grupo periodístico sacó a la luz un nexo entre el Dr. Fauci, la firma sin fines de lucro estadounidense EcoHealth Alliance y el Instituto de Virología de Wuhan, desde donde el virus se expandió al mundo.

Tal como publica en su página web oficial, ProjectVeritas. com, la empresa de periodismo investigativo dijo que obtuvo "documentos sorprendentes nunca vistos sobre los orígenes del COVID-19, la investigación funcional, las vacunas, los tratamientos potenciales suprimidos y el esfuerzo del Gobierno por ocultar todo eso".

Los documentos a los que se refiere son parte de un informe (hasta ahora oculto) enviado en agosto pasado al Departamento de Defensa (DOD, por sus siglas en inglés) por parte del Mayor del Cuerpo de Marines de EE. UU., Joseph Murphy, exmiembro de la citada DARPA.

En dicho reporte, Murphy informaba al DOD sobre sus estudios en torno al origen del virus, diciendo que "EcoHealth Alliance, los Institutos Nacionales de Salud (NIH, por sus siglas en inglés) y el Instituto de Virología de Wuhan produjeron el SARS-CoV-2 a través de una investigación controversial de ganancia de funciones [armas biológicas] descrita en una propuesta de subvención del Pentágono", según reportó The Washington Post.

"El SARS-CoV-2 es una vacuna de murciélago recombinante creada en Estados Unidos, o su virus precursor", enfatizaba el militar en su reporte de hace cinco meses atrás, confirmando así, de paso, una de las teorías manejadas hasta ahora referente a la diseminación mundial del virus a causa de una fuga de laboratorio.

En su revelador informe, Murphy también mostraba su preocupación "por el programa de ganancia de funciones del COVID-19, el ocultamiento de documentos; la supresión de posibles curas, como, por ejemplo, la ivermectina y la hidroxicloroquina, y las vacunas de ARNm".

Retomando el hilo de la subvención citada por el militar, Project Veritas constató que se trata de 14 millones de dólares solicitados por el presidente de EcoHealth Alliance, Peter Daszak, a DARPA en 2018 "para realizar una investigación de ganancia de funciones de los coronavirus transmitidos por murciélagos" mediante el llamado Proyecto Defuse.

Básicamente, este proyecto "intentaba" investigar la amenaza que representan para los seres humanos los coronavirus transmitidos por dichos animales, una misión para la que contaría con la participación de varios investigadores estadounidenses y el propio instituto chino, considerado el epicentro del COVID-19.

Si bien todo indica que la subvención solicitada a DARPA fue rechazada, por motivos de seguridad y por violar la moratoria de investigación funcional de virus peligrosos, al parecer, sí fue apoyada por el Instituto Nacional de Alergia y Enfermedades Infecciosas (NIAID, por sus siglas en inglés), entidad perteneciente a los NIH y dirigida por el propio Fauci. Esto es realmente increíble, ¿no?

Siguiendo con los hechos, y a tenor de lo descubierto, EcoHealth finalmente consiguió capital de parte del NIAID. Estamos hablando de casi 3,8 millones de dólares que le sirvieron a la organización sin fines de lucro para establecer varios laboratorios dentro de los Estados Unidos y trabajar, codo a codo, con el instituto chino donde surgió el virus.

Naturalmente, como usted podrá deducir de lo planteado hasta ahora, es aquí donde se complican las cosas con la aparente implicación directa del instituto liderado por Fauci en la investigación que condujo al surgimiento del coronavirus, causante de unos 67 millones de contagios y otros 852 000 fallecimientos, solamente en EE. UU.

El Dr. Fauci al descubierto

A pesar de que el Dr. Fauci ha jurado y perjurado, incluso, bajo juramento que ni los NIH, ni el NIAID han estado involucrados en la investigación de ganancia de funciones con EcoHealth Alliance, Project Veritas remarcó que, según los documentos revisados, "el NIAID [sí] siguió adelante con la investigación en Wuhan, China, y en varios sitios de los EE. UU.".

Partiendo de este descubrimiento, el director ejecutivo del grupo de investigación periodística, James O'Keefe, le lanzó una pregunta directa a DARPA sobre quién, en esa organización, tomó la decisión de enterrar el informe original sobre este tema, o sea, el que presentó Murphy en su momento.

Para O'Keefe, está claro que, de haberse tomado en consideración, "se podrían haber levantado banderas rojas en el Pentágono, la Casa Blanca o el Congreso, lo que podría haber evitado esta pandemia que ha provocado la muerte de 5,4 millones de personas en todo el mundo, y causado mucho dolor y sufrimiento a muchos millones más".

Respondiendo a la pregunta de O'Keefe, el portavoz de DARPA, Jared Adams, dijo que "las Regulaciones Federales de Adquisición impiden discutir quién puede o no haber ofertado en un programa DARPA, [por tanto], no podemos confirmar la autenticidad de los documentos que Project Veritas ha publicado".

Las patas cortas de la mentira

Como dice el refrán, la mentira tiene las patas cortas. Por más que quiera correr, siempre la verdad la alcanza y, en esta ocasión, ha sido Project Veritas quien le ha puesto la zancadilla mediante la filtración de documentos clasificados que, según parece, le hiciera llegar un informante perteneciente a DARPA. Al igual que yo, puede que usted ahora mismo se esté preguntando: "Si eran clasificados, ¿cómo salieron a relucir?". Pues por los pelos. Según la fuente que lanzó la bomba, al parecer, el reporte estaba en las bases de datos de documentos clasificados, pero no estaba marcado como tal. Es más: podría haber estado a punto de ser eliminado cuando el informante lo descubrió.

El caso es que hoy se sabe que, en la propuesta de 2018, el presidente de EcoHealth Alliance, Peter Daszak, dijo que la intención de su organización era "tomar muestras intensivas de murciélagos en los sitios de campo donde se habían identificado SARSr-CoV de alto riesgo de propagación".

Básicamente, se trataba de secuenciar la proteína espiga, aplicarle ingeniería inversa para realizar ensayos de unión e insertarla en la columna vertebral del SARS-CoV de murciélago para infectar ratones humanizados y así evaluar la capacidad de causar una enfermedad similar al SARS, señaló Daszak en su momento.

Al parecer, lo que buscaban era desarrollar una vacuna que pudiera ser rociada en murciélagos y, con ello, evitar que surgiera otro brote de la enfermedad de SARS, como la experimentada en China, en 2003. Si es así, es evidente que las pruebas que pretendían hacer se les fueron como agua entre las manos.

Por lo que dijo Murphy, es probable que el virus sea "una vacuna viva que escapó del laboratorio chino antes de que pudiera modificarse en un estado menos peligroso". O sea, "se filtró y se propagó rápidamente porque estaba en aerosol para que pudiera infectar de manera eficiente a los murciélagos en las cuevas".

En cuanto a la connotación pública sobre este suceso, el portal RealClearPolitics refirió en un informe al respecto que el senador Roger Marshall (R-KS) fue de los primeros en cuestionar al Dr. Fauci en el marco de la más reciente audiencia del Comité de Salud del Senado.

Otro republicano, en este caso James Corner, también ha denunciado lo descrito en el informe elaborado por Murphy, sobre todo, lo concerniente a los supuestos vínculos de los Institutos Nacionales de Salud, de EE. UU., con las investigaciones realizadas en Wuhan.

Los argumentos del Dr. Fauci

Defendiéndose de estas acusaciones, el principal promotor de las vacunas contra el COVID-19 ha dicho que "lo que salió en Project Veritas fue una [solicitud de] subvención que se envió a DARPA". En su opinión, "lo distorsionaron [todo] para decir que financiamos la subvención, [pero] nunca la hemos visto y nunca la hemos financiado, por lo tanto, están equivocados".

¿Qué se sabe sobre la posición de los NIH? Pues que desde que se comenzó a escudriñar en este tema, en octubre pasado, su vicedirector, Lawrence Tabak, reconoció el financiamiento de EE. UU para investigar en Wuhan la llamada ganancia de funciones, mientras que el presidente de la entidad, Francis Collins, lo desmintió rotundamente, tal como publicara el portal noticioso A24 en su momento.

Según detalla la fuente, en ese entonces, Collins se comprometió a aclarar todo más adelante mediante un comunicado de prensa, pero sí adelantó que el apoyo al laboratorio de Wuhan, vía EcoHealth Alliance, jamás podría haber causado la pandemia de coronavirus, conocida como SARS-COV-2, porque ese no era el tipo de virus que se estaba investigando.

Volviendo al reporte de Murphy dirigido al DOD, el militar cerró sus reflexiones con la terrible idea de que "el nivel masivo de supresión de información del llamado 'Proyecto Manhattan', ejecutado por el Gobierno y la Trusted News Initiative, indica que [todo esto que ahora ha salido a la luz] sería encubierto si algo salía mal".

De acuerdo con el portal BeforeItsNews, con esta afirmación, el exmiembro de DARPA parecía estar afirmando que "el Gobierno federal ha colaborado con la gran mayoría de los medios de comunicación corporativos para engañar deliberada y conscientemente al pueblo estadounidense acerca de la pandemia de COVID-19".

Sobre las repercusiones de estas específicas declaraciones en concreto, no quiero ni pensar. Es un tema sumamente delicado, que nos afecta a todos por igual, y del que tendremos que obtener explicaciones, sensatas y congruentes, para poder asimilar una noticia tan controversial.

Necesitamos saber en qué se gastó concretamente el capital otorgado a EcoHealth Alliance por parte del NIAID, qué tipo de virus se estaba estudiando exactamente con ese dinero al momento de surgir la epidemia, y hasta qué punto el Dr. Fauci y los organismos federales implicados han tenido que ver con la pandemia que ha cambiado nuestras vidas, literalmente. Requerimos saber, en suma, la verdad de la verdad.

Capítulo 45
Acuerdo China-Cuba: la trampa del BRI que vulnera a Occidente
Publicado originalmente el 9 de enero de 2022

Mientras la China comunista se echa a Cuba en un bolsillo, tras el reciente acuerdo de cooperación firmado entre los dos países bajo el manto de la llamada "diplomacia de la trampa de la deuda", la nación asiática también va ganando terreno en Occidente de una forma insidiosa, corrosiva y corrupta, al decir de expertos en el tema.

No hace falta una bola de cristal para confirmarlo: en el pasado —a causa de la Iniciativa de la Franja y la Ruta (BRI, por sus siglas en inglés), creada por los comunistas chinos y ahora suscripta por Cuba— varias naciones han quedado atrapadas en las redes del proyecto al no poder pagar las deudas contraídas con el país asiático.

Como consecuencia directa, China se ha aprovechado de sus recursos naturales, se ha adueñado de sus instalaciones o ha pasado a administrarlas, erosionando así la soberanía de países miembros y adquiriendo más poder en ramas clave de la economía, como la educación, salud, biotecnología, ciencia; el turismo y las telecomunicaciones.

Controvertido acuerdo entre China y Cuba

Tal como diera a conocer The Epoch Times, "Cuba y China firmaron un plan de cooperación para impulsar proyectos de construcción bajo el controvertido programa de infraestructura en el extranjero de Pekín, que ha cargado de deuda a muchos países participantes".

Rubricado por el jefe de la principal agencia de planificación económica de China, He Lifeng, y el viceprimer ministro cubano, Ricardo Cabrisas, el acuerdo reafirma "un memorando de entendimiento que las dos naciones firmaron en 2018, cuando Cuba acordó convertirse en una nación participante de la BRI".

Según la Agencia Cubana de Noticias, además de trabajar juntos en varios programas relativos a los citados sectores económicos, el acuerdo también pretende "consolidar y diversificar las relaciones bilaterales entre China y Cuba, [así como] con otros países que se han sumado a la iniciativa".

Un investigador chino citado por The Epoch Times, dijo que, al parecer, "la nación asiática tiene los ojos puestos en los recursos naturales de Cuba y que el acuerdo BRI es bueno porque ambas naciones tienen una fuerte complementariedad económica".

Tal como recordara este estudioso del tema, "Cuba es rica en recursos minerales y una fuente importante de mineral de níquel para China", ya que cuenta con uno de los depósitos más grandes del mundo.

Aparte de eso, el gigante asiático ha sido uno de sus más importantes socios energéticos, toda vez que empresas chinas le han suministrado aerogeneradores a los parques eólicos y han supervisado la construcción de la primera planta de energía de biomasa, ubicada en el municipio avileño de Ciro Redondo.

En este mismo sentido, un reporte de la organización estadounidense American Security Project reafirma que uno de los socios a los que ha acudido Cuba es China, un aliado ideológico dispuesto a apoyar los objetivos energéticos de La Habana, incluido el compromiso de generar el 24 % de energía a partir de energías renovables para 2030.

Basamento de la Iniciativa de la Franja y la Ruta

Creada en 2013 por el presidente de China, Xi Jinping, la Iniciativa de la Franja y la Ruta es un marco de cooperación económica para construir redes comerciales terrestres y marítimas mediante la financiación de proyectos de infraestructura en todo el sudeste asiático, África, Europa y, más recientemente, América Latina.

Según reseña un informe de Friends of the Earth International sobre el tema, aunque en sus comienzos incluía a 64 países, cualquier nación es bienvenida para trabajar en estas áreas: coordinación de políticas, conectividad de instalaciones transfronterizas, comercio sin restricciones, integración financiera y vínculos interpersonales.

La propia fuente indica, además, que "la BRI es un reflejo de los intereses nacionales y externos de China a medida que asciende en el ámbito internacional y se transforma en una gran potencia política y económica mundial".

Asimismo, constituye un intento de abrir nuevos mercados en el extranjero para las empresas estatales chinas, afianzar sus intereses geopolíticos y generar la oportunidad para influir profundamente en las normas internacionales.

Diplomacia de la trampa de la deuda

En los últimos años, y tal como expone The Epoch Times, los críticos han denunciado a Pekín por este modus operandi y por utilizar la llamada "diplomacia de la trampa de la deuda" para atraer a los países a su iniciativa.

Es decir, una vez dentro de la BRI y endeudadas, varias naciones participantes han tenido que renunciar a partes de su soberanía por no poder pagar las deudas chinas. Un ejemplo de esto es el caso de China Merchants Port Holdings, empresa que ahora administra el puerto de Hambantota, en Sri Lanka.

Mediante un contrato de arrendamiento de 99 años, la nación asiática se salió con la suya después de que Sri Lanka convirtiera sus préstamos adeudados de 1,4 mil millones de dólares en capital, en 2017. Como resultado de la incautación del puerto, China ganó un punto de apoyo clave en el Océano Índico.

Así, justamente, es cómo opera el gigante asiático a través de la BRI: se asocia con países ricos en recursos naturales, se adueña de estos o de las infraestructuras creadas cuando las naciones se endeudan y así usa las respectivas materias primas para impulsar su economía y robustecerse.

De lo que caerá sobre Cuba, ya es de imaginar. Con una deuda externa de 132 500 millones de pesos (5,5 mil millones de dólares) y un déficit fiscal del 18 % en 2021, la isla, desesperada, se ha dejado embaucar por China, poniendo en riesgo sus escasos recursos y, con ello, cediéndole el paso a nuestro principal enemigo comercial, a tan solo 90 millas de nuestras costas.

Consecuencias para la seguridad hemisférica

Antes de que Cuba entrara oficialmente a la BRI, concretamente, en el pasado mes de marzo, la propia organización estadounidense American Security Project advirtió que la dependencia energética de la isla respecto a China y Venezuela tiene "serias implicaciones para la seguridad hemisférica".

En cuanto a la dependencia militar, la organización recordó que paramilitares chinos han brindado capacitación en temas de "contraterrorismo" a las fuerzas militares y policíacas cubanas responsables de reprimir injustamente a los manifestantes antigubernamentales.

Con estos antecedentes, más el acuerdo recién aprobado, es fácil deducir entonces el vínculo que se consolida entre el país caribeño y el gigante asiático. Esto es: mientras el uno busca asirse hasta a un clavo caliente para salir de su crisis, el otro se frota las manos porque sabe lo que se avecina.

Ambición de China sobre Occidente

Tal como asegura The Epoch Times, y por si a alguien aún le cabe alguna duda al respecto, "China tiene una ambición que va más allá de Cuba". Llevándolo al refranero popular, la nación asiática intenta matar dos pájaros de un tiro: por un lado, aprovecha los recursos naturales de Cuba y, por el otro, se nos acerca, geográfica y estratégicamente hablando.

Si usted no lo ve así, valore la opinión del excomandante del Comando Sur de EE. UU., el almirante retirado Craig Faller, quien dijo que Pekín busca "establecer una logística global y una infraestructura básica en nuestro hemisferio para proyectar y sostener su poder militar en distancias mayores".

Según el exmilitar, "este hemisferio es la primera línea de competencia [para los chinos comunistas]". Y ya que "nuestra influencia [en esta región] se está erosionando, es importante que sigamos comprometidos". Faller apuntó, además, que "algunos ejemplos [de esa influencia] incluyen su búsqueda de acuerdos portuarios, préstamos para apalancamiento político, diplomacia de vacunas, vigilancia estatal de TI y explotación de recursos".

Otra que ha dado a conocer su punto de vista al respecto es la representante Stephanie Murphy (D-FL), quien presentó un proyecto de ley para que varias agencias federales, incluido el Departamento de Estado, preparen un informe para el Congreso, evaluando la influencia de China en América Latina y el Caribe.

En su opinión, "es fundamental que los legisladores estadounidenses comprendan lo que China está haciendo en la región, y tengan una estrategia eficaz para contrarrestar su conducta agresiva y responsabilizar al Partido Comunista Chino por sus acciones".

Amenaza para la seguridad estadounidense

Volviendo al reporte de American Security Project, recordemos que las inversiones de China en Cuba, en cuanto a energía se refiere, han contribuido a una deuda que la isla no podría pagar sin concesiones o reestructuración financiera.

Consideremos también que las próximas colaboraciones en torno a proyectos de infraestructura y telecomunicaciones, igualmente, podrían representar una amenaza para nuestros intereses económicos y de seguridad nacional.

Cuando Cuba esté endeudada con China hasta el cuello, debido a la iniciativa de marras, algo tendrá que hacer La Habana para quedar bien con Pekín. Es justo ahí cuando los comunistas chinos tomarán ventaja y aprovecharán la situación en detrimento de EE. UU.

Con un aliado tan estratégico y cercano a nuestras costas, el Gobierno comunista chino no dudará ni un segundo en sacar provecho. Se dice que el mapa de ruta de los proyectos China-Cuba ya está creado. Pienso que el plan a ejecutar cuando la isla no pueda pagarles lo que les debe, también.

Así como han hecho en otros países por diversos motivos, los comunistas chinos harán lo necesario para contrariarnos, no ya a más de siete mil millas de distancia, sino desde unas escasas 90. Innegablemente, tenemos que movernos en la dirección que marcan los acontecimientos. Sin dudar, China debe quedar fuera de nuestro hemisferio.

Capítulo 46
Balanza de Apple: ¿China o Estados Unidos?
Publicado originalmente el 14 de diciembre de 2021

Sus oficinas centrales están en los Estados Unidos; sus intereses financieros, al parecer, en China comunista. Apple (NASDAQ: AAPL), la empresa más valiosa del mundo, no solo hace negocios con nuestro principal enemigo comercial: también lo ayuda a conseguir el desarrollo tecnológico más avanzado.

Si bien ya sabíamos que muchos de los componentes de sus artículos se producen en suelo asiático, la reciente noticia de que su director ejecutivo, Tim Cook, ha otorgado miles de millones de dólares a los chinos en los últimos cinco años, ha hecho que muchos se pregunten hacia dónde se inclina la balanza del gigante tecnológico.

El acuerdo secreto

Hace poco más de cinco años, los comunistas chinos montaron una perreta porque creían que Apple no estaba haciendo lo suficiente por su economía. En consecuencia, arremetieron contra la multinacional con acciones regulatorias, mala publicidad y otras medidas represivas, logrando así un serio desplome en las ventas locales del IPhone.

Haciendo oídos sordos a la amenaza comercial de la China comunista y, al parecer, pensando más en su bolsillo, la empresa estadounidense de dispositivos electrónicos y software optó entonces por favorecer a nuestro adversario con la firma de un acuerdo cifrado en más de 275 000 millones de dólares. Lo anterior no es cuento de camino.

Según documentos internos de Apple, a los que tuvo acceso el portal de novedades tecnológicas que difundió la noticia, The Information, Tim Cook materializó el cuestionable convenio en secreto "durante la primera de una serie de visitas que hiciera a China en 2016".

En ese entonces, Pekín había cerrado iTunes y amenazaba hacer lo mismo con Apple Pay, iCloud y la App Store si la multinacional no cumplía con sus expectativas. Fue a raíz de esto que las partes firmaron el acuerdo, cuya vigencia inicial es de cinco años, pero con posibilidad de renovación automática si ninguno de los bandos se opusiera.

Hoy se sabe que, mediante el polémico convenio, el gigante informático se comprometió a impulsar la economía y el crecimiento tecnológico del país asiático a través de inversiones, negocios y formación de empleados. A cambio, la empresa continuaría creciendo sostenidamente en China hasta lograr un éxito sin precedentes en ese país.

Miren si la jugada le ha salido bien a la multinacional que hoy el propio IPhone encabeza la lista de teléfonos inteligentes más vendidos en suelo chino. Para China, desde luego, también ha sido un negocio redondo, pues, actualmente, es el segundo mercado más grande de Apple después de EE. UU.

Las concesiones a Pekín

Los citados beneficios para ambas partes no serían mal vistos si una de ellas no fuera de nuestro patio o si tales resultados no comprometieran a nuestro país. Pero resulta que no es así: resulta que las concesiones dadas a Pekín no solo nos ponen en desventaja, tecnológicamente hablando, sino que también entrañan una amenaza nacional.

De acuerdo con un análisis sobre el tema realizado por The Epoch Times, de un lado, la transferencia forzada de tecnología a China explica el gran éxito de la empresa en el gigante asiático; del otro, equivale a "una puñalada por la espalda a los Estados Unidos", ya que el convenio incluye ayudar a una docena de causas del Gobierno chino.

Señores, estamos hablando de "un compromiso para ayudar a los fabricantes chinos a desarrollar las tecnologías de fabricación más avanzadas y apoyar la formación de talentos de alta calidad", con todo lo que eso implica.

También se trata de usar más componentes de proveedores comunistas chinos en los dispositivos de Apple, firmar acuerdos con empresas de software chinas, colaborar en cuestiones tecnológicas con universidades del país asiático e invertir directamente en empresas de tecnología de China.

Ahora yo me pregunto: ¿a Tim Cook se le olvidó que el país asiático es responsable de innumerables ataques cibernéticos a industrias y empresas clave estadounidenses?

¿No consideró que la China comunista es el principal infractor de nuestra propiedad intelectual? ¿No pensó en sus desleales prácticas comerciales?

Porque los comunistas chinos han falsificado muchos de nuestros productos, nos han pirateado software, nos han robado secretos industriales, nos han usurpado resultados de investigaciones académicas y han infringido muchas de nuestras patentes, por solo citar algunas de sus fechorías.

¿Cómo negociar así con ellos? ¿Por qué ayudarlos a que sean más fuertes, tecnológicamente hablando? ¿Por qué facilitarles la materia prima para que nos sigan atacando?

¿Por qué preparar y entrenar mejor a su gente? Está claro que se requieren muchas respuestas aquí.

La "win-win situation"

Partiendo de lo trascendido hasta ahora, y según lo expuesto por Business Insider, tal parece que Apple se comprometió a "crecer junto con las empresas chinas para lograr beneficios mutuos y una situación en la que todos ganen"; una "win-win situation" muy difícil de asimilar si se piensa objetivamente en lo que representa.

La cosa se pone aún peor si se tiene en cuenta que la multinacional estadounidense también aceptó participar en la promoción de la ciencia, la educación y la protección del medio ambiente en China, para lo cual, en teoría, la nación asiática estaría ofreciéndole todo el apoyo necesario. Así cualquiera, ¿no?

El caso es que, como resultado de esta suerte de "matrimonio por conveniencia", el equipo de asuntos gubernamentales de Apple en China se las arregló para llegar al entendimiento de marras con las autoridades del gigante asiático, no solo muy al margen de lo políticamente correcto, sino también de lo tecnológicamente plausible.

Las andanzas de Apple

Claro que el recién difundido acuerdo de Apple con China no es lo único bochornoso que ha hecho la empresa en los últimos años. Tal como agrega Business Insider, el gigante tecnológico le ha otorgado a Pekín otros privilegios en el pasado, algunos de los cuales no han sido más que respuestas a evidentes chantajes de los chinos. Y si no, remitámonos a los hechos.

Aparte de este acuerdo —dice la fuente— "Apple hizo otras concesiones al Gobierno chino para mantener el negocio en funcionamiento". A principios de 2015, por ejemplo, la Oficina Estatal de Topografía y Cartografía de China ordenó a Apple Maps que hiciera que las Islas Diaoyu, o Islas Senkaku (que China y Japón afirman poseer), parecieran más grandes de lo que son.

Aunque la multinacional norteamericana retrasó gran parte de su parte del trato, al final terminó aceptando la citada demanda, toda vez que los comunistas chinos la amenazaron con no aprobar el Apple Watch en su territorio si no cumplía con su requerimiento. Así, tal cual.

Prosiguiendo con los ejemplos: "en 2016, Apple anunció un acuerdo con el mayor fabricante de turbinas eólicas de

China; en 2017, planeó trasladar las operaciones de iCloud a suelo chino; y en 2018, lanzó un fondo de inversión de 300 millones de dólares para la energía limpia en China, abrió 11 tiendas más de minoristas e incorporó al fabricante chino Luxshare Precision Industry a la producción del iPhone 13", según revela la misma fuente.

Como resultado de todas estas acciones pro-China, el negocio de Apple ha crecido extraordinariamente en ese territorio al registrar ganancias récord de 68 000 millones de dólares en el año fiscal 2021, concluido en septiembre. A esto hay que añadir que el país asiático ha terminado por ser responsable de la quinta parte de las ventas totales del gigante tecnológico. ¡De qué otro modo iba a ser si no!

La imagen manchada

Luego de que el citado acuerdo secreto saliera a la luz, Yahoo! Noticias dijo que la imagen intachable de Apple corre peligro, mientras que El Economista recordó que la multinacional estadounidense ha priorizado al mercado chino desde hace años, llegando a tomar decisiones que le han ganado muy mala prensa en Occidente.

En referencia a ese viejo nexo, un reporte de The New York Times, previo a la noticia del convenio apunta que, "así como Tim Cook descubrió cómo hacer que China funcione para Apple, China está haciendo que Apple funcione para el Gobierno chino". Mejor dicho, imposible.

Prosigue el diario neoyorquino diciendo que "Cook ha estado en una ofensiva encantadora en China, haciendo frecuentes visitas estadistas y reuniéndose con los principales líderes" y unido a ello, "detrás de escena, ha construido una burocracia que se ha convertido en una herramienta poderosa en la vasta operación de censura de China".

Es decir, Apple no solo ha otorgado miles de millones de dólares al país asiático, sino que también, desde sus centros de datos en esa nación, ha propiciado que el Gobierno chino acceda a "correos electrónicos, fotos, documentos, contactos y ubicaciones de millones de residentes chinos", tal como detalla la fuente.

En opinión del director para Asia de Amnistía Internacional, Nicholas Bequelin, "Apple se ha convertido en un engranaje en la máquina de censura al presentar una versión de Internet controlada por el Gobierno [chino]". Es decir, "si se observa el comportamiento de ese Gobierno, no se ve ninguna resistencia por parte de Apple, ningún historial de defender los principios a los que afirma estar apegado", sostiene Bequelin no sin razón.

La colusión con la China comunista

Según Daily Mail, Cook dijo el mes pasado en un evento empresarial que sentía que Apple tenía la "responsabilidad" de vender sus productos en tantos países como fuera posible, incluida China. "La paz mundial a través del comercio mundial", señaló el ejecutivo entonces con toda la naturalidad del mundo.

Ante esa condescendencia con China, ante esa pleitesía después de tantos chantajes, Cook ya ha sido acusado por la opinión pública de "ceder" ante el Partido Comunista Chino y de "colusión" con un adversario de los Estados Unidos, tal como reseña la misma fuente.

Es que otras grandes empresas estadounidenses ya han sido bloqueadas en China, pero estas no se han postrado a sus pies. Ese es el caso de Google, Facebook, Twitter, YouTube, Reddit, Zoom, Instagram, WhatsApp y hasta Microsoft, que, en fecha más reciente, también anunció que sacaría a LinkedIn del país asiático.

Ante toda esta evidencia, está claro que Cook ha perdido un poco el norte en sus vínculos con Pekín. Así lo demostró en 2017 en otra de sus apariciones públicas, citada por el propio The New York Times. "Si bien a menudo no estoy de acuerdo con las leyes de China, el mundo está mejor con Apple en China".

Básicamente, Cook piensa que hay que participar. "Mi propia opinión es muy fuerte", ha dicho. "Te presentas y participas. Entras en la arena, porque nada cambia desde la valla".

Para él, al parecer, no importa en qué participes, ni dónde, ni con quién. El caso es formar parte. El caso es estar dentro. ¿También con un acuerdo secreto multimillonario?

¿También con un convenio que afecta a los Estados Unidos por dondequiera que se le mire? ¡Vaya modo de participar!

Capítulo 47
China compra importante mina de cobalto gracias a Hunter Biden
Publicado originalmente el 30 de noviembre de 2021

El hijo problemático de Joe Biden, Hunter Biden, la volvió a hacer: en esta ocasión, retorna a la palestra pública por su conexión con la compra de una mina de cobalto en el Congo que ubica a la China comunista en una posición inmejorable en cuanto a la posesión de este metal.

Tal como reportan medios de prensa, la empresa de inversiones creada en 2013 por Hunter y sus socios —nombrada Bohai Harvest RST y mayormente conocida por BHR— ayudó a la firma China Molybdenum a adquirir una de las minas de cobalto más grandes del mundo, la Tenke Fungurume, ubicada en la República Democrática del Congo.

Papel de Hunter Biden

Para poner las cosas en contexto, comencemos por decir que Tenke Fungurume pertenecía a la empresa minera estadounidense Freeport-McMoRan Copper & Gold, Inc. cuando el hijo del presidente metió las manos a favor de los comunistas chinos.

Es decir, para poder hacerse con la mina, China Molybdenum necesitaba que alguien le comprara su parte a uno de los accionistas de la citada compañía norteamericana, en este caso, a la empresa canadiense Lundin Mining, Corp.

¿Quién fue ese "alguien"? Pues Hunter Biden, para variar.

Según The New York Times, el hijo de Biden (de conjunto con otros dos estadounidenses, también copropietarios de la empresa de inversiones) adquirió las acciones de Lundin por 1,140 millones de dólares en 2016 y, un tiempo después, se las vendió a la citada firma china para que comprara la mina.

Como resultado de esta última transacción, realizada en 2019 y con un costo para China Molybdenum de 2,650 millones de dólares, nuestro principal enemigo comercial se hizo dueño del 80 % del yacimiento, mientras que la empresa minera estatal del Congo se quedó con el 20 % restante.

The Daily Signal ha detallado que, en el momento de la venta de las acciones a la firma china, Hunter y sus socios norteamericanos controlaban el 30 % de BHR, mientras que los socios del país asiático, incluido el Banco Popular de China, manejaban el resto.

Reacciones al escándalo

A raíz del revuelo que se ha formado en torno a este problema, no han sido pocos los que ya han reaccionado al escándalo. Uno de ellos es el portavoz de China Molybdenum, Vincent Zhou, quien dijo en un comunicado de prensa que ni conocen a Hunter Biden, ni están al corriente de su participación en BHR.

Otro de ellos es Chris Clark, uno de los abogados de Hunter, quien ha tratado de exculparlo, diciendo que este ya no tiene ningún interés, ni directa, ni indirectamente, en la susodicha empresa de inversiones, ni tampoco en Skaneateles, firma que Hunter usaba para controlar sus acciones en BHR.

Un antiguo miembro del consejo de administración de la empresa de inversiones, por su parte, dijo al propio The New York Times que los estadounidenses no están directamente implicados en el acuerdo de [compra] de la mina y que, supuestamente, solo ganaron una comisión por ello.

Los republicanos, desde luego, también reaccionaron a la noticia. El representante Ken Buck, de Colorado, por ejemplo, le pidió al fiscal general, Merrick Garland, que nombrara un fiscal especial para investigar los negocios de Hunter. "Este nuevo informe muestra exactamente por qué es necesario", dijo Buck a The Daily Signal.

Según una vocera del comité republicano, citada por la misma fuente, cada vez se acumulan más pruebas reveladoras de que "los tratos comerciales de Hunter Biden representan riesgos de seguridad nacional y conflictos de intereses".

En referencia a la compra de la mina de cobalto, la misma portavoz, que no fue identificada, señaló que "este es otro ejemplo de cómo Hunter usa su influencia para llenar sus bolsillos y ayudar a un adversario extranjero". Acto seguido, llamó a supervisar su "ética cuestionable".

Desde una postura similar, el representante James Comer, quien tiene el mayor rango en el comité republicano, también expresó su malestar al respecto, asegurando que el hijo del presidente es una amenaza para la seguridad nacional.

"Al ayudar a las empresas chinas a extraer minerales raros en el Congo, Hunter Biden está ayudando a la China comunista a acaparar el mercado de vehículos eléctricos que POTUS está subsidiando aquí, en casa", puntualizó Comer.

¿Y qué dice el inquilino de la Casa Blanca mientras tanto? Pues nada. Aparentemente, está "ajeno" a la nueva fechoría de su hijo, ya que ha hecho mutis ahora. Para confirmarlo, un portavoz oficial ha dicho que el presidente aún no ha sido informado. Cabe preguntarse entonces: ¿a qué están esperando?

Vergüenza presidencial

Uno de los planes de Joe Biden con respecto al tema climático es conseguir que, en 2030, al menos la mitad de los autos y camiones vendidos en el país sean eléctricos. En función de ese objetivo, ha respaldado el proyecto de gasto social y energético, que incluye 320 000 millones de dólares en subsidios fiscales para autos eléctricos, energía solar y turbinas eólicas.

¡Qué pasa! Para que los automóviles eléctricos funcionen, estos deben usar baterías, y ¿de qué están hechas las baterías? Pues de cobalto, fundamentalmente. Es justo aquí —lo habrán notado— donde el pez se muerde la cola.

Por un lado, el hijo comercia del peor modo con nuestro principal adversario económico: por el otro, el padre advierte que China podría usar su dominio del cobalto para entorpecer el desarrollo de nuestros autos eléctricos. ¿Quién entiende a la familia Biden?

Sabiendo ahora que uno de los principales abastecimientos del metal está en manos de los chinos, en gran parte por la intervención de su hijo "lumbrera", ¿con qué cara aparecerá el mandatario? ¿Con qué argumentos defenderá esta vergüenza? Y lo que es peor: ¿qué hará para lidiar con el alto precio del cobalto? Porque, según gráficas estadísticas de London Metal Exchange, en el último año, el precio del metal no ha hecho más que subir. En noviembre de 2020, por ejemplo, una tonelada costaba unos 32 000 dólares, mientras que ahora está costando 62 840 dólares, es decir, poco más del doble. Y la tendencia va en ascenso.

Como para echarle más leña al fuego, téngase en cuenta que la batería de los autos eléctricos representa hasta el 40 % del costo de estos vehículos. Estamos hablando, señores, de una parte superesencial, hecha de un mineral limitado y, a todas luces, cada vez más caro.

¿En cuánto nos saldrá este componente ahora? ¿Cuánto le costará al país la adquisición del cobalto? ¿Qué golpe se llevará el bolsillo estadounidense como resultado de esto?

¿Cuánto tendrá que pedalear nuestra economía para seguir enfrentándose a embates de este tipo?

Bochornoso pasado

Como todo el mundo sabe, las locuras de Hunter Biden no son cosa de ahora: esta es tan solo la controversia del momento. En el pasado, su polémico accionar le ha dado bastante de comer a la opinión pública nacional e internacional, dejando a su padre un poco más que mal parado.

Realmente, son varias las ocasiones en las que Hunter no solo se ha puesto a sí mismo en tela de juicio, sino que también ha despertado sospechas sobre el uso (y abuso) que hace de los puestos de su padre, tanto cuando este era senador y vicepresidente como ahora, de presidente.

Según diversos medios de prensa, solo por ser hijo de Biden, ha recibido mil millones de dólares en fondos a través de la susodicha firma de inversión BHR, cuya sede se encuentra, precisamente, en Pekín.

Aparte de eso, ha participado en ciertos pactos comerciales con China que "han servido a los intereses estratégicos del Gobierno comunista y al Ejército de ese país", poniendo en un riesgo potencial a la seguridad de nuestra nación, de acuerdo con The New York Post.

Como ejemplos de esos acuerdos de inversión en los que, presumiblemente, Hunter participó, la propia fuente menciona a AVIC Auto, subsidiaria de la Aviation Industry Corp of China (fabricante de aviones para el Ejército chino), y a Henniges Automotive (fabricante de piezas de auto y productos de uso civil-militar).

Después de saberse todo esto, está claro que los intereses comerciales de Hunter no tienen límites: no importa de qué tipos sean, ni con quiénes se lleven cabo, ni a quiénes se lleven por delante. Lo de pensar en el país que le vio nacer, en la seguridad de su nación o la defensa de sus conciudadanos, eso es lo de menos. A engrosar los propios bolsillos a como dé lugar, que eso es lo que importa. Mientras tanto papá, que siga haciéndose el ciego o el que no quiere ver. Ya le pasaremos factura en las urnas.

Capítulo 48
Firmas chinas con vínculos militares a la lista negra comercial
Publicado originalmente el 18 de diciembre de 2020

La desinfección es palabra de orden bajo la nueva normalidad. Esto aplica, literalmente, a nosotros y lo que nos rodea, pero también, figurativamente, a nuestra nación. Justo en medio del coronavirus, nuestro Gobierno se esfuerza por "sanear" el suelo americano de empresas chinas que operan aquí y están militarmente vinculadas con el Ejército de su país.

Como resultado de tales esfuerzos, la Administración Trump prepara una lista de 89 firmas chinas, principalmente del sector aeroespacial, a las que se les atribuye un "uso final militar". Estar bajo esta clasificación significa que no podrán comprar una amplia variedad de artículos de tecnología estadounidense, a menos que proveedores locales consigan una licencia para hacerlo, cosa que parece improbable.

El anuncio del listado en cuestión ha llegado luego de que el Departamento de Comercio ampliara el concepto de "uso final militar", en abril. En esta definición no solo entran el servicio armado y la policía, sino también cualquier persona u organismo que apoye la producción o el mantenimiento de artículos militares, inclusive, si el negocio no es militar en sí.

¿Quiénes están en la lista negra?

Según un reporte exclusivo de Reuters, en el borrador del listado de empresas militarmente asociadas con el Ejército chino se encuentran: Commercial Aircraft Corp of China Ltd (COMAC), Aviation Industry Corporation of China

(AVIC) y 10 de sus entidades relacionadas. A propósito de AVIC, esta no es la primera vez que aparece en una lista de este tipo.

En junio pasado, el Departamento de Defensa publicó un listado preliminar en el que esta compañía fue incluida de conjunto con otras 18 asociadas con el Ejército chino. Procedentes de ramas como la aviación, tecnología, aero-ingeniería, telefonía e industria nuclear, tales firmas siguen bajo la lupa de nuestro Gobierno y, a tenor de lo que ya se cuece, no es de extrañar que aparezcan en la versión final de la lista ampliada.

Entre esas empresas seriamente vigiladas por EE. UU. están: Huawei, sospechoso habitual en este sentido; China Aerospace Science and Technology Corporation, China Electronics Technology Group Corporation, China State Shipbuilding Corporation, Inspur Group, Aero Engine Corporation of China, Panda Electronics Group y China National Nuclear Corp, por solo citar algunas.

¿Qué implicarían las restricciones?

Si la mencionada lista se publica oficialmente y entran en vigor las restricciones a imponer por nuestro Gobierno, las empresas chinas comprometidas no podrán comprarles a proveedores estadounidenses artículos como los siguientes:

- Programas informáticos
- Software de procesamiento de textos
- Equipos científicos
- Osciloscopios digitales
- Capítulos de aviación
- Piezas y componentes de aeronaves
- Soportes para cajas de control de vuelos
- Motores de avión

De acuerdo con un reporte de News Max, General Electric Co (GE) y Honeywell International son algunos de los proveedores del patio que suministran a firmas chinas, entre ellas, COMAC, y/o tienen empresas conjuntas con ellas, como es el caso de AVIC.

"Un portavoz de GE dijo que sus empresas conjuntas globales operan de conformidad con todas las leyes y que la compañía ha trabajado para obtener licencias relacionadas con usuarios finales militares. [Entretanto], el portavoz de Honeywell se negó a comentar", agregó la fuente.

En el caso de COMAC, prosiguió News Max, parece que su inclusión en el listado supuso una sorpresa para al menos uno de los principales proveedores estadounidenses, pues este ya había determinado que dicha empresa no era un usuario final militar.

Aparte de este listado, y en congruencia con el afán de proteger al país por encima de todo, en noviembre pasado, el presidente, Donald Trump, emitió una orden ejecutiva a fin de prohibir las inversiones estadounidenses en empresas chinas que son propiedad o están controladas por el Ejército chino.

Tal como informara Forbes en su momento, "el Departamento de Estado decidió agregar al gigante chino de la tecnología financiera Ant Group a una lista negra comercial", listado en el que ya figuran gigantes chinos de las telecomunicaciones, como Huawei y ZTE, los que se han visto afectados "severamente en sus cadenas de suministro al cortarles su acceso a chips y software diseñados por los Estados Unidos".

¿Cuándo saldrá el listado oficial?

Según un exfuncionario del Departamento de Comercio, el abogado comercial Kevin Wolf, el listado estaba en manos de un comité asesor compuesto por representantes de la industria y debió haber permanecido así, confidencial, ya que aún está sujeto a modificaciones.

En este sentido, puntualizó que cualquier cambio deberá hacerse rápido dado que podría estarse "acabando el tiempo para que entre en vigencia bajo la Administración Trump". Y que, de ser así, la lista "tendría que ser aprobada y enviada en [este mes de] diciembre al Registro Federal, [que es la] publicación oficial de EE. UU.".

Aunque hay quien considera que crearla y oficializarla podría incitar a China a tomar represalias, el Departamento de Comercio sostiene que poder controlar el flujo de tecnología estadounidense a las empresas que cotizan en bolsa es "vital para proteger los intereses de seguridad nacional de los Estados Unidos", publicó News Max.

Según este portal de noticias, una fuente de la industria aeroespacial, que prefirió no ser identificada, dijo que un listado de este tipo también "brindaría a los competidores europeos una oportunidad para promocionar a sus fabricantes", ya que no tendrían que superar los obstáculos que enfrentarían las firmas chinas implicadas.

¿Qué dicen los comunistas chinos?

Tal como era de esperarse, el Gobierno chino no tardó en reaccionar tras el anuncio del listado, en este caso, por medio del portavoz del Ministerio de Relaciones Exteriores, Zhao Lijian, quien dijo que su país "se opone firmemente a la represión no provocada de las empresas chinas por parte de los Estados Unidos".

Como si nuestro país estuviera ajeno a sus malas prácticas comerciales, y no hubiera sido víctima del más descarado robo de propiedad intelectual (PI) por parte de ellos, entre otros hechos ilegales, Lijian agregó que "lo que Estados Unidos está haciendo viola gravemente el principio de competencia en el mercado y las normas internacionales de comercio e inversión".

Lo que hay que leer, ¿no? Pero eso no es todo: también señaló que "las empresas chinas siempre han operado de acuerdo con la ley y siguen estrictamente las regulaciones locales cuando operan en el extranjero, incluso en los Estados Unidos". ¡Sí, cómo no!

¿Qué dice América?

A otro perro con ese hueso, señor Lijian. Que nuestro país conoce y tiene evidencia de todo el daño del que hemos sido objeto por parte de China. Que nuestra nación sabe que el gigante asiático es experto en hurto de marcas y patentes, en falsificación de productos; en robo de estudios académicos, resultados científicos y avances tecnológicos. Que nuestro país lo sabe porque lo ha sufrido en carne propia.

Es que, yendo más lejos, por culpa del despiadado espionaje cibernético del que hemos sido (y somos) víctima, hasta nuestra propia seguridad nacional se ha visto comprometida. ¿Con qué moneda quieren que les devolvamos el "favor"? ¿Acaso creen que sus actos ilícitos no tendrán consecuencias? ¿Acaso piensan que les pasaremos la mano mientras ellos hacen y deshacen?

La Administración Trump ha sido y es un fuerte puntal en esta lucha comercial contra China y a favor de proteger nuestros intereses. Y que no quepa la menor duda de que nuestra nación seguirá tomando las medidas que haya que tomar para ganar ambas batallas. Así como en términos de salud nos enfrentamos y venceremos al coronavirus, también sabremos cómo depurar con quiénes hacemos negocio, lista negra mediante.

Capítulo 49
China paga a medios de EE. UU. para que distribuyan su propaganda
Publicado originalmente el 16 de diciembre de 2020

Parece mentira, pero es cierto: mediante el periódico China Daily, el Partido Comunista Chino (PCCh) pagó más de cuatro millones de dólares a medios de prensa estadounidenses entre el 1° de mayo y el 31 de octubre pasados con el fin de que estos divulguen su propaganda en territorio norteamericano.

Lo anterior fue dado a conocer en un comunicado de la Ley de Registro de Agentes Extranjeros (FARA, por sus siglas en inglés), perteneciente al Departamento de Justicia de los Estados Unidos, y vino a confirmar lo que ya se venía sospechando: que el citado diario chino, vocero del PCCh, ha estado pagándole a más de 10 publicaciones de nuestro país.

La propaganda china en EE. UU.

De acuerdo con el reporte de FARA, el PCCh pagó más de un millón de dólares a los siguientes medios y empresas para imprimir el China Daily en nuestro territorio:

1. Los Angeles Times
2. Bay Area Production Services, LLC (San Francisco)
3. The Seattle Times
4. Chicago Tribune
5. Walton Press, Inc. (Atlanta)
6. FNP Printing & Publishing (Washington, D.C.)
7. Stellar Printing, Inc. (Nueva York)
8. The Houston Chronicle
9. The Boston Globe
10. Hawaii Hochi Ltd

11. Sun Sentinel Company (Miami)

Paralelamente, por espacios publicitarios (incluidos artículos completos del China Daily), el PCCh pagó casi 750 000 dólares a las siguientes publicaciones:

1. The Wall Street Journal
2. Los Angeles Times
3. Foreign Policy
4. Financial Times.

Según especifica The Epoch Times en su artículo "El medio estatal chino sigue pagando millones a periódicos estadounidenses por publicar su propaganda", "los gastos generales del China Daily del 1° de mayo al 31 de octubre de este año superaron los 4,4 millones de dólares".

La fuente detalla que el uso de tales fondos se dividió de esta manera:

Impresión, publicidad y distribución: 3,1 millones de dólares

Nóminas y otros gastos operativos: 1,3 millones de dólares

El artículo puntualiza, asimismo, que "The Wall Street Journal, Los Angeles Times, Foreign Policy y Seattle Times, fueron algunos de los destinatarios notables. Los Angeles Times, [por citar un caso], recibió 340 000 dólares para anuncios y 111 501 dólares para imprimir periódicos en ese período de tiempo". En este mismo sentido, el portal ERBN remarca, igualmente, que "en total, el Partido Comunista Chino gastó casi 4,5 millones de dólares en su propaganda en los Estados Unidos solo a través del periódico China Daily". Y que en "el Wall Street Journal, por ejemplo, el PCCh ha estado promocionando a Bill Gates [y] su narrativa sobre la llamada pandemia del COVID-19".

ERBN añade que "el Partido Comunista Chino también utiliza el sitio web del Wall Street Journal para promover (indirectamente) la Iniciativa Belt and Road del partido, un programa de desarrollo de varias décadas para crear las 'ciudades inteligentes' y la región de libre comercio de la ONU-Eurasia".

La publicidad disfrazada y sus antecedentes

Como era de suponer, las mencionadas prácticas del PCCh no son cosa de ahora. Tal como revela The Epoch Times en el mismo artículo, "en los últimos años, China Daily ha gastado millones en la ejecución de suplementos, llamados China Watch, que contienen propaganda disfrazada de noticias en los principales medios de comunicación de los Estados Unidos".

Aunque investigadores de la influencia china en nuestro país dijeron en 2018 que "es difícil decir que el material de China Watch es un anuncio", reportes financieros del China Daily ante el Departamento de Justicia "muestran que pagó más de cuatro millones de dólares a The Washington Post y casi seis millones a The Wall Street Journal desde noviembre de 2016. Asimismo, que pagó a The New York Times unos 50 000 dólares en 2018".

Según trascendió en el propio artículo, "The Washington Post y The New York Times dejaron de publicar anuncios publicitarios a principios de este año, [mientras que] The Wall Street Journal, Foreign Policy y LA Times no respondieron a las solicitudes de comentarios de The Epoch Times".

Desde febrero pasado, otros ocho medios de prensa chinos han sido designados como misiones extranjeras en nuestro país. Sobre el particular, el secretario general Xi Jinping dijo:

"Los medios propiedad del partido deben encarnar la voluntad del partido, salvaguardar la autoridad del partido. En resumen, mientras que los medios occidentales están en deuda con la verdad, los medios de la República Popular China estamos en deuda con el Partido Comunista Chino".

La trastienda del China Daily

Con sede en Pekín, el China Daily pertenece al Departamento de Publicidad del Partido Comunista Chino y forma parte del mecanismo de propaganda mundial del país asiático, que ha invertido casi siete mil millones de dólares en campañas de este tipo.

Según detalla The Epoch Times en otro de sus artículos, "Periódico de propaganda chino pagó millones de dólares al Washington Post y a The Wall Street Journal", desde 2017, "el Gobierno de China ha gastado unos 35 millones de dólares solamente en el China Daily", órgano registrado en FARA desde hace más de 35 años.

Al estar acreditado como agente extranjero en nuestro país, la ley le exige proveer copias de toda la propaganda que realice al Departamento de Justicia, así como presentar un informe, dos veces al año, acerca de los gastos realizados en EE. UU. Precisamente por estas dos razones es que se conoce el monto de dinero que ha destinado al pago de los citados medios de prensa estadounidenses.

A tenor del estado actual de las relaciones bilaterales entre los Estados Unidos y China, empeoradas por la pandemia del coronavirus y sus consecuencias, está claro que conviene examinar muy de cerca las actividades propagandísticas de Pekín en nuestro suelo. Ya bastante tenemos con la dependencia económica relativa a la cadena de suministros como para tener que aguantar semejante publicidad en nuestro patio.

Innegablemente, los medios de prensa norteamericanos involucrados en las prácticas del China Daily, consciente o inconscientemente, deberían llamarse a capítulo y reaccionar. Porque ninguna publicación local, por más grande o pequeña que esta sea, debería hacerle el juego a Pekín, justo cuando necesitamos lo contrario. Hay que despertar del letargo, señores. ¡Es momento de actuar!

Capítulo 50
China y el robo de secretos en universidades de EE. UU.
Publicado originalmente el 30 de octubre de 2020

Todo indica que hay muchas maneras de robar y, al parecer, eso China lo sabe muy bien. En su desafuero por seguir usurpando información valiosa sobre nuestras investigaciones, está intentando (y en ciertos casos, consiguiendo) sustraernos propiedad intelectual sin que parezca un hurto como tal.

A hurtadillas y con dinero por delante, el Gobierno del país asiático se introduce en universidades estadounidenses, paga cuantiosas sumas a profesores y programas académicos, y termina sabiendo detalles de nuestro desarrollo científico, tecnológico e industrial.

Dinero enemigo

Aunque no es precisamente nueva, la sigilosa práctica ha aflorado a raíz de que la fundación educativa no partidista Judicial Watch presentara una demanda en contra del Departamento de Educación de nuestro país.

Según la sinopsis de la querella, difundida en el artículo "Tráfico de influencias y robo de secretos: gobiernos extranjeros y universidades de EE. UU.", el objetivo de la demanda es investigar los registros del dinero que ha llegado a universidades norteamericanas procedente de gobiernos foráneos, gobiernos que, "a menudo, son adversarios de los Estados Unidos".

Para que se tenga una idea de la gravedad del asunto, hay que tener en cuenta que "las cifras son grandes (miles de millones de dólares) y difíciles de precisar, a pesar de los requisitos de los informes federales", puntualiza el citado informe.

Peones del robo

Algunos catedráticos estadounidenses han terminado siendo peones del robo tecnológico. Judicial Watch pone como ejemplo al expresidente del Departamento de Química y Biología de Harvard, Charles Lieber, quien fue acusado en junio pasado por hacer falsas declaraciones sobre su trabajo en la Universidad de Wuhan, provincia china donde se originó el coronavirus.

Aunque su arresto no ha sido conectado con el origen de la pandemia, la fundación estadounidense puntualiza que "algo grande estaba pasando en Wuhan". En ese sentido, detalla que, "de 2012 a 2015, Lieber recibió 50 000 dólares mensuales, más 158 000 dólares para gastos de manutención, más 1,5 millones de dólares para establecer un laboratorio de investigación".

Considerado un líder en el campo de la nanotecnología, y la manipulación de átomos y moléculas, Lieber también estaba recibiendo 15 millones de dólares por concepto de becas de investigación en Harvard, bajo el patrocinio de los Institutos Nacionales de Salud y el Departamento de Defensa.

Como es lógico, dichas subvenciones le exigían total transparencia, principalmente, en lo que compete a investigación, conflictos de intereses en el orden financiero y colaboración extranjera. Sin embargo, claramente mintió al negar no solo su relación con la Universidad de Wuhan, sino también con el Programa de los Mil Talentos.

Creado en la nación asiática, este programa ha sido considerado por nuestro Departamento de Justicia como "uno de los planes de reclutamiento de talentos más destacados, diseñado para atraer, reclutar y cultivar talentos científicos de alto nivel para la promoción del desarrollo científico, la prosperidad económica y la seguridad nacional de China".

O dicho con otras palabras: se trata de un programa que busca "atraer talentos chinos en el extranjero y expertos extranjeros para que traigan sus conocimientos y experiencia a China, y que a menudo recompensa a las personas por robar información confidencial".

La conclusión de este caso salta a la vista: algo muy pero muy importante querían los chinos del catedrático de Harvard cuando le estaban pagando las sumas de dinero antes mencionadas. Según dice Judicial Watch en su página, definitivamente, "querían saber qué sabía Lieber, qué estaba produciendo para los estadounidenses".

El otro profesor implicado en sucesos parecidos es Yi-Chi Shih, de la Universidad de Los Ángeles, California. Sobre él ha trascendido que fue condenado en 2019 por tratar de robar tecnología relacionada con un microchip y enviarla a China, donde se habría usado en misiles y aviones de combate.

Programas de idioma

Ciertos programas de idioma y cultura del país asiático, igualmente han sido (son) utilizados por el Gobierno chino para penetrar en instituciones educativas de nuestro patio. Ese es el caso, por ejemplo, de los programas patrocinados por el Instituto Confucio.

Tal como asegura Judicial Watch en el mismo artículo, una reciente investigación realizada por The Washington Free Beacon descubrió que tales programas están presentes en más de 80 campus estadounidenses a los que han hecho llegar decenas de millones de dólares.

A pesar de que las leyes federales exigen que estas instituciones educacionales revelen este tipo de información, lo cierto es que, hoy en día, el monto exacto del dinero recibido se desconoce.

De momento, solo tres universidades han confirmado haber recibido financiamiento de los Institutos Confucio: la de

Michigan, la de Maryland y la Emory, de Georgia. Al parecer, entre las tres recibieron más de 30 millones de dólares.

"Tanto los legisladores como los expertos en educación han advertido durante mucho tiempo que los Institutos Confucio podrían ser un conducto para la influencia china en los campus estadounidenses, que podrían restringir la libertad académica, y promover un relato distorsionado de la historia y la cultura china que favorezca al Partido Comunista Chino", resaltó en su momento The Washington Free Beacon.

Qatar en la mira

El estado de Qatar, ubicado en el este de la península arábiga, igualmente ha sido conectado con este mismo tipo de actividades ilegales, ya que, desde 2011, ha donado mil millones de dólares a nuestras universidades, entre ellas, la de Texas A&M.

Según Judicial Watch, el Instituto Legal Zachor, conformado por un equipo de expertos que investiga actividades anti- Israel y antisemíticas en nuestro país, comenzó a sospechar de los orígenes de la influencia de Qatar en la mencionada universidad.

En consonancia con tales sospechas, presentó la solicitud llamada Ley de Libertad de Información sobre el Financiamiento de Qatar, iniciativa a la que tratan de eliminar entidades conectadas con el estado arábico, dicha universidad y el bufete de abogados Squire Patton Boggs. Judicial Watch, ha dicho, está ayudando a Zachor a defenderse.

Financiamiento en tela de juicio

Lógicamente, el Departamento de Educación de los Estados Unidos está investigando estos peligrosos acontecimientos. Según una carta que enviara a altos cargos de la Cámara, se estima que alrededor de 6,5 millones de dólares han ingresado a las arcas de universidades y colegios estadounidenses, principalmente, de fuentes chinas y del Medio Oriente.

De acuerdo con Judicial Watch, el sitio web de noticias sobre educación superior Campus Reform, fue el primero en dar a conocer dicha carta y en informar que dicho organismo también ha iniciado una investigación sobre otras posibles implicaciones de las universidades de Harvard y Yale, a las que ha pedido "que revelen cualquier financiamiento que hayan recibido de China, Irán, Qatar y Arabia Saudita".

Definitivamente, cuando se trata de aprovecharse del talento ajeno mediante hurtos de cualquier índole, China se lleva las palmas. Claro que no será por mucho tiempo. Nuestro país, firme defensor de lo que le pertenece, trabaja incansablemente por erradicar la plaga que representa el descarado robo a nuestra propiedad intelectual.

Capítulo 51
COVID-19: China y la OMS bajo el mismo común denominador
Publicado originalmente el 22 de septiembre de 2020

Cuando de circunstancias condicionales se trata, definitivamente, hay que hablar del COVID-19. Dado a conocer como emergencia de salud pública a fines de enero pasado, el coronavirus no solo pasará a la historia como el causante de casi un millón de muertes a nivel global, y contando, sino también como una pandemia que pudo prevenirse perfectamente.

Estados Unidos, enfrascado en la misión de descubrir qué fue lo que pasó, cuándo y cómo, ha dado a conocer un reporte con los resultados de una auditoría realizada por el Comité de Asuntos Exteriores de la Cámara de Representantes, en la que la República Popular China y la Organización Mundial de la Salud (OMS) no quedan muy bien paradas que digamos.

Yendo directamente al grano: si China no hubiera encubierto el brote en sus inicios y la OMS hubiera actuado rápidamente, alertando a la comunidad sanitaria mundial, tal como lo exige el derecho internacional, actualmente no estaríamos sufriendo el embate de una pandemia que ha puesto al mundo de revés.

A escala global, hoy suman más de 30 millones los contagiados y casi un millón los decesos, mientras que EE. UU. registra cerca de siete millones de casos y casi 200 000 fallecidos. El SARS-CoV-2 ha quebrantado así la salud y la vida de millones de seres humanos, al tiempo que ha socavado la economía de todas las naciones y, principalmente, la nuestra.

China: lo que hizo y lo que no

Aunque la nación asiática jura y perjura que el COVID-19 surgió en el mercado húmedo de Wuhan, cada vez se vuelve más evidente que el coronavirus emergió de un laboratorio militar relacionado con el Ejército Popular de Liberación del Partido Comunista Chino (PCCh).

Li-Meng Yan, viróloga china vinculada con ese descubrimiento y exiliada en nuestro país por temor a represalias de parte de los comunistas chinos, así lo afirmó recientemente a medios de prensa estadounidenses. Ahora que ha salido a relucir el citado reporte, escrito por miembros republicanos del comité demócrata, las evidencias encontradas ponen a China aún más contra las cuerdas.

Resulta que el gigante de Asia destruyó pruebas y enterró información importante referente al origen del virus mientras nacionalizaba las cadenas de suministros y entorpecía las exportaciones de 3M y General Motors, reprimió a médicos y periodistas para que callaran lo que sabían, se negó a entregar de inmediato datos sobre pacientes contagiados y se tardó en suministrar información a la OMS. Todo eso mientras el virus cobraba fuerzas y se extendía.

El reporte de la Cámara de Representantes de Estados Unidos detalla cronológicamente qué pasó a inicios de año en China, comenzando con el día 1º de enero, fecha en la que funcionarios del PCCh ordenaron el cierre del mercado húmedo de Wuhan y la destrucción de evidencia forense esencial. El 2 de enero, prosigue, científicos del Instituto de Virología de Wuhan completaron la secuencia genética del virus y constataron que este era altamente contagioso, sin embargo, no compartieron esos resultados de inmediato.

El mencionado informe continúa diciendo que, si China hubiera sido transparente, definitivamente, habría contenido el brote, hecho que no solo habría reducido en un 95 % los casos del mal en su territorio, sino que también habría evitado su expansión a otros países y, con ello, el surgimiento de la pandemia que enfrentamos hoy.

OMS: lo que hizo y lo que no

Desde el mismo nacimiento del coronavirus, la Organización Mundial de la Salud ha acaparado titulares en medios de prensa de todo el mundo por el manejo que ha hecho de la pandemia. Si bien es cierto que los chinos le informaron tarde en algunos casos y le ocultaron evidencia, en otros, también lo es el hecho de que no actuó ni rápido, ni acorde a lo previsto.

Siguiendo con la cronología de los hechos, luego de que China informara acerca del brote el primer día de 2020, la OMS hizo su anuncio oficial, vía Twitter, el 4 de enero. Más de dos semanas después, el día 20, fue que una comisión de la entidad recorrió Wuhan, un recorrido al que, dicho sea de paso, se les negó la presencia a expertos estadounidenses.

Pasó otra semana, y el 28 de enero, la OMS decidió elogiar a China por su "transparencia" respecto al COVID-19. Si bien de transparente no había nada de nada, lo peor es que el organismo sanitario mundial lanzó tal halago en momentos en que los chinos le estaban negando información. Según indica el citado reporte, de tal engaño hay evidencia.

Al finalizar enero, concretamente el día 30, el organismo de las Naciones Unidas declaró ante el mundo que estábamos en medio de una emergencia de salud pública. Para entonces, ya había 10 000 casos en 19 países, entre ellos, los Estados Unidos.

Según ha trascendido también, durante varias semanas del propio mes de enero, la OMS igualmente ignoró al Centro de Control de Enfermedades de Taiwán sobre la transmisión del virus entre personas, informó incorrectamente al mundo sobre la transmisibilidad del virus de humano a humano y sostuvo las declaraciones del PCCh como si de verdades inviolables se tratara. Todo un rosario de equivocaciones.

EE. UU.: lo que dice y lo que exige

Teniendo en cuenta todo lo que ha salido a la luz desde que se iniciaran las investigaciones en torno al coronavirus, así como la implicación de China y la Organización Mundial de la Salud en la expansión de la pandemia, dada a conocer en el reporte en cuestión, Estados Unidos considera que la nación comunista debe rendir cuentas porque ha destruido la salud física y económica del mundo.

Asimismo, sostiene que el director de la OMS, Tedros Adhanom, debe renunciar por la ineficiente y desacertada gestión que ha hecho sobre el COVID-19. De modo paralelo, sugiere la readmisión de Taiwán a la entidad sanitaria (por las alertas realizadas sobre la transmisión del virus de persona a persona) y la no retirada de EE. UU. del organismo mundial.

Mientras los demócratas intentan sacarle lasca a la particular situación de la nación americana en lo que respecta al coronavirus, y tratan de echarle la culpa de todo al presidente, Donald Trump, Estados Unidos condena a los verdaderos culpables del desastre sanitario actual: la conducta criminal de China y el silencio cómplice de la OMS. Innegablemente, el común denominador que les une es, en una sola palabra, imperdonable.

Capítulo 52
Black Lives Matter y China: dos más dos son cuatro
Publicado originalmente el 21 de septiembre de 2020

No lo pueden negar. De que hay vínculos y complots, los hay. Si lo duda, visite el sitio web de Black Futures Lab, intente donar dinero y verá quién les patrocina: la Asociación Progresista China (CPA, por sus siglas en inglés), socia y representante en los Estados Unidos del Partido Comunista Chino.

Aunque la CPA fue fundada en 1972 para velar por los intereses de la comunidad de inmigrantes chinos en San Francisco, California, la realidad está demostrando que, aparte de eso, responde a la agenda comunista china en contra del sistema estadounidense. Básicamente, viene siendo una extensión de los intereses chinos que intentan derrocar el capitalismo a como dé lugar.

La doble agenda

Vayamos por partes: Black Futures Lab surgió en 2015 por iniciativa de la cofundadora del movimiento Black Lives Matter (BLM), Alicia Garza. BLM, a su vez, tuvo su origen en 2013 para defender los intereses de la comunidad negra en EE. UU., sin embargo, detrás de esa fachada reivindicativa, existen evidentes posturas marxistas y procomunistas.

Justo en un año de elecciones presidenciales en nuestro país, cuando el actual mandatario, Donald Trump, podría resultar reelegido, turbas de manifestantes de BLM salieron a las calles de importantes ciudades a fin de saquear propiedades y agredir a ciudadanos, tomando como excusa la muerte del afroamericano George Floyd.

En un país donde existe la libertad de expresión y manifestación, cualquiera está en su derecho de protestar. Por supuesto que sí. Pacíficamente. Lo que no está nada bien es que, bajo el pretexto de aclamar justicia para el fallecido, acaben con todo lo que se encuentran a su paso: autos policiales, estatuas, comercios, etc.

En el peor momento de la era moderna, cuando una pandemia azota fuertemente al país y al mundo, llegan ellos con fuego, robo, saqueo y hasta gente herida a causa de tan violentos disturbios. Cualquiera diría que hay una doble intención en el mero hecho de "protestar". Y claro que la hay: la de desestabilizar al país y a nuestro sistema capitalista mediante el caos.

La clara evidencia

Quienes encabezan y apoyan a Black Lives Matter y a su par, el Movement for Black Lives (M4BL), surgido en 2014, abrazan también al Black Futures Lab, presumiblemente creado para diseñar políticas y estrategias que fortalezcan a las comunidades afroamericanas, y, claro está, para unir fuerzas con los organismos similares que le preceden. Hasta ahí, todo bien.

Sin embargo, ahora que es del dominio público que la Asociación Progresista China patrocina al Laboratorio del Futuro Negro, como le llaman en español, quedan en sobrada evidencia los nexos de los comunistas chinos con estos movimientos autollamados "radicales", "anticapitalistas" y "marxistas entrenados".

Quienes pensaban –y aún piensan– que era "cosa de los republicanos" alertar sobre la doble intención de los disturbios que tanto nos han afectado este año, ¿qué van a decir ahora? Ustedes, los que cuestionaban –y aún cuestionan– la percepción de la derecha ante las violentas protestas, ¿qué creen sobre la financiación de los chinos a Black Futures Lab?

¿Qué tienen que decir cuando ha trascendido que la CPA no solo ha alentado las manifestaciones de BLM y similares, sino que, incluso, ha participado en algunas de ellas? ¿A ustedes no les bastaba con saber cómo piensan los líderes de esos grupos?

Porque, a la par de sus agendas en pro de los derechos que defienden, igualmente han dejado bastante claras sus posturas políticas anticapitalistas. La mismísima Patrisse Cullors, cofundadora de BLM, ha confirmado que su agenda va más allá de lo racial.

"Trump no solo no debe estar en el cargo en noviembre, sino que debe renunciar ahora. Nuestro objetivo es sacarlo", dijo recientemente al programa The Lead de la CNN, según reportó en su momento el Diario Las Américas.

Pincelada extra para que vean hasta dónde llega su posición ideológica: cuando murió el dictador cubano Fidel Castro, en 2016, los miembros de BLM convocaron "su guía, fuerza y poder" para seguir luchando, en un comunicado lleno de elogios hacia el tirano comunista. Señores, dos más dos son cuatro.

La sempiterna rivalidad

Como ya es sabido, China intenta superar a los Estados Unidos mediante todas las vías posibles: robo de secretos comerciales, violación de marcas, usurpación de patentes, espionaje cibernético y un largo etcétera que ahora también suma la financiación y el apoyo al caos promovido por BLM.

No hay dudas de que la nación asiática se ha puesto a trabajar en función de fomentar los disturbios que tantos estragos han causado en diversas urbes estadounidenses. Está claro que en, sus ansias de derribar a su rival más fuerte, se está congraciando con quienes pretenden debilitar al país, en particular, y a su sistema, en general.

Al Partido Comunista de China todo esto le conviene. ¿Qué mejor idea que identificarse con la misión de estos grupos y patrocinarles? Todo encaja como piezas de un rompecabezas. Desde el mismo origen de la CPA en San Francisco, en 1972, en el contexto del Movimiento Asiático Americano, de orientación marxista, el gigante asiático lo ha tenido claro.

Ahora que BLM ha cobrado fuerzas —de conjunto con la BLM Global Network, que también acciona en Canadá, Australia y Europa— los chinos comunistas, es de asumir, estarán más que interesados en seguir incitándolos y apoyándoles.

A fin de cuentas —dirán— mientras más protestas violentas haya, mientras más autos policiales se quemen, mientras más comercios se destrocen, mientras más daño sufra la economía americana, más inestable y vulnerable se volverá el sistema capitalista, ¿no?

Pues fíjense que no. Que hemos sido perjudicados económica y socialmente por las turbas enardecidas, sí; que, principalmente, dueños de pequeños negocios pertenecientes a minorías han tenido que reparar sus establecimientos rotos y saqueados, sí, pero que les quede clarísimo que siempre hemos sabido sus reales intenciones y que nunca se saldrán con la suya.

Estamos claros de que la China comunista aboga por el debilitamiento de nuestra sociedad americana. Somos conscientes de que esta "nueva" izquierda radical, también. Guerra avisada no mata soldado. Nosotros, ciudadanos estadounidenses que amamos y defendemos a nuestra nación, y a nuestro sistema capitalista por encima de todo, no nos dejaremos vencer. ¡Jamás! ¿Leyeron bien? ¡Jamás!

Capítulo 53
Familia Biden bajo la lupa por sus vínculos con China
Publicado originalmente el 13 de septiembre de 2020

De un lado, tenemos a China y al daño que ha infringido (e infringe) a los Estados Unidos por prácticas comerciales desleales, espionaje económico y robo de propiedad intelectual; del otro, tenemos a la familia Biden que no parece enterada de la amenaza que eso representa para nuestro país, no solo en términos de economía, sino también en términos de seguridad nacional.

Cuesta trabajo creer que el candidato a la presidencia por el Partido Demócrata, Joe Biden, aún no haya caído en la cuenta de que China ambiciona el poderío de nuestra nación y que, para tratar de superarnos, se ha valido y se vale de cuanto recurso ilegítimo y recriminatorio existe.

En más de 10 años de prácticas comerciales inescrupulosas, nuestro país ha perdido unos cuatro millones de puestos de trabajo por esa causa. Estamos hablando de cuatro millones de familias estadounidenses que han sufrido el impacto directo de la escasez económica por razones vinculadas con China.

Si echamos un vistazo al efecto chino en términos monetarios, son miles de millones de dólares los que hemos perdido debido al robo de secretos comerciales e industriales, la violación de marcas y patentes, el ciberespionaje y la conspiración, y, por si fuera poco, debido a una pandemia mundial que –¡oh, casualidad!– tuvo su origen en China. ¿Tan difícil es de entender?

Ciertamente, en el camino de las relaciones exteriores se puede dialogar e intentar llegar a determinados acuerdos favorecedores para ambos lados, tal como hizo la Administración Trump en enero pasado con el país asiático, pero de ahí a hacerse de la vista gorda, minimizar potenciales riesgos y confraternizar con la China comunista, va un larguísimo trecho.

Binomio Biden + China no es nuevo

Transcurría 1979. En su puesto de senador, Joseph Robinette Biden, Jr. llegaba a China por primera vez en viaje oficial. A partir de esa fecha, el demócrata nacido en Scranton, Pennsylvania, no ha hecho más que alabar y respaldar a la nación asiática, actuando como apaciguador en el diferendo chino-estadounidense y subestimando las reales intenciones de Pekín.

No es un secreto que el candidato a la Casa Blanca, incluso, se ha jactado de su cercana relación con el ahora presidente chino, Xi Jinping, con quien compartió comida y bebida –y hasta chistes– entre 2011 y 2012, mientras fungía como vicepresidente durante el mandato de Barack Obama.

Para Biden, compartir mesa con el líder asiático por horas y horas es un "mérito" que él mismo se ha encargado de corroborar al decir que ha pasado "más tiempo en reuniones privadas con Xi Jinping que con cualquier otro líder mundial".

Tema cuasi doméstico aparte, lo cierto es que su mano blanda hacia los comunistas chinos lo ha puesto bajo la lupa de la opinión pública estadounidense y con razón. "No son malas personas", ha dicho. "No son competencia para nosotros", ha minimizado.

Vistos superficialmente, parecen inocentes comentarios y hasta pronacionales, pero cuando se trata de China, cuando se trata del país que está en el top de nuestra lista negra de vigilancia propietaria por los tantos perjuicios que nos ha ocasionado y nos sigue causando, entonces no puede haber lugar para "ingenuidades" de esa ni otra índole. Paños tibios, a otra parte.

Hunter y Joe en la mira

El patriarca de los Biden no es el único protagonista en esta historia de bien llevadas relaciones con el gigante asiático: su hijo Hunter, abogado de profesión y fuente de escándalos por repetición, es observado con recelo por sospechosas acciones vinculadas con China.

Tanta es su supuesta implicación en acuerdos comerciales con la nación asiática que hasta ha salido a la luz el documental "Riding the Dragon. The Biden Chinese Secrets". Presentado por The Post y publicado en YouTube por la cadena BlazeTV, el material audiovisual describe el accionar de Hunter en este sentido.

Según reporta el New York Post, ciertos pactos comerciales establecidos por Hunter con China "han servido a los intereses estratégicos del Gobierno comunista y al Ejército de ese país, y pueden haber puesto en riesgo la seguridad nacional estadounidense".

Al parecer, el hijo problemático de Biden participó en varios acuerdos como miembro de la firma de inversión chino-estadounidense BHR Partners, fundada en 2013 y con sede en Pekín, y presuntamente obtuvo mil millones de dólares en fondos solo por ser hijo del entonces vicepresidente de EE. UU.

Entre los acuerdos de inversión en los que, presumiblemente, Hunter participó se encuentran los relacionados con AVIC Auto, subsidiaria de la Aviation Industry Corp of China (fabricante de aviones para el Ejército chino), y Henniges Automotive (fabricante de piezas de auto y productos de uso civil-militar).

Otro miembro del clan Biden, James, hermano de Joe, también ha sido relacionado con un delincuente chino, concretamente, con Chi Ping Patrick Ho, ejecutivo de CEFC China Energy Co, quien fuera arrestado por el FBI en 2017. Según el documental, una de las primeras llamadas que realizó el acusado fue, nada más y nada menos, que a James.

Limpiándose de toda culpa, James le dijo a The New York Times que Ho le llamó porque estaba tratando de localizar a su sobrino Hunter. De acuerdo con el material, dos preguntas surgieron de inmediato: ¿por qué quería localizarlo y qué esperaba de él? La respuesta en sí no se sabe, pero, teniendo en cuenta los nexos de los Biden con China, no es muy difícil de imaginar.

Como tampoco era difícil de imaginar la reacción del clan Biden a todo este revuelo: el abogado de Hunter ha negado su implicación en estos asuntos, Biden ha eludido las preguntas sobre los negocios sospechosos de su hijo y miembros de la campaña política demócrata han declinado comentar sobre el documental que los deja muy mal parados.

Muy a pesar de ello, todos estamos claros: el aspirante demócrata a la Casa Blanca es un partidario de la China comunista (Pekín Biden le llaman ya), por tanto, un vivo ejemplo de lo que no queremos en la presidencia de los Estados Unidos. No queremos a Joe Biden y punto.

Capítulo 54
China: ¿hasta cuándo el robo de nuestra propiedad intelectual?
Publicado originalmente el 21 de julio de 2020

A la espiral de robos de nuestra propiedad intelectual (PI) a favor y en conspiración con el Gobierno de China, se acaba de sumar otro suceso que confirma, una vez más, la descarada usurpación de la que somos objeto por parte de la nación asiática.

Resulta que, en esta ocasión, dos piratas cibernéticos chinos han sido acusados por el Departamento de Justicia (DOJ, por sus siglas en inglés) por robar secretos de más de 12 compañías estadounidenses, procedentes de sectores tan sensibles como el de la salud y el de la defensa.

Robo de PI en el sector de la salud

En el terreno sanitario, Li Xiaoyu y Dong Jiazhi, que así se llaman los acusados, habrían usurpado información clave de, al menos, cuatro empresas del patio que trabajan incansablemente para encontrar un tratamiento efectivo contra el coronavirus.

Según la acusación, desde enero de 2020, Xiaoyu y Jiazhi habrían intentado acceder a esas compañías con el fin de usurpar información acerca de las pruebas que se realizan para hallar una vacuna contra el COVID-19. El 27 de enero, concretamente, buscaron vulnerabilidades en una empresa de biotecnología de Maryland, que justo días antes había anunciado que investiga una potencial vacuna contra el coronavirus.

Ese mismo día, también ejecutaron un reconocimiento a otra compañía de Massachusetts, a la que públicamente se conoce por investigar una posible vacuna contra el COVID-19.

Pero esto no es lo único de lo que se los acusa: todo indica que su actividad ilegal se remonta a varios años, específicamente entre 2014 y 2020, etapa durante la cual han estado robando información sobre varios medicamentos, estructuras químico- farmacéuticas e investigaciones contra el cáncer.

Robo de PI en el sector de la defensa

Paralelamente a la usurpación de secretos en el terreno de la salud, a estos piratas cibernéticos chinos se los acusa de robar información a contratistas de defensa de nuestro país.

Según ha trascendido, han pirateado en torno al diseño de armas, los códigos fuente de diversos programas informáticos y la tecnología aplicada a varios de nuestros sistemas, principalmente los relacionados con:
- Satélites militares
- Comunicaciones militares
- Sistemas de microondas
- Armas antimicrobianas
- Sistemas de integración
- Redes inalámbricas

De acuerdo con la acusación, estos hackers, excompañeros de clase en una escuela de ingeniería eléctrica en Chengdu, actúan desde su país y roban nuestra PI con el fin de proporcionarle información al Ministerio de Seguridad del Estado de China. Y a juzgar por las redes informáticas comprometidas con el ciberataque, habrían robado cientos de millones de dólares en secretos comerciales, propiedad intelectual e información comercial valiosa.

Según el DOJ, no solo EE. UU. ha sido blanco de este ciberespionaje: otros países, como Australia, Bélgica, Alemania, Japón, Lituania, Corea del Sur, España, Suecia y Reino Unido, igualmente han sido víctimas del robo de propiedad intelectual, fundamentalmente en áreas relativas a la lucha contra el coronavirus.

Antecedentes inmediatos

En mayo del año 2020, el presidente estadounidense, Donald Trump, acusó públicamente a China de apuntar a universidades, compañías farmacéuticas y otras empresas de atención médica norteamericanas con el propósito de usurpar PI relacionada con tratamientos destinados a contrarrestar el coronavirus. En su momento, Trump dijo que tales intrusiones podrían poner en peligro el progreso de nuestra investigación médica en torno a la pandemia.

El reciente Reporte Especial 301 de 2020, por su parte, ubicó a China en el top de la lista de vigilancia prioritaria que incluye a los países mayormente violadores de PI a nivel mundial. Y en junio pasado, el Departamento de Defensa publicó un listado con las 19 compañías chinas que operan desde nuestro territorio en franca alianza con el Ejército de su país.

Básicamente, el 80 % de los enjuiciamientos que se hacen en nuestro territorio en torno al robo de secretos comerciales e industriales involucran directamente a la nación asiática y en el 60 % de los casos relacionados con la usurpación de propiedad intelectual, hay al menos un nexo con Pekín. ¿Qué más se puede decir? Las palabras sobran. ¡Y que caiga sobre los infractores todo el peso de la ley!

Capítulo 55
La pandemia global y lucha contra el marxismo cultural
Publicado originalmente el 8 de julio de 2020

Seis meses después de que el coronavirus surgiera en China y se extendiera a nivel global, la pandemia sigue cobrando vidas y manteniendo al mundo en alerta máxima. Mucho se ha hablado de sus orígenes a través de diversas teorías, pero lo que sí está bastante claro es que el Partido Comunista Chino (PCCh), principal enemigo del mundo occidental, tiene una implicación directa.

A la nación asiática la mueven intereses comerciales y políticos en franca carrera contra los Estados Unidos. Para ello se vale del robo de propiedad intelectual, competencia desleal, registro de patentes fraudulentas, espionaje económico, malas prácticas en derecho de autor, piratería en línea, fabricación falsificada y, como si eso no bastara, también de una pandemia.

Desde los inicios del COVID-19, China ocultó información y mintió sobre el verdadero origen del virus. Literalmente, ha paralizado al mundo y EE. UU. no ha sido la excepción. Miles de estadounidenses han fallecido por su causa, otros tantos han estado a punto de morir, mientras de un lado familias enteras viven angustiadas por su salud y del otro, la economía se ha enfrentado a un colapso económico solo similar al de la Gran Depresión.

Relaciones Estados Unidos-China

Seis meses después de haber llegado también a un acuerdo comercial, en un intento por suavizar la guerra económica entre los dos países, la renegociación de las relaciones EE. UU.-China está marcada ahora por el coronavirus y sus consecuencias. A todas luces, el cierto optimismo de enero no tiene mucho que ver con el actual estado de ánimo de la Administración Trump.

Es que justo cuando el acuerdo entró en vigor en China, en febrero pasado, la nación asiática ya estaba bajo medidas de confinamiento y justo a fines de ese propio mes, Washington anunció el primer caso oficial de COVID-19 en los Estados Unidos.

Con la llegada del virus a suelo norteamericano, habrá que ver qué rumbo final toma este acuerdo mediante el cual EE. UU. desistiría de sanciones comerciales a China y el país asiático compraría más productos estadounidenses.

Analistas sostienen que ambas naciones deberían continuar con lo pactado, no solo por el propio beneficio de los dos países, sino también por los del resto del mundo, sumidos actualmente en la peor recesión de los últimos 90 años. Mientras se define el derrotero de esta primera fase de negociaciones, también hay que hacerle frente a ciertos movimientos marxistas y anticapitalismo que están operando en nuestro suelo con el respaldo de intereses globalizadores, a los que les conviene la mano de obra esclava en China y que no se repatrien a territorio americano los capitales y las industrias estadounidenses.

Woke culture en EE. UU. y Occidente

Los movimientos conocidos como woke culture o cancel culture en EE. UU. y Occidente, no son más que una expresión del marxismo cultural, teoría desarrollada por el filósofo comunista italiano Antonio Gramsci, fallecido en 1937. Como ejemplos tenemos a ciertos brazos militares y armados de esta nueva (pero vieja) izquierda radical: Black Lives Matter (BLM) y Antifa (organización de extrema izquierda), abiertamente marxistas y anticapitalistas.

Con anterioridad, dichos movimientos no podían tomar el poder por la vía insurreccional en un ataque frontal, como intentaron sus camaradas durante las décadas del 80 y 90 en América Latina (el FMLN en El Salvador; el FSLN, en Nicaragua y el EZLN, en México), así que lo intentaron por la vía electoral/parlamentaria con un cierto nivel de "éxito", aunque moderado, ya que no eran la mayoría dentro del Partido Demócrata.

Tal como hemos visto recientemente, hoy salen del clandestinaje, y abiertamente saquean propiedades y agreden a ciudadanos. A modo de excusa y justificación, se valen de incidentes y detonantes sociales, como la muerte de George Floyd, a fin de declararle la guerra a los Estados Unidos, en particular, y a Occidente, en general.

El movimiento BLM, en concreto, ha provocado protestas generalizadas no solo en nuestro país, sino también en Australia y países europeos, y tal como afirmara la cofundadora del grupo, Patrisse Cullors, ellos mismos se consideran "marxistas entrenados".

A propósito de este tema, el secretario de Vivienda y Desarrollo Urbano, Ben Carson, criticó recientemente a Black Lives Matter, calificándola de "organización impulsada por el marxismo". En recientes declaraciones a Fox News, Carson se preguntó y respondió a sí mismo: "¿Importan las vidas negras? Creo que todos estarán de acuerdo en que sí".

Sin embargo, agregó, "estamos hablando de algo más cuando hacemos frente a un movimiento que defiende cosas como derribar el modelo de la estructura familiar occidental y desfinanciar a la policía. Estas son cosas antitéticas al modelo estadounidense y al patriotismo en este país".

La secretaria de prensa de la Casa Blanca, Kayleigh McEnany, entretanto, dijo que todas las vidas negras importan, que el presidente Trump está de acuerdo con ese sentimiento, pero que no puede estarlo con una organización que llama cerdos a los policías e incita a freírlos como tocino.

McEnany subrayó que se trata de "nuestros oficiales de policía, de nuestros valientes héroes que están en la calle protegiéndonos todos los días". Asimismo, recordó lo dicho por el presidente de BLM: "Si este país no nos da lo que queremos, quemaremos [el] sistema" Según ella, él podría estar hablando literalmente.

En opinión de McEnany, esto no es más que "una declaración bastante odiosa"; declaración que se refleja en la reciente destrucción de la propiedad privada y de pequeños negocios, principalmente, en las comunidades negras e hispanas de EE. UU. Sin dudas, un claro intento por frenar nuestro repunte económico (gran reto en sí debido al coronavirus) y también por desbancar al presidente, Donald Trump, en las elecciones de este 2020.

Solamente en Minnesota, recordemos, unas 270 pequeñas empresas fueron destrozadas al tiempo que muchas otras igualmente resultaron vandalizadas en 16 importantes ciudades de la unión. De igual forma, autos policiales fueron quemados y estatuas históricas, derribadas, como parte de los disturbios.

Paralelamente, se reportaron decenas de lesionados y miles de arrestados como resultado de estas violentas manifestaciones, que repercutirán a corto y largo plazos en los pequeños negocios de las minorías. Y todo eso, reitero, en medio de una colosal pandemia que, en términos sanitarios, aún no muestra signos de luz alguna al final del túnel.

Economía de EE. UU. antes del COVID-19

En 2019, antes de que el coronavirus irrumpiera en los Estados Unidos, el país estaba en una franca expansión de su economía tras sumar 120 meses de crecimiento continuo. La tasa de desempleo, uno de los principales parámetros de medición, no solo era muy baja, con un 3,7 %, sino que mostraba una tendencia descendente, tal como reportara en su momento BBC News.

De acuerdo con su artículo "¿Recesión en EE. UU?: los 3 indicadores que contradicen las predicciones de que el país se encamina a una crisis económica", cuando algo así ha ocurrido a lo largo de la historia, es porque existe menos de un 10 % de probabilidades de que ocurra una recesión durante los 12 meses posteriores.

Otro elemento que dibuja el estado de la economía es la actitud de los consumidores. Según la misma fuente, cifras del Departamento de Comercio dieron cuenta de que las ventas al por menor crecieron lo suficiente como para sumar un positivo crecimiento en ese sector. Es decir, la gente estaba comprando bastante porque tenían buena expectativa acerca de su situación económica personal y de la economía en general.

Inclusive, el presidente Trump dijo el año pasado:

"Estados Unidos es ahora, con diferencia, la economía más grande, más fuerte y poderosa en el mundo. Mientras otros se tambalean, nosotros solo nos ponemos más fuertes".

Y no era para menos: el índice de desempleo era bajísimo, las exportaciones aumentaron un 2 % en vez del 1,4 % previsto; el mercado inmobiliario creció un 5,1 % (el mayor repunte en dos años); el PIB, aunque modestamente, registró un 2,3 % de crecimiento y el país terminó una década entera sin entrar en una recesión por primera vez en la historia.

Economía global antes del coronavirus

Antes del COVID-19, la economía global, por su parte, reportaba su crecimiento más débil en la última década, un 2,3 %, según un reporte de las Naciones Unidas difundido por la AP. Factores como el aumento de las tensiones comerciales, el mal clima de negocios y las debilidades específicas de cada nación en los mercados emergentes, resultaron determinantes en el bajo desarrollo económico.

En su artículo "ONU: Crecimiento mundial de 2019, el más bajo de la década", la AP señaló que "el panorama económico para Latinoamérica y el Caribe, África, el oeste de Asia y las economías en transición, estaba empañado por los precios relativamente bajos de las materias primas y la prolongada debilidad en algunos países".

Economía de EE. UU. tras el impacto del COVID-19

Al llegar 2020, y con el mortal impacto del coronavirus, todos nos hemos visto afectados. Estados Unidos, por ejemplo, llegó a tener una tasa de desempleo del 14,7 % en abril, en un fuerte contraste con la del 3,7 % registrada en febrero.

Añadido a eso, todos los sectores de la economía resultaron perjudicados por el confinamiento social y más de 40 millones de estadounidenses perdieron sus empleos.

Afortunadamente, y contra todos los pronósticos, el país está mostrando signos de avance. En junio, por ejemplo, se crearon 4,8 millones de puestos de trabajo y la tasa de desempleo cayó a un 11,1 % comparado con el 13,3 % de mayo. Cabe notar que para esta fecha se vaticinaba un 20 % de desempleo y, a tenor de lo ocurrido, las cifras van hablando por sí mismas.

Como no podía ser de otra manera, estamos en medio de la recuperación económica y por eso se están tomando medidas tan certeras. En el campo comercial, hoy tenemos al tratado entre los Estados Unidos, México y Canadá (USMCA, por sus siglas en inglés), que, entre otros muchísimos beneficios, aumentará nuestra competitividad en importantes áreas de la economía y generará miles de nuevos empleos, principalmente, en los sectores automotriz, agrícola y tecnológico.

Por la América 2.0

En el propio ámbito económico, tenemos ante sí la meta de romper definitivamente con las ataduras que nos unen a China, suerte de guerra fría que supone el enfrentamiento con el país asiático. La repatriación de nuestra cadena de suministro a EE. UU. y la proliferación de la etiqueta Made In USA deben ser piezas fundamentales de esta nueva guerra de independencia contra Pekín, de la cual nacerá, indudablemente, una nueva América: la América 2.0.

Según la Comisión Estadounidense sobre el Robo de Propiedad Intelectual (PI), China es el principal infractor en lo que respecta a la PI. De hecho, se ha comprobado que ha venido usurpando secretos comerciales, industriales y de toda índole desde hace más de 10 años.

Lógicamente, la actual Administración intenta poner un alto a lo que viene sucediendo, y tal como ha dicho el presidente Trump, "tenemos que analizar la transferencia de tecnología forzada y el robo de propiedad intelectual, que por sí solos les están costando a los Estados Unidos y a sus compañías al menos 300 000 millones de dólares al año".

Está claro que nuestro país necesita examinar su atadura con el mercado chino en lo relativo a medicinas, vacunas, tecnología, alimentos, telefonía, maquinarias y otros tantos eslabones engarzados, en gran medida, a la manufactura o a las materias primas asiáticas.

No podemos permitir que los chinos aprovechen la situación creada en torno al coronavirus para tomar ventaja económica, política y militar. Opciones al alcance tenemos, como, por ejemplo, el retorno de la Sección 936 a Puerto Rico, tal como sugiere la recientemente anunciada Ley para Asegurar la Cadena de Suministros de 2020.

Sin lugar a duda alguna, apostamos por una América libre de las influencias china y marxista; abogamos por la libre empresa y, ¡cómo no!, por una sociedad en la que se fomente la participación y se incentive la creatividad, sin espacio para movimientos con intereses hegemónicos y, mucho menos, ultraizquierdistas. Nuestro reto es grande, sí, pero también el afán, la voluntad y la perseverancia. Pésele a quien le pese, América volverá a ser grande una vez más.

Capítulo 56
¿Un Pearl Harbor en el siglo XXI?
Publicado originalmente el 27 de mayo de 2020

Según el informe "China: la amenaza de pulso electromagnético", presentado por el Grupo de Trabajo EMP sobre Seguridad Nacional, el Gobierno chino podría usar tres armas de tecnología avanzada para atacar la red eléctrica de los Estados Unidos, en algo así como un asalto sorpresa tipo Pearl Harbor del siglo XXI.

Como parte de la llamada Guerra Total de Información, dichas armas podrían llevar a EE. UU. a un apagón mortal, que derivaría en fatales consecuencias tanto para diversos sectores de la economía como para la seguridad nacional.

De acuerdo con el autor del reporte, el director ejecutivo del Grupo de Trabajo EMP, Peter Pry, la invasión incluiría ataques de piratas cibernéticos a computadoras y con armas de pulso electromagnético de gran altitud (HEMP), lanzadas desde satélites, barcos y tierra.

En su informe de 14 páginas, Pry dijo que la doctrina militar de China, que incluiría un ataque HEMP para derrotar a los portaaviones estadounidenses y dar una sorpresa Pearl Harbor, está repleta de planificación técnica y operativa consistente con un ataque nuclear.

Armas chinas con tecnología de EE. UU.

De acuerdo con el reporte, los chinos han desarrollado esas tres armas mediante el robo de tecnología estadounidense. El armamento en cuestión estaría conformado por:

a) Red de satélites EMP: capaces de flotar en el cielo durante años.

b) Armas súper EMP: ojiva nuclear a usarse contra barcos y en el campo de batalla.

c) Misiles de alta velocidad: capaces de enviar una ojiva a cinco veces la velocidad del sonido.

Básicamente, el principal blanco de ataque sería la red eléctrica nacional, aprovechando nuestra supuesta vulnerabilidad a ataques electrónicos dada nuestra alta informatización. Con un apagón total, las afectaciones serían muy severas, particularmente en:

- Bancos
- Sistemas telefónicos
- Centrales eléctricas
- Centrales siderúrgicas
- Portaaviones
- Satélites

Según otro informe realizado hace ocho años, cuando Pry era miembro clave de una comisión EMP del Congreso, un ataque de esta índole contra la red eléctrica de la costa este, por ejemplo, podría provocar la muerte del 90 % de la población dentro de un año debido a los saqueos, la falta de alimentos y agua, y los ataques de desesperación que ocasionaría entre la población.

En opinión de Pry, "Estados Unidos debería estar muy preocupado por un escenario en el que China usa armas espaciales nucleares, con ojivas especializadas, para barrer rápidamente de los cielos a los satélites estadounidenses". De ser así, dichos satélites podrían ser reemplazados por similares chinos a fin de "paralizar las capacidades militares de Estados Unidos".

Obviamente, nuestro país no está cruzado de brazos frente a ninguna de las amenazas chinas. Y para muestra, el más reciente anuncio del Departamento de Defensa (DOD, por sus siglas en inglés).

Lista "negra" de empresas chinas en EE. UU.

De conjunto con todas las acciones que se están tomando para ponerle freno a la nación asiática, el DOD acaba de publicar una lista que incluye a 19 corporaciones chinas, actualmente en operaciones en nuestro territorio y estrechamente vinculadas con el Ejército chino.

Según ha trascendido, el listado se hizo conforme a la Ley de Autorización de Defensa Nacional de 1999 y en él aparecen compañías que son propiedad o están controladas por el Ejército del país asiático. Tales corporaciones responden a disímiles sectores, tales como el aeroespacial, tecnológico, telefónico y nuclear, por citar tan solo algunos.

Lista de empresas vinculadas con el Ejército chino:

1. Aviation Industry Corporation of China
2. China Aerospace Science and Technology Corporation
3. China Aerospace Science and Industry Corporation
4. China Electronics Technology Group Corporation
5. China South Industries Group Corporation
6. China Shipbuilding Industry Corporation
7. China State Shipbuilding Corporation
8. China North Industry Group Corporation
9. Hangzhou Hikvision Digital Technology Co., Ltd
10. Huawei*
11. Inspur Group
12. Aero Engine Corporation of China
13. China Railway Construction Corporation
14. CRRC Corp
15. Panda electronics Group
16. Dawning Information Industry Co.
17. China Mobile Communications Group
18. China General Nuclear Power Corp
19. China National Nuclear Corp

*Nótese que uno de los llamados "sospechosos habituales" es Huawei, compañía de telefonía inteligente a la que Washington acusa de robar secretos comerciales y colaborar con el espionaje chino.

Repercusión en torno al listado

De acuerdo con el portavoz del Pentágono, Jonathan Rath Hoffman, se espera que "esta lista sea una herramienta útil para el Gobierno de los Estados Unidos; para que las empresas, los inversores, las instituciones académicas y los socios afines realicen la debida diligencia (antes) de asociarse con estas entidades".

El senador republicano Marco Rubio calificó a la lista de "un comienzo, pero lamentablemente inadecuado", pues "solo toca la superficie de la explotación del Gobierno chino en contra de los mercados de capitales de EE. UU." y "omite a las redes de compañías afiliadas y subsidiarias".

Incompleta o no, lo que sí ha trascendido ya es que Trump podría aplicar la Ley de Poderes Económicos Internacionales de Emergencia (IEEPA, por sus siglas en inglés) en contra de todas estas corporaciones. Una de ellas, Hikvision, respondió rápidamente al anuncio del DOD, calificando a su inclusión como "sin fundamento" y aludiendo que "opera independientemente" del Ejército chino. Huawei, sin embargo, ha hecho mutis de momento.

Ya sea que estemos bajo el supuesto peligro de un nuevo Pearl Harbor o que, efectivamente, estas empresas respondan y actúen de conformidad con los intereses de su Gobierno comunista, Estados Unidos sabrá responder como corresponde. De hecho, Trump acaba de afirmar que no descarta "romper todos los puentes" con Pekín.

Definitivamente, hay que ponerle un stop a las ambiciones comerciales, tecnológicas y militares chinas por el bien de nuestra seguridad nacional.

Capítulo 57
EE. UU. vs. China:
lo que es de casa se queda en casa
Publicado originalmente el 24 de mayo de 2020

Para nadie es un secreto que China está haciendo malabares por dominar el paisaje de la propiedad intelectual (PI). Eso estaría muy bien si sobre la nación asiática no existiera la sospecha de que una buena parte de sus solicitudes de patentes son fraudulentas, mayormente frutos del talento americano.

Según la Comisión Estadounidense sobre el Robo de Propiedad Intelectual, la usurpación relativa a la PI nos cuesta cada año cientos de miles de millones de dólares, y China, a todas luces, es el principal infractor en ese sentido. De hecho, está comprobado que lo ha venido haciendo desde hace más de una década.

Países que no respetan la propiedad intelectual: China, Indonesia, India, Argelia, Arabia Saudita, Rusia, Tailandia, Vietnam, Pakistán, Turkmenistán, Uzbekistán y Egipto.

Lógicamente, Estados Unidos no se ha cruzado de brazos. Bajo la Administración del presidente, Donald Trump, se ha intensificado la lucha contra el espionaje comercial chino, así como también la protección de nuestra ventaja competitiva y nuestra economía innovadora.

En 2018, concretamente, el Departamento de Justicia (DOJ, por sus siglas en inglés) lanzó la "Iniciativa China" en aras de priorizar los asuntos relacionados con el espionaje económico proveniente del país asiático. Desde entonces, se han anunciado cargos en unos 24 casos.

Cerca del 80 % de los enjuiciamientos por espionaje económico conducidos en nuestro país alegan conductas que beneficiarían al estado chino. Fuente: DOJ

Al mismo tiempo, el Buró Federal de Investigaciones (FBI, por sus siglas en inglés) ha dicho que sus 56 oficinas en todo el país estudian cerca de otros mil casos vinculados con el área tecnológica, pero que involucran a empresas de todas las ramas de nuestra economía, incluyendo las compañías Fortune 100 y las prestigiosas corporaciones de Silicon Valley, según indica un reporte de VOA News.

Entretanto, la Oficina del Representante de Comercio Exterior de EE. UU. considera que China comete una amplia gama de malas prácticas en términos de derechos de autor, incluyendo el robo de secretos comerciales, la piratería en línea y la fabricación falsificada.

El modus operandi chino

Históricamente, la nación asiática se ha valido de diferentes métodos para usurpar secretos económicos estadounidenses.

En efecto, una de las tácticas más usadas por los chinos ha sido a través de instituciones de investigación académica y programas de reclutamiento relacionados. Uno de ellos es el de los Mil Talentos, dirigido a investigadores estadounidenses y de otras partes del mundo a fin de que trabajen para China.

Principales vías usadas para transgredir la PI de Estados Unidos

Instituciones académicas	Cooperación científica	Bases de datos no clasificadas
Programas de reclutamiento	Misiones comerciales	Publicaciones técnicas
Programas de intercambio	Bibliotecas locales	Empresas chinas "fachada"

Precisamente, mediante ese programa varios catedráticos han sido arrestados por estar conectados a transferencia no autorizada de PI, haber recibido fondos de investigación del Gobierno chino o por haber cometido fraude al no revelar subvenciones millonarias recibidas para realizar estudios en China.

En el 60 % de los casos de robo de secretos comerciales, hay al menos un nexo con China. Fuente: DOJ

Sobresale también el uso de piratas informáticos y agentes individuales, quienes pueden escapar más fácilmente de cualquier sospecha. Dichos individuos son utilizados para recopilar información estratégica sobre distintos sectores clave de nuestra economía, entre ellos, el tecnológico, armamentístico, aeroespacial y energético, por citar tan solo unos ejemplos.

Las acusaciones sobre China

Las acusaciones de EE. UU. contra el país asiático, particularmente en el marco del lanzamiento de la "Iniciativa China", constituyen una muestra de lo que nuestro país enfrenta a diario en este sentido, tal como refleja el Informe Anual al Congreso sobre PI, elaborado en marzo de 2020 por la oficina de Coordinación para la Aplicación de la Propiedad Intelectual.

He aquí 10 de los principales hechos reportados por el DOJ en tan solo un lapso de nueve meses:

1. Octubre 10, 2018: el DOJ anunció que un agente del Ministerio Chino de Seguridad del Estado fue acusado de intentar cometer espionaje económico, así como de robar secretos comerciales de la aviación y el sector aeroespacial de EE. UU.

2. Octubre 30, 2018: el DOJ anunció la acusación de dos oficiales chinos de inteligencia y los piratas informáticos que trabajaron bajo su dirección, por conspirar para robar

propiedad intelectual e información comercial confidencial referente al motor de turboventilador utilizado en aviones comerciales.

3. Noviembre 1, 2018: el DOJ anunció acusaciones contra una empresa estatal china, una empresa de Taiwán y tres personas por su conspiración para robar y transmitir secretos comerciales robados de una empresa estadounidense de semiconductores (Micron Technology, Inc.) en beneficio de una empresa controlada por el Gobierno chino.

4. Diciembre 20, 2018: el DOJ anunció la acusación de dos ciudadanos chinos por realizar campañas mundiales de intrusiones informáticas en nuestra contra.

5. Diciembre 21, 2018: el DOJ anunció que un ciudadano chino, residente legal de EE. UU., fue acusado de robo de secretos comerciales vinculados con el petróleo.

6. Enero 28, 2019: el DOJ anunció la acusación contra una empresa china y su filial estadounidense por intento de robo de secretos comerciales a la empresa de telecomunicaciones T-Mobile.

7. Abril 23, 2019: el DOJ desveló la acusación a un exingeniero de General Electric (GE) y un empresario chino por espionaje económico y robar secretos comerciales de GE.

8. Junio 14, 2019: el DOJ anunció que un ciudadano estadounidense naturalizado, nacido en China, y una compañía que él y su esposa establecieron fueron acusados de robo de secretos comerciales en conexión con el robo de información de su antiguo empleador, Analog Devices, Inc., una compañía de semiconductores.

9. Julio 10, 2019: el DOJ anunció la acusación de un ingeniero de software de un fabricante de locomotoras de Chicago por robo de secretos comerciales para entregar a China.

10. Julio 29, 2019: el DOJ anunció que un individuo fue condenado por un cargo de conspiración para cometer robo de secretos comerciales a la empresa con sede en Houston, Trelleborg

Offshore, para el beneficio de CBM- Future New Material Science and Technology Co. Ltd, una empresa china con sede en Taizhou.

El costo del robo de PI

En enero de 2020, Estados Unidos y China firmaron la Fase Uno de un acuerdo histórico que demanda, entre otros cambios, reformas estructurales vinculadas con la propiedad intelectual. La actual Administración intenta así poner un alto a lo que viene sucediendo, porque, tal como ha dicho Trump, "tenemos que analizar la transferencia de tecnología forzada y el robo de propiedad intelectual, que por sí solo le está costando a los EE. UU. y a sus compañías al menos 300 000 millones de dólares al año". Y es que robar secretos comerciales y patentes genera una cadena de actividades delictivas que le cuestan demasiado a nuestra economía. Podríamos citar ejemplos como estos:

1. **Se crean y se venden millones de artículos falsificados**

   China es el principal productor mundial de productos falsificados y responsable del 85 % de los artículos de este tipo que confiscan los funcionarios fronterizos estadounidenses.

2. **Se violan marcas comerciales inescrupulosamente**

   China tuvo que indemnizar económicamente a la marca Disney tras reconocer que le había robado propiedad intelectual al plagiar la película Cars en muchísimos aspectos.

3. **Se cometen delitos de crimen organizado y conspiración**

   Una inculpación de esta índole recae sobre la compañía tecnológica china Huawei, a la que EE. UU. acusa de robar

códigos fuente y manuales de usuario para routers de Internet en detrimento de la seguridad de nuestro país. En realidad, Washington batalla desde hace tiempo contra Huawei, pues esta empresa podría usar su tecnología 5G para cometer espionaje.

COVID-19: implicación china en robo de datos

La actual pandemia del coronavirus, originaria de China, no ha hecho más que exacerbar nuestras diferencias. Aparte de que ya se investiga el hecho de que ese país ocultó información referente al virus, evitando que la comunidad internacional actuara más a tiempo, hoy se lo acusa de haber ejecutado ciberataques contra centros investigativos estadounidenses.

Según un comunicado del FBI y la Agencia de Ciberseguridad e Infraestructura, la agresión informática tiene como objeto robar información sobre los tratamientos que se están probando aquí para luchar contra el COVID-19.

Hospitales, laboratorios y empresas farmacéuticas, son el principal blanco de los hackers chinos, de acuerdo con un funcionario consultado por CNN y de cuyas declaraciones se hizo eco el diario LA Times. La misma fuente puntualiza que la invasión cibernética, con una frecuencia casi diaria, igualmente ha afectado al Departamento de Salud y Servicios Humanos, que supervisa a los Centros de Control y Prevención de Enfermedades.

Con todo esto en el panorama de las relaciones Washington-Pekín, está claro que nuestra nación debe continuar defendiendo su derecho a proteger sus riquezas, conocimientos, avances, innovaciones, hallazgos, en fin, todo lo resultante del ingenio de nuestros compatriotas. No es justo ni legal que China, ni ninguna otra nación, absorba nuestro potencial en pro de su beneficio.

Mano dura hay que aplicar para que lo que es de casa se quede en casa. Estados Unidos ha sido, es y seguirá siendo el líder mundial en la inventiva y el progreso económico-industrial. ¡Qué nadie se engañe con la idea de que el país asiático nos supera en innovación y creatividad! Amparada bajo un manto de engaño, usurpación, violación de normas y competencia desleal, ¿qué credibilidad puede tener esta nación, encabezada por el Partido Comunista Chino?

Capítulo 58
América 2.0: la guerra de independencia de EE. UU. contra China
Publicado originalmente el 7 de mayo de 2020

A veces, una imprevista paradoja puede maniobrar el destino de un país y llevarlo a romper con todas sus cadenas. Ironía de la vida o no, el coronavirus surgido en China, con actual epicentro en los Estados Unidos, ha corroborado la dependencia de nuestra nación frente a la asiática, particularmente en productos sanitarios imprescindibles para lidiar contra el mismo virus, originario de la provincia china de Hubei.

A golpe de miles de contagios y muertes, el COVID-19 podría ser la gota que colme el vaso en la guerra comercial EE. UU.-China, así como también el último eslabón de la cadena de suministro que nos enlaza comercialmente al país asiático.

¿Hasta cuándo Washington tendrá que depender de Pekín en tantas áreas? ¿Qué más hace falta que ocurra para que el Made in USA vuelva a predominar en las etiquetas de lo que consumimos y usamos?

Estados Unidos, nuestra América, tiene ante sí la misión y la responsabilidad de zafarse del grillete chino. Básicamente, se trata de hacer lo que haga falta para conseguirlo. Y eso debemos hacerlo ya, porque el costo del vínculo está siendo demasiado elevado y ningún estadounidense debería pagar por ello.

El pro y los contras de la dependencia

¿Cuántas veces hemos oído decir que lo barato sale caro? Pues a las malas hemos tenido que aprender la moraleja del consabido refrán. China, con su mano de obra esclava y sus bajos costos de manufactura, nos ha ahorrado dinero del bolsillo, pero muy peligrosamente se ha convertido en nuestra principal fuente de importación.

¿Cómo es posible que nuestro país gaste anualmente más de 500 000 millones de dólares en productos y servicios provenientes de China? ¿Por qué hemos permitido que la inmensa mayoría de los insumos sanitarios y medicamentos que consumimos sean elaborados en laboratorios chinos?

Hablamos de fármacos de uso común, como analgésicos, antibióticos y antidepresivos, y de tanta envergadura, como los utilizados en quimioterapia y contra el SIDA. Nos referimos, hágase notar, a productos sanitarios vitales para enfrentar al propio coronavirus, entre ellos, equipos de protección, ventiladores y mascarillas N95.

Ninguna emergencia debería tomarnos desprevenidos. Hoy ha sido una emergencia de salud, pero mañana podríamos experimentar una mala eventualidad en cualquiera de los sectores que más dependemos de China.

Es que estamos a expensas de la nación asiática en cuanto a maquinaria eléctrica y agrícola, productos tecnológicos, equipos electrodomésticos. automóviles, materiales de construcción, equipos médicos, computadoras, frutas, verduras, conservas, granos, pescados y mariscos. Y, créalo o no, hasta en nuestros pasaportes americanos, que se confeccionan allí.

El costo de la usurpación

En las dos últimas décadas, China se ha convertido en una especie de fábrica del mundo. Con una fuerza laboral barata y sistemas de abastecimientos de bajo costo, ha atraído a su territorio un sinfín de empresas de todas partes, incluidas muchas de nuestro patio. Hoy, el valor generado por la manufactura Made in China es más grande que el de EE. UU., Alemania y Corea del Sur juntos.

Según informes de la Organización de las Naciones Unidas para el Desarrollo Industrial, el año pasado, la nación asiática representó el 25 % de la fabricación mundial en términos de valor, a diferencia del 8 % que representaba en 2000. Pero mientras ese parámetro económico crece y crece, también lo hace el reclamo de muchas naciones por detener el robo de la propiedad intelectual.

Nuestro país, en concreto, es uno de los mayormente afectados por dicha usurpación. De hecho, cada año, los estadounidenses perdemos entre 225 000 millones y 600 000 millones de dólares por ese concepto. Estamos hablando de muchísimo dinero sustraído del talento americano.

Porque los chinos han falsificado muchos de nuestros productos, nos han pirateado software, nos han robado secretos comerciales, nos han usurpado resultados de investigaciones académicas y han infringido muchas de nuestras patentes. ¿Cómo no van a vender barato?

El golpe de la cizalla

Interna y externamente, Estados Unidos debe dar los pasos necesarios para poner fin a la usurpación y a la dependencia. No será del todo fácil, ni tan rápido como desearíamos, pero el mero hecho de saber que hemos puesto la cizalla sobre la cadena significa que terminaremos por romperla. Definitivamente, nuestro país necesita examinar su atadura con el mercado chino.

Principalmente, nos referimos a ataduras en lo relativo a medicinas, vacunas, tecnología, alimentos, telefonía, maquinarias y otros tantos eslabones engarzados, en gran medida, a la manufactura o a las materias primas asiáticas. No podemos permitir que los chinos comunistas aprovechen esa situación para tomar ventaja económica, política y militar. Como directrices internas, hay que priorizar las compras locales, capacitar mejor a nuestra mano de obra, lograr que los contratistas federales compren en suelo americano, reubicar en el territorio nacional la producción de todos los sectores posibles, en fin, tomar las medidas que hagan falta para robustecer a nuestra economía.

En lo que compete al exterior, habría que firmar nuevos acuerdos de libre comercio con Asia, invertir más en la presencia militar en la zona del Indo-Pacífico, frenar la influencia china en las organizaciones internacionales, impedir que compañías como Huawei y ZTE Corp suministren a EE. UU. y participen en la construcción de nuestra red 5G, y trabajar con Europa y el resto de los países aliados en función de los objetivos comunes.

El éxodo de China

A raíz del coronavirus, algunas naciones, como Japón, ya han iniciado un éxodo masivo de manufacturas de China, mientras que otras, como el Reino Unido, ya han anunciado un cambio en sus relaciones bilaterales. Alemania, Suecia y Australia, entretanto, se han unido a nuestro reclamo de investigar cómo se originó el COVID-19 en Wuhan.

Paralelamente, los países integrantes de la alianza de intercambio de inteligencia Five Eyes (Reino Unido, Australia, Nueva Zelanda, Canadá y EE. UU.), han concluido que China mintió al mundo sobre el contagio del COVID-19 de persona a persona, desapareció a los denunciantes de esa amenaza y se negó a entregar muestras del virus para que Occidente no pudiera crear una vacuna.

"China tenía evidencia de la transmisión humano-humano desde principios de diciembre, pero continuó negando que podría extenderse de esa manera hasta el 20 de enero", indica un expediente filtrado de Five Eyes, citado en un artículo del New York Post.

Mientras esta y otras investigaciones al respecto continúan, nuestro país deberá seguir luchando contra el coronavirus y sus consecuencias, a corto plazo, y por su independencia de China, siempre. Indudablemente, tenemos que diversificar la cadena de suministro que nos une a Pekín. Y por diversificar se entiende no solo contar con otras cadenas foráneas, sino también con las nuestras. Que va a costarle tiempo y dinero a nuestra América, por supuesto, pero no hacerlo será fatal y mucho más caro. Sí se puede. ¡Advertidos estamos!

Capítulo 59
Demandan a China por pandemia del coronavirus
Publicado originalmente el 2 de abril de 2020

El abogado estadounidense Larry Klayman, su organización Freedom Watch y la empresa Texas Buzz Photos, presentaron una demanda de 20 trillones de dólares contra China por presuntamente haber creado el coronavirus (COVID-19) y haberlo liberado desde el Instituto de Virología de Wuhan.

Los demandantes acusan al Gobierno y al Ejército chinos, al mencionado instituto y a su director, Shi Shengli, así como al Mayor General Chen Wei, alegando que el COVID-19 es el resultado de un arma biológica creada por autoridades del país asiático para matar a poblaciones en masa.

Según Klayman, no hay ninguna razón por la cual el contribuyente estadounidense deba tener que pagar por el tremendo daño causado por el Gobierno chino. En su opinión, citada en su momento por CBS News, el pueblo chino es un buen pueblo, pero su Gobierno no lo es, por tanto, debería pagar muy caro.

Detalles de la demanda

Tal como recoge el anuncio de la demanda, publicado en el sitio oficial de Freedom Watch, Klayman y su organización no presentaron este recurso legal por razones políticas, sino para que un jurado reconozca los daños ocasionados por el COVID-19, que ya ha matado a muchos estadounidenses, expuesto a un gran número de personas a la muerte, causado angustia emocional extrema a sus seres queridos y amigos, y originado casi un colapso económico total.

La declaración agrega que, si bien el coronavirus es de acción y propagación lenta para ser utilizado contra los militares de un país, "fue diseñado para ser usado contra la población general de una o más naciones enemigas percibidas de China, como los Estados Unidos".

Concretamente, Klayman y su grupo acusan a la nación asiática de negligencia y muerte injusta, así como de proporcionar apoyo material a terroristas, y conspirar para causar lesiones y muerte a ciudadanos estadounidenses, entre otros cargos relacionados, según indica un reporte de Business Today.

Con una extensión de 24 páginas, la demanda remarca que el país asiático creó el virus como arma biológica en violación de los acuerdos internacionales de China y los tratados internacionales, y que permitió imprudentemente su liberación del Instituto Wuhan de Virología en la ciudad de Wuhan, provincia de Hubei.

De acuerdo con un reporte de Dallas News, el texto igualmente puntualiza que el Gobierno chino no logró evitar que los empleados del instituto se infectaran, lo llevaran a la comunidad circundante y [propiciaran] su proliferación en los Estados Unidos. Freedom Watch y demás demandantes citaron varios reportes de los medios que decían que solo en Wuhan había un laboratorio de microbiología que manejaba virus avanzados como el nuevo coronavirus. Para encubrir tal hecho, sostienen, China vinculó las declaraciones sobre el COVID-19 con sus protocolos de seguridad nacional.

El texto añade que los médicos e investigadores chinos que hablaron sobre el coronavirus y "dieron la alarma al mundo exterior fueron silenciados". También subraya que los mencionados acusados estaban trabajando juntos para perpetrar "terrorismo internacional". Los argumentos expuestos en la demanda también se enfocan en las serias particularidades del nuevo coronavirus.

"El COVID-19 es una enfermedad extremadamente peligrosa porque tiene una naturaleza extremadamente agresiva, fue diseñada para mutar de persona a persona, se propaga muy rápida y fácilmente, no cuenta con ninguna vacuna todavía debido a que es una enfermedad nueva, sus medios de transmisión no son totalmente conocidos con certeza y parece ser unas 10 veces más mortal que la gripe", describe la demanda.

Al tiempo que el número de casos de COVID-19 sigue creciendo en los Estados Unidos, Klayman anunció que está "reuniendo un equipo de abogados para representar a una gran cantidad de estadounidenses que han sido perjudicados".

Aunque reconoce que "esto será un esfuerzo costoso", el abogado insta a los ciudadanos de este país a sumarse a la demanda.

Otras demandas contra China

Casi paralelamente a Klayman y su equipo de demandantes, otros reconocidos abogados estadounidenses también han presentado querellas contra China. Ese es el caso de la firma Eglet Adams y su representante, Robert Eglet, quienes interpusieron una demanda colectiva en una corte de Las Vegas a raíz de los efectos ocasionados por la pandemia de COVID-19.

De acuerdo con un reporte de la agencia EFE, Eglet dijo que la demanda va dirigida a algunas agencias gubernamentales chinas y que busca una compensación, aún no especificada, por los daños y perjuicios causados a pequeñas empresas de EE. UU.

Firmada por cuatro empresarios de Nevada y uno de Illinois, la demanda acusa al Gobierno comunista chino de negligencia y responsabilidad estricta por realizar actividades ultrapeligrosas. "China encubrió la verdadera magnitud de la pandemia, contribuyendo de esa forma a que se propagara por todo el mundo", subrayó Eglet, quien pretende incluir en su demanda a otros pequeños negocios perjudicados por el COVID-19.

En el estado de la Florida igualmente ya se presentó una demanda por motivos similares. En este caso se trata de la firma de abogados The Berman Law Group, que acusa al Gobierno asiático de negligencia por supuestamente ocultar información sobre la pandemia, causante de la muerte de miles de personas y de severos daños económicos a nivel mundial.

Según revela el Diario Las Américas, la firma sostiene que "el Gobierno chino metió la cabeza en la arena o actuó teniendo en cuenta únicamente sus propios intereses económicos. Dicha conducta ha causado y seguirá causando muerte, lesiones personales y enormes daños económicos en EE. UU. y alrededor del mundo".

Mientras estos recursos legales toman su cauce, el coronavirus, por su parte, sigue causando estragos en todo el orbe y en la propia unión americana. Definitivamente, hay que seguir aplicando todas las medidas necesarias para contener la pandemia, así como defendiendo a nuestro país de cualquier acción malintencionada, venga de donde venga.

Capítulo 60
China y la amenaza a la cadena de suministro de los Estados Unidos
Publicado originalmente el 16 de marzo de 2020

Innegablemente, la actual pandemia del coronavirus ha puesto ante la palestra pública el peligroso nivel de dependencia que mantiene los Estados Unidos con respecto a China, importante acreedor y competidor global de la nación norteamericana.

En sentido general, son muchas las áreas en las que el país asiático ha penetrado en la economía estadounidense, hecho que, sin lugar a duda, deviene una amenaza de seguridad tanto para el Ejército como para el público norteamericanos.

Penetración china en el mercado de EE. UU.

Para que se tenga una idea de cómo está el panorama en este sentido, basta con echar un vistazo a estas recientes estadísticas. Según datos recogidos por World Integrated Trade Solution (WITS), una herramienta del Banco Mundial, EE. UU. consume anualmente casi 564 000 millones de dólares en bienes y servicios procedentes de China, con una proporción del 21,57 %, hecho que convierte al país asiático en nuestra principal fuente de importación.

A esto hay que añadir que las empresas y nosotros, los consumidores estadounidenses, pagamos unos tres mil millones de dólares al mes por concepto de impuestos adicionales, tal como afirman economistas del Banco de la Reserva Federal de Nueva York, la Universidad de Princeton y la Universidad de Columbia en un reporte difundido por BBC News Mundo.

Productos importados de China

La invasión de productos chinos en los Estados Unidos es realmente preocupante. Por dondequiera, la etiqueta Made in China se hace presente, abarcando un sinnúmero de esferas de nuestra economía.

Esta es tan solo una muestra de los múltiples productos importados del país asiático:
- Maquinaria eléctrica y agrícola
- Productos tecnológicos
- Equipos electrodomésticos
- Automóviles
- Materiales de construcción
- Productos químicos y textiles
- Juguetes
- Paneles solares
- Equipos médicos y medicinas
- Computadoras
- Papel y madera
- Frutas y verduras
- Conservas y granos
- Pescados y mariscos
- Cereales y pasta

En el terreno de la tecnología, por ejemplo, al menos siete compañías tecnológicas estadounidenses (HP, IBM, Dell, Cisco, Unisys, Microsoft e Intel) usan mayormente productos o suministros procedentes de China.

Robo de propiedad intelectual

Como si no bastara con la inmensa penetración de la manufactura china en suelo estadounidense, hay otra realidad igualmente alarmante, y es que cada vez somos más vulnerables ante el robo de propiedad intelectual (PI) por parte de los chinos.

En este sentido, téngase en cuenta que el costo anual del robo por este concepto oscila entre 225 000 millones y 600 000 millones de dólares, según un reporte de la Comisión de EE. UU. sobre el Robo de la Propiedad Intelectual Estadounidense citado por LA Times.

Estamos hablando, básicamente, de lo que esta nación pierde en productos falsificados, programas informáticos pirateados y secretos comerciales robados por el país asiático. Y que conste que estas cifras no incluyen el monto total de las pérdidas económicas relacionadas con la infracción de patentes.

Consecuencias del robo de PI

Obviamente, las pérdidas monetarias relacionadas con el robo de PI por parte de China conllevan serias consecuencias. Una de ellas es que los Estados Unidos perderá la delantera en materia de modernización estratégica, toda vez que la usurpación de nuestros secretos industriales conduciría a que el país asiático se vuelva más fuerte.

No es un secreto para nadie que los productos Made in China devienen una tentación debido a su bajo costo, pero es que tales productos son así de baratos, precisamente, porque gran parte de la innovación y el desarrollo nos ha sido usurpada.

Además, no olvidemos que la mano de obra en la nación asiática es esclava de su propio sistema (el salario mínimo oscila entre 1000 y 2190 yuanes anuales, equivalentes a 146 y 321 dólares, respectivamente).

Impacto chino en el sector sanitario

Hoy por hoy, China es el principal proveedor de medicamentos a EE. UU. Prácticamente, todos nuestros hospitales y hogares disponen de medicinas de origen chino: desde antibióticos, antidepresivos y analgésicos hasta fármacos usados en tratamientos de quimioterapia y contra el VIH/SIDA.

Como consecuencia directa, nuestro país se vuelve vulnerable a interrupciones en la cadena de suministro en momentos sanitarios cruciales, como, por ejemplo, ahora, cuando nuestro país se enfrenta a la pandemia del coronavirus. Fácilmente, Pekín podría aprovechar esta dependencia para conseguir una ventaja económica, política e, incluso, militar sobre EE. UU.

En aras de hacerle frente a este problema, los representantes John Garamendi, del Partido Demócrata, y Vicky Hartzler, del Partido Republicano, presentaron en octubre de 2019 el proyecto bipartidista "Ley de reforma de preparación a largo plazo para la independencia farmacéutica".

Definitivamente, EE. UU. necesita examinar su dependencia del mercado chino en lo relativo a medicinas y vacunas, reubicar la producción farmacéutica en el territorio nacional en pos de una mayor seguridad y disminuir los riesgos asociados con el control de calidad de fármacos usados masivamente.

Prácticas comerciales desleales

Las actividades comerciales desleales son otro eslabón en esta cadena. Un ejemplo de ello es lo siguiente: mientras China impone un arancel del 25 % a los autos importados de EE. UU., la aduana estadounidense estipula un arancel de solo un 2,5 % a los autos provenientes del país asiático.

Otro ejemplo al respecto es este: las compañías tecnológicas locales, como Apple, que deseen ofrecer servicios en la nube a clientes chinos, deben almacenar los datos en China, específicamente en servidores manejados por un socio chino. Estados Unidos, en cambio, no impone tal regulación a las empresas chinas.

Un tercer ejemplo vinculado con este tema es el hecho de que Google, Facebook y Twitter están prohibidos en la nación asiática.

Cómo eliminar la dependencia de China

Dentro de las posibles soluciones encaminadas a desligarnos de China, y como parte de un plan de reconstrucción nacional de nuestra cadena de suministro, habría que considerar la toma inmediata de medidas encaminadas a revertir la actual situación. Primero que todo, habría que imponer un mandato gubernamental para que todos los contratistas federales compren productos hechos aquí. También habría que obligar a las empresas a mover sus actividades de cadena de suministro fuera de China, ofreciendo incentivos a quienes lo hagan e imponiendo aranceles a quienes se resistan.

Como parte de esta estrategia, igualmente habría que priorizar la capacitación científico-técnica de nuestra mano de obra, en particular de los militares activos, los jubilados y sus familiares, así como reincorporar a los veteranos militares a la fuerza laboral.

En este sentido, podrían emitirse Bonos Patriotas del Tesoro de la República como incentivos (de hasta 20 000 dólares) por cada militar que sea contratado por empresas privadas. Paralelamente, habría que impulsar el trabajo en las llamadas Zonas de Oportunidad Económica a fin de que estas sirvan de ancla para repatriar capital y transferir tecnologías a territorio norteamericano.

A las empresas locales, como Apple, se les podrían brindar exenciones contributivas de cinco a diez años para que se reubiquen en territorios estadounidenses, como el del Estado Libre Asociado de Puerto Rico (PR), cumpliendo así con el mandato presidencial de Made in America. Con esta medida se estarían cumpliendo dos objetivos fundamentales: potenciar la debilitada economía de la isla y brindarle un incentivo interesante a quienes decidan invertir en ella.

Entre las posibles soluciones frente al dilema con China, también estaría la de priorizar la extracción de petróleo y de gas natural en la región estadounidense de Dakota del Norte. De implantarse esta medida se fomentarían la independencia energética de los Estados Unidos, la generación de nuevos puestos de trabajo y el fortalecimiento de la clase media norteamericana.

Por otro lado, también resultaría altamente beneficioso que a los aliados de EE. UU., como los de la OTAN, se les exija, a modo de condición sine qua non, que compren a industrias norteamericanas y que consuman productos Made in USA para tener acceso a nuestro armamento y nuestra tecnología de punta, por citar un par de casos.

Igual de ventajoso sería redefinir los requerimientos de licitaciones a fin de priorizar las compras locales y establecer los estándares de calidad de acuerdo con los criterios de producción de EE. UU. En la industria de telecomunicaciones, entretanto, deberíamos prohibir la compra en los Estados Unidos de productos de compañías vinculadas al ciberespionaje y de toda aquella que mantenga vínculos con el Ejército rojo de China, como Huawei.

Abril: mes nacional de la integridad en la cadena de suministro

Tan delicado es el tema de la penetración china en nuestro país que ya se ha designado a abril como el mes nacional de la integridad en la cadena de suministro. El Centro Nacional de Seguridad y Contraespionaje (NCSC, por sus siglas en inglés) encabeza esta iniciativa, destinada a evaluar y mitigar las actividades de inteligencia extranjera que intenten comprometer a nuestra nación.

Como ya hemos expuesto antes, tanto la China comunista como otros adversarios no cejan en su fin de explotar la cadena de suministro para robar la PI de EE. UU., corromper software, vigilar nuestra infraestructura y ejecutar actividades maliciosas. Más que nada, buscan infiltrarse como proveedores "confiables" para apuntar hacia equipos, sistemas y datos usados a diario por nuestro Gobierno, nuestras empresas y nosotros mismos.

Ahora más que nunca, tenemos que luchar por contrarrestar la dependencia al país asiático y, con ello, lograr que EE. UU. se libere definitivamente de la seria amenaza que esta representa.

EPÍLOGO

La última frontera fue más que un título, más que una consigna de las tantas que se esgrimen de un bando y del otro en su eterno objetivo de seducir la imaginación de una opinión pública cada vez más viciada por, como magistralmente lo denomina el autor, el social-imperialismo.

¿Pero por qué absurdo motivo la izquierda, fascista y heredera directa del Ku Klux Klan debería aliarse con el Partido Comunista Chino (PCCh)? ¿Qué tienen que ver la élite heredera del KKK con los mandarines del siglo XXI? ¿Qué pueden tener en común dos elementos tan diametralmente opuestos? Y la respuesta emerge indisputable: el modo de producción. O mejor dicho: la deformación del modo de producción que más democracia y bienestar, amén de sus intrínsecos riesgos de deformación, haya jamás traído a la humanidad. Los poderosos, aquellos cuyos nombres rara vez salen a la luz y que desde lo alto de su posición nos observan con inocultable desdén en el estrecho marco de su infinita codicia. Aquellos que financiaron el experimento más macabro de nuestra historia: el comunismo. Agotaron su pérfida inventiva y decidieron recoger el hilo. Derribaron los muros reales e imaginarios en busca de lavar el rostro del totalitarismo y luego de un breve período de búsqueda optaron por la opción de unir ambos sistemas en uno solo: un capitalismo en su vertiente productiva junto con un fascismo en su vertiente distributiva, de cada cual según su capacidad a cada cual según su obediencia.

Eso de que trabajando con denuedo cualquiera pueda hacerse rico y amenazar su control férreo sobre la sociedad no les va muy bien a los innombrables y por ello han escogido el "modelo chino" como patrón internacional de bienestar. Para ello es necesario que el mundo olvide cuanto antes que una vez existió una nación creada por hombres y mujeres provenientes de los lares más disímiles y pertenecientes a todas las razas de este mundo que llegaron a protagonizar el intento más logrado de éxito y realización en la historia de la humanidad. Si usted, como el autor, está persuadido de esta realidad retadora y, como él, llega a conclusiones muy cercanas a lo antes expuesto, debe haber encontrado en La última frontera su primera inmersión en la realidad escamoteada y desvirtuada por los sicarios del poder y los mayorales de la plantación fascista en que pretenden encerrarnos a todos.

Pero bien, todo proceso consta de la identificación del mal, el diagnóstico y el presunto remedio. El Dr. Marrero nos ha conducido gentilmente de la mano a identificar el mal y a diagnosticarlo con certeros vocablos. Nos corresponde a los lectores proceder a remediarlo con incansable y tenaz presión sobre cada uno de los resortes del sistema en que aún, quién sabe por cuánto tiempo más, vivimos. Lo importante ahora es no permitir que este magnífico llamado a la supervivencia caiga en el vacío y sea pasado de mano en mano. Que no permitamos que tras la inevitable globalización se oculte en amenazante espera el globalismo. Que exijamos la prudente y justa repatriación de los segmentos estratégicos de nuestra producción a tierras americanas y de nuestros aliados en lugar de observar impotentes cómo los mandarines comunistas nos cercan y juegan con nuestra política como si fuésemos sus títeres.

El mundo se nos deriva en derredor y la única solución está en nosotros mismos.

Andrés Alburquerque
Profesor universitario y autor
Analista político de América TeVé, América Radio y Actualidad Radio
Presentador del programa "Enfoque ciudadano"

APÉNDICE 1
Cronología de 52 años del acercamiento EE. UU.-China

Febrero, 1972: El presidente de los Estados Unidos, Richard Nixon, viajó a China, iniciándose así un acercamiento entre Washington y Pekín. Al concluir su viaje, ambos países emitieron el Comunicado de Shanghai, declaración en la que se comprometieron a trabajar por la plena normalización de las relaciones diplomáticas.

Mayo, 1973: Ambas naciones acordaron establecer la Oficina de Enlace de los Estados Unidos (USLO, por sus siglas en inglés) en Pekín y una oficina homóloga de la República Popular China (RPC) en Washington.

1975: El presidente de EE. UU., Gerald Ford, viajó a China para reafirmar el interés de EE. UU. en normalizar las relaciones con Pekín.

1977: El presidente de EE. UU., Jimmy Carter, reafirmó los postulados del Comunicado de Shanghai.

Diciembre, 1978: Ambos países anuncian que establecerán relaciones diplomáticas a partir del 1º de enero de 1979.

Enero, 1979: Carter se reúne con el viceprimer ministro chino, Deng Xiaoping, en la Casa Blanca. En el Comunicado Conjunto sobre el Establecimiento de Relaciones Diplomáticas, EE. UU. transfirió el reconocimiento diplomático de Taipéi a Pekín, reconociendo que solo hay una China y que Taiwán es parte del territorio chino. Pekín, por su parte, reconoció que el pueblo estadounidense continuaría manteniendo contactos comerciales y culturales con el pueblo de Taiwán. Con la visita de Xiaoping a EE. UU., se iniciaron intercambios de alto nivel que continuaron hasta la primavera de

1989. Entre los acuerdos bilaterales figuraron los de carácter científico, tecnológico, cultural y comercial.

Marzo, 1979: Los dos países establecieron formalmente embajadas en las capitales de cada uno.

Abril, 1979: El Congreso de EE.UU. promulgó la Ley de Relaciones con Taiwán, que permite el florecimiento de las relaciones no oficiales con esa isla, por un lado, y el derecho de EE. UU. a proporcionarle armas de carácter defensivo, por el otro.

Agosto, 1979: El vicepresidente de EE. UU., Walter Mondale, correspondió a la visita del viceprimer ministro chino, Deng Xiaoping, con un viaje a China. Esa visita dio lugar a acuerdos en septiembre de 1980 sobre asuntos marítimos, enlaces de aviación civil y asuntos textiles, así como una convención consular bilateral.

1979: Comenzó la cooperación militar entre ambos países con la venta de armas estadounidenses a China.

Junio, 1981: El secretario de Estado, Alexander Haig, visitó China en un esfuerzo por resolver las preocupaciones chinas sobre las relaciones no oficiales de EE. UU. con Taiwán.

Mayo, 1982: El vicepresidente George H. W. Bush visitó la RPC para suavizar tensiones sobre el tema China-Taiwán.

Agosto, 1982: Como resultado de esa visita se emitió el Comunicado Conjunto EE. UU.-RPC en el que EE. UU. manifestó su intención de reducir gradualmente el nivel de ventas de armas a Taiwán.

1983: El Departamento de Estado de EE. UU. cambió su clasificación de China a "una nación amiga en desarrollo", aumentando así la cantidad de tecnología y armamentos que podría venderle.

1984: El presidente de EE. UU., Ronald Reagan, y el primer ministro chino, Zhao Ziyang, realizaron visitas recíprocas a sus respectivos países.

Julio, 1985: El presidente chino, Li Xiannian, viajó a los Estados Unidos, en lo que constituyó la primera visita de este tipo de un jefe de Estado de la RPC.

Octubre, 1985: El vicepresidente de EE. UU., George H. W. Bush, visitó la RPC e inauguró el Consulado General de los Estados Unidos en Chengdu.

1989-1993: El presidente de EE. UU., George H. W. Bush, promulgó una serie de medidas contra la violación de los derechos humanos por parte de China. Así, EE. UU. suspendió los intercambios oficiales de alto nivel y las exportaciones de armas, al tiempo que impuso una serie de sanciones económicas. La masacre de la plaza de Tiananmén de 1989, entretanto, interrumpió la relación comercial entre ambas naciones, mientras que el interés de los inversores estadounidenses en China se redujo drásticamente.

1993-2001: El presidente de EE. UU., Bill Clinton, articuló un conjunto deseado de objetivos para China, entre ellos, la emigración libre, la no exportación de productos hechos con trabajo penitenciario, la liberación de manifestantes pacíficos, el trato de los prisioneros bajo los términos internacionales, el reconocimiento de la cultura regional del Tíbet, la cobertura internacional de televisión y radio, y la observación de los derechos humanos según las Naciones Unidas.

1994: China se negó a cumplir con dichas propuestas y, en el verano de ese año, Clinton admitió la derrota.

1996: El Ejército Popular de Liberación realizó ejercicios militares en el Estrecho de Taiwán, lo que desencadenó la Tercera Crisis del Estrecho de Taiwán. EE. UU. envió portaaviones a la región. Poco después, las tensiones disminuyeron, y las relaciones entre Estados Unidos y China mejoraron.

1997: El líder de China, Jiang Zemin, visitó EE. UU., primera visita de Estado a la nación americana de un líder supremo desde 1979. Ambos países llegaron a un consenso sobre la implementación de su acuerdo de 1985 sobre la Energía Nuclear Pacífica.

1998: El presidente de EE. UU., Bill Clinton, viajó a la RPC e interactuó directamente con su pueblo.

Mayo, 1999: EE. UU. bombardeó accidentalmente a la embajada china en Belgrado. La Casa Blanca afirmó que era una falta de coordinación entre la inteligencia y el Ejército, pero los chinos consideraron que fue deliberado, por lo que se manifestaron masivamente en contra de la nación norteamericana.

1999: Las relaciones entre los dos países también se vieron dañadas por las acusaciones de que un científico chino-estadounidense, del Laboratorio Nacional de Los Álamos, había entregado secretos nucleares estadounidenses a Pekín.

Octubre, 1999: Las relaciones comenzaron a mejorar gradualmente, pues los dos países llegaron a un acuerdo de compensación para las familias de las víctimas del citado bombardeo.

2001-2009: Durante la Administración de George W. Bush, aumentó la venta de armas a Taiwán, incluidos ocho submarinos. Al propio tiempo, la posición hostil de Bush hacia China se revirtió repentinamente después de los ataques terroristas del 11 de septiembre. Muy pronto, EE. UU. consideró a China como un socio estratégico en la guerra contra el terrorismo y pospuso los acuerdos con Taiwán.

2001: La RPC ofreció un fuerte apoyo público a la guerra contra el terror durante APEC China 2001, una serie de reuniones económicas y políticas entre los 21 estados miembros del Foro de Cooperación Económica Asia-

Pacífico. Poco después de los ataques terroristas del 11 de septiembre, EE. UU. y la RPC iniciaron un diálogo contra terrorismo.

Febrero, 2003: Se produjo en Pekín la tercera ronda de diálogo contra el terrorismo.

Abril, 2006: El líder supremo de China, Hu Jintao, visitó EE. UU.

Agosto, 2008: George W. Bush visitó Pekín para asistir a los Juegos Olímpicos.

Noviembre, 2008: Tras el triunfo electoral de Barack Obama, Hu Jintao y el presidente estadounidense compartieron una conversación telefónica en la que ambas partes acordaron que el desarrollo de las relaciones entre Estados Unidos y China no solo era de interés para ambas naciones, sino también de interés mundial.

Julio, 2009: Comenzó la primera serie de reuniones del llamado Diálogo Estratégico y Económico de EE. UU. y China. Se acordó mantener conversaciones periódicas de alto nivel, dos veces al año, sobre cuestiones económicas y otras cuestiones mutuas.

Noviembre, 2009: El presidente de EE. UU., Barack Obama, visitó China para hablar sobre las preocupaciones económicas, las inquietudes sobre la proliferación de armas nucleares y la necesidad de actuar contra el cambio climático.

Enero, 2010: EE. UU. propuso una venta de armas por valor de 6,400 millones de dólares a Taiwán. En respuesta, la RPC amenazó con imponer sanciones a las empresas estadounidenses que suministraran esas armas y suspender la cooperación en determinados asuntos regionales e internacionales.

Febrero, 2010: El presidente Obama se reunió con el Dalai Lama, acusado por China de "fomentar el malestar en el Tíbet".

2011: El Instituto Internacional de Estudios Estratégicos, de los Estados Unidos, dijo que, si las tendencias de gasto militar chino continuaban, la nación asiática lograría la igualdad militar con EE. UU. dentro de 15 a 20 años.

2012: La RPC criticó la nueva estrategia de defensa de Obama, quien dijo tener como objetivo aislar a China en la región de Asia oriental.

Marzo, 2012: China comenzó a reducir sus compras de petróleo a Irán, lo que mostró cierta coordinación con la Administración Obama.

Marzo, 2013: EE. UU. y China acordaron imponer sanciones más estrictas a Corea del Norte por realizar pruebas nucleares.

Junio, 2013: El presidente Obama se reunió con Xi Jinping en la finca Sunnylands de Rancho Mirage, California. La cumbre fue considerada "la reunión más importante entre un presidente estadounidense y un líder comunista chino en 40 años". Los mandatarios acordaron combatir el cambio climático y trabajar por reducir el programa nuclear de Corea del Norte. Sin embargo, permanecieron divididos sobre el espionaje cibernético y la venta de armas de EE. UU. a Taiwán. Xi desdeñó las quejas estadounidenses sobre la seguridad cibernética.

Octubre, 2013: El secretario de Estado de los Estados Unidos, John Kerry, habló con el primer ministro chino, Li Keqiang, sobre asuntos bilaterales.

Febrero, 2014: Estados Unidos publicó un informe sobre los derechos humanos en China, describiendo al país asiático como un estado autoritario, y un lugar en el que la represión y la coerción eran rutinarias. China, por su parte, publicó un informe criticando los derechos humanos en EE. UU.

2014: Hackers chinos piratearon el sistema informático de la Oficina de Administración de Personal de EE. UU., lo que resultó en el robo de aproximadamente 22 millones de registros del personal. El exdirector del FBI, James Comey, calificó el hecho como un gran problema para la seguridad nacional.

Mayo, 2015: El secretario de Defensa de EE. UU., Ashton Carter, advirtió a China que detuviera la rápida construcción de islas en el Mar de China Meridional.

Marzo, 2016: El presidente Obama recibió al líder chino, Xi Jinping, para una reunión bilateral al margen de la Cumbre de Seguridad Nuclear.

Diciembre, 2016: El recién electo presidente de EE. UU., Donald Trump, habló telefónicamente con la presidenta de Taiwán, Tsai Ing-wen.

Marzo, 2017: El secretario de Estado de EE. UU., Rex Tillerson, visitó Pekín, donde sostuvo encuentros con altos funcionarios chinos. La visita tuvo lugar en el marco de la lucha de Washington por disuadir a Corea del Norte de que limite su programa nuclear.

Noviembre, 2017: El presidente Trump llegó a China para darle curso a uno de sus principales objetivos: frenar la creciente amenaza de Corea del Norte por su programa nuclear y sus misiles balísticos.

Enero, 2018: Durante una visita a Japón, el secretario de Defensa de EE. UU., James Mattis, reafirmó el compromiso de Washington, en virtud del Tratado de Cooperación y Seguridad Mutua entre Estados Unidos y Japón, de defender a la nación nipona, incluidas las Islas Senkaku (Mar de China Oriental), que son reclamadas por China.

Febrero, 2018: Trump habló por teléfono con el líder de China, Xi Jinping, para discutir una amplia gama de temas.

Abril, 2018: China impuso aranceles punitivos a 128 categorías de productos estadounidenses en represalia por los gravámenes de seguridad nacional de la

Administración Trump sobre las importaciones de acero y aluminio.

Septiembre, 2018: La Administración Trump impuso aranceles (aumento de impuestos del 25 %) a productos chinos por un valor de 250 000 millones de dólares.

Agosto, 2018: El Gobierno de EE. UU. actualizó la legislación del Comité de Inversión Extranjera, ampliando el escrutinio gubernamental para examinar las inversiones respaldadas por capitalistas de riesgo, especialmente financiados por el Estado chino, en nuevas empresas tecnológicas americanas.

2018: El Departamento de Justicia de EE. UU. inició la "Iniciativa de China" para combatir el espionaje económico por parte del gigante asiático.

Octubre, 2018: El Comité de Seguridad Nacional y Asuntos Gubernamentales del Senado celebró una audiencia sobre la amenaza que representa China para Estados Unidos.

Marzo, 2019: El secretario de Estado de EE. UU., Mike Pompeo, comparó indirectamente a China con la Alemania nazi por su trato a las minorías musulmanas.

2019: Dos ciudadanos chinos fueron acusados por la violación de datos de Anthem, firma estadounidense de seguros médicos. Según trascendió, se hackearon alrededor de 80 millones de registros de clientes, lo que avivó el temor de que los datos robados pudieran usarse para el robo de identidad.

Enero, 2020: El presidente Trump y el viceprimer ministro chino, Liu He, firmaron la fase uno de un acuerdo comercial entre ambas naciones.

Febrero, 2020: El Gobierno de EE. UU. anunció que cinco empresas de medios estatales chinos serían designadas como "misiones extranjeras", a fin de que fueran registradas legalmente como tales. Al día siguiente, China tomó medidas contra tres periodistas estadounidenses de The Wall Street Journal al revocar sus credenciales de prensa por una columna de opinión sobre el coronavirus. En ese mismo mes, igualmente, el Gobierno de EE. UU. acusó a miembros del Ejército chino por piratear al buró de crédito estadounidense Equifax y saquear datos confidenciales como parte de un atraco masivo que también incluyó el robo de secretos comerciales. Los registros privados de más de 145 millones de estadounidenses se vieron comprometidos en esa filtración de datos.

Marzo, 2020: Washington redujo el número de periodistas autorizados a trabajar en las oficinas estadounidenses de los principales medios de comunicación chinos de 160 a 100 debido a la "intimidación y el acoso de larga data a los periodistas" por parte de Pekín. En respuesta, China expulsó a una docena de corresponsales estadounidenses del New York Times, Wall Street Journal, News Corp y el Washington Post.

Mayo, 2020: Las relaciones se deterioraron más todavía, ya que ambas partes se acusaron mutuamente por la pandemia mundial de coronavirus. Washington inició una campaña de investigaciones, procesamientos y restricciones a la exportación. Mientras tanto, Pekín intensificó las actividades militares en el disputado Mar de China Meridional. Adicionalmente, EE. UU. bloqueó los envíos de semiconductores a Huawei, mientras que la nación asiática amenazó con colocar a Apple, Boeing y otras empresas estadounidenses en listas de "entidades poco confiables".

Junio, 2020: La embajadora de EE. UU. ante las Naciones Unidas, Kelly Craft, envió una carta al secretario general de la ONU explicando la posición de EE. UU. sobre las "reclamaciones marítimas excesivas" de China. En ese mismo mes, el presidente Trump firmó la Ley de Política de Derechos Humanos de los Uigures, que autoriza la imposición de sanciones estadounidenses contra los funcionarios del Gobierno chino responsables de los campos de detención que albergan a más de un millón de miembros de esa minoría musulmana en el gigante asiático.

Julio, 2020: La Administración Trump impuso sanciones y restricciones de visa contra altos funcionarios chinos. En ese mismo mes, el director del FBI, Christopher Wray, calificó a China como la "mayor amenaza a largo plazo" para EE. UU. Wray dijo que el FBI abre un nuevo caso de contrainteligencia relacionado con China cada 10 horas y que, de los casi 5000 casos de contrainteligencia activos en curso en todo el país, en esa fecha, casi la mitad estaban relacionados con esa nación asiática. En ese propio mes, además, la Administración Trump ordenó el cierre del consulado chino en Houston. En respuesta, el Gobierno chino ordenó el cierre del consulado estadounidense en Chengdu. Adicionalmente, EE. UU. sancionó a 11 empresas chinas por violaciones de derechos humanos en Xinjiang, acusándolas de utilizar uigures y otras minorías musulmanas en trabajos forzados. El secretario de Estado, Mike Pompeo, por su parte, anunció el fin de lo que llamó "compromiso ciego" con el Gobierno chino. También calificó al secretario general del Partido Comunista Chino, Xi Jinping, como "un verdadero creyente en una ideología totalitaria en bancarrota".

Agosto, 2020: Washington impuso sanciones a 11 funcionarios chinos y de Hong Kong por su papel en la restricción de las libertades políticas en ese territorio autónomo mediante la imposición de la ley de seguridad nacional de Hong Kong. China, por su parte, tomó represalias al sancionar a seis legisladores republicanos.

Septiembre, 2020: Estados Unidos revocó más de 1000 visas para estudiantes e investigadores de la RPC que, según nuestro Gobierno, tenían vínculos con el Ejército chino. La medida se ejecutó para evitar que se apropiaran de investigaciones confidenciales. El Departamento de Comercio de EE. UU., por su parte, impuso restricciones a Semiconductor Manufacturing International Corporation, fabricante chino de chips, debido a que uno de sus equipos podría utilizarse potencialmente con fines militares. A causa de todo esto, la guerra comercial entre China y EE. UU. empeoró en ese mes, avivada también por el comportamiento de Pekín durante la crisis del COVID-19. En este sentido, Donald Trump instó a las Naciones Unidas a "responsabilizar a China por sus acciones" durante un discurso ante la Asamblea General de ese organismo mundial. Trump culpó al Gobierno chino por la propagación mundial del coronavirus, que para entonces había infectado a 31 millones de personas en todo el mundo y había matado a más de 965 000.

Octubre, 2020: El congresista estadounidense Scott Perry presentó una legislación para agregar al Partido Comunista Chino (PCCh) a la lista de Principales Objetivos de las Organizaciones Criminales Internacionales (TICOT, por sus siglas en inglés) y proporcionar a las agencias de aplicación de la ley de EE. UU. una directiva estratégica para atacar la actividad maligna del PCCh. El Departamento de Justicia, por su parte, rechazó el uso de sus fondos para comprar drones de la empresa china DJI, a la que el Departamento de Justicia clasificó como una "entidad extranjera cubierta". Por otra parte, EE. UU. aprobó una venta de armas a Taiwán por valor de 1,800 millones de dólares. En respuesta, China anunció su intención de imponer sanciones a empresas y particulares estadounidenses, incluidos Boeing, Raytheon y Lockheed Martin. Taiwán, por su parte, dio la bienvenida a la venta de armas y desaprobó las sanciones. Paralelamente, Estados Unidos e India firmaron el Acuerdo Básico de Intercambio y Cooperación (BECA, por sus siglas en inglés), que permite un mayor intercambio de información en materia de defensa para contrarrestar el creciente poder militar de China.

Diciembre, 2020: El Departamento de Estado de EE. UU. puso fin a cinco programas de intercambio cultural con China por ser herramientas de propaganda del Gobierno chino. Los programas en cuestión son: Programa de viaje educativo a China para responsables de políticas, Programa de amistad entre EE. UU. y China, Programa de intercambio de liderazgo entre EE. UU. y China, Programa de intercambio transpacífico entre EE. UU. y China, y Programa Educativo y Cultural de Hong Kong.

Enero, 2021: Justo al comenzar el mandato de Joe Biden, China impuso sanciones contra el secretario de Estado saliente de EE. UU., Mike Pompeo; el exsecretario de Salud y Servicios Humanos, Alex Azar; el exsubsecretario de Estado, Keith J. Krach; la embajadora saliente de EE. UU. ante las Naciones Unidas, Kelly Craft, y otros 24 exfuncionarios de Trump. El Consejo de Seguridad Nacional de Biden, por su parte, calificó las sanciones de "improductivas y cínicas". A fines del propio mes, el embajador de China en EE. UU., Cui Tiankai, reafirmó la posición de su país de buscar la coexistencia pacífica con EE. UU. e instó a la nueva Administración estadounidense a abordar las diferencias a través del diálogo.

Febrero, 2021: El presidente Biden animó al Departamento de Defensa de los Estados Unidos a revisar su política de seguridad nacional con respecto a China. El ministro de Relaciones Exteriores de China, Wang Yi, por su parte, instó a Biden a levantar las múltiples sanciones impuestas por Trump.

Marzo, 2021: El secretario de Estado, Antony John Blinken, y el asesor de Seguridad Nacional, Jake Sullivan, se reunieron en Alaska con el miembro del Politburó Yang Jiechi y el ministro de Relaciones Exteriores de China, Wang Yi. Los estadounidenses arremetieron contra las políticas de la nación asiática en materia de derechos humanos, ciberataques, Taiwán, y su represión en Xinjiang y Hong Kong. Los chinos respondieron diciendo que EE. UU. "no tiene la calificación para hablarle a China desde una posición de fuerza".

2021: Los problemas entre EE. UU. y China continuaron creciendo, ya que el presidente Biden ordenó una revisión por parte de la inteligencia de EE. UU. para evaluar la posibilidad de que el coronavirus haya sido diseñado en un laboratorio del país asiático.

Junio, 2021: El Ministerio de Defensa de China calificó a la visita a Taiwán de tres senadores estadounidenses como una "provocación política extremadamente vil". Los líderes de las democracias del Grupo de los Siete (G7), por su parte, criticaron duramente a China por una serie de abusos contra la minoría musulmana uigur, crítica secundada por los miembros de la OTAN. Las críticas también se centraron en la destrucción sistemática de la democracia en Hong Kong, las reiteradas amenazas militares contra Taiwán, las prácticas comerciales desleales y la falta de transparencia sobre los orígenes del COVID-19.

Julio, 2021: El Departamento de Comercio de EE. UU. incluyó a 34 empresas extranjeras en una lista negra de exportaciones, de las cuales 23 eran de China.

Agosto, 2021: China probó un misil hipersónico con capacidad nuclear, hipotéticamente como parte de un Sistema de Bombardeo Orbital Fraccionado. El Financial Times informó que "la prueba mostró que China había logrado un progreso asombroso en las armas hipersónicas y estaba mucho más avanzada de lo que creían los funcionarios estadounidenses".

Octubre, 2021: El asesor de Seguridad Nacional de EE. UU., Jake Sullivan, y el principal diplomático chino, Yang Jiechi, se reunieron en Zúrich, Suiza. En ese mismo mes, el presidente Biden dijo que EE. UU. defendería a Taiwán si China atacaba, aunque la Casa Blanca dijo más tarde que no había cambios en la política hacia la isla.

Noviembre, 2021: El presidente estadounidense, Joe Biden, y el líder chino, Xi Jinping, se reunieron virtualmente. En ese mismo mes, el asesor de Seguridad Nacional, Jake Sullivan, declaró que EE. UU. ya no busca un cambio de sistema en China. La Administración Biden, entretanto, invitó a Taiwán a asistir a la Cumbre por la Democracia, que se realizaría en diciembre de 2021. El Ministerio de Relaciones Exteriores de China desestimó la invitación.

Diciembre, 2021: La Cámara de Representantes y el Senado de EE. UU. aprobaron la Ley de Autorización de la Defensa Nacional para el año fiscal 2022, en la que se pidió mejorar la seguridad de Taiwán.

Febrero, 2022: Un buque de guerra de EE. UU. cruzó el Estrecho de Taiwán como parte de una actividad rutinaria, sin embargo, China la describió como "provocadora". En ese mismo mes, la Casa Blanca instó a la RPC a condenar la invasión de Rusia contra Ucrania.

Marzo, 2022: El asesor de Seguridad Nacional de EE. UU., Jake Sullivan, advirtió a Pekín de que ciertamente sufriría consecuencias si ayudaba a Moscú a evadir las sanciones por el conflicto con Ucrania. En ese mismo mes, Biden y Jinping iniciaron sus primeras conversaciones desde noviembre último.

Mayo, 2022: Funcionarios chinos ordenaron a sus agencias gubernamentales y empresas respaldadas por el Estado que retiraran las computadoras producidas por firmas estadounidenses y las reemplazaran por equipos de empresas chinas. Corporaciones como HP y Dell podrían verse seriamente afectadas por esta medida.

Junio, 2022: EE. UU. y sus aliados en Asia-Pacífico refuerzan su presencia militar en respuesta a las crecientes tensiones en el Mar de China Meridional. China condena las acciones y acusa a EE. UU. de "intentar contener su crecimiento". Paralelamente, la guerra de semiconductores entre EE. UU. y China toma fuerza, con nuevas restricciones a la exportación de tecnología avanzada por parte de Washington, afectando sectores críticos como la inteligencia artificial y la computación de alto rendimiento en China.

Agosto, 2022: Nancy Pelosi, presidenta de la Cámara de Representantes de EE. UU., realiza una controvertida visita a Taiwán, desafiando las advertencias de China. Esta visita provoca una reacción violenta de Pekín, que califica el viaje como una provocación y realiza ejercicios militares alrededor de Taiwán como respuesta. China reitera su reclamo de soberanía sobre la isla y advierte que cualquier movimiento hacia la independencia será respondido con "acciones drásticas".

Octubre, 2022: EE. UU. impone restricciones a la exportación de semiconductores avanzados a China en el marco de la guerra tecnológica entre ambos países. Las restricciones tienen como objetivo obstaculizar el desarrollo de la tecnología china en áreas clave como los chips avanzados y la inteligencia artificial. China critica fuertemente la medida, calificándola como un intento de contener su ascenso.

Noviembre, 2022: El Pentágono publica su informe anual sobre China, alertando sobre los crecientes riesgos que enfrenta EE. UU. debido al ascenso militar de China. Según el informe, China "es el único país con la intención y la capacidad militar para desafiar el orden mundial liderado por EE. UU.", marcando un claro desafío estratégico en la región de Asia-Pacífico. El documento también menciona la modernización del Ejército chino, su expansión nuclear y las crecientes capacidades en el ámbito espacial y cibernético.

Diciembre, 2022: El Congreso de EE. UU. aprueba la Ley de CHIPS y Ciencia, diseñada para reducir la dependencia de China y reforzar la producción de semiconductores en suelo estadounidense. Pekín expresa su descontento por lo que considera un "acto proteccionista".

Febrero, 2023: Un globo espía chino es detectado sobrevolando el espacio aéreo de EE. UU., lo que provoca una crisis diplomática. EE. UU. derriba el globo y acusa a China de espionaje. China protesta, argumentando que era un "globo meteorológico" fuera de control.

Marzo, 2023: El FBI anuncia la detención de varios ciudadanos chinos implicados en espionaje tecnológico, acusados de robar secretos industriales. Las investigaciones revelan que intentaron obtener tecnología avanzada de empresas del sector de defensa y telecomunicaciones de EE. UU.

Junio, 2023: El secretario de Estado de EE. UU., Antony Blinken, visita Pekín para intentar reducir las tensiones tras el incidente del globo espía. Las diferencias sobre Taiwán y los derechos humanos continúan siendo temas divisivos.

Julio, 2023: Se revela que China ha establecido una base de espionaje en Cuba para recopilar información de inteligencia sobre EE. UU. y sus aliados en la región. Esta revelación provoca una fuerte respuesta de Washington.

Agosto, 2023: EE. UU. refuerza su apoyo militar a Taiwán con la venta de armamento avanzado, lo que provoca una protesta formal de China, que reafirma su reclamo sobre la isla.

Septiembre, 2023: El Departamento de Justicia de EE. UU. condena a dos ciudadanos chinos por espionaje económico y robo de propiedad intelectual relacionado con avances en tecnología militar y de biotecnología. Estos casos reflejan la creciente preocupación sobre el espionaje industrial chino en sectores estratégicos de EE. UU.

Octubre, 2023: Nuevas tensiones surgen cuando EE. UU. presenta una queja formal en la OMC, acusando a China de prácticas comerciales injustas y robo sistemático de propiedad intelectual a través de programas de subsidios y espionaje corporativo.

Diciembre, 2023: EE. UU. revela más detalles sobre la implicación de China en el robo de propiedad intelectual, acusando a grupos de hackers respaldados por el gobierno chino de intentar robar investigaciones científicas y tecnológicas relacionadas con vacunas y tratamientos contra el COVID-19.

Enero, 2024: EE. UU. amplía las sanciones económicas contra China por sus actividades de espionaje, incluyendo robo de propiedad intelectual, y la construcción de bases de inteligencia en el extranjero.

Febrero, 2024: Una investigación interna del gobierno de EE. UU. confirma que el COVID-19 probablemente se originó en un laboratorio en Wuhan, China, intensificando las tensiones diplomáticas. China rechaza la acusación y califica el informe como una "manipulación política".

Marzo, 2024: Las tensiones continúan cuando EE. UU. impone sanciones adicionales a empresas chinas vinculadas a espionaje y robo de propiedad intelectual, especialmente en las industrias aeroespacial y de biotecnología.

Mayo, 2024: China intensifica las maniobras militares cerca de Taiwán, lo que provoca preocupación en Washington. La Administración Biden reafirma su apoyo a la defensa de Taiwán, enviando más equipos militares a la región.

Agosto, 2024: EE. UU. detiene a un grupo de espías chinos involucrados en el robo de tecnología aeroespacial y sistemas de defensa. Esta operación subraya las preocupaciones sobre la amenaza que representa el espionaje chino en sectores críticos.

Septiembre, 2024: Linda Sun y su esposo son arrestados en Nueva York, acusados de espiar a dos gobernadores del estado de Nueva York. Se les acusa de actuar como agentes encubiertos del gobierno chino, infiltrándose en círculos políticos y gubernamentales para obtener información confidencial.

Septiembre, 2024: Georgia Tech anuncia el fin de sus asociaciones de investigación y educativas en ciudades chinas, como respuesta a la presión del Congreso estadounidense y a las preocupaciones sobre el espionaje chino en instituciones académicas. Este movimiento refleja la creciente desconfianza hacia la influencia china en los sectores de educación e investigación en EE. UU.

Octubre, 2024: Jenna Wang, expareja del gobernador de Minnesota y candidato demócrata a la vicepresidencia, Tim Walz, revela preocupantes vínculos con él y cuestiona su confiabilidad. Sus declaraciones generan preocupación sobre posibles riesgos para la seguridad nacional en plena contienda electoral. El escrutinio se agrava por los nexos familiares de Wang con el Partido Comunista Chino (PCCh).

Noviembre, 2024: Donald J. Trump gana las elecciones presidenciales de Estados Unidos.

APÉNDICE 2
Declaración de Independencia de EE. UU. frente a China

Por el incuestionable daño que la República Popular China (RPC) ocasiona a los Estados Unidos (EE. UU.), por la nociva dependencia de América frente a la nación asiática y por el peligro que esta alarmante situación representa para los estadounidenses, es hora de romper los lazos que nos atan a ese régimen comunista.

A la extensa lista de acciones ilícitas y desleales cometidas por el gigante asiático en contra de la nación americana, se suma su indiscutible interés por ubicarse a la cabeza del llamado nuevo orden mundial a base de ambiciones desmedidas, prácticas inescrupulosas y juegos sucios.

Para el régimen de Pekín, no hay ninguna duda de que EE. UU. es su rival más fuerte, de ahí sus consabidas pretensiones de superar a Washington no solo en el ámbito económico (centro del diferendo comercial entre los dos países), sino también en el tecnológico, científico, sanitario, industrial, aeroespacial e, inclusive, militar.

Es nuestro deber, por tanto, desligarnos de cualquier nexo que nos obligue a depender de la RPC. Para probar esto, exponemos los motivos sobre los que se basa esta declaración y exhortamos tanto al Gobierno como a los ciudadanos estadounidenses a librar esta batalla en pos de una América completamente libre del sometimiento chino.

1. Cadena de suministro

La República Popular China constituye nuestra principal fuente de importaciones en cuanto a productos se refiere. Por ese concepto, cada año, perdemos miles de millones de dólares que bien podrían destinarse a fomentar la manufactura en suelo americano y, por consiguiente, a impulsar la generación de muchísimos nuevos empleos.

Anualmente, queda más que demostrado cuánto dependemos de los chinos en lo que respecta a maquinarias agrícolas y eléctricas, equipos electrodomésticos, materiales de construcción, productos químicos y textiles, equipamiento médico, fármacos de primer orden y dispositivos electrónicos, entre otros muchos artículos de vital importancia.

A raíz del COVID-19 surgido en suelo chino, precisamente, nuestras vulnerabilidades en lo que concierne a abastecimientos cruciales quedaron al descubierto, incluso, nos vimos forzados a comprarle a nuestro principal enemigo comercial muchos de los insumos sanitarios imprescindibles para lidiar contra la propia pandemia.

Es apremiante que el Gobierno avance en la materialización de leyes que diversifiquen y prioricen a nuestra cadena de suministro, con manufactura Made in USA, para producir aquí lo que el país necesita o, al menos, lo de máxima prioridad para sus ciudadanos en situaciones de emergencia, como el propio coronavirus.

Bajo ningún concepto, EE. UU. debería depender tanto de otra nación; mucho menos, de China. No podemos estar en manos de un régimen que, lejos de ser un socio comercial confiable, respetuoso de las leyes mercantiles internacionales, solo pretende aniquilarnos para hacerse con la supremacía mundial.

2. Propiedad intelectual

Cada año, EE. UU. pierde miles de millones de dólares a causa del robo de propiedad intelectual (PI) principalmente cometido por hackers chinos. Infracción de marcas y patentes, programas informáticos pirateados y secretos comerciales arrebatados, son algunos ejemplos de la maliciosa y repetitiva práctica.

El multimillonario costo de tal usurpación, sin embargo, podría ser incluso mayor debido al beneficio económico que cada producto sustraído y sus posibles derivados podrían reportar a largo plazo, díganse macrodatos médicos, logros científicos, investigaciones académicas o tecnologías de punta, por solo citar algunos.

Sabiendo que China cuenta con el programa de piratería más grande del mundo, y que su principal objetivo es EE. UU., el Buró Federal de Investigaciones aseguró que estamos frente a la mayor amenaza en este sentido. No en vano la nación asiática es considerada la principal productora de artículos falsificados y pirateados a escala global.

Para hacerle frente a ese nivel de hurtos, no basta con ubicarla en el top de la lista de vigilancia prioritaria. No basta con perseguir y apresar a culpables aislados. Hay que frenar la fuga de datos y la transferencia ilícita de tecnologías luchando contra el ciberespionaje tradicional y también contra nuevas formas solapadas de usurpación.

Hay que ponerle un alto al reclutamiento de científicos locales, a la intromisión de personal chino en nuestros centros investigativos y universidades; al espionaje mediante programas de idioma e intercambio, misiones comerciales y cooperación científica, a la infiltración de proveedores chinos aparentemente confiables y a la participación de empresas chinas "fachada" que operan en suelo americano.

EE. UU. no puede seguir permitiendo que nuestros logros nacionales lleguen a manos de los chinos comunistas; mucho menos, que se los adjudiquen como suyos y les saquen dividendos que, por derecho propio, nos pertenecen. La independencia económica también debe lograrse con el absoluto respeto a nuestra propiedad intelectual.

3. Prácticas comerciales desleales

Si hoy existe una guerra económica entre EE. UU. y la RPC, es debido, en gran medida, a las prácticas comerciales desleales del gigante asiático, como la falta de transparencia en los negocios, la desigualdad en la imposición de aranceles, las restricciones a firmas estadounidenses en territorio chino y el uso inadecuado de los derechos de PI.

Las políticas chinas en este sentido son incompatibles con las bases del comercio internacional, en general, y del estadounidense, en particular. En realidad, no puede haber competitividad justa cuando productos falsificados por China, por ejemplo, creados gracias a nuestro talento nacional, terminan compitiendo con los nuestros.

Entre otras consecuencias, esas actividades mayormente resultado de la intrusión en nuestras redes comerciales y la transferencia forzada de tecnología a cambio de penetrar el mercado chino, han traído consigo un creciente aumento del déficit comercial de bienes con el gigante asiático.

Como integrante de la Organización Mundial del Comercio, la RPC debe cumplir con sus acuerdos y las normas internacionales por las cuales se rigen todos los países miembros. Pekín no puede encerrarse en su economía de estado en detrimento de la libre economía, ni seguir acudiendo a prácticas injustas que terminan afectando a las cadenas de suministro y, por ende, a los consumidores.

Es imperativo que EE. UU. elimine cuanto antes cualquier vía que le facilite a los chinos comunistas competir de un modo tan indigno y descarado. Evidencias de su modus operandi hay de sobra en el historial de las relaciones comerciales bilaterales. Con un "socio" que no juega limpio y amenaza con desbancarnos, no puede haber concesiones de ningún tipo.

4. Amenaza a la seguridad nacional

Gracias al robo de nuestra propiedad intelectual, China ha creado poderosas armas, especialmente, de pulso electromagnético (EMP, por sus siglas en inglés) entre las que se encuentran: ojivas nucleares para uso marítimo y terrestre, misiles cinco veces más rápidos que la velocidad del sonido y satélites capaces de flotar en el cielo durante años.

Un estudio realizado por el Grupo de Trabajo EMP sobre Seguridad Nacional dio a conocer que China podría hackear el sistema eléctrico nacional para paralizar las operaciones de los sistemas telefónicos, las centrales eléctricas y siderúrgicas, y, muy particularmente, los satélites y portaaviones estadounidenses.

Con un apagón generalizado y el citado arsenal bélico en mano, los chinos podrían lanzar un ataque nuclear, derrotar a nuestros portaaviones y sustituir a los satélites americanos por los suyos para neutralizar nuestras capacidades defensivas, materializando así su planificada doctrina militar y sus sueños hegemónicos globales.

Si a ello le sumamos sus avances en el ciberespacio, nuevo dominio no tradicional de la guerra, el escenario se torna peor. Hay que tener en cuenta que China se está preparando para controlar las redes de datos mediante su Ruta de la Seda Digital y la tecnología 5G, y si lo logra, estaría en franca superioridad mundial.

Es un asunto urgente priorizar la vigilancia en torno a la defensa de nuestra patria. Si el robo de secretos comerciales por parte de China es un asunto serio, muchísimo más lo es el hurto de datos y tecnologías militares. Otra razón de peso, si no la más importante, para desligarnos definitivamente de ese país.

5. Nuevo orden mundial

Bien podría decirse que los actos ilícitos y carentes de escrúpulos cometidos por la RPC en contra de EE. UU. tienen un solo fin: el de convertirse en la primera potencia del orbe y, por ende, estar a la cabeza del nuevo orden mundial, así sea valiéndose del fruto del talento estadounidense para sobresalir en todos los campos.

Hoy en día, el gigante asiático es el mayor fabricante y exportador de productos a escala global, monopoliza la fabricación de artículos de alta tecnología, cuenta con 146 naciones en su Iniciativa de la Franja y la Ruta, maneja la cuarta parte de la fibra óptica submarina que transporta el 95 % de las comunicaciones internacionales y, según el Departamento de Defensa de EE. UU., tiene la marina más grande del mundo.

Como parte de su lucha por eliminar la supremacía estadounidense, también implementa su hoja de ruta industrial Hecho en China 2025 con un presupuesto multimillonario. Su propósito: fabricar productos y ofrecer servicios de alto valor que compitan contra los nuestros en ramas tan claves como la aeroespacial, electrónica, tecnológica, farmacéutica, automotriz, informática y robótica, fundamentalmente.

La meta primordial del gigante asiático es convertirse en el líder mundial de la innovación en 2045. Si para entonces llegara a dominar las tecnologías de punta, que inciden directamente en el crecimiento económico e impulsan el desarrollo militar, estará mucho más cerca de destronar a EE. UU. y liderar el nuevo orden mundial.

Washington es consciente de las ambiciones de Pekín, así como de su creciente protagonismo geopolítico. Sabe que tiene ante sí un gran desafío, por tanto, debe seguir luchando por truncar cualquier objetivo malsano que provenga de los chinos y amenace con eclipsar nuestra influencia a escala internacional.

Por todo lo anteriormente dicho, EE. UU. tiene que trabajar en función de una total desconexión con el régimen comunista de China. Nuestro país no debe seguir alimentando políticas diplomáticas ni comerciales con una nación en la que no puede confiar; una nación que nos espía, roba y amenaza, abierta y descaradamente.

Así como en 1776 nos liberamos del imperio británico para comenzar a construir el gran país que tenemos hoy, ha llegado el momento de romper con todos los vínculos que nos unen a la RPC. Usemos nuestro antagonismo como combustible acelerador de nuestra independencia. Hagamos realidad el desafío de emanciparnos de China. ¡La América que nos enorgullece como superpotencia mundial tiene que ser totalmente libre!

FUENTES

1. Secretaría de Economía de México. (n.d.). Datos sobre acuerdos comerciales de México e inversión extranjera directa. https://www.gob.mx/se/prensa/mexico-registra-cifra-historica-de-inversion-extranjera-directa-al-cierre-de-2023-con-mas-de-36-mil-millones-de-dolares?idiom=es#:~:text=La%20Secretar%C3%ADa%20de%20Econom%C3%ADa%20informa,m%C3%A1ximo%20hist%C3%B3rico%20en%20la%20serie
2. INEGI. (n.d.). Información estadística sobre comercio y economía de México. https://www.inegi.org.mx/temas/comercioemp/
3. Observatorio de Complejidad Económica (OEC). (n.d.). Análisis sobre el comercio bilateral entre México y China. https://oec.world/es/profile/bilateral-country/mex/partner/chn
4. East West Bank. (n.d.). Cómo el Programa Maquiladora puede ayudar durante la guerra comercial entre EE. UU. y China: Análisis del uso del programa IMMEX por parte de empresas chinas. https://www.eastwestbank.com/ReachFurther/en/News/Article/How-Maquiladora-Program-Can-Help-During-the-US-China-Trade-War
5. México Business News. (n.d.). Informes de la industria y anuncios de empresas como BYD, Huawei, Ganfeng, y otros actores clave chinos en México, con un enfoque en sectores como automotriz, electrónica y energías renovables. https://mexicobusiness.news/trade-and-investment/news/partners-competitors-or-friends-mexico-china-trade-relations https://oec.world/en/profile/bilateral-country/mex/partner/chn
6. Friedberg, E. (2021). The future of US-China competition: A technology perspective. HCSS Strategic Alert, 23, 8-11.

https://www.belfercenter.org/publication/future-us-china-relations-conflict-inevitable

7. Wortzel, L. M. (2019). The Chinese People's Liberation Army and information warfare. Strategic Studies Quarterly, 9(1), 76-97.
8. Segal, A. (2016). The hacked world order: How nations fight, trade, maneuver, and manipulate in the digital age. Public Affairs.
9. Chase, M. S., Engstrom, J., & Cheung, T. M. (2019). Chinese military reforms in the age of Xi Jinping: Drivers, challenges, and implications. RAND Corporation.
10. Erickson, A. S., & Collins, G. B. (2019). China's R&D and technology ecosystem and its impact on the PLA. In T. M. Cheung (Ed.), The gathering Pacific storm: Emerging US-China strategic competition in defense technological and industrial development. Cambria Press.
11. Tate, A. (2021). The implications of Chinese SIGINT and electronic warfare capabilities for U.S. operations in the Indo-Pacific. The Cyber Defense Review, 6(1), 83-101.
12. Mattis, P., & Brazil, M. (2020). Chinese communist espionage: An intelligence primer. Naval Institute Press.
13. Tadjdeh, Y. (2020). Space-based ISR facing hurdles. National Defense, 105(799), 20-22.
14. Davis, M. (2022). China's information warfare: The evolution of strategic doctrine. Praeger.
15. Schmidt, F. (2022). China's cyber power and America's national security. Heritage Foundation.
16. Thompson, D. (2023). Confronting the dragon: Enhancing U.S. defense and deterrence against Chinese electronic warfare. The Army University Press.
17. Wong, A. (2022). Rising dragon: PLA's new capabilities and strategic implications. Routledge.
18. Bunker, R. J. (2023). Chinese information warfare: Innovation and the art of war. Lexington Books.
19. Mulvenon, J. (2022). The PLA and information warfare. The

Jamestown Foundation.

20. Lilly, J. (2022). China's cyber espionage against the United States. The Heritage Foundation.
21. Qiu, W. (2023). Understanding Chinese information warfare: A historical analysis. Springer.
22. Chen, Q. (2022). The Great Firewall of China: Xi Jinping's internet sovereignty. Harvard Asia Quarterly, 18(3), 35-44.
23. Hughes, C. R. (2022). China and the internet: Politics of the digital leap forward. Routledge.
24. World Integrated Trade Solutions. (2020). Latest trade data available from various sources. Retrieved March 15, 2020, from https://wits.worldbank.org/countrysnapshot/en/usa/textview
25. Thomas, D. (2019, May 14). ¿Quién pierde en la guerra comercial entre China y Estados Unidos? BBC. https://www.bbc.com/mundo/noticias-internacional-48265320
26. Fu, C., & Chin, C. (2018, September 17). China roba propiedad intelectual estadounidense, pero los aranceles de Trump podrían poner fin a la práctica. LA Times. https://www.latimes.com/espanol/vidayestilo/la-es-china-roba-propiedad-intelectual-estadounidense-pero-los-aranceles-de-trump-podrian-poner-fin-a-la-p-20180917-story.html
27. Redacción Infobae. (2020, December 7). China quiere imponer una nueva versión del origen del coronavirus. Infobae. https://www.infobae.com/america/mundo/2020/12/07/china-quiere-imponer-una-nueva-version-del-origen-del-coronavirus-en-wuhan-los-paises-senalados-por-el-regimen-de-xi-jinping/
28. Freedom Watch. (2020, March 21). Freedom Watch and Klayman file class action suit vs China over COVID-19. https://www.freedomwatchusa.org/freedom-watch-and-klayman-file-class-action-suit-vs-china-ov/
29. Kennedy, D. (2020, mayo 2). China lied about origin of coronavirus, leaked intelligence report says. NY Post. https://nypost.com/2020/05/02/intelligence-report-says-

china-lied-about-origin-of-coronavirus/

30. Farivar, M. (2020, febrero 8). Fiscales estadounidenses observan repunte en casos de espionaje económico chino. Voz de América. https://www.vozdeamerica.com/a/fiscales-estadounidenses-repunte-casos-espionaje-economico-chino-/5279559.html

31. White House. (2020, abril). IPEC 2019 annual intellectual property report [Archivo PDF]. https://www.whitehouse.gov/wp-content/uploads/2022/09/2019-IPEC-Annual-Report-March-2020_Redacted.pdf

32. EFE [Archivo de video]. (2020, mayo 13). EE. UU. acusa a China de intentar robar datos para la vacuna de COVID-19. LA Times. https://www.latimes.com/espanol/internacional/articulo/2020-05-13/ee-uu-acusa-a-china-de-intentar-robar-datos-para-la-vacuna-de-covid-19

33. Guimón, P. (2020, febrero 13). EE. UU. acusa a Huawei de espiar y robar tecnología a seis firmas estadounidenses. El País. https://elpais.com/economia/2020/02/13/actualidad/1581620587_797527.html

34. Bedard, P. (2020, junio 18). China develops weapons to fry US electric grid, eyes high-tech 'Pearl Harbor' attack. Washington Examiner. https://www.washingtonexaminer.com/washington-secrets/china-develops-weapons-to-fry-us-electric-grid-eyes-high-tech-pearl-harbor-attack

35. Capaccio, T., & Leonard, J. (2020, junio 25). Huawei on list of 20 Chinese companies that Pentagon says are controlled by People's Liberation Army. Time. https://time.com/5859119/huawei-chinese-military-company-list/

36. Fox News. (2020, julio 1). Ben Carson calls Black Lives Matter a 'Marxist organization' [Archivo de video]. https://www.foxnews.com/video/6168680803001#sp=show-clips

37. Redacción BBC News Mundo. (2019, agosto 15). ¿Recesión en Estados Unidos? Los 3 indicadores que contradicen las predicciones de que el país se encamina a una crisis económica. BBC News Mundo. https://www.bbc.com/mundo/noticias-49365777

38. Lederer, E. (2020, enero 17). ONU: Crecimiento mundial de 2019, el más bajo de la década. AP News. https://apnews.com/article/838676eefc4640d7b2985761f013723d

39. Blaze TV. (2020, septiembre 4). Riding the dragon: The Biden's Chinese secrets (full documentary) [Archivo de video]. YouTube. https://www.youtube.com/watch?v=JRmlcEBAiIs&ab_channel=BlazeTV

40. Golding, B. (2020, septiembre 3). Hunter Biden's deals 'served' China and Chinese military, new film claims. NY Post. https://nypost.com/2020/09/03/new-film-sheds-light-on-hunter-bidens-deals-with-china/

41. Black Futures Lab. (s.f.). Support Black Futures Lab. https://cpasf.ourpowerbase.net/civicrm/contribute/transact?reset=1&id=45

42. Flores, J. (2020, junio 22). Black Lives Matter tiene una agenda más allá de lo racial. Diario Las Américas. https://www.diariolasamericas.com/eeuu/black-lives-matter-tiene-una-agenda-mas-alla-lo-racial-n4201539

43. Montaner, C. (2020, junio 12). Opinión. Disturbios para un perturbado. CNN en Español. https://cnnespanol.cnn.com/2020/06/12/opinion-disturbios-para-un-perturbado/

44. Bowden, E. (2020, septiembre 21). China, WHO could have helped prevent COVID-19 pandemic: Congressional report. NY Post. https://nypost.com/2020/09/21/congressional-report-reveals-how-china-could-have-prevented-covid-19/

45. Morrison, M. (2020, agosto 17). Peddling influence and stealing secrets: Foreign governments and U.S. universities. Judicial Watch. https://www.judicialwatch.org/peddling-influence-and-stealing-secrets-foreign-governments-and-u-s-universities/

46. FARA. (2020, noviembre 18). Supplemental statement pursuant to the foreign agents registration act of 1938, as amended [Archivo PDF]. https://efile.fara.gov/docs/3457-Supplemental-Statement-20201118-33.pdf

47. Lee, H. (2020, noviembre 23). Chinese estate-run

outlet continues paying US newspapers millions to publish its propaganda. The Epoch Times. https://www.theepochtimes.com/china/ccp-media-outlet-continues-paying-us-counterparts-millions-to-publish-its-propaganda-3590665

48. Stieber, Z. (2020, junio 9). Periódico de propaganda chino pagó millones de dólares al Washington Post y a The Wall Street Journal. The Epoch Times. https://es.theepochtimes.com/news/empresa-de-propaganda-china-pago-millones-de-dolares-al-washington-post-y-a-the-wall-street-journal-677540.html

49. Freifeld, K. (2020, noviembre 23). Exclusive: In latest China jab, U.S. drafts list of 89 firms with military ties. Reuters. https://www.reuters.com/article/usa-china-military-companies/exclusive-in-latest-china-jab-u-s-drafts-list-of-89-firms-with-military-ties-idUSKBN28307Z/

50. Tomado de Thomson/Reuters. (2020, noviembre 23). US drafts list of 89 China firms with military ties. News Max. https://www.newsmax.com/World/globaltalk/military-aerospace-technology-trade/2020/11/23/id/998304/

51. Ray, S. (2020, noviembre 23). Report: Trump administration plans to blacklist 89 Chinese firms for alleged military ties. Forbes. https://www.forbes.com/sites/siladityaray/2020/11/23/report-trump-administration-plans-to-blacklist-89-chinese-firms-for-alleged-military-ties/?sh=4295e4fb5ce2

52. Lucas, F. (2020, noviembre 23). Hunter Biden's cobalt deal with China increases cost of his father's push for electric cars. Daily Signal. https://www.dailysignal.com/2021/11/23/hunter-bidens-cobalt-deal-with-china-could-increase-cost-of-his-fathers-push-for-electric-cars/

53. Forsythe, M., Lipton, E., & Searcey, D. (2021, noviembre 21). How Hunter Biden's firm helped secure cobalt for the Chinese. NY Times. https://www.nytimes.com/2021/11/20/world/hunter-biden-china-cobalt.html

54. LME Cobalt. (s.f.). LME cobalt official prices graph. Recuperado el 30 de noviembre de 2021. https://www.lme.

com/en/Metals/EV/%20LME-Cobalt#Price+graphs

55. Ma, W. (2021, diciembre 7). Inside Tim Cook's secret $275 billion deal with Chinese authorities. The Information. https://www.theinformation.com/articles/facing-hostile-chinese-authorities-apple-ceo-signed-275-billion-deal-with-them

56. Corr, A. (2021, diciembre 11). Apple gives $275 billion to China. The Epoch Times. https://www.theepochtimes.com/opinion/apple-gives-275b-to-china-4150279

57. Jackson, S. (2021, diciembre 7). Apple CEO Tim reportedly signed a secret $275 billion deal with China in 2016 to skirt challenges with government regulators. Business Insider. https://www.businessinsider.com/apple-tim-cook-275-billion-china-deal-regulatory-crackdown-report-2021-12

58. Redacción Yahoo! Noticias. (2021, diciembre 13). El pacto secreto con China que avergüenza a Apple. Noticias Yahoo. https://es.noticias.yahoo.com/apple-china-acuerdo-secreto-105740428.html

59. Raya, A. (2021, diciembre 7). Apple firmó un acuerdo secreto con China de 275,000 millones para esquivar regulaciones. El Economista. https://www.eleconomista.es/tecnologia/noticias/11511650/12/21/Apple-firmo-un-acuerdo-secreto-con-China-de-275000-millones-para-esquivar-regulaciones.html

60. Nicas, J., Zhong, R., & Wakabayashi, D. (2021, mayo 17). Censorship, surveillance, and profits: A hard bargain for Apple in China. NY Times. https://www.nytimes.com/2021/05/17/technology/apple-china-censorship-data.html

61. Zilber, A. (2021, diciembre 7). Apple's sweetheart deal with China: CEO Tim Cook signed 'secret $275 billion deal with Pekín in 2016 promising to help develop their economy in return for quashing regulatory actions against iPhone maker'. Daily Mail. https://www.dailymail.co.uk/news/article-10284475/Tim-Cook-signed-275-BILLION-deal-Chinese-authorities-2016.html

62. Fang, F. (2020, diciembre 27). Cuba signs 'Belt and Road'

agreement with China. The Epoch Times. https://www.theepochtimes.com/cuba-signs-belt-and-road-agreement-with-china_4178970.html

63. Cubanew ACN. (2021, diciembre 25). Cuba and China sign bilateral cooperation plan. ACN. http://www.cubanews.acn.cu/cuba/15921-cuba-and-china-sign-bilateral-cooperation-plan

64. Sanka, S. (2021, marzo 3). U.S.-Cuba energy cooperation: Rekindling U.S.-Cuba relations and curbing Chinese influence in the Caribbean. American Security Project. https://www.americansecurityproject.org/u-s-cuba-energy-cooperation-rekindling-u-s-cuba-relations-and-curbing-chinese-influence-in-the-caribbean/

65. Simonov, E., & Withanage, H. (2020). Documento informativo sobre la Iniciativa de la Franja y la Ruta [Archivo PDF]. FOEI. https://www.foei.org/wp-content/uploads/2020/10/foe-belt-and-road-briefing-ES-WEB.pdf

66. Project Veritas. (2022, 18 de enero). Military documents about gain of function contradict Fauci testimony under oath. https://www.projectveritas.com/news/military-documents-about-gain-of-function-contradict-fauci-testimony-under

67. Gertz, B. (2022, 12 de enero). COVID virus made in Chinese lab as bat vaccine, Marine researcher says. Washington Times. https://www.washingtontimes.com/news/2022/jan/12/marine-researcher-covid-19-virus-made-chinese-lab-/

68. Robinson, E. (2022, 12 de enero). Project Veritas confirms my reporting on Fauci & DARPA. Before it's News. https://beforeitsnews.com/opinion-conservative/2022/01/project-veritas-confirms-my-reporting-on-fauci-darpa-3614413.html

69. Hains, T. (2022, 11 de enero). Fauci: Project Veritas "distorted" the meaning of ECOHealth Alliance, DARPA, gain-of-function documents. Real Clear Politics. https://www.realclearpolitics.com/video/2022/01/11/gop_sen_roger_marhsall_asks_fauci_about_ecohealth_alliance_

and_gain-of-function_research.html

70. Report Wire. (2022, 11 de enero). Fauci´s NIAID had authorized EcoHealth Alliance coronavirus analysis proposal that was rejected by DARPA: Project Veritas. https://www.reportwire.in/world/faucis-niaid-had-approved-ecohealth-alliance-coronavirus-research-proposal-that-was-rejected-by-darpa-project-veritas/

71. Maidana, R. (2021, 25 de octubre). Una denuncia compromete al Dr. Fauci, experto norteamericano en vacunas y el coronavirus. A24. https://www.a24.com/mundo/una-denuncia-compromete-al-dr-fauci-experto-norteamericano-vacunas-y-el-coronavirus-n871962

72. Redacción Norteamérica. (2022, 15 de enero). #ExposeFauci: documentos filtrados demuestran la participación de Fauci en el Instituto de Virología de Wuhan. Derecha Diario. https://derechadiario.com.ar/norteamerica/norteamerica_estados-unidos/exposefauci-documentos-filtrados-demuestran-la-participacion-de-fauci-en-el-instituto-de-virologia-de-wuhan

73. Sestak, J. (2020/2021, invierno). The U.S. Navy´s loss of command of the seas to China and how to regain it. TNSR. https://tnsr.org/2020/11/the-u-s-navys-loss-of-command-of-the-seas-and-how-to-regain-it/

74. Redacción Voz de América. (2021, 29 de enero). Aumenta rivalidad EE. UU.-China en disputado mar de China Meridional. https://www.vozdeamerica.com/a/noticias-internacional_aumenta-rivalidad-eeuu-china-en-disputado-mar-china-meridional/6071195.html

75. Lima, L. (2018, 30 de mayo). El plan naval de China para superar a la Armada de Estados Unidos y controlar el Pacífico en 2030. BBC. https://www.bbc.com/mundo/noticias-internacional-44284609

76. Fang, F., & Zhang, D. (2022, 30 de enero). China is undermining the US through elite capture: author. NTD. https://www.ntd.com/china-is-undermining-the-us-through-elite-capture-author_734021.html

77. Schweiser, P. (2022). Red-handed: how American elites get rich helping China win. HarperCollins. https://play.google.com/books/reader?id=eAI4EAAAQBAJ&pg=GBS.PT3&hl=es_419

78. Green, L. L. (2022, 29 de enero). American muckrakers: Peter Schweizer, James O´Keefe and a rightwing full court press. The Guardian. https://www.theguardian.com/books/2022/jan/29/bidens-american-muckrackers-red-handed-book-review

79. Cué Barberena, R. (2022, 27 de marzo). Más de 1100 civiles han muerto en la guerra en Ucrania, según Naciones Unidas. France24. https://www.france24.com/es/europa/20220327-guerra-rusia-ucrania-ataques-depositos-comida-combustible

80. Washburn, M., & Bai, G. (2022, 18 de marzo). Ukraine brings economic opportunities for CCP in complex balance of power with Russia: Expert. The Epoch Times. https://www.theepochtimes.com/china/ukraine-war-brings-economic-opportunities-for-ccp-in-complex-balance-of-power-with-russia-expert-4346648?slsuccess=1

81. Phelps, J. M. (2022, 7 de marzo). Amid Ukraine war, Russia and China seek to create 'new world order': Analyst. The Epoch Times. https://www.theepochtimes.com/china/amid-ukraine-war-russia-and-china-seek-to-create-new-world-order-analyst-4322255

82. Barría, C. (2022, 14 de marzo). Rusia y Ucrania: cómo es la relación económica entre Moscú y Pekín (y por qué es clave en tiempos de guerra). BBC. https://www.bbc.com/mundo/noticias-internacional-60610861

83. Vidal, M. (2022, 20 de marzo). La guerra de Ucrania pone a prueba la amistad de China hacia Rusia. El País. https://elpais.com/internacional/2022-03-20/la-guerra-de-ucrania-pone-a-prueba-la-amistad-de-china-hacia-rusia.html

84. Areddy, J. T. (2022, 10 de marzo). Ukraine presidential adviser says only China benefits from the war. The Wall Street Journal. https://www.wsj.com/livecoverage/russia-ukraine-latest-news-2022-03-09/card/ukraine-

presidential-adviser-says-only-china-benefits-from-the-war-T3PF6WEGhbjTPN86nFfE

85. China – United States relations. (2022, 17 de mayo). En Wikipedia. https://en.wikipedia.org/w/index.php?title=China%E2%80%93United_States_relations&oldid=1088268816

86. Nedopil Wang, Ch. (2022, enero). China Belt and Road Initiative (BRI) Investment Report 2021 [Archivo PDF]. https://greenfdc.org/wp-content/uploads/2022/02/Nedopil-2022_BRI-Investment-Report-2021.pdf

87. Bureau of Economic Analysis. (2022, 8 de febrero). U.S. International trade in goods and services. BEA.com. https://www.bea.gov/news/2022/us-international-trade-goods-and-services-december-2021

88. Carter, M. K. (2022, 22 de febrero). The year in trade: diving into the 2021 numbers. U.S. Chamber. https://www.uschamber.com/international/trade-agreements/the-year-in-trade-diving-into-the-2021-numbers

89. U.S. Census Bureau. Trade in goods with China. Census.gov. https://www.census.gov/foreign-trade/balance/c5700.html#questions

90. Executive Office of President of the United States. (2022, marzo). 22 trade policy agenda & 2021 annual report [Archivo PDF]. https://ustr.gov/sites/default/files/2022%20Trade%20Policy%20Agenda%20and%202021%20Annual%20Report%20(1).pdf

91. Vaswani, K. (2019, 12 de enero). Guerra comercial: 3 cosas en las que China y Estados Unidos nunca se pondrán de acuerdo. BBC.com. https://www.bbc.com/mundo/noticias-46830998

92. Made in China 2025. (2020, 8 de diciembre). En Wikipedia. https://es.wikipedia.org/w/index.php?title=Made_in_China 2025&oldid=131537925

93. Congressional Research Service. (2022, 2 de marzo). U.S.-China trade relations [Archivo PDF]. https://sgp.fas.org/crs/row/IF11284.pdf

94. Sganga, N. (2022, 4 de marzo). Chinese hackers took trillions in intellectual property from about 30 multinational companies. CBSnews.com. https://www.cbsnews.com/news/chinese-hackers-took-trillions-in-intellectual-property-from-about-30-multinational-companies/

95. Cybereason Nocturnus. (2022, 4 de mayo). Operation cuckoobees: Cybereason uncovers massive Chinese intellectual property theft operation. Cybereason.com. https://www.cybereason.com/blog/operation-cuckoobees-cybereason-uncovers-massive-chinese-intellectual-property-theft-operation

96. Office of the U.S. Trade Representative. (n.d.). La República Popular de China. https://ustr.gov/countries-regions/china-mongolia-taiwan/peoples-republic-china

97. Fortune. (n.d.). Global 500. https://fortune.com/global500/2021/search/

98. Smink, V. (3 de julio de 2021). ¿Cuán comunista es realmente China hoy? BBC. https://www.bbc.com/mundo/noticias-internacional-57689347

99. World Population Review. (n.d.). PIB clasificado por país 2022. https://worldpopulationreview.com/countries/countries-by-gdp

100. Fernández, C. (16 de febrero de 2022). Nuevas pistas genéticas vinculan el origen del COVID-19 a los murciélagos. El Mundo. https://www.elmundo.es/ciencia-y-salud/salud/2022/02/16/620d1b2ffdddff940c8b45c8.html

101. De la Cal, L. (22 de marzo de 2022). La OMS y China guardan silencio sobre las investigaciones del origen del COVID-19. El Mundo. https://www.elmundo.es/ciencia-y-salud/salud/2022/03/22/623872f4fc6c83cb6a8b45b3.html

102. Balmakov, R. (26 de mayo de 2022). Los hechos importan: el laboratorio de Wuhan ensambló cepas de viruela símica utilizando un método arriesgado hace 3 meses; experimento peligroso sobre el virus H7N9. The Epoch Times. https://www.theepochtimes.com/epochtv/facts-matter-may-26-3-months-ago-wuhan-lab-assembled-monkeypox-strains-using-risky-method-dangerous-experiments-on-h7n9-virus-4493778